AF391410

TARIF

DES

DROITS PERÇUS PAR LES DOUANES FRANÇAISES

Par M. de BEILAC

Ancien Contrôleur des Douanes, au Havre.

HAVRE

Imprimerie du Commerce, **Alph**. **LEMALE**, Quai d'Orléans, nº 9.

1868

ERRATA et changements survenus pendant l'impression

Page 4. Bande à placer sur le mot Alcool et Alcoomètres

ALCOOLS, amylique et méthylique, v. Produits chimiques
   non dénommés; — autres, v. Boissons distillées.
ALDÉHYDE, v. Produits chimiques non dénommés.
ALCOOMÈTRES, v. Instruments de calcul.

Page 4. Bande à placer sur la ligne Aluminate de soude

ALUMINATE DE SOUDE, v. Alcalis; — de potasse, v.
   Produits chimiques non dénommés.
ALUN brûlé ou calciné et alun de chrôme des pays con-
   tractants, v. Produits chimiques non dénommés.

Page 42. Bande à placer sur la ligne Guano.

GUANO ou Guano, v. Engrais. GUARANA, v. Fruits médicinaux non dénommés.

Page 50. Notes explicatives. Bande à placer sur la première ligne de cette page.

192. — MACHINES ET MÉCANIQUES Bureaux ouverts à l'importation, Abbeville Anor, Apach, Bellegarde, Bordeaux, Boulogne, Brest.

Même note. Effacer le bureau de Saint-Jean-de-Maurienne, qui est supprimé.

TARIF

DES

DROITS PERÇUS PAR LES DOUANES FRANÇAISES

Par M. de BEILAC

Ancien Contrôleur des Douanes.

HAVRE

Imprimerie du Commerce, **Alph. LEMALE.** Quai d'Orléans, 9.

1868

AVERTISSEMENT DE L'ÉDITEUR

Le tarif que nous publions aujourd'hui facilite les recherches. Il se prête à l'examen et à la comparaison des droits différentiels, établis en raison de la provenance ou du mode d'importation, et permet, au moyen des assimilations et des notes explicatives, qui sont placées en regard de l'indication des taxes, de se rendre compte instantanément du régime applicable à chaque marchandise.

Nous n'avons pas obtenu ces résultats sans rencontrer des grandes difficultés typographiques.

Les avons-nous toutes surmontées ? c'est ce que prouvera l'accueil qui sera fait à notre publication.

Le tableau des droits présente réunies les taxes applicables en vertu, soit du tarif général, soit des tarifs conventionnels, et l'on trouve dans la partie réservée aux renvois et assimilations, le répertoire des marchandises qui ne sont pas nommément tarifées, ou qui sont reprises sous une dénomination particulière à un autre tableau.

Lorsque les renvois indiquent, par des termes génériques tels que, *ouvrages en bois, tabletterie, etc.*, le régime que doit suivre une marchandise, il convient avant d'appliquer le droit des *ouvrages en bois non dénommés, etc.*, de s'assurer avant tout si les produits ne sont pas spécialement désignés parmi les ouvrages en bois, etc.

D'un autre côté nous avons dû, dans certains cas indiquer, dans les *notes*, des assimilations, qui n'ont pu trouver place dans la *nomenclature générale* des marchandises. Il en est ainsi notamment des herbes, feuilles et fleurs médicinales et de certaines fabrications que le tarif général comprend dans la *mercerie* et qui sont classées d'une manière différente par les tarifs conventionnels.

Il est donc nécessaire de consulter à la fois les notes explicatives et les assimilations.

Alph. **LEMALE.**

Le Havre, le 12 Mai 1868.

AVERTISSEMENT DE L'ÉDITEUR

Le tarif que nous publions aujourd'hui facilite les recherches. Il se prête à l'examen et à la comparaison des droits différentiels, établis en raison de la provenance ou du mode d'importation, et permet, au moyen des assimilations et des notes explicatives, qui sont placées en regard de l'indication des taxes, de se rendre compte instantanément du régime applicable à chaque marchandise.

Nous n'avons pas obtenu ces résultats sans rencontrer des grandes difficultés typographiques.

Les avons-nous toutes surmontées ? c'est ce que prouvera l'accueil qui sera fait à notre publication.

Le tableau des droits présente réunies les taxes applicables en vertu, soit du tarif général, soit des tarifs conventionnels, et l'on trouve dans la partie réservée aux renvois et assimilations, le répertoire des marchandises qui ne sont pas nommément tarifées, ou qui sont reprises sous une dénomination particulière à un autre tableau.

Lorsque les renvois indiquent, par des termes génériques tels que, *ouvrages en bois, tabletterie, etc.*, le régime que doit suivre une marchandise, il convient avant d'appliquer le droit des *ouvrages en bois non dénommés, etc.*, de s'assurer avant tout si les produits ne sont pas spécialement désignés parmi les ouvrages en bois, etc.

D'un autre côté nous avons dû, dans certains cas indiquer, dans les *notes*, des assimilations, qui n'ont pu trouver place dans la *nomenclature générale* des marchandises. Il en est ainsi notamment des herbes, feuilles et fleurs médicinales et de certaines fabrications que le tarif général comprend dans la *mercerie* et qui sont classées d'une manière différente par les tarifs conventionnels.

Il est donc nécessaire de consulter à la fois les notes explicatives et les assimilations.

Alph. **LEMALE.**

Le Havre, le 12 Mai 1868.

TARIF

DES

DROITS PERÇUS PAR LES DOUANES FRANÇAISES

NOTIONS PRÉLIMINAIRES

CHAPITRE 1ᵉʳ

Établissements des Impôts — Promulgation des Lois.

1. Les Droits de toute espèce, dont le recouvrement est confié au service des Douanes, sont établis par la loi (*Constitution du 14 Janvier 1852, Art. 10, 25 et 39*).

Toutefois, les Traités de Commerce, conclus en vertu de l'Article 6 de la constitution précitée, ont force de loi pour les modifications de Tarif qui y sont stipulées (*Sénatus-Consulte du 25 Décembre 1852*).

Des Décrets peuvent provisoirement et en cas d'urgence :

1° Prohiber l'entrée des Marchandises de fabrication étrangère, ou augmenter les Droits de Douanes à leur importation ;

2° Diminuer les Droits sur les matières premières nécessaires aux Manufactures ;

3° Permettre ou suspendre l'exportation des produits du sol et de l'industrie nationale et déterminer les Droits auxquels ils seront assujettis.

Cependant une loi seule peut modifier le régime des Grains, Farines et autres denrées alimentaires, ainsi que les Droits établis sur les Sucres des colonies françaises ; mais il est permis de réduire ou d'augmenter, par des Décrets, les surtaxes qui frappent les Sucres étrangers et de déterminer le classement des qualités inférieures dites *Moscouades*.

Les dispositions réalisées, à titre provisoire, dans les cas spécifiés ci-dessus, doivent être ratifiées par le Corps Législatif. (*Lois des 17 Décembre 1814, 3 Juillet 1840 et 15 Juin 1861.*)

2. La promulgation des Lois et des Décrets résulte de leur insertion au Bulletin Officiel ; elle est réputée connue et les Lois et Décrets sont exécutoires dans les délais fixés par l'Article 1ᵉʳ du Code Napoléon, toutes les fois que ces Lois et Décrets ne déterminent pas, d'une manière spéciale, l'époque à partir de laquelle les dispositions qu'elles contiennent doivent être appliquées.

Lorsque le Gouvernement juge nécessaire de hâter l'exécution des lois et décrets, il les fait parvenir extraordinairement sur les lieux. Ces lois ou décrets sont immédiatement affichés en vertu d'un arrêté du préfet et deviennent exécutoires à partir du jour de la publication (*ordonnances des 27 Novembre 1816 et 18 Janvier 1817.*)

CHAPITRE 2

Déclarations. — Visites. — Acquittement des Droits.

3. La déclaration est le préliminaire indispensable pour l'assiette et la liquidation des droits de Douanes tant à l'importation qu'à l'exportation.

Pour faciliter cette liquidation les déclarations contiennent la qualité, le poids, la mesure ou le nombre des marchandises qui sont imposées au poids, à la mesure ou au nombre et même la valeur, lorsque les marchandises sont taxées à la valeur.

Quelquefois même les Droits sur une marchandise sont établis sur le poids, d'après les traités conclus avec diverses puissances ; mais ces mêmes traités accordent aux importateurs la faculté d'acquitter le droit sur la valeur, pourvu qu'ils aient réclamé cette faculté *dans leur déclaration*.

Afin de s'éclairer avant le dépôt de leur déclaration, les propriétaires ou consignataires de marchandises arrivant de l'étranger, peuvent toujours être autorisés à en reconnaître *l'espèce, la qualité* ou *la valeur*.

Des Droits différentiels étant établis en raison de la provenance ou du mode d'importation, les déclarations doivent énoncer, en outre, le lieu de chargement et de destination, et, dans les ports, le nom et le pavillon du navire, le nom du capitaine ainsi que les marques et numéros des ballots, caisses, tonneaux ou futailles.

Les déclarations sont inscrites, par les agents de l'administration, sur les registres tenus à cet effet. Elles obligent ceux qui les ont faites et ne peuvent être modifiées que dans les cas prévus par les règlements. Par suite toute marchandise déclarée pour la consommation doit être soumise aux droits à moins qu'il n'en soit fait abandon. Dans cette hypothèse l'abandon a lieu par écrit et la marchandise est vendue au profit de l'État, à la diligence de l'administration.

Les marchandises pour lesquelles il n'a pas été fourni de déclaration en détail peuvent être mises au dépôt et vendues pour le compte des tiers à l'expiration d'un certain délai.

Enfin les fausses déclarations peuvent entraîner la saisie des marchandises ou une amende. La loi confère, en outre, dans certains cas aux employés, le droit de préempter les marchandises taxées d'après leur valeur, quand cette valeur est faussement déclarée.

4. Les vérifications des employés ont pour but de s'assurer de l'exactitude des déclarations. Elles sont effectuées dans les lieux et les bureaux désignés à cet effet, ainsi que dans les magasins servant d'entrepôts soit fictifs, soit réels. (*Lois du 22 Août* 1791 *et du* 4 *germinal an* 2).

Le résultat en est inscrit sur des portatifs qui servent ensuite à établir la liquidation des droits à recouvrer sur les redevables. En acquittant le montant de ces droits ceux-ci reçoivent une quittance détachée d'un registre à souche laquelle est revêtue du timbre particulier de la Régie, comme toutes les expéditions que délivrent les employés des Douanes. (*ordonnance du 8 Décembre* 1832).

Le prix de ce timbre (*V. l'art.* 63 *des notions préliminaires*), est ajouté au droit principal.

5. En principe les droits sont exigibles au comptant, en monnaie légale et sans aucune bonification. Cependant, lorsque la somme à percevoir s'élève à un chiffre déterminé les redevables sont admis, dans certains cas, à fournir des traites et obligations de crédit et jouissent même de l'escompte, s'ils renoncent à la faculté du crédit et préfèrent verser du numéraire.

6. Dans les grandes Douanes et dans certains bureaux spécialement désignés par l'Administration, les redevables ont la faculté de disposer de leurs marchandises immédiatement après la visite et avant la liquidation des Droits, moyennant la garantie d'une soumission cautionnée.

L'autorisation d'enlèvement est donnée, en pareil cas, par le receveur ou son représentant, sur le permis de débarquement ou sur celui de sortie d'entrepôt.

Le paiement des Droits est ensuite effectué soit en effets de crédit, soit en numéraire, dans un délai de vingt jours, qui court de la date du certificat de visite. Cependant le crédit est toujours calculé à partir de la date de la liquidation des Droits ou de leur inscription aux registres de recette.

Les acquittements en numéraire ne peuvent d'ailleurs donner droit à l'allocation de l'escompte, qu'autant que les paiements sont effectués dans les délais déterminés pour l'obtention de cette bonification. V. ci-après l'art. 11.

Un régime particulier a été établi, par la loi du 6 mai 1864, à l'égard des sucres non raffinés : c'est celui de l'admission temporaire en franchise déjà en vigueur, depuis longtemps, dans le service des Douanes.

Jusqu'en 1864, la perception des Droits sur les sucres de toute origine, avait lieu au moment où la marchandise était mise à la disposition du commerce. Les droits étaient ensuite remboursés sur une certaine catégorie de sucres exotiques dont la réexportation, à l'étranger, après raffinage, était légalement justifiée. C'est le système des *primes* ou *drawbachs*.

La loi du 7 mai 1864 a supprimé les primes et autorisé l'admission temporaire des sucres non raffinés de toute origine (indigènes ou exotiques.)

Le soumissionnaire s'engage, par une obligation valablement cautionnée, soit à réexporter, soit à placer en entrepôt, dans un délai de deux mois, une certaine quantité de sucre raffiné, ou à payer, à l'expiration du même délai, sans nouveau crédit ni escompte, le montant des Droits applicables aux sucres bruts admis temporairement en franchise. (*Lois des 7 mai* 1864, *art.* 5, *et 8 juillet* 1865, *art.* 27 ; *Circ. adm.,* n° 954.)

Ne sont admis à la décharge des soumissions, d'après les rendements fixés par la loi, que les certificats constatant l'exportation ou la constitution régulière en entrepôt, de sucres raffinés ayant le degré de pureté et de blancheur exigé par les règlements; cependant les vergeoises du n° 13 et des numéros supérieurs sont admissibles également pour l'exportation, à la décharge des obligations, à raison de 105 kil. pour 100 kil. de sucre brut. *Loi du 7 mai 1864, art. 6 et 8.*

Les paiements effectués par anticipation, avant l'expiration du délai fixé par les soumissions, ne peuvent donner ouverture à l'allocation de l'escompte, lorsqu'il s'agit de sucres admis temporairement en franchise.

Si les sucres dont il s'agit ont été placés en entrepôt, les déclarations ultérieures d'acquittement ne donnent droit ni à un nouveau crédit, ni à l'escompte. Les taxes sont payées au comptant, en numéraire, sans aucune bonification *circulaire administrative du 31 Mai 1864, n° 954*.

Ces taxes sont celles dont les sucres étaient passibles en l'état où ils étaient avant d'être placés sous le régime de l'admission temporaire, eu égard à leur nuance, au pays de provenance et au mode d'importation.

8. Les redevables sont admis, dans les cas déterminés ci-après, à fournir des traites et obligations de crédit en paiement:

1° Des Droits de Douanes à l'entrée (*Lois du 22 Août 1791 et du 22 Ventôse an 12*.

2° De la taxe de consommation des sels (*Lois du 24 Avril 1866, art. 53, du 23 Avril 1833, art. 11 et du 8 Août 1849, art. 7.*)

Les receveurs sont responsables des crédits qu'ils auraient accordés imprudemment. Par suite ils peuvent et doivent même en refuser le bénéfice à tout redevable d'une solvabilité douteuse. La première et la plus indispensable des conditions est donc de ne recevoir, comme signataires d'effets de crédit, que des négociants ou autres personnes, dont la fortune, bien établie, ne permette pas de douter qu'elles paieront facilement et exactement aux échéances. *Circ. adm. du 27 Mai 1820, n° 570 et du 11 Mars 1839, n° 202*).

Relativement aux obligations cautionnées souscrites pour des sucres admis temporairement en franchise, la responsabilité des comptables reste de tous points soumise aux règles tracées par les ordonnances et arrêtés rendus sur les crédits accordés pour le payement des Droits de Douanes. (*Loi du 7 Mai 1864, art. 5*.

Une remise dont le taux est fixé à 1,3 % est payée par les redevables qui acquittent, au moyen d'effets de crédit;

1° Les droits d'importation;

2° La taxe de consommation des sels, perçue par le service des Douanes;

La même remise est due également pour les sucres admis temporairement en franchise; mais alors elle n'est calculée que sur la *moitié* des droits soumissionnés.

Enfin, les receveurs profitent d'une partie de la remise, tandis que l'autre partie fait retour au Trésor si les crédits atteignent un certain taux.

Tous les signataires des obligations cautionnées doivent être notoirement solvables à la date de ces obligations pour que le crédit leur soit accordé.

Si la fortune des redevables ou de leurs cautions consiste en biens fonds, le receveur principal est tenu de s'assurer que ces biens sont libres de toute hypothèque pour une somme notablement supérieure au montant des droits dont ils garantissent le crédit. Il prend inscription sur ces mêmes biens, aussitôt qu'il est possible de le faire, s'il arrive que les obligations soient protestées à l'échéance, à défaut de payement.

Il est d'ailleurs interdit d'admettre pour cautions des personnes dont la fortune serait commune avec celle du principal obligé ou d'une première caution, c'est-à-dire des associés, s'il s'agit de négociants ou des parents communs en biens si ce sont des personnes étrangères au commerce.

9. Le crédit est accordé lorsque les perceptions s'élèvent à plus de 600 francs. Il est de quatre mois pour les Droits à l'importation. Quant à la taxe de consommation des sels, elle peut être acquittée en traites ou obligations, moitié à trois mois et moitié à six mois. (*Lois des 22 Août 1791, 24 Avril 1806 et 8 Août 1847*.

Pour former la somme nécessaire à l'allocation du crédit, un redevable peut réunir toutes les *déclarations* déposées, en son nom, dans la même journée, ou cumuler tous les *acquits de payement* portant la même date, quoique se rapportant à des déclarations qu'il aurait faites à des dates différentes.

Du reste, la durée du crédit court toujours de la date de la liquidation des droits.

Dans le cas de réunion de plusieurs acquits de payement, de dates différentes, en une seule traite, le délai du crédit part de la date de la première liquidation.

Le commerce reste libre, d'ailleurs, de fournir autant de traites qu'il y a de liquidations (donnant droit au crédit) sous leurs dates respectives. (*Circ. adm. n° 1675, 1778 et 1792, des 8 Mars 1838, 12 Octobre 1839 et 26 Janvier 1840*.

Si, au lieu de fournir des traites à trois mois et à six mois, pour la taxe de consommation des sels, les redevables demandaient à les souscrire seulement à trois mois, l'escompte proportionnel leur serait accordé sur la somme qui pouvait n'être payée qu'à six mois. (*Déc. min. du 9 Décembre 1822; Circ. adm. du 3 Août 1847, n° 2189*. V. *Escompte.*

Lorsque des Sels dirigés sur les entrepôts intérieurs sont livrés à la consommation en cours de transport, la liquidation des droits devant remonter à la date de la liquidation, c'est également de cette date qu'il convient de faire courir le crédit.

Toutefois, dans les localités où les acquits-à-caution sont délivrés pour les entrepôts intérieurs *avant* l'opération de la visite, le délai n'est compté qu'à partir du jour où la vérification et l'embarquement sont terminés. *Déc. adm. des 6 Janvier 1834 et 12 Novembre 1858; Circ. de la Comp., n° 78*.

10. Les redevables qui renoncent à la faculté du crédit ou qui n'en profitent qu'en partie et préfèrent acquitter certaines taxes en numéraire, sont admis à jouir d'un escompte dont le taux est fixé par le ministre. L'escompte est en ce moment de 3 % par an. (*Déc. min. du 22 Septembre 1860; Circ. adm. n° 690*.

C'est la date de la liquidation des droits qui détermine quel est le chiffre de l'escompte à bonifier, lorsque le taux de cet escompte est modifié par un arrêté ministériel. *Let. de la compt. du 28 Novembre 1860*.

En matière de Sel, les perceptions de 300 francs et au-dessus donnent droit à l'allocation de l'escompte, bien que le crédit ne soit accordé que pour les sommes s'élevant à plus de 600 francs.

Les droits sont *intégralement* portés en recette, attendu que l'escompte doit toujours figurer en dépense. (*Circ. de la compt. n° 17 ;Douanes ; Circ. adm. n° 275 et 285 des 26 Août 1862 et 9 Mai 1848.*)

La quittance d'escompte peut être signée pour les débiteurs de droits, par les personnes qui effectuent le payement de ces droits. (*Circ. de la Comp. n° 25*).

L'escompte étant alloué en raison de la durée du crédit, qui est de quatre mois pour les droits d'importation, et de trois et six mois sur la taxe de consommation des sels, il est conséquemment de 1 % dans le premier cas ; dans le second, la moyenne du crédit étant de quatre mois et demi, l'escompte est d'un et un huitième pour cent, aux taux actuellement fixé (3 % par an) (*Circ. de la Comp. n° 78*).

Quand au lieu de fournir pour le montant total des liquidations de la taxe de consommation des sels, des traites à 3 et à 6 mois, les redevables les souscrivent seulement à 3 mois, il y a lieu d'accorder l'escompte proportionnel sur la somme qui pouvait n'être payée qu'à 6 mois. La bonification n'a lieu toutefois qu'après l'acquittement des effets pour lesquels elle est due. (*déc. min. du 9 Décembre 1822 ; Circ. adm. du 31 Janvier 1823, n° 785 et du 13 Août 1847, n° 2189*).

Ces dispositions ne sont applicables qu'aux sels : le fractionnement de l'escompte afférent à l'acquittement des droits de Douanes est formellement interdit. (*Déc. min. du 2 Mars 1831 et Déc. admin. du 21 Mai 1853*).

11. En principe, l'escompte n'est dû que pour les droits payés au comptant et *sans délai*, c'est-à-dire à la date même du certificat qui constate la liquidation de ces droits. Cependant l'on tolère que l'acquittement n'ait lieu que dans les trois jours, et qu'il soit même retardé de vingt-quatre heures, lorsqu'un jour férié se rencontre dans le délai précité ; mais, si les liquidations sont datées, par exemple, du samedi, le redevable doit en verser le montant au *plus tard* le mardi suivant, sous peine d'être privé de l'escompte. (*Déc. adm. du 2 Août 1858*).

Un redevable a la faculté, pour obtenir l'escompte, de cumuler, comme en matière de crédit, les droits auxquels donnent ouverture toutes les *déclarations* qu'il a remises dans la même journée ou toutes les liquidations faites, en son nom, à la même date, pourvu que, dans l'un ou l'autre cas, le montant de la perception s'élève au chiffre déterminé pour l'allocation de l'escompte. (*Cir. adm. n°s 1778 et 1792 des 12 octobre 1839 et 26 janvier 1840*).

L'escompte est accordé sur les déficits de sel constatés dans les entrepôts spéciaux ou dans les ateliers de salaisons, lorsque les perceptions s'élèvent à 300 francs. (*Déc. adm. du 16 février 1846*).

Il est également alloué, sur les suppléments, des droits d'importation, s'élevant à plus de 600 francs, qui seraient devenus exigibles en vertu de la décision des experts du gouvernement, sur des marchandises dont ils auraient été appelés à déterminer l'espèce ou la qualité, attendu que le droit du Trésor n'est ouvert qu'au moment où cette décision est notifiée au redevable. Or, celui-ci, en s'acquittant, doit, de son côté, à partir du même moment, jouir du bénéfice de la règle commune. (*Déc. adm. du 15 mai 1856*).

L'escompte afférent aux droits mal à propos perçus et dont le remboursement est autorisé, doit être restitué par les personnes qui ont joui de cette bonification.

CHAPITRE 3

Droits à l'Importation

ART. 1er

DISPOSITIONS GÉNÉRALES

12. Toutes les marchandises destinées à la consommation intérieure et qui proviennent de l'étranger sont soumises aux Droits du Tarif, soit qu'elles en arrivent directement, soit qu'elles sortent des entrepôts. Celles qui proviennent de saisies et sont vendues pour la consommation n'en sont pas exemptes. Elles acquittent toutefois le minimum du droit applicable à leur espèce et qualité, d'après le Tarif en vigueur le jour de la vente, quand les taxes sont graduées en raison de la provenance ou du mode d'importation. (*Déc. min. du 3 février 1832 ; Cir. adm. du 28 Mai 1842, n° 1.916 et circ. du 12 Juillet 1849*).

Aucune réfaction ou réduction de droit n'est accordée, ni pour cause d'avaries, ni pour les marchandises ayant subi une dépréciation quelconque, et qui, par suite, ne seraient pas réputées de qualité marchande (*Lois des 28 Avril 1816, 13 Juin 1851 et 16 Mai 1863*).

Le Commerce conserve d'ailleurs la faculté de bénéficier les marchandises, c'est-à-dire d'opérer le triage des parties avariées, afin de les détruire et de n'acquitter les Droits que sur la marchandise à l'état sain.

13. *Tares et emballages*. En principe, les Droits sur les marchandises tarifées au poids sont exigibles sur le *poids brut*. Il est fait exception à cette règle, et les Droits sont perçus au net : 1° sur les marchandises dont la taxe s'élève, en principal, à plus de dix francs ; 2° sur quelques articles spécialement désignés aux tableaux du Tarif, par la lettre N.

Quand la marchandise est frappée de taxes variées, c'est la taxe la plus élevée applicable aux importations par navires français qui détermine si le Droit doit être perçu sur le poids net ou sur le poids brut.

Le poids net est *effectif* ou *légal*.

Le poids net *effectif* est établi par le pesage de la marchandise dépouillée de ses emballages.

Le poids net *légal* est constaté en déduisant du poids brut des colis, selon le mode d'emballage ou l'espèce des marchandises, la tare indiquée dans le tableau suivant.

14. Il y a lieu de comprendre dans le poids net, les objets qui, appliqués en fabrique même, sont indispensables pour le pliage, la séparation et l'arrangement des marchandises dans l'*intérieur* des colis et font partie intégrante de celles-ci. Toutefois, on permet la défalcation des cartons intérieurs, papiers, ficelles, bobines et de tous autres objets [*] pour les tissus de soie et de fleuret, les soies dévidées sur bobines, les soies teintes, les aiguilles d'or pour montres, les fournitures d'horlogerie, les plumes de parure, l'opium, les cotons filés, le jus de réglisse et le camphre raffiné.

TABLEAU

Des Tares légales admises pour la perception des Droits de Douanes

MARCHANDISES	ESPÈCES DE COLIS	TAUX DE LA TARE à déduire du poids brut	OBSERVATIONS
Sucre de canne ou de betterave — *brut y compris les poudres blanches*	Caisses ou futailles	13 pour %	
	Canastres	8 pour %	
	autres emballages... doubles	4 pour %	
	simples	2 pour %	
raffiné	Caisses ou futailles.. des colonies françaises	13 pour %	
	de l'étranger	12 pour %	
Café	Balles, sacs, ballots, paniers ou colis à claire-voie	2 pour %	
	Caisses ou futailles	12 pour %	
Cacao	Balles ou sacs	1½ pour %	
Poivre, Piment et Cubèbe	Caisses ou futailles	12 pour %	
	Balles ou sacs	2 pour %	
Indigo	Caisses ou futailles renfermant un sac... de peau (suron)	22 pour %	
	de toile	14 pour %	
	la marchandise à nu	12 pour %	
	Surons	10 pour %	
	Sacs de toile	2 pour %	
Cannelle	Balles ou sacs... sous simple emballage	1 pour %	
	sous double emballage	5 pour %	
Coton en laine — *de Turquie*	Balles ou ballotins formés de deux emballages en nattes de jonc ou d'un tissu grossier en poil de chèvre	10 pour %	
	Balles ou ballotins de toute autre espèce, et *notamment* en tissu léger de crin	Comme les cotons d'autre origine.	
de toute autre origine	Ballotins au-dessous de 50 kilogrammes	8 pour %	
	Balles de 50 kilogrammes et au-dessus	6 pour %	
Soies et Bourre de soie filée ou cardée	Balles... revêtues de deux enveloppes	5 pour %	
	revêtues de deux enveloppes avec doubles cordes ou cerclés en fer	6 pour %	
	renfermant la marchandise à nu	2 pour %	
	Caisses	12 pour %	
Anchois	Petits barils pesant environ 3 kilogrammes l'un	tel que leur poids	
Toutes autres marchandises tarifées au poids *net*	Caisses ou futailles	12 pour %	
	Balles, ballots, sacs, paniers ou colis à claire-voie	2 pour %	
	Surons	[illegible]	

[*] Le poids de ces objets peut être constaté par épreuves. On peut [illegible], pour les rubans de soie [illegible], [illegible] et accorder les tares ci-après :
30 pour % sur les rubans du n° 36 et au-dessous;
20 pour % sur les rubans du n° 36 exclusivement au n° 120 inclusivement;
10 pour % sur les rubans au-dessous du n° 12.

15. Les droits doivent toujours être liquidés au *net réel* pour les marchandises ci-après, et, en ce qui les concerne, le poids *net effectif* doit être, par suite, toujours énoncé dans les déclarations :

Dentelles taxées au poids; Nankin des Indes; Sucres Candis; ouvrages et tissus de Soie, d'or et d'argent ; Liquides ou fluides, taxés au net, présentés en bouteilles, cruchons ou estagnons.

Pour toutes les autres marchandises le poids net réel n'est constaté qu'autant qu'il a été énoncé dans la déclaration faite au bureau de prime-abord. S'il n'a pas été énoncé ou s'il l'a été tardivement les droits sont perçus sur le *poids net légal*.

Il suffit toutefois à l'égard des marchandises sujettes à coulage importées en futailles et des sucres bruts, en balles ou en sacs, qu'il ait été fait réserve de *la tare réelle* dans la déclaration primitive.

16. *Les emballages* caisses, futailles, vases, etc., ne sont pas assujettis à des droits indépendants de ceux qui affectent la marchandise, que celle-ci soit taxée au brut, au net, à la valeur, au nombre ou à la mesure, à moins qu'ils n'aient évidemment une valeur marchande; qu'il puisse y avoir profit à les employer à tout autre usage que celui auquel ils ont été momentanément affectés et lorsque d'ailleurs ils renferment des objets tarifés autrement qu'au brut ou des marchandises imposées au brut à des droits bien inférieurs à ceux qu'acquitteraient les dits emballages, s'ils étaient importés séparément.

17. En exécution de cette règle on applique les droits d'entrée, notamment : 1° aux cruchons de poterie, outres en cuir et bouteilles de verre contenant des liquides ou fluides taxés au poids net ou à la mesure; 2° aux estagnons en cuivre ou en autres métaux communs dans lesquels on importe des huiles et des essences, et qui, dans ce cas, peuvent être admis exceptionnellement au droit de 10 pour %, de la valeur; 3° aux boîtes en écaille, en bois exotiques, en corne fondue, etc., dans lesquelles sont renfermés les carillons à musique; 4° aux caisses de fer-blanc qu'on doit assujettir aux droits du fer-blanc lorsqu'elles renferment des feuilles de ce métal et au droit de 10 pour %, de la valeur, par assimilation aux estagnons, lorsqu'elles contiennent tout autre produit que des feuilles de fer-blanc; 5° aux sacs employés pour le transport de certaines denrées ou marchandises, lorsque d'ailleurs ils sont en toile neuve ou en toile de qualité supérieure aux toiles affectées d'ordinaire à cet usage; 6° aux boîtes et étuis en maroquin ou en papier maroquiné renfermant des montres, lesquels sont soumis, aux droits de la *mercerie*, selon l'espèce; 7° enfin aux cercles de fer qu'on emploie quelquefois pour la ligature des colis et aux peaux dont on se sert comme enveloppe; mais la taxe n'est exigible qu'autant que les cercles de fer et les peaux sont en bon état. Lorsque les cercles ne sont propres qu'à la refonte, et les peaux qu'à être vendues comme oreillons, il n'y a pas lieu de leur appliquer de taxe spéciale.

Les vases contenant des sirops, des confitures et des liquides importés des colonies françaises sont exempts de tout droit d'entrée.

18. Les doubles futailles et les doubles emballages de toute sorte ne sont pas compris dans le poids des marchandises tarifées *au brut*. Ils doivent être déduits pareillement pour les marchandises taxées *au net*, admises à la tare légale, à moins que ces marchandises ne soient du nombre de celles qui jouissent de tares particulières en raison du nombre des emballages ; mais il n'y a lieu à ces déductions que lorsque chacun des emballages est complet et que l'emballage intérieur peut suffire pour le transport de la marchandise. S'il en était autrement, la marchandise serait réputée en simple emballage.

Cette dernière disposition s'applique notamment aux Huiles importées dans des outres recouvertes d'un sac en toile.

On permet enfin de faire le plein des colis contenant des Marchandises sujettes à coulage. Les futailles qui restent vides, en pareil cas, sont soumises au droit des futailles montées, lorsqu'elles sont en bon état. Celles qui sont détériorées peuvent, par exception être admises au droit de 15 %, de la valeur.

19. *Échantillons.* — Les échantillons suivent, en général, le même régime que les marchandises qu'ils représentent ; ils doivent ainsi être soumis aux droits ou être repoussés comme prohibés, suivant qu'ils appartiennent à la classe des objets tarifés ou à celle des objets qui sont frappés de prohibition à l'entrée. Toutefois, et par exception à cette règle, on admet librement les échantillons, et notamment les échantillons de tissus, lorsqu'ils sont en fragments trop petits pour qu'il soit possible de les utiliser autrement que comme modèles ou types. Dans le cas contraire, c'est-à-dire quand il est question, par exemple, de coupons de tissus d'une certaine dimension ou d'objets entiers, tels que Châles, Mouchoirs, Cravattes, etc., on doit exiger, avant d'en permettre l'entrée, qu'ils soient coupés ou lacérés de manière à les mettre hors d'usage et à leur ôter toute valeur marchande.

S'il s'agissait d'échantillons de prix, que le commerce eût intérêt à ne pas détériorer, l'admission temporaire en serait pareillement permise; mais on attacherait à chaque échantillon un ou deux plombs, suivant le cas, pour en faciliter la reconnaissance à la sortie. Il serait alors délivré un acquit-à-caution portant engagement d'effectuer dans un délai déterminé, par le bureau même de leur introduction, la réexportation des objets décrits dans l'expédition, sous peine d'en payer la quadruple valeur.

Ces facilités ne peuvent être accordées que dans les bureaux qui sont ouverts à l'entrée des marchandises payant plus de 20 francs par 100 kilogrammes, et sur l'autorisation spéciale des chefs locaux :

20. *Restrictions d'Entrée et d'Emballage.* — Les Marchandises dont la taxe s'élève à plus de 20 francs par 100 kilogrammes ou qui sont nommément désignées par la loi, ne peuvent être introduites que par certains bureaux. Les denrées coloniales de premier ordre, auxquelles une modération de droits est accordée, ne peuvent être importées des colonies en France, ou de l'étranger par mer, que par les ports d'entrepôt réel. Les Marchandises destinées à transiter par la France doivent, soit à l'entrée, soit à la sortie, être présentées aux bureaux qui sont spécialement désignés à cet effet. Enfin quelques marchandises sont soumises à des restrictions d'entrée particulières. On trouvera dans les notes l'indication des bureaux par lesquels leur importation est autorisée.

21. L'importation de certaines marchandises est également soumise à des restrictions d'emballage. Ainsi, l'importation par mer des outils de toute sorte est subordonnée à la condition que le même colis ne contiendra pas des outils soumis à des Droits différents. Cette disposition s'applique à tous les instruments pour arts et métiers qui ont été rangés, sous la dénomination générique d'outils : elle embrasse ainsi, outre les quatre classes d'outils *non dénommés*, déterminées par la loi, les scies, les serans et les limes et râpes : elle atteint, de plus, les instruments aratoires.

Une restriction semblable existe à l'égard des toiles arrivant par mer : elles doivent être présentées sans mélange, dans le même colis, d'espèces soumises à des Droits différents ; mais l'interdiction ne porte pas sur la *qualité* des toiles.

22. Les fils de lin ou de chanvre d'espèces ou de classes différentes doivent être présentés en Douane par ballots ou colis séparés, de manière à ce qu'il n'y ait, dans chaque ballot ou colis, que des fils d'une même espèce et d'une même classe. A défaut de cette séparation, le droit de la classe la plus élevée des fils contenus dans le colis devient applicable et doit être perçu.

23. La librairie est soumise aussi à des conditions d'emballage particulières. Ainsi, les livres taxés à moins de 150 francs pour 100 kilogrammes doivent être emballés séparément par espèces, à moins que chaque espèce ne fasse, dans l'intérieur des colis, l'objet d'une division bien tranchée. En cas de mélange, le Droit le plus élevé doit être exigé.

24. *Des provenances.* — Des droits différentiels sont établis en raison de la provenance ou du mode d'importation. V. l'art. 27 ci-après.

Les provenances les plus favorisées sont celles des colonies françaises.

Des modérations de droits sont également accordées à certains produits importés de l'Inde, des contrées hors d'Europe, de la côte occidentale d'Afrique et de divers pays avec lesquels la France a conclu des traités de commerce et de navigation.

On considère comme venant de l'*Inde* les marchandises provenant des pays situés à l'*Est* du cap de Bonne-Espérance et à l'*Ouest* du cap Horn. (*Loi du 28 Avril 1816*).

On entend par *côte occidentale d'Afrique* toute la partie du continent qui s'étend depuis le Maroc jusqu'au cap de Bonne-Espérance.

Enfin, tous les pays d'Europe sont considérés comme *entrepôts*, sous le rapport des provenances.

25. *Transport direct.* — Les modérations de Droits stipulées en faveur de certaines marchandises provenant soit des colonies françaises ou de l'Inde, soit de tout autre pays hors d'Europe, sont subordonnées, en principe général, à la condition de l'importation *en droiture*. Toute marchandise importée par un navire qui, dans le cours de sa traversée, a fait escale à l'étranger autrement que par force majeure, doit donc être considérée comme ayant été chargée au port d'escale même et être traitée en conséquence.

Toutefois, lorsqu'un navire *français*, venant de nos colonies ou de toute autre pays hors d'Europe, ne fait que relâcher dans un port étranger, cette relâche n'est pas considérée comme une interruption du transport direct, s'il est justifié par un certificat du consul de France dans le port d'escale, ou, à défaut d'agent consulaire, par une attestation des Douanes locales, que, durant la relâche dans ledit port, ce navire n'y a opéré aucun embarquement ni débarquement de marchandises.

Il est permis aux navires français revenant des colonies ou du Sénégal et de ses dépendances, de débarquer, au port d'escale des produits coloniaux de la nature de ceux dont l'exportation à l'étranger n'est pas interdite et de les remplacer par des marchandises non similaires des produits qui restent à bord, à charge de justifier régulièrement, par les expéditions des Douanes, de la provenance primitive des marchandises ou denrées rapportées des colonies en France. Il faut en outre, que les embarquements et les débarquements effectués au port d'escale, soient constatés par le consul de France.

Enfin, les navires français revenant de tous les pays situés hors d'Europe peuvent également effectuer des opérations d'*embarquement* comme de *débarquement* dans les ports étrangers, soit en Europe, soit hors d'Europe, sous la condition qu'ils ne chargeront dans ces ports de relâche, que des produits non similaires de ceux qui, restant à bord, seraient, à raison de leur provenance ou de leur origine, admissibles à des modérations de Droits ou régimes de faveur quelconques. Pour être admis à profiter de cette disposition exceptionnelle les capitaines doivent produire : 1° un état de chargement visé par le consul au port de départ, indiquant l'espèce et la destination de chaque partie de marchandises ; 2° un semblable document certifié par l'agent consulaire dans chaque port d'escale, pour les marchandises qu'ils y auront embarquées.

En pareil matière, tout régime de faveur, toute modération quelconque de Droits, demeurent subordonnés à la condition essentielle que la partie de la cargaison destinée pour France *doit rester à bord* depuis le lieu de chargement primitif, jusqu'à l'arrivée à la destination définitive. Le débarquement et le rembarquement, dans un port d'escale, autrement que par la force majeure, résultant d'avaries ou d'événement de mer dûment justifiés, de tout ou partie des marchandises destinées pour un port de France, entraîneraient, *pour toute la cargaison*, la privation du régime privilégié. Cette cargaison serait, en pareil cas considérée et traitée comme ayant été embarquée dans le port d'escale.

Les navires faisant le cabotage entre les ports de France et ceux de l'Algérie peuvent également embarquer et débarquer des marchandises à l'étranger.

26. Dans le cas exceptionnels ci-dessus énoncés, comme toutes les fois que les capitaines entendent revendiquer, soit pour leurs navires, soit pour les marchandises qu'ils importent, le bénéfice des traités de commerce et de navigation, ou des modérations de droits dont l'application est subordonnée à la condition du transport direct, ils sont tenus de justifier des circonstances de leur navigation, non-seulement par la représentation des livres et papiers de bord, mais encore par un rapport de mer fait en Douane dans les vingt-quatre heures de leur arrivée, rapport qui doit être contrôlé immédiatement par les dépositions, et, au besoin, par l'interrogatoire des gens de l'équipage.

Ce rapport est d'ailleurs distinct de celui qui doit être fait au greffe du tribunal de Commerce.

27. *Surtaxe de Navigation.* — A moins qu'il n'en ait été disposé autrement, les marchandises taxées au poids sont passibles d'une surtaxe de navigation, lorsqu'elles ont été importées soit par terre, soit par navires étrangers.

Cette surtaxe se confond, pour la perception, avec le Droit principal et ne forme avec celui-ci qu'une seule et même taxe ; quand la quotité n'en est pas fixée par la loi, elle se calcule en ajoutant au droit principal, savoir un dixième sur les premiers cinquante francs, et un vingtième sur le surplus du droit jusqu'à trois cents francs. Au delà de cette somme, il n'est rien ajouté. Les centimes résultant du calcul sont toujours *réduits* à des nombres décimaux. (*Lois des 28 Avril 1816 et 9 Juin 1845.*)

La surtaxe de navigation n'est pas appliquée à Marseille sur les marchandises importées sous pavillon étranger, lorsqu'elle n'a pas été spécialement déterminée par une loi. (*Ord. du 10 Septembre 1817.*)

Trois ans après la promulgation de la présente loi, les surtaxes de pavillon aujourd'hui applicables aux produits importés des pays de production, autrement que par navires français, seront supprimées. *Loi du* 19 *Mai* 1866, *art* 5.'

28 *Décimes.* — La perception *d'un décime* à titre de subvention extraordinaire de guerre, a été autorisée par la loi du 28 avril 1816, art. 17 : Sur les droits à l'importation, à l'exportation, sur ceux de navigation ainsi que sur les amendes et condamnations *pécuniaires*, dont le recouvrement est confié au service des Douanes.

Enfin le principal des impôts et produits, déjà soumis au décime, a été, en outre, augmenté provisoirement d'un nouveau décime, par la loi du 14 juillet 1855. *Circ. adm. n°* 301, 306 *et* 518.

Il est compté, par un article séparé, du premier et du second décime. *(Circ. de la compt. n°* 68 *Douanes'.*

La liquidation de cet accessoire à l'impôt principal est par suite établi ainsi :

Le droit principal est de	15 f.	85 c.
1er décime	1	39
2me id	1	39
Total à percevoir	19	03

Toutefois, cette manière d'opérer ne peut être suivie quand la loi a fixé le chiffre des droits, *décimes compris*. Il en est ainsi notamment des sucres de toute origine dont les taxes sont liquidées sans distinction du premier ni du second décime. Un ' est placé dans les tableaux du Tarif (colonnes montant des droits) pour indiquer les marchandises qui sont dans le même cas que les sucres.

29. Ne sont pas soumis au décime : 1° les droits de magasinage et de garde ; 2° le droit de timbre des expéditions ; 3° le montant des consignations sur les voitures des voyageurs ; 4° les droits sur les tabacs de santé et d'habitude ; 5° la taxe de consommation des sels ; 6° le prix des plombs et des estampilles ; 7° les droits sanitaires ; 8° les sommes provenant de la vente ou de la remise des objets saisis, ou représentant la *valeur des marchandises*, d'après laquelle est calculée l'amende ; 9° l'amende de 50 % édictée, en cas de fausse déclaration, sur les marchandises taxées à la valeur, par les conventions conclues avec l'Angleterre, la Belgique, l'Italie, etc. *Décrets des* 17 *mai* 1853, 6 *avril et* 25 *juin* 1854 ; *ord. du* 3 *septembre* 1822 ; *Tarif de* 1844 ; *Cir. adm. n°* 1586 *et* 2418, *des* 12 *décembre* 1836 *et* 27 *décembre* 1850 ; *déc. adm. des* 25 *juillet* 1855 *et* 16 *octobre* 1863).

ARTICLE 2

TRAITÉS DE COMMERCE

30. La France est aujourd'hui liée par des traités de Commerce avec la plus grande partie des puissances étrangères ; mais toutes n'obtiennent pas, quant aux marchandises qui sont importées en France, des lieux soumis à leur domination, un traitement aussi favorable.

Il convient donc d'établir une distinction entre les traités qui ne stipulent qu'à l'égard d'un petit nombre de marchandises des dérogations au *tarif général*, et les *tarifs conventionnels* qui sont aujourd'hui applicables, aux puissances suivantes : Angleterre, Autriche, Belgique, Empire Ottoman, États Romains, Italie, Mecklembourg-Schwerin, Mecklembourg-Strelitz, Pays-Bas, Portugal, Suède et Norwège, Suisse, Villes Anséatiques de Brême, Hambourg et Lubeck et Zollverein.

31. *Dispositions relatives à l'application des Tarifs conventionnels.* — La convention avec l'Angleterre est uniquement applicable à la Grande-Bretagne proprement dite (Angleterre, Écosse et Irlande) ainsi qu'aux Iles de Jersey, Guernesey et d'Aurigny, à l'exclusion des autres possessions britanniques en Europe ou hors d'Europe. Celle qui a été conclue avec la Prusse ne stipule, qu'à l'égard des États du Zollverein, qui sont désignés dans le traité du 2 Août 1862, et aux provenances des duchés de l'Elbe. Enfin on considère, comme faisant partie de l'Empire Ottoman, la Turquie d'Asie, la Servie, les Principautés-Unies de Moldavie et de Valachie, l'Égypte et la régence de Tripoli de Barbarie.

32. Les tarifs conventionnels ne sont applicables, sauf les exceptions qui s'y trouvent spécifiées, qu'aux produits du sol ou des manufactures des États contractants.

On doit considérer comme n'étant pas originaires des pays contractants, d'une part les marchandises non dénommées dans les conventions ; d'autre part, celles qui, comprises dans ces actes, ne sont pas connues comme originaires des pays contractants ou seraient importées en dehors des conditions requises pour l'admission au bénéfice du tarif conventionnel.

Arrivant *par terre ou par mer, sous pavillon de la puissance*, ces produits sont traités *comme si l'importation avait lieu par navires français*. Si le droit inscrit au tarif varie selon les provenances, le droit applicable est celui des arrivages des entrepôts ou d'ailleurs que des pays de production.

Importées par navires tiers, les marchandises non originaires des pays contractants sont soumises aux conditions générales du tarif.

Il ne suffit pas, pour appliquer le régime spécial aux importations par terre que les produits d'une tierce puissance aient traversé le pays contractant, il faut qu'ils aient été réellement chargés dans ce dernier pays ou extraits de ses entrepôts.

Pour la Laine en masse d'Australie et le Coton en Laine de l'Inde, voir ci-après l'article 37 des notions préliminaires.

33. La production de certificats justificatifs de l'origine des marchandises n'est plus exigible. Mais la douane examine si les caractères des produits, les conditions de l'importation ou d'autres circonstances n'infirment pas l'exactitude de la déclaration à cet égard. En cas de doutes, elle provoque l'expertise légale.

34. En principe, l'admission des marchandises au bénéfice du régime conventionnel est subordonnée à la condition de l'importation directe du pays d'origine. Dans l'application, cette obligation est restreinte aux articles énumérés ci-après ;

Anis vert fruits à distiller, Bois de teinture moulus, Carbonate de potasse, Cire brute, Cornes de bétail brutes, Crêpes de soie unis, brochés ou façonnés, Crins bruts, préparés ou frisés, Dégras de peaux, Fruits oléagineux, Graines oléagineuses, Graisses autres que de poisson, Herbes, feuilles, fleurs, écorces et racines médicinales non dénommées, Huiles fixes pures non dénommées, Huiles de schiste et de pétrole épurées et rectifiées, Joncs et roseaux, Laines en masse, Liège brut, râpé ou en planches, Mélasses non destinées à la distillation, Os et sabots de bétail bruts ou calcinés à blanc, Pâtes d'Italie, Peaux brutes, Potasses, Résines indigènes, Riz en paille, Sucres, Tartre brut.

Toutes les autres marchandises dénommées aux Tarifs conventionnels et originaires de l'un des états contractants sont admissibles au bénéfice de ces tarifs de quelque part qu'elles viennent.

35. Les produits compris dans la nomenclature qui précède participent eux-mêmes au régime conventionnel lorsque, transportés par terre ou par les voies de navigation intérieure depuis le lieu d'origine jusqu'en France, ils n'ont pas fait emprunt de la mer.

On considère en outre comme importés directement ceux qui, originaires du Mecklembourg, arrivent par mer des ports du Zollverein, ou des villes anséatiques par mer, ou des ports néerlandais d'Amsterdam, de Rotterdam, de Flessingue, de Dordrecht et de Harlingue par terre ou par les voies de navigation intérieure.

36. Sous le rapport des surtaxes de pavillon, tous les produits inscrits au tarif conventionnel sont traités, à l'importation de l'un des pays contractants, comme originaire de ce pays. Ainsi, des fers suédois, importés de Belgique par navire français ou belge, seraient exemptés de la surtaxe. Ils y seraient soumis, au contraire, s'ils arrivaient sous un autre pavillon.

Aux termes des conventions avec la Prusse, les villes Anséatiques et le Mecklembourg, l'exemption de la surtaxe est acquise aux produits importés des villes Anséatiques par navires du Mecklembourg ou du Zollverein et aux produits du Zollverein sous pavillon anséate ou mecklembourgeois.

37. La franchise stipulée à l'égard de la laine en masse d'Australie et du coton en laine de l'Inde est applicable, soit que ces marchandises arrivent directement des lieux mêmes de production par navires français ou sous le pavillon de l'un des états contractants, soit qu'elles viennent de l'un de ces états par mer sous pavillon français ou sous celui de la puissance, ou par terre, même avec emprunt du territoire d'un pays intermédiaire.

38. On considère comme étant de manufacture anglaise ou belge les toiles tissées en Belgique avec des fils anglais, la lustrerie de Bohême montée dans le Royaume-Uni, les pièces de tissus saxons découpés et confectionnés en Angleterre en articles de bonneterie, les tulles anglais blanchis et apprêtés en Belgique, les tresses de paille d'origine italienne ou suisse teintes en Angleterre. Ces concessions sont applicables quel que soit le pays conventionnel d'origine ou celui de transformation. On admet pareillement au régime conventionnel des bois de teinture exotiques moulus dans un de ces états, des cuirs odorants qu'on y aurait dédoublés, des huiles de pétrole et des essences de houille américaines, des huiles essentielles, des trois-six de toute origine qu'on y aurait épurés ou rectifiés. Mais il s'agit ici de solutions applicables seulement aux produits de l'espèce de ceux qui en font l'objet. L'Administration se réserve de statuer sur les cas nouveaux qui pourraient se présenter.

39. *Déclarations.* — D'après l'article 3 des notions préliminaires, les propriétaires ou consignataires de marchandises importées de l'étranger peuvent être autorisés à en reconnaître *l'espèce, la qualité* ou *la valeur*, avant de déposer les déclarations. En ce qui concerne les importations des pays contractants, les traités leur donnent également la faculté de procéder à l'examen préalable de la *quantité*. Si l'intéressé se trouve dans l'impossibilité de la déclarer, la douane lui permet de vérifier à ses frais, dans un local désigné ou agréé par elle, le poids, la mesure ou le nombre; l'importateur reste tenu, d'ailleurs, de faire sa déclaration détaillée de la marchandise dans les délais réglementaires.

40. Les droits *ad valorem* stipulés par les traités doivent être calculés sur la valeur, au lieu d'origine ou de fabrication, de l'objet importé, augmentée des frais de transport, d'assurance et de commission.

La valeur déclarée et admise à l'entrée peut être ultérieurement modifiée, si la marchandise, au lieu d'être livrée immédiatement à la consommation, a été mise en entrepôt ou expédiée en transit ou en mutation d'entrepôt sur un autre point du territoire. C'est toujours la valeur actuelle au moment de la déclaration d'acquittement qui sert de base à l'application du droit.

41. Les importateurs ne sont pas obligés de produire des factures à l'appui des déclarations; mais ils peuvent le faire à titre de renseignement, afin d'accélérer les opérations.

42. *Expertises.* — *Préemptions.* — Lorsque les marchandises lui paraissent mésestimées, la Douane a le droit de les retenir, en payant à l'importateur le prix porté sur la déclaration, augmenté de 5 p. %.

L'importateur contre lequel la Douane veut exercer ce droit peut de son côté, demander l'estimation par des experts. La faculté de recours à l'expertise appartient également à la Douane, lorsqu'elle ne juge pas convenable de recourir immédiatement à la préemption.

Deux arbitres experts sont alors désignés, l'un par le déclarant, l'autre par le chef local du service des Douanes; s'il y a partage ou si, au moment de la constitution de l'arbitrage, le déclarant le requiert, les experts choisissent un tiers arbitre. En cas de désaccord, le tiers arbitre est nommé par le président du tribunal de commerce du ressort. Quand le bureau de déclaration est à plus d'un myriamètre du siège du tribunal de commerce, le tiers arbitre peut être désigné par le juge de paix du canton.

La liquidation porte sur la valeur déclarée, si la déclaration est reconnue exacte ou si l'expertise ne fait ressortir qu'une mésestimation inférieure à 5 p. %. Si l'atténuation de valeur s'élève à 5 p. % ou plus, sans atteindre 10 p. %, la Douane a la faculté de préempter ou de recouvrer les droits sur la valeur reconnue.

Quand le résultat de l'expertise accuse une mésestimation de 10 p. % ou plus, la Douane demeure libre ou de préempter ou de percevoir le droit sur la valeur reconnue, augmentée de 50 p. % à titre d'amende.

Si la valeur déterminée par la décision arbitrale excède la valeur déclarée de 5 p. %, les frais d'expertise sont supportés par le déclarant; dans l'hypothèse contraire, ils sont supportés par la Douane. En cas de contestation sur le chiffre de ces frais, ils sont arbitrés par le président du tribunal.

43. *Taxes Supplémentaires.* — Indépendamment des droits de Douane, la bière, les alcools, les liqueurs, les vernis à l'esprit de vin, les éthers, le collodion et les parfumeries alcooliques, acquittent, à l'importation, des taxes supplémentaires, à titre de compensation des taxes équivalentes supportées par les fabricants français.

Pour la bière, cette taxe, représentant simplement un droit de fabrication, est cumulée, dans les tableaux des droits, avec la taxe d'entrée, et se perçoit en bloc, sans qu'il y ait lieu d'établir une liquidation séparée. Quant aux alcools, aux liqueurs, aux vernis à l'esprit de vin, aux éthers, au collodion, et aux parfumeries alcooliques, le soin de percevoir ou d'assurer le droit de consommation intérieure qui frappe ces produits est laissé au service des contributions indirectes. La Douane se borne à recouvrer le droit d'importation. Seulement, elle ne doit permettre l'enlèvement des marchandises qu'autant qu'il lui est justifié que les taxes de la régie ont été acquittées ou garanties.

Néanmoins elle perçoit, pour le compte des contributions indirectes, le droit de fabrication dont les cartes à jouer sont passibles, en sus des droits d'importation.

44. *Échantillons.* — Les objets passibles de droits à l'entrée, importés comme échantillons par les commis voyageurs, doivent être admis en franchise temporaire sous l'application des formalités nécessaires pour en assurer la réexportation ou la réintégration en entrepôt.

45. *Restrictions d'entrée.* — Pour toutes les marchandises déjà tarifées, les restrictions d'entrée établies par le tarif général demeurent applicables aux importations effectuées dans les conditions des traités.

Quant aux produits qui étaient prohibés, ils sont soumis aux dispositions suivantes.

L'admission des bâtiments de mer ou autres est restreinte aux bureaux ouverts à l'importation des machines et mécaniques.

La carrosserie, les cartes à jouer, la chicorée brûlée ou moulue, la coutellerie, les ouvrages en peau ou en cuir, les ouvrages en crin ou en poil de vache pur ou mélangé, les verres et cristaux, les produits chimiques et les savons doivent être importés par les bureaux ouverts à l'entrée des marchandises taxées à plus de 20 francs par 100 kilogrammes.

L'importation des fils de coton, de laine, d'alpaga, de lama, de vigogne et de poil de chameau ne peut avoir lieu que par les ports de Dunkerque, Calais, Boulogne, Dieppe, le Havre, Rouen, Nantes, Bordeaux, Marseille et les douanes de Paris, Lyon, Tourcoing, Roubaix, Lille, Valenciennes, Strasbourg, Mulhouse et Chambéry. Diverses décisions ont, en outre, ouvert provisoirement aux mêmes opérations les ports d'Honfleur et de Fécamp, ainsi que les bureaux de Jeumont, Givet, Thionville, Metz, Saint-Louis et Forbach, ce dernier pour les fils de laine seulement.

Les tissus taxés à la valeur doivent être acquittés à l'un des bureaux de Dunkerque, Calais, Boulogne, Dieppe, le Havre, Rouen, Granville, Nantes, Bordeaux, Bayonne, Cette, Marseille, Toulon, Nice, Alger, Oran, Paris, Lille, Valenciennes, Metz, Strasbourg, Mulhouse, Chambéry et Lyon. Les divers ports et les bureaux de la frontière de terre ouverts au transit des marchandises *non prohibées* peuvent d'ailleurs recevoir ces mêmes tissus, soit pour le transit ou l'entrepôt, soit pour être dirigés, sous plomb et par acquit-à-caution, sur l'une des douanes exclusivement désignées pour l'acquittement des droits.

Les autres objets antérieurement frappés de prohibition suivent, sous le rapport des restrictions d'entrée, le régime des produits déjà tarifés avec lesquels ils présentent le plus d'analogie.

46. *Restrictions d'emballage.* — Les fils et tissus de coton, les fils de laine, d'alpaga, de lama, de vigogne et de poil de chameau doivent être importés, par terre comme par mer, en colis ne renfermant que des tissus d'une même espèce et d'une même classe.

Il n'est apporté, d'ailleurs, aucune modification aux dispositions du tarif général concernant les restrictions d'emballage applicables aux outils, aux toiles de lin et aux fils de lin ou de chanvre. V. l'article 21 des *notions préliminaires*.

Adoptées en partie dans le but de faciliter les vérifications par épreuves et d'épargner au commerce les lenteurs qu'entraînerait le triage des marchandises, ces restrictions comportent dans la pratique certains ménagements. Ainsi tout colis isolé, quelle que soit sa composition, est admis au bénéfice du traité. Le service use de la même tolérance lorsqu'on présente ensemble plusieurs colis qui, destinés à diverses personnes, peuvent être considérés comme importés isolément.

La règle a été posée et doit être maintenue surtout pour les parties importantes de marchandises. Si, en pareil cas, les produits n'étaient pas divisés par espèces, les intéressés seraient mis en demeure d'en opérer le triage.

A moins qu'il ne s'agisse d'objets soumis à des restrictions d'emballage spéciales, le même colis peut contenir à la fois des produits admissibles au bénéfice du tarif conventionnel et des marchandises passibles des conditions du tarif général ou pour lesquelles l'importateur demande l'application de ce régime.

47. *Tares.* — L'article 14 des notions préliminaires indique qu'il convient de ne pas comprendre dans le poids imposable les

planchettes, cartons, papiers, bobines, etc. employés pour l'emballage intérieur des cotons filés, des plumes métalliques, des aiguilles et de quelques autres marchandises. Cette disposition doit être suivie pour l'application des traités.

Des décisions spéciales l'ont étendue aux tissus élastiques en caoutchouc appliqué sur tissus en pièces, aux cordons élastiques en caoutchouc, aux velours de coton (*velvets* ou *moleskins*), aux sucres raffinés recouverts d'une enveloppe de papier, et aux articles de bimbeloterie renfermés dans des boîtes en carton ou des caissettes en bois.

48. *Autres pays avec lesquels la France a conclu des traités de commerce.*

Ces pays sont: le Brésil, l'Espagne, les Iles Sandwich, le Pérou, la Russie, et les Républiques de Bolivie, du Chili, de Costa-Rica, Dominicaine, de l'Equateur, des Etats-Unis, de Guatemala, de Honduras, du Mexique, de Nicaragua, de la Nouvelle-Grenade, Orientale de l'Uruguay, du Paraguay et de Vénézuela.

Le régime applicable aux produits qui en proviennent est indiqué à la suite des tableaux des droits d'entrée.

Art. 3

RÉGIMES SPÉCIAUX APPLICABLES AUX ILES FRANÇAISES DU LITTORAL, AUX COLONIES FRANÇAISES ET AUX POSSESSIONS FRANÇAISES HORS D'EUROPE.

49. *Ile de Corse.* — Les produits du sol et des fabriques de la Corse sont admis en exemption de Droits, lorsqu'ils sont accompagnés d'expéditions délivrées par les Douanes de la Corse.

Toutes autres marchandises ou denrées sont assujetties aux droits du tarif, à leur importation en France.

50. *Pays de Gex et Savoie Neutralisée.* — A l'exception de certains produits agricoles et industriels, qui sont admis en franchise, toutes les denrées et marchandises qui en sont importées restent soumises aux conditions générales du Tarif.

51. *Autres Iles du Littoral.* — Les denrées et marchandises qui sont expédiées des dites iles sur le continent ne sont exemptes de Droits que lorsqu'il est justifié d'une manière authentique, qu'elles proviennent du cru ou des fabriques de ces mêmes iles.

52. *Colonies Françaises.* — Sont réputées *colonies à culture*; au-delà du cap de Bonne-Espérance, la Réunion; en deçà de ce cap, la Guyane française, y compris Cayenne et, dans les Antilles, la Martinique et la Guadeloupe et ses dépendances, ainsi que la partie française de l'île Saint-Martin.

D'importantes modérations de Droits sont accordées, à titre de privilège colonial, à certains produits de ces colonies, ainsi qu'à ceux de quelques possessions françaises dans l'Inde; savoir: Sainte-Marie de Madagascar, Mayotte, Nossi-Bé, Taïti et Noukahiva.

Ces modérations portent principalement sur les fruits confits au sucre, le sucre, la mélasse non destinée à être convertie en alcool, les sirops, bonbons et confitures, le cacao, le café et la casse confite. (*V. les tableaux des Droits*, pour les taxes applicables à ces marchandises). Les produits non spécifiés ci-dessus sont soumis, à leur importation aux dispositions suivantes :

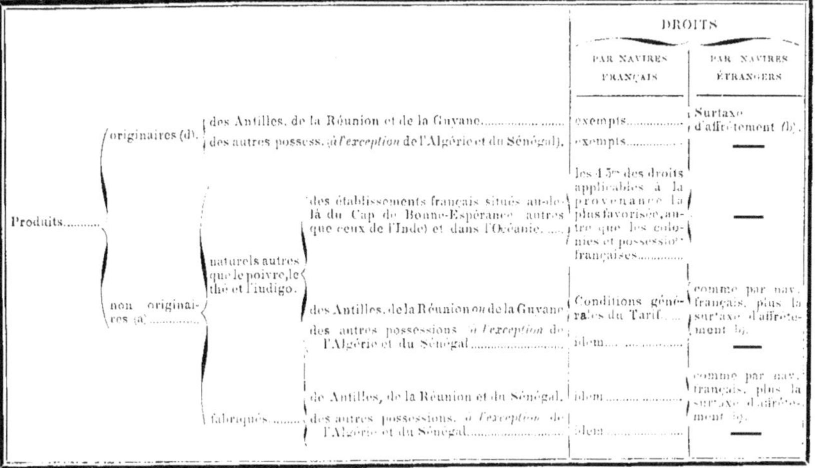

Produits			DROITS	
			PAR NAVIRES FRANÇAIS	PAR NAVIRES ÉTRANGERS
originaires (d)	des Antilles, de la Réunion et de la Guyane		exempts	Surtaxe d'affrètement (b)
	des autres possess. (*à l'exception* de l'Algérie et du Sénégal)		exempts	—
non originaires (a)	naturels autres que le poivre, le thé et l'indigo	des établissements français situés au-delà du Cap de Bonne-Espérance (autres que ceux de l'Inde) et dans l'Océanie	les 4/5es des droits applicables à la provenance la plus favorisée, autre que les colonies et possessions françaises	—
		des Antilles, de la Réunion ou de la Guyane	Conditions générales du Tarif	comme par nav. français, plus la surtaxe d'affrètement (b)
		des autres possessions (*à l'exception* de l'Algérie et du Sénégal)	idem	—
	fabriqués	des Antilles, de la Réunion et du Sénégal	idem	comme par nav. français, plus la surtaxe d'affrètement (b)
		des autres possessions (*à l'exception* de l'Algérie et du Sénégal)	idem	—

(a) Quelle que soit leur origine, les huiles de palme, de coco de Touloucouna et d'Illipe sont exemptes de droits, lorsqu'elles sont importées directement sous pavillon français, des établissements français au delà du Cap de Bonne-Espérance (autres que ceux de l'Inde et dans l'Océanie). (V. l'art. 78 des notions préliminaires).
(d) à l'exception des médicaments composés. (Cir. n° 1631).

53. *Sénégal.* — Des modérations de droits sont appliquées à plusieurs marchandises importées du Sénégal et de ses dépendances. Elles sont indiquées aux tableaux des droits. Les réductions accordées à certains produits de la Côte Occidentale d'Afrique profitent, en outre, à ceux de ces produits qui arrivent du Sénégal dans les mêmes conditions. Enfin les autres objets importés du Sénégal et de ses dépendances sont soumis aux conditions générales du Tarif. Les importations peuvent s'effectuer *sous pavillon étranger*, mais seulement de *Gorée* et de *Saint-Louis*; on leur applique le droit des arrivages par navires français augmenté de la surtaxe d'affrètement. V. l'art 58 des notions préliminaires.

54. *Établissements français dans l'Inde.* — Ces établissements sont *Pondichery, Karikal, Yanaon* et la loge de *Mazulipatam, Mahé* et la loge de *Calicut, Chandernagor* et les loges de *Cassimbazar, Jougdia, Dacca, Ballassore* et *Patna*, et enfin la factorerie de *Surate*.

Aucun privilège particulier n'est accordé aux produits de ces établissements; ils sont traités, sous le rapport du Tarif, comme les produits provenant des autres parties de l'Inde.

55. *Algérie.* — Les marchandises importées en France de l'Algérie sont traitées comme l'indique le tableau suivant.

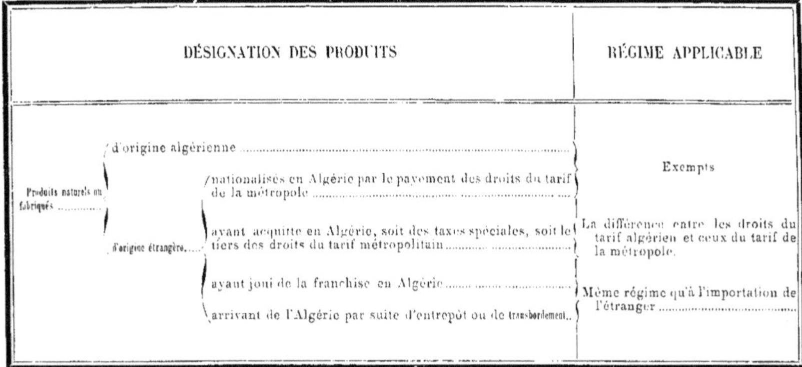

DÉSIGNATION DES PRODUITS			RÉGIME APPLICABLE
Produits naturels ou fabriqués	d'origine algérienne		Exempts
	d'origine étrangère	nationalisés en Algérie par le payement des droits du tarif de la métropole	
		ayant acquitté en Algérie, soit des taxes spéciales, soit le tiers des droits du tarif métropolitain	La différence entre les droits du tarif algérien et ceux du tarif de la métropole.
		ayant joui de la franchise en Algérie	
		arrivant de l'Algérie par suite d'entrepôt ou de transbordement	Même régime qu'à l'importation de l'étranger

Les tabacs d'origine algérienne ne peuvent être introduits en franchise que pour le compte des manufactures de l'État. En dehors de cette destination, ils restent prohibés.

A l'égard des marchandises étrangères ayant déjà acquitté en Algérie une partie des taxes du tarif de France, la douane métropolitaine doit prendre pour base du complément à recouvrer, soit le tarif conventionnel, soit le tarif général, selon que l'un ou l'autre tarif a été appliqué dans la colonie. Dans les deux cas, le droit à percevoir est celui des importations sous pavillon français. D'un autre côté, si les produits se trouvent passibles des taxes du tarif général, on n'a pas à rechercher d'où ils ont été primitivement importés en Algérie. Il y a lieu de les admettre, sans exception, au régime des importations des pays hors d'Europe ou des pays de production.

Les produits étrangers ayant joui de la franchise en Algérie sont soumis en France, suivant leur origine, au régime conventionnel ou aux droits du tarif général. Mais il y a lieu de ne les assujettir ni aux surtaxes de pavillon ni à celles d'entrepôt. Au contraire, pour les marchandises arrivant par suite d'entrepôt ou de simple transbordement, les droits à percevoir doivent être calculés d'après la provenance primitive et le pavillon sous lequel l'importation en Algérie s'est effectuée.

Les produits nommément désignés dans le tableau suivant sont les seuls qui restent soumis à des droits d'entrée en Algérie.

TABLEAU des Droits applicables, en Algérie, aux marchandises étrangères.

Sucres bruts de toute origine	10 f.	les 100 kilog.
Sucres raffinés de toute origine	15	id.
Cafés	12	id.
Poivre et piment en grains ou moulus	15	id.
Girofle { clous	50	id.
Girofle { griffes	12	id.
Cannelle de toute espèce et cassia lignea	15	id.
Muscades { en coques	50	id.
Muscades { sans coques	75	id.
Macis	75	id.
Vanille	100	id.
Tabacs { en feuilles ou en côtes	20	id.
Tabacs { fabriqués	40	id.

Fontes...
Fers en barres et rails..
Tôle...
Fils de fer...
Acier en barres, en bandes ou en tôle...
Cuivre pur ou allié, laminé...
Plomb laminé..
Produits chimiques..
Poterie fine, savoir : porcelaines, grès fin, faïence fine, et les variétés de
   faïence stannifère..
Verres autres que les verres à vitres et cristaux..
Papiers...
Machines et mécaniques de toute sorte à vapeur ou autres, en appareils complets
   ou en pièces détachées, autres que les machines et mécaniques servant à
   l'agriculture..
Outils autres que les outils aratoires..
Armes de commerce...
Ouvrages en métaux de toute sorte, autres que ceux servant à l'agriculture..........

le taux des Droits applicables dans la Métropole

ART. 4

RÈGLES PARTICULIÈRES AUX IMPORTATIONS DE L'ALGÉRIE, DES COLONIES ET DES POSSESSIONS FRANÇAISES, AINSI QUE DES ÉTABLISSEMENTS FRANÇAIS DANS L'INDE.

56. L'importation des produits doit être *directe*, sauf les exceptions indiquées à l'article 25 des notions préliminaires.

57. Les transports ne peuvent être généralement effectués que sous pavillon Français. Cependant il est permis aux navires étrangers (Britanniques et autres) de transporter en France les produits naturels ou fabriqués qu'ils ont pris aux Colonies des Antilles, à la Réunion, dans les ports de Gorée *et* de Saint-Louis (*Sénégal*).

58. Quand, en pareil cas, une taxe particulière n'est pas indiquée, aux tableaux des droits, à l'égard des produits importés dans ces conditions, *sous pavillon étranger*, ces produits sont assujettis, en sus des droits d'entrée applicables aux importations *sous pavillon Français*, au payement d'une *surtaxe*, dite *d'affrètement*, laquelle est fixée comme il suit, d'après la provenance.

Marchandises importées	de la Réunion.. par tonneau F. 30.—	
	de la Martinique et de la Guadeloupe.. id. » 20.—	décimes en sus
	de Gorée et de Saint-Louis (Sénégal)..... id. » 20.—	
	de la Guyane.. id. » 10.—	

Voir à la suite des tableaux des droits d'entrée, le tarif de la composition du tonneau d'affrètement, arrêté pour l'exécution de cette disposition.

CHAPITRE 4

Droits de Sortie

59. Il n'existe plus de prohibition à la sortie et les seules marchandises qui soient encore assujetties à des droits, au moment de leur exportation à l'étranger sont les suivantes :

Chiffons autres que de laine pure et drilles *de toute espèce* { jusqu'au 31 Décembre 1868   F. 6.— les 100 kil. B
{ à partir du 1er Janvier 1869 }   » 4.—   id.
Vieux cordages goudronnés ou non...
Pâte à papier.. » 12.— les 100 kil. N

Les étoupes ou déchets du teillage du lin ne doivent pas être considérés comme drilles. Il en est de même pour les chiffons de soie et, *jusqu'à nouvel ordre*, pour les déchets de filature de coton, enfin on ne traite comme vieux cordages que ceux dont l'état ne permet plus de les affecter à leur destination première.

Il n'y a pas lieu de distinguer entre les vieux cordages en chanvre et ceux qui sont fabriqués avec un autre végétal.
Les étoupes de vieux cordages sont assimilées aux vieux cordages eux-mêmes.

CHAPITRE 5

Recettes accessoires perçues par les Douanes

ART. 1er

DROITS DE NAVIGATION ET DE PÉAGE, ETC.

60. Les Droits de tonnage et d'expédition ont été supprimés à partir du 1er Janvier 1867 ; mais ils peuvent être remplacés par des taxes spéciales destinées à des travaux d'amélioration dans certains ports. Le recouvrement de ces taxes est effectué par le service des Douanes, soit au compte du Trésor, si le gouvernement fait exécuter les travaux, soit au compte des villes, quand celles-ci supportent les dépenses.

61. Les taxes suivantes sont les seules qui aujourd'hui continuent d'être perçues au profit de l'État sous le titre de Droits de navigation.

NATURE DES DROITS	DÉSIGNATION DES NAVIRES.		UNITÉS sur lesquelles portent les droits.	QUOTITÉS DES DROITS
Droit de francisation...............	Bâtiments au-dessous de 100 tonneaux................................		Par tonneau	9 centimes
	— de 100 tonneaux à 200 exclusivement............................		Par bâtiment	18 francs
	— de 200 tonneaux à 300 inclusivement............................		Par bâtiment	24 francs
	Pour chaque 100 tonneaux au-dessus de 300........................			6 francs
Droit de congé.....................	Navires français faisant la pêche sur les côtes de France...........	de 50 tonneaux et au-dessus...........	Par acte	6 francs
		au-dessous de 50 tonneaux...........	Par acte	3 francs
	Autres navires français............	au-dessous de 30 tonneaux { pontés................	Par acte	1 franc
		au-dessous de 30 tonneaux { non pontés...........	Par acte	1 franc
		de 30 tonneaux et au-dessus...........	Par acte	6 francs
Droit de passe-port............	Navires étrangers..		Par acte	1 franc
Droits de permis et de certificat............	Navires français et navires étrangers assimilés....................		Par acte	50 centimes
	Navires étrangers autres..		Par acte	1 franc

Tous ces Droits sont passibles du double décime.

Sont assimilés aux navires français, pour le payement des Droits de Permis et de Certificats, les bâtiments portant le pavillon des puissances ci-après, savoir : Américains; Anglais autres que Smogleurs venant des possessions britanniques en Europe, ou y allant; Autrichiens; Belges venant de Belgique, ou y allant; Boliviens; Brésiliens; Chiliens; de Costa-Rica; Danois; Dominicains venant d'un port de la République Dominicaine ou y allant; Équatoriens; Espagnols; des États-Pontificaux; Grenadins (Nouvelle-Grenade) Guatémaliens; Havaïens, Honduriens; Italiens, venant d'Italie ou y allant; Mecklembourg Schwérin, venant du Mecklembourg-Schwérin, du Zollverein et des ports Anséatiques ou y allant; Mexicains; Néerlandais, venant des ports des Pays-Bas et des Indes orientales Néerlandaises ou y allant; Nicaraguayens; du Paraguay; Péruviens; Portugais venant des possessions britanniques en Europe et dans tous les cas d'application du traité; Russes venant des ports Russes ou y allant; Salvadoriens; Suédois et Norwégiens, venant du Royaume-Uni ou y allant; de l'Uruguay, Vénézuéliens; des villes libres Anséatiques, venant des ports Anséatiques et des ports du Zollverein ou y allant; du Zollverein, venant des Ports du Zollverein, des ports de l'Elbe, du Weser et de la Trave ou y allant.

Les Droits de Permis et de Certificat ne sont pas perçus à Marseille. Sont, en outre, exempts du Droit, les Permis délivrés dans les cas ci-après :

1° Navires de tous pavillons ; Effets des Marins ; Effets des Voyageurs ; Marchandises transbordées ; Marchandises débarquées d'un navire qui ne peut sortir du port ; Cargaisons provenant de naufrage ou d'épaves ;

2° Navires français, venant d'un port de France ou d'une possession française d'Outre-Mer ou y allant ; Provisions de bord ; Ustensiles de pêche et produit de la pêche faite sur les côtes ; Marchandises provenant de prises ;

3° Navires étrangers ; Cargaisons des navires autorisés à faire le cabotage.

Art. 2.

DROITS A L'ENTRÉE DES VOITURES DE VOYAGEURS.

62. Les voitures des voyageurs qui viennent séjourner plus d'un mois en France, et dont *l'importation est prohibée*, sont assujetties à la consignation du tiers de leur valeur réelle. Un quart de la consignation est attribué au Trésor et porté *immédiatement* aux recettes accessoires. Le surplus est repris en recette aux consignations et remboursé aux ayants droit s'ils justifient du renvoi des voitures à l'étranger *Loi du 27 Juillet 1822 ; déc. min. du 11 Septembre 1857 ; circ. adm. du 16, n° 492*.

A défaut d'exportation dans les délais fixés la somme inscrite aux consignations est acquise au Trésor.

Les voitures suspendues importées d'Angleterre, de Belgique, d'Italie, etc., n'étant plus prohibées à l'entrée, les dispositions ci-dessus ne leur sont pas applicables.

S'il y a consignation, elle est du montant intégral des droits. Ceux-ci sont ensuite remboursés en totalité, s'il y a lieu. La recette et la dépense figurent aux opérations de trésorerie à l'article Consignations sur chevaux et bêtes de somme. *Circ. de la compt., n° 89*.

Art. 3.

DROIT DE TIMBRE DES EXPÉDITIONS, ETC.

63. Les actes délivrés par les Douanes portent un timbre particulier, dont le Droit est établi comme suit, sans addition du décime :

Acquits-à-caution, actes relatifs à la navigation et commissions d'emploi, F. 0.75 c.; quittances de droits au-dessus de dix francs, F. 0.25 ; toutes les autres expéditions, F. 0.05 Loi du 28 Avril 1816, art. 19.

L'administration fait appliquer le timbre et compte de son produit. Quant aux actes judiciaires dressés par ses agents ils sont assujettis au timbre ordinaire de l'enregistrement. (*Même loi et même article*).

Sont exempts du droit de timbre sur les expéditions ; les acquits-à-caution et passavants délivrés pour la circulation, dans le rayon, des bêtes à cornes et des bêtes à laines ; les expéditions de pacage et de circulation délivrées pour les porcs ; les brevets de contrôle pour les sels ; les permis d'embarquer, de débarquer, de sortie d'entrepôt et autres, à l'exception des permis d'enlèvement des résidus de fabrication des sels ignigènes, et des permis de réexportation, qui sont assujettis au timbre de 5 centimes.

Quand, par suite d'une erreur dans l'application du tarif, le service est dans le cas d'opérer une perception supplémentaire, il n'y a pas lieu d'exiger le timbre de la nouvelle quittance dont la souche est annotée en conséquence.

Art. 4.

BREVETS DE FRANCISATION DES NAVIRES

64. Au moment de la délivrance de l'acte, les receveurs perçoivent, pour chaque Brevet, une somme de F. 0.68 c., qui représente le prix du parchemin.

Art. 5.

DROITS DE SORTIE DES COLONIES FRANÇAISES.

65. Ces Droits ne sont plus exigibles que dans les colonies de la Guyane et du Sénégal, sur les marchandises expédiées à destination de la métropole. Leur quotité est d'un demi pour cent de la valeur. Ils sont perçus en France, par le service des Douanes, lorsqu'il n'est pas justifié de leur payement au lieu de chargement. Les restes de provisions de bord en sont exemptés.

Art. 6.

FONDS REÇUS DES COMMUNES POUR SUBVENIR AUX FRAIS DE SURVEILLANCE DES ENTREPOTS A L'INTÉRIEUR ET AUX FRONTIÈRES.

66. Les villes qui demandent l'établissement d'un entrepôt de l'espèce, doivent pourvoir à la dépense qu'exige leur surveillance par le service des Douanes.

Le chiffre de la subvention est déterminé par l'administration.

Ces dispositions ne sont applicables qu'aux entrepôts créés postérieurement à la loi du 10 Août 1839, qui a mis à la charge de l'État les frais de surveillance des entrepôts alors existants.

Art. 7

INDEMNITÉ REÇUE DES FABRICANTS DE SOUDE POUR FRAIS D'EXERCICE

67. Les fabriques et usines qui sont autorisées à employer du sel en franchise de la taxe de consommation, sont soumises à la surveillance des agents des Douanes (*décret du 13 Décembre 1862*).

Pour couvrir le trésor des frais d'exercice, le fabricant est tenu de verser à la caisse du receveur principal de la circonscription, une redevance de 30 centimes par 100 kil. de sel livrés en franchise de la taxe de consommation. (*Même décret*).

Le chef de service de l'usine adresse au receveur principal, à l'expiration de chaque trimestre, un bulletin indicatif de la quantité de sel employée, pendant cette période, à la fabrication de la soude. (*Circ. adm. du 22 Décembre 1862, n° 872*).

Art. 8

DROITS DE MAGASINAGE ET DE DÉPOT OU DE GARDE

68. Ces droits ont été établis principalement dans le but d'amener le commerce à fournir, sans retard, les déclarations exigées. Elles sont aussi destinées à indemniser l'État de frais de construction ou de location des bâtiments affectés au dépôt des marchandises.

69. Le droit de magasinage est, selon le cas. de 1 p. % ou de 1 2 p. % de la valeur de l'objet emmagasiné.

Le droit de garde est de 1 centime un quart par jour et par 50 kilogrammes ou par chaque colis au-dessous de ce poids, sans qu'il puisse jamais excéder 1 p. % de la valeur.

Aucun de ces droits n'est passible du décime.

Ils sont perçus à partir du neuvième jour de l'inscription du dépôt sur les registres de la douane. Toutefois, dans les cas prévus par l'article 22 de la loi du 9 février 1832, ils sont exigibles à partir du jour même où le dépôt a été constitué.

Les objets devenus la propriété de l'Etat, par suite d'abandon ou par toute autre cause, et qui sont vendus à son profit, sont affranchis de ces taxes.

70. Le droit de magasinage de 1 p. % de valeur, est dû :

Pour les marchandises présentées à l'entrée ou débarquées d'office, à l'égard desquelles il n'a pas été fourni de déclarations en détail, dans les délais prescrits par la loi ;

Pour les marchandises constituées en dépôt par application de l'article 22 de la loi du 9 Février 1832.

Ce droit n'est exigible qu'autant que les marchandises restent déposées dans les magasins de la douane. Quand, à défaut d'emplacement dans ces magasins, elles sont placées dans le local de l'entrepôt réel, l'administration de l'entrepôt perçoit directement, d'après ses tarifs, le magasinage.

Le droit de magasinage de 1 2 p. % de la valeur, est perçu sur les marchandises provenant d'un bâtiment entré en détresse dans un port de France, lorsque ces marchandises sont placées dans les magasins fournis par la Douane. Il est dû, dans ce cas, quelle que soit la durée du dépôt. Si les marchandises sont placées, avec l'autorisation de la Douane, dans des magasins loués par les intéressés, le droit cesse d'être exigible.

71. Le droit de garde de 1 centime 1 4 par jour et par 50 kilogrammes, est exigible :

Sur les marchandises qui, après avoir été régulièrement déclarées et même acquittées, soit à l'entrée, soit à la sortie, sont délaissées en Douane ;

Sur les marchandises provenant de saisies, dont les acquéreurs n'ont pas pris livraison, ou qu'ils n'ont pas réexportées dans le délai de trois mois ;

Sur les marchandises provisoirement retenues en douane, qui ne sont pas retirées après que l'administration en a autorisé la remise ou la réexportation ;

Sur les marchandises françaises renvoyées de l'étranger et retenues en Douane en attendant l'autorisation de l'administration pour leur réadmission ;

Sur les objets mobiliers appartenant à des étrangers qui viennent s'établir en France, ou à des Français qui rentrent dans leur patrie ;

Sur les effets ou autres objets hors de commerce qui appartiennent à des voyageurs ;

Enfin, dans tous les cas non prévus ci-dessus, qui donnent lieu au dépôt momentané de marchandises ou d'effets quelconques dans les magasins de la Douane.

Art. 9.

PLOMBAGE ET ESTAMPILLAGE

72. Le plombage est gratuit quand il s'agit d'expédition de cabotage, de mutation d'entrepôt par mer ou de transbordements, à destination d'un port de France ou des colonies françaises. (*Déc. du 21 Mars 1852 ; circ. adm. du 23, n° 20.*)

Le prix des plombs apposés par les Douanes, dans les autres cas prévus par les règlements, est de 50 centimes par plomb. Ce prix comprend, outre la fourniture de la matière première, celle des cordes et ficelles, ainsi que les frais de main-d'œuvre et d'apposition des plombs. Toutefois, à la Douane de Paris, les frais de cordage et d'emballage sont à la charge des expéditeurs.

Les plombs ne sont payés que 25 centimes dans les cas ci-après ;

1° A la réexportation directe, par mer, des marchandises extraites des entrepôts ;

2° Pour le second plombage, dans tous les cas où il est prescrit par les règlements ;

3° Pour les marchandises de primes ou de transit qui, après avoir été vérifiées dans un port ou bureau de sortie qui ne touche pas immédiatement à l'étranger, sont remises sous le sceau des Douanes pour en assurer le passage définitif en haute mer ou à l'étranger ;

4° Pour les marchandises expédiées sous le régime du transit international, dirigées sur les entrepôts de l'intérieur et des frontières de terre ou extraites de ces entrepôts pour le transit ou à destination d'autres entrepôts ;

5° Pour les céréales expédiés en transit ;

6° Pour les morues sèches, de pêche française, expédiées aux colonies sous réserve de la prime supérieure ;

7° Pour les morues ne jouissant que de la prime inférieure, qui sont assujetties à la formalité du plombage dans les ports de Nantes, Bordeaux, Bayonne et Marseille. (*Loi du 2 Juillet 1836 ; déc. adm. des 10 Octobre 1848 et 4 Juin 1857*).

Le prix des plombs et de la ficelle est réduit à 10 centimes :

1° Pour les sels expédiés par terre, ou par la voie fluviale, à toutes les destinations emportant immunité de la taxe de consommation [*] ;

2° Pour les sels mélangés (chlorures de sodium impurs) obtenus dans les fabriques de produits chimiques, et expédiés à destination des entrepôts, des usines ou des établissements autorisés à en faire emploi en franchise des droits. (*Déc. du 11 Août 1851 ; circ. n° 2453*).

Dans tous les autres cas où il y a lieu d'apposer des cachets, timbres et estampilles, le prix de chaque empreinte est fixé soit à 10 centimes, soit à 5 centimes et même à 1 centime et à 1 2 centime. (*Voir les circ.* n°s 363, 811, 1456, 1624, 1971, 2037, 2293, 2306).

Art. 10

TAXE DE CONSOMMATION DES SELS

73. La quotité de cette taxe est de F. 10 par 100 kil., pour le sel consommé sur le continent, et de F. 7 50 pour celui qui est employé dans l'Ile de Corse. (*Lois des 28 décembre 1848 et 24 avril 1818*).

Le Sel employé à l'alimentation des bestiaux, peut être admis sous certaines conditions, au droit de F. 5 par 100 kil.

Une allocation ou remise est accordée, à titre de déchet, sur les sels enlevés des lieux de production en France, elle est réglée ainsi qu'il suit :

Sels bruts récoltés sur les marais salants de l'Océan et de la Manche	5 p.	%
Sels bruts récoltés sur les marais salants de la Méditerranée, — expédiés par mer et en vrac, des ports de la Méditerranée sur ceux de l'Océan ou de la Manche	5 »	%
— Dans tout autre cas	3 »	%
Sels étuvés, des marais salants de l'Ouest, Sels ignigènes, Sels gemmes et Sels raffinés — expédiés par mer et en vrac	5 »	%
— Dans tout autre cas	3 »	%

(*Décrets des 28 juillet 1849 et 23 avril 1858*).

La remise, dont il s'agit, n'est accordée que sur les sels livrés à la consommation : elle est allouée à celui qui paye les droits.

La taxe de consommation des sels peut, dans certains cas, être acquittée en effets de crédit, ou en numéraire avec escompte. (Voir les articles 8 et 10 des notions préliminaires). Elle est perçue par le service des Douanes sur les sels exploités dans les lieux voisins des côtes et frontières.

Quant aux sels destinés à la fabrication de la soude, ils sont affranchis de la taxe de consommation. (*Loi du 2 juillet 1862, art. 16*). V. en ce qui les concerne l'article 67 des *notions préliminaires*.

Art. 11

DROITS SANITAIRES

74. La police sanitaire est organisée dans tous les ports de France, conformément aux dispositions de la loi du 3 Mars 1822, et de l'ordonnance du 7 Août suivant. Elle a pour but d'empêcher les communications qui pourraient apporter, dans un pays sain, les germes d'une maladie pestilentielle existant au-dehors.

La police sanitaire locale est exercée, sous la surveillance des préfets, par des intendances et par des commissions relevant du département de l'agriculture et du commerce.

Les droits dus à l'État, pour subvenir aux frais du service sanitaire, sont rangés parmi les contributions et revenus publics. Les receveurs principaux des Douanes sont appelés à en recouvrer la généralité et les inspecteurs à en assurer l'exacte application. (*Loi du 24 Juillet 1843; Régl. min. du 5 décembre suivant.*)

Ces Droits ne sont pas compris dans les avis mensuels des recettes adressés au ministre; ils figurent au budget parmi les produits divers. (*Cir. de la compt. du 6 Décembre 1853*).

Les receveurs principaux des Douanes encaissent et centralisent le montant des Droits sanitaires, soit que les taxes aient été recouvrées directement dans leur bureau ou par les receveurs particuliers de leur principalité, soit que la perception en ait été faite par les receveurs spéciaux établis dans certains ports.

---

[*] Les sels d'origine française renfermés dans des sacs d'un poids uniforme peuvent être expédiés par terre, sur les entrepôts intérieurs, en exemption du plombage. (*Décret du 26 Février 1853*).

TARIF DES DOUANES FRANÇAISES

PREMIÈRE PARTIE

TAXES PERÇUES A L'IMPORTATION

Tableaux de Droits d'Entrée applicables:

1° En vertu des dispositions des Lois générales et des Tarifs conventionnels. (A)

2° A certains produits importés des Colonies et possessions Françaises. (B)

(A) Les Tarifs conventionnels sont applicables aux produits désignés dans les tableaux suivants, lorsqu'ils sont importés des pays désignés à l'article 30 des Notions préliminaires.

(B) Voir l'article 52 des Notions préliminaires pour le régime applicable aux produits provenant des Colonies ou possessions Françaises, qui ne sont pas nommément taxés en raison de leur provenance, dans les tableaux suivants. — Voir aussi pour le régime de l'Algérie, l'article 55.

ASSIMILATIONS ET RENVOIS AUX AUTRES TABLEAUX DES DROITS	NOTES EXPLICATIVES

ASSIMILATIONS ET RENVOIS AUX AUTRES TABLEAUX DES DROITS

ABACA, v. Végétaux filamenteux, cordages, fils ou tissus, selon l'espèce.

ABLETTE, v. Écailles d'.

ABSINTHE (Extrait d'). v. Boissons distillées (Liqueurs).

ACACIA (Gomme d'), v. Gommes pures exotiques; — (Gousses d'), v. Gousses tinctoriales; — (Suc extrait du fruit de l'), v. Sucs d'espèces particulières (Sucs végétaux desséchés) non dénommés.

ACCOLADES, v. Caractères d'imprimerie.

ACÉTATES d'aluminate, v. Produits chimiques non dénommés; — de plomb liquide (*extrait de saturne*), v. Médicaments composés non dénommés; — autres, v. Sels.

ACIDES acétique et pyroligneux, v. Boissons fermentées, vinaigre de vin ou de bois; — margarique, même droits que l'acide stéarique; — non dénommés, v. Produits chimiques non dénommés.

ACIER non ouvré, v. Fers, etc.; — pour ressorts de montres ou de pendules, v. Fournitures d'horlogerie; — en planches pour la gravure non poli, v. Acier en tôle; — poli et pour ressorts de voitures, de fusil, de tourne-broches ou autrement ouvré, v. Ouvrages en métaux.

ADRAGANTE (Gomme), v. Gommes pures exotiques.

ÆSUSTUM (*cuivre brûlé*), v. Oxyde de cuivre.

ÆRITES ou pierres d'aigle, v. Pierres servant aux arts (pierres ferrugineuses non dénommées).

AFFICHES imprimées, même régime que les livres, v. Livres.

AFFUTS de bouches à feu, même régime que les armes de guerre d'affût, v. Armes, etc.

AGAVÉ, v. Cordages *ou* végétaux filamenteux.

AGNEAUX, v. Bestiaux.

AGRAFES, en cuivre doré ou argenté, v. Ouvrages en cuivre non dénommés; — en fil de cuivre ou de fer même étamées, v. Mercerie.

AIGUILLES, autres qu'à coudre et que celles-ci après, v. Mercerie; — d'emballage, à matelas et à voiles *dites carrelets*, v. Outils de pur acier; — de montres et de pendules, en argent et en or, v. Bijouterie; — en or faux, v. Ouvrages en cuivre non dénommés; — autres, v. Fournitures d'horlogerie; sans tête ou à tête cassée et à tricoter (*broches*), v. Mercerie.

NOTES EXPLICATIVES

1. — ABEILLES. Les ruches renfermant des rayons dont les essaims ont été étouffés, suivent le régime du miel.

2. — ACIDES. L'acide acétique ou pyroligneux, provenant de la distillation du bois, est repris, parmi les boissons, sous la dénomination de vinaigre.

3. — ACIDE ARSÉNIEUX. Les importateurs sont dans l'obligation de lever, au bureau d'entrée, un acquit-à-caution indiquant la quantité introduite, le nom du destinataire, sa résidence et de rapporter cette pièce revêtue d'un certificat de décharge délivré par l'autorité municipale du lieu de destination.

4. — ACIDE CITRIQUE. *Citrate de chaux.* On assimile à l'acide citrique, le jus d'épine-vinette qui sert principalement à lustrer les peaux teintes en noir. Le citrate de chaux est une poudre blanche ou jaunâtre qui, calcinée, donne l'odeur du caramel et un résidu insipide que les acides dissolvent avec effervescence (carbonate de chaux).

5. — ACIDE GALLIQUE. Il est en prismes déliés, d'un éclat soyeux et précipite en noir bleuâtre très-intense les sels de sesquioxyde de fer. Sous l'influence de la chaleur solaire, il réduit rapidement l'azotate d'argent et le perchlorure d'or.

6. — ACIDE HYDROCHLORO-NITRIQUE. Ce n'est autre chose que l'eau régale. Il est soumis à la même taxe que l'acide hydrochlorique.

7. — ACIDE OLÉIQUE. C'est l'oléine amenée à l'état d'acide par des procédés chimiques. (V. la note 8.) Il est liquide, combustible et tient le milieu entre l'huile et l'alcool. Il est insoluble dans l'eau pure et soluble dans l'eau bouillante tenant la potasse ou de la soude en dissolution. La couleur de ce produit varie du jaune paille au jaune brun.

Cette substance est brûlée dans les lampes d'émailleur; elle est aussi employée dans la fabrication des savons communs.

8. — ACIDE STÉARIQUE. Le Suif, le Saindoux et les autres graisses sont formés de deux substances la stéarine et l'oléine que l'on convertit par des procédés chimiques en deux acides, l'acide stéarique et l'acide oléique.

L'acide stéarique en masse entre principalement dans la fabrication des bougies dites stéariques, de l'Étoile, etc. Il est en plaques nacrées à cassure cristalline, soluble dans l'alcool et dans l'eau bouillante tenant en dissolution de la soude ou de la potasse.

On assimile à l'acide stéarique, la paraffine brute ou purifiée importée des pays contractants.

9. — AGARIC. Les agarics (autres que ceux de chêne et de mélèze) qui sont connus sous les noms de *Colet*, de *Phallus*, etc., rentrent dans la classe des *champignons*, lorsqu'ils sont bruts ou dans celle des *médicaments composés* non dénommés lorsqu'ils ont été préparés.

10. — AGATES. Les agates montées en or ou en argent rentrent dans la classe de la bijouterie. Cette disposition s'applique à toutes les pierres à bijoux en général.

11. — AGRÈS ET APPARAUX DE NAVIRES. Les objets en métal, qui font partie du mobilier des navires, ne sont pas considérés comme agrès et apparaux. Ils suivent le régime qui leur est propre (ouvrages en métaux selon l'espèce). Il en est de même des machines à vapeur auxquelles on applique le droit qui les affecte. Il n'y a d'exception que pour celles qui sont installées à bords des bâtiments de mer importés en France, celles-ci sont admises en franchise à moins que le navire ne soit affecté à la navigation fluviale. (V. la note 114) enfin, les canons, les fusils et autres armes de toute sorte composant l'armement d'un navire ne suivent dans aucun cas, à l'entrée, le régime des agrès et apparaux.

Les ancres, câbles et autres agrès achetés à l'étranger, en cours de voyage, par des capitaines de navires français, pour remplacer des *objets similaires*, perdus par suite d'événements de mer, sont admis en franchise lorsque la nécessité du remplacement est régulièrement établi par des attestations de nos agents consulaires. Quand l'objet acheté ne diffère que sous le rapport du poids de celui qu'il remplace, l'excédant seul est soumis au droit.

Les voiles en coton ou en tissus de chanvre, etc., mélangé de coton sont prohibées à l'entrée à moins d'être importées des pays contractants.

Toutes les ancres qui en proviennent sont uniformément taxées quels que soient leur poids et leurs dimensions. Il en est de même des chaînes destinées pour la marine ou pour *tout autre usage*, tandis que venant d'ailleurs les chaînes-câbles doivent remplir les conditions suivantes :

1° Être composées de maillons armés d'entre-toises ou contreforts; à l'exception des chaînes d'un calibre inférieur à 20 millimètres ; 2° Avoir au moins, 150 mètres de longueur. 3° Être divisées en bouts égaux en longueur entre eux, cette longueur pouvant varier de 25 à 30 mètres. 4° Tous les bouts sont composés uniformément de maillons ordinaires et de mailles d'assemblage. 5° Enfin on ajoute à l'extrémité de la chaîne, un chaînon court dans lequel on réunit l'émerillon ou maille tournante et la maille d'assemblage de la chaîne avec l'organeau de l'ancre.

Quant aux câbles en fils de fer et d'acier provenant des pays contractants, ils suivent le régime des ouvrages non dénommés en fer ou en acier, selon l'espèce. Importés de partout ailleurs ils sont atteints par la prohibition qui frappe ces mêmes ouvrages.

Le droit applicable aux ancres draguées profite aux câbles en fer, en chanvre, etc., ainsi qu'aux bouts de chaîne attenant aux ancres, pourvu que les objets (ancres, chaînes, etc.) aient été retirés par des dragueurs français du fond des ports et rades, tant en France qu'en Algérie, à la Réunion, à la Guyane et dans nos colonies des Antilles.

Les ancres et chaînes provenant du naufrage des navires Anglais, Belges ou Italiens peuvent être admises au bénéfice du tarif conventionnel, de quelque pays que vienne le navire et nonobstant l'absence de justification d'origine, s'il ne s'élève pas de doute sur leur nationalité.

Les débris de navires recueillis en mer ou sur les côtes sont assimilés aux agrès et apparaux non dénommés, à l'exception toutefois des ouvrages en métaux qui suivent le régime qui leur est propre.

12. — AIGUILLES A COUDRE. v. ci-contre les assimilations et renvois quant au régime applicable aux aiguilles autres qu'à coudre, et la note relative aux ouvrages en fer, s'il s'agit d'aiguilles et broches à tricoter en fer, des pays contractants.

DESIGNATION DES MARCHANDISES L'astérisque (*) indique que les droits mentionnés ci-contre comprennent les deux décimes.	UNITÉS sur lesquelles portent les droits	QUOTITÉ DES DROITS par navires français et des pays contractants par terre	par navires étrangers et d'ailleurs que de pays contractants par terre
		fr. c.	fr. c.
A			
ABEILLES (Essaims d') ruches comprises (1)	la ruche	exempts	exempts
ACIDES (2) — arsénieux, arsénic blanc (3) — des pays contractants	100 kil. B.	exempts	0.25*
d'ailleurs	id.	1.00	1.10
benzoïque — des pays contractants	id.	exempt	0.25*
d'ailleurs — des pays hors d'Europe	id.	exempt	2.50
des entrepôts	id.	2.50	2.50
borique — des pays contractants	id.	exempt	0.25
d'ailleurs	id.	0.25	0.25
citrique — des pays contractants	id.	exempt	0.25*
d'ailleurs — liquide (jus de citron) de 35° et au-dessous	1 kil. B.	0.01	0.05
naturel ou concentré au-dessus de 35°	1 kil. N.	1.50	1.60
cristallisé	1 kil. N.	1.50	1.60
combiné avec la Chaux (citrate de Chaux) (4)	1 kil. B.	0.01	0.05
gallique (5) — des pays contractants	100 kil. B.	exempt	0.25*
d'ailleurs	id	prohibé	prohibé
hydrochlorique (acide muriatique, acide marin ou esprit de sel)	id.	0.30*	0.30*
hydrochloro-nitrique (acide nitro-muriatique ou eau régale) (6)	100 kil. N.	62.00	67.60
nitrique — des pays contractants	100 kil. B.	exempt	0.25*
d'ailleurs	100 kil. N.	90.60	98.60
oléique (7)	100 kil. B.	exempt	exempt
oxalique — des pays contractants	id.	10.00*	11.00*
d'ailleurs	100 kil N.	70.00	76.00
phosphorique	id.	62.00	67.60
stéarique (8) — en masse	100 kil. B.	exempt	exempt
ouvré — bougies	la valeur	5 p. %*	5 p. %
autre	id.	5 p. %*	5 p. %
sulfurique (acide vitriolique, huile de vitriol, etc.) — des pays contractants	100 kil. B.	exempt	0.25*
d'ailleurs	100 kil. N.	41.00	45.10
tartrique — des pays contractants	100 kil. B.	exempt	0.25*
d'ailleurs	100 kil. N.	70.00	76.00
AGARIC (9) — de chêne ou amadouvier — brut	100 kil. B.	exempt	exempt
préparé (amadou)	id.	2.00*	2.20*
blanc ou de mélèze	id.	exempt	exempt
AGATES — brutes	id.	exempts	exempts
ouvrées (mais non montées) (10)	la valeur	10 p. %*	10 p. %
AGRÈS et APPARAUX de navires (11) — voiles de navires confectionnées: *même régime que le tissu dont elles sont formées.*			
ancres — des pays contractants	100 kil. B.	8.00*	8.80*
d'ailleurs — de 250 kil. et au-dessous	100 kil. N.	15.00	16.50
au-dessus de 250 kil	100 kil. B.	10.00	11.00
draguées de tout poids	id.	1.00	1.00
câbles en fer pour la marine — des pays contractants	id.	8.00*	8.80*
d'ailleurs	100 kil. N.	37.50	41.20
autres	la valeur	10 p. %	10 p. %
AIGUILLES à coudre (12) — des pays contractants — ayant moins de 5 centimètres de longueur	100 kil. N.	200.00*	212.50*
ayant 5 centimètres ou plus	id.	100.00*	107.50*
d'ailleurs, ayant de longueur — 4 centimètres ou moins	1 kil. N.	8.00	8.80
de 4 centimètres excl. à 5 centimètres incl.	id.	5.00	5.50
plus de 5 centimètres	id.	2.00	2.20

ASSIMILATIONS ET RENVOIS AUX AUTRES TABLEAUX DES DROITS	NOTES EXPLICATIVES
Alambics, *v.* Machines etc. — appareils à distiller, en cuivre.	**13.** — Albatre. L'albâtre *pulvérisé* est assimilé à l'albâtre *brut*. On traite comme albâtre moulé les pommes de canne, les manches de couteau, etc., en pâtes coloriées dont l'albâtre est la base et qui imitent le marbre, l'ivoire, etc.
Alana, *v.* Pierres servant aux arts.	**14.** — L'albumine brute s'obtient par la simple dessication des blancs d'œufs. On l'emploie pour l'impression des étoffes. Elle est ordinairement importée en plaques ou écailles transparentes et le plus souvent en poudre.
Albums, des pays contractants, *v.* Carton; — d'ailleurs, *v.* Mercerie ou tabletterie non dénommée, selon l'espèce.	**15.** — Alcalis. Les alcalis provenant d'ailleurs que des pays contractants, dont le droit n'est pas indiqué ci-contre, rentrent dans la classe des produits chimiques non dénommés et sont à ce titre prohibés.
Alcalimètre, *v.* Instruments de calcul.	**16.** — Salin de betterave. — Ce produit n'est dénommé que dans le tarif conventionnel. Il présente les caractères du carbonate de potasse et du chlorure de potassium. On admet comme salin de betteraves les produits de l'espèce dont le *sodium*, ramené à l'état de carbonate de soude, n'excède pas les proportions *maxima* tolérées dans les soudes de varech. (*v.* pour celles-ci la note 23).
Alcali-volatil. (Ammoniaque), *v.* Produits chimiques non dénommés.	**17.** — Carbonate de soude. Les natrons *artificiels* suivent le régime des cristaux de soude. Le natron *naturel* est exclu du bénéfice du traité.
Alcools, *v.* Boissons distillées.	**18.** — Aluminate de soude. Poudre blanche, soluble dans environ six fois son poids d'eau; elle n'est spécialement taxée que dans le tarif conventionnel.
Alcoomètre, *v.* Instruments de calcul.	**19.** — Bi-carbonate de soude **20.** — Silicate de soude **21.** — Hyposulfite de soude Venant d'ailleurs que des pays contractants, ils sont traités comme produits chimiques non dénommés.
Alènes, *v.* Outils de pur acier.	
Alizari, *v.* Garance.	**22.** — Sels de soude non dénommés. Tous les sels de soude venant des pays contractants et qui ne sont pas nommément désignés ci-contre rentrent dans cette classe. *v.*, pour ceux qui sont importés *d'ailleurs*, la note suivante relative aux *soudes*.
Almanachs, *v.* Livres.	
Aloès (Fibres et filasse d'), *v.* Végétaux filamenteux; — (Ouvrages en fibres d'), *v.* Vannerie ou Mercerie fine, selon l'espèce; — (Sucs d'), *v.* Sucs d'espèces particulières; — (Cordages d'), *v.* Cordages.	**23.** — Soudes. La soude proprement dite est divisée par le tarif conventionnel en trois catégories, la soude de varech, la soude caustique et la soude artificielle brute.
Aloses, *v.* Poissons d'eau douce.	La première, pour être admissible comme soude de varech, doit titrer au moins **20** degrés à l'alcalimètre. Au-dessous de ce titre elle rentre dans la classe des produits chimiques non dénommés.
Alpaca ou Alpaga, *v.* Laines, Fils de ou Tissus de.	La soude caustique est en masses amorphes d'un blanc grisâtre; elle altère rapidement la peau, se liquéfie à l'air et s'effleurit ensuite en poudre blanche de carbonate de soude.
Alpagattes (Souliers de cordes), *v.* Vannerie en végétal coupé.	La soude artificielle brute est en morceaux gris, souvent boursouflés, dans lesquels on distingue des fragments de charbon.
Alquifoux, *v.* Plomb (Minerai de).	Parmi les soudes importés d'ailleurs que des pays contractants, le tarif distingue les cristaux de soude et les soudes *de toute autre sorte*.
Altos, *v.* Instruments de musique.	Il ne faut pas confondre les cristaux de soude (sous carbonate pur et critallisé) avec le carbonate neutre dit aussi bi-carbonate de soude qui est rangé dans les produits chimiques non dénommés. Ils ne sont admissibles qu'autant qu'ils marquent 20 degrés à l'alcalimètre.
Aluminate de soude, *v.* Alcalis.	Quant aux soudes elles sont admissibles aux droits qu'elles soient naturelles ou artificielles, pourvu qu'elles marquent au moins 20 degrés à l'alcalimètre. Les premières sont celles que désigne le tarif conventionnel sous le nom de *soude de varech*. C'est le produit de l'incinération des plantes marines qui portent ce nom.
Alun, *v.* Sels (Sulfate); — (Résidu de fabrication de l'), *v.* Sels (Sulfate de fer).	La soude factice s'obtient par divers procédés chimiques notamment par la décomposition du sel marin qui est transformé d'abord en *sulfate*, puis en carbonate par sa calcination, après mélange avec une certaine quantité de craie et de charbon.
Amadou naturel ou factice et amadourier préparé, *v.* Agaric.	Les sels de soude (*sous-carbonate de soude desséché*) ont l'aspect de la potasse blanche, leur titre varie de 50 à 80 degrés.
Amandes amères (Essence d'), *v.* Huiles volatiles.	Les natrons marquant au moins 30 degrés sont spécialement taxés; ils ne suivent pas le régime de la soude.
Ambre jaune, *v.* Succin; — noir, *v.* Jais.	**24.** — Allumettes chimiques. Les briquets phosphoriques suivent le régime des allumettes chimiques; il en est de même du bois fendu pour allumettes, importé des pays contractants. Venant de partout ailleurs ce bois fendu est traité comme ouvrages en bois non dénommés.
Améthistes, Mêmes droits que le Cristal de roche.	
Amiante, *v.* Pierres servant aux arts, non dénommées.	**25.** — Ambre gris. L'ambre gris est opaque, d'une couleur grise entremêlée de taches jaunes et noires, il a la consistance de la cire et exhale, lorsqu'on le frotte, un odeur douce et suave. L'ambre jaune est repris au tarif sous le nom de *succin*.
Ammoniac (Sel), *v.* Sels ammoniacaux.	
Ammoniaque (Alcali volatil), *v.* Produits chimiques non dénommés; — gomme (résine d') *v.* Résineux exotiques; — (Carbonate d'), *v.* Sels ammoniacaux.	
Amomes, *v.* Fruits médicinaux.	
Amorces, pour armes à percussion. *v.* Munitions de guerre, capsules de poudre fulminante.	

DÉSIGNATION DES MARCHANDISES *L'astérique *) indique que les Droits mentionnés ci-contre comprennent les deux Décimes.*	UNITÉS sur lesquelles portent les droits	QUOTITÉ DES DROITS par navires franç. et des pays contractants par terre	par navires étrang. et d'ailleurs que des pays contractants par terre
		fr. c.	fr. c.
ALBÂTRE de toute sorte (13) — brut ou équarri — des pays contractants	100 kil. B.	exempt	0.25*
scié ayant d'épaisseur — 16 cent. ou plus — d'ailleurs — p' nav. franç. et p' terre	id.	1.00*	1.00*
— par navires étrangers	id.	—	2.50*
scié ayant d'épaisseur — moins de 16 cent — des pays contractants	id.	1.50*	1.75*
d'ailleurs — p' nav. franç. et p' terre	id.	1.50*	1.50*
— par navires étrangers	id.	—	2.50*
sculpté, moulé ou poli — des pays contractants — statues modernes	id.	exemptes	0.25*
— autres ouvrages	id.	1.50*	1.75*
d'ailleurs	la valeur	15 p. %	15 p. %
ALBUMINE (14) — des pays contractants / d'ailleurs *(assimilée à la Colle-Forte)*	100 kil. B.	exempte	0.25*
ALCALIS (15) — des pays contractants — salin de betterave (16)	100 kil. B.	0.10*	0.35*
soude (23) — de varech marquant au moins 20 degrés	id.	0.15*	0.40*
caustique	id.	6.40*	7.00*
artificielle brute titrant — au moins 30 degrés	id.	1.90*	2.15*
— moins de 30 degrés	id.	5.85*	6.40*
carbonate de soude (17) — cristalisé *(cristaux de soude)*	id.	1.90*	2.15*
sel de soude titrant — au moins 60 degrés	id.	4.10*	4.50*
— moins de 60 degrés	100 kil. N.	14.00*	15.40*
aluminate de soude (18)	100 kil. B.	0.70* et 10% de la val*	0.95* et 10% de la val*
bicarbonate de soude (19)	id.	4.20*	4.60*
silicate de soude (20) — anhydre	id.	4.20*	4.60*
— cristalisé ou hydraté	id.	3.85*	4.20*
hyposulfite de soude (21)	id.	3.80*	4.10*
sels de soude non dénommés (22)	id.	3.50*	3.80*
cendres végétales vives ou lessivées *(charrée)*	id.	exemptes	exemptes
autres produits *non dénommés* aux traités	la valeur	5 %*	5 %*
d'ailleurs — potasse — par mer — des pays hors d'Europe	100 kil. N.	exemptes	4.00
— du cru des pays d'Europe	id.	exemptes	4.00
— autres	id.	2.00	4.00
par terre — du cru des pays d'Europe	id.	—	exemptes
— autres	id	—	4.00
soude (23) — (bi-carbonate de) *v.* produits chimiques non dén.			
cristaux de soude	id.	19.00	20.90
autres, de *toute sorte*	id.	26.50	29.10
natrons	100 kil. B.	3.00*	3.30*
cendres végétales vives ou lessivées *(charrée)*	id.	exemptes	exemptes
ALLUMETTES — chimiques (24) — des pays contractants / d'ailleurs, *v. Mercerie.*	la valeur	5 %*	5 %*
autres (soufre en canons)	100 kil. B.	exemptes	exemptes
ALPISTE (grains et farines)	id.	exempt	0.50
ALUMINIUM — des pays contractants	la valeur	10 %*	10 %*
d'ailleurs	100 kil. B.	prohibé	prohibé
AMBRE gris (25)	id.	2.00*	2.20*
AMIDON — des pays contractans	id.	1.50*	1.75*
d'ailleurs	100 kil. N.	21.00	23.10
AMURCA	100 kil. B.	exempt	exempt

ASSIMILATIONS

ET RENVOIS AUX AUTRES TABLEAUX DES DROITS

ANACARDE, (noix d'), v. Fruits médicinaux non dénommés; — (Marmelade d'), v. Médicaments composés non dénommés.
ANANAS, (jus d') Mêmes droits que le jus d'orange. v. Boissons.
AGRÈS, v. Agrès et Apparaux de navires.
ANÉMOMÈTRES, v. Instruments de calcul.
ASIL, (feuilles et tiges d') Même régime que les feuilles de Pastel; — (pâte de feuilles d' mêmes droits que l'Indigo.
ANIMAUX, rares ou savants, v. Objets de collection.
ANIS ÉTOILÉ, v. Fruits médicinaux; — vert, v. Fruits à distiller.
ANNEAUX de clef en fer ou en acier, v. Ouvrages en métaux; — autres en or ou en argent, v. Bijouterie; — en cuivre, v. Ouvrages en cuivre; — en étain, v. Ouvrages en étain, poterie; — en fer, v. Mercerie.
APPRÊTS, v. Agrès et Apparaux de navires.
ANTHRACITE, Mêmes droits que la houille.
APPARAUX de navires, v. Agrès.
APPAREILS, à sucre, à distiller, à cuire les sirops, pour le chauffage à la vapeur, v. Machines et mécaniques.
ARCHETS, de scies à main, v. Outils de pur fer; — de tourneur et de violon, v. Mercerie fine.
ARÇONS, de bâts ou de selle, ferrés, v. Ouvrages en fer; — non ferrés, v. Ouvrages en bois non dénommés.
ARDOISES, v. Matériaux; — en poudre, v. Matériaux non dénommés; — sciées pour crayons, v. crayons simples.
AREC (noix d'), v. Grains durs à tailler.
ARÉOMÈTRES, v. Instruments de calcul.
ARGENT, en poudre pour couleurs, v. Couleurs non dénommées; — vif, v. Mercure natif.
ARGENTAN, non ouvré, v. Nickel; — ouvré, v. Ouvrages en métaux divers.
ARGENTERIE, neuve ou en état de servir, v. Orfèvrerie; — brisée propre seulement à la refonte, v. Argent brut.
ARMES, anciennes ou en usage ailleurs qu'en Europe, v. Objets de collection.
ARMURES vieilles, v. Objets de collection; — en fer blanc ou en zinc, pour les enfants, v. Bimbeloterie.
ARROWROOT, v. Fécules exotiques.
ARSÉNIATE, de cobalt, v. Sels de cobalt; — de potasse, même liquide, v. Sels.
ARTICLES confectionnés pour vêtements, v. Effets à usage; — de ménage, en bois, ou en fer, v. Ouvrages en bois ou en fer.
ARTIFICES, pour divertissement, v. Mercerie.
ASPHALTE, v. Bitumes.
ASPHODÈLE (bulbes d'), v. Bulbes.
AUNE (écorce d'), v. Écorces à tan.
AUTOMATES et pièces de mécaniques curieuses, v. Objets de collection.
AVELANEDES (cupules de glands) v. Noix de Galle; — en poudre, mêmes droits que les sucs tanins concrets.
AVIRONS, v. Ouvrages en bois.
AVIS imprimés, même régime que les livres.
AVOINE, v. Céréales.
AZALINE et AZULINE (couleurs dérivant de la houille, v. couleurs non dénommées.
AZUR, de cobalt, v. Cobalt; — de cuivre, v. Cendres bleues; — de roche (Lazulite) v. Pierres gemmes non dénommées.
BADIANE (anis-étoilé) v. Fruits médicinaux; — (essence de c. huiles volatiles.
BAGUES en argent ou en or, v. Bijouterie; — en cuivre, v. Ouvrages en cuivre; — en étain, v. Ouvrages en étain, poterie; — en plomb, v. Mercerie.
BAGUETTES de cuivre ou de laiton tiré à la filière, v. Cuivre pur ou allié filé; - - autrement ouvré, v. Ouvrages en cuivre; — de fer ou d'acier; — rondes de moins de 7 millimètres de diamètre, v. fer de tréfilerie ou acier filé; — de fusil en acier, comme armes à feu selon l'espèce; — de fusil en bois et en baleine, v. Mercerie; — bois préparé pour, v. Ouvrages en bois non dénommés.
BAIES de Bourdaine, de Nerprun ou de Rhamnus, v. Nerprun; — d'épine-vinette, de Genèvre et de Myrtille, v. Fruits à distiller.
BAÏONNETTES en usages pour les troupes françaises, v. Armes de guerre à feu portatives; — autres, v. Armes de commerce à feu.
BALAIS, Communs de bouleau, Bruyère, Genêt, Millet, Palmier, v. Ouvrages en bois; — de crin et de racine, v. Mercerie.
BALANCES = Fléaux pour assortiments, v. Outils de pur fer ou de cuivre; — montées, à bascules, v. Machines et mécaniques non dénommées; — de précision, v. Instrument de calcul; — autres, v. Ouvrages en fer.
BALEINE (Blanc de, ou fanons de) v. ces mots; — Bancs à broches, v. Machines pour la filature, — Bandages, hernaires, v. Instruments de chirurgie; — de roues, v. Bandes de roues.
BANDES, pour rubans de cardes, dépourvues de pointes, v. les notes 219 et 221; — en cuivre pour intérieur de métiers à tulle, v. Machines et pièces détachées en cuivre; — de roues, pour machines, locomotives et tenders des pays

NOTES EXPLICATIVES

26. — ANTALE. C'est un coquillage en tuyau cannelé courbe en spirale, de la grosseur d'une plume à écrire, on lui assimile les cauris et tous les autres coquillages secs ou vides qui sont présentés en masse pour servir à la pharmacie.

27. — ANTIMOINE On ne traite comme minerai d'*antimoine* que celui qui est présenté tel qu'il est extrait de la mine avant toute préparation, s'il a subi une préparation quelconque, notamment s'il est séparé de sa Gangue, on lui applique le droit de l'antimoine sulfuré.
Quant au tarif conventionnel, il embrasse le minerai, le sulfure d'antimoine et l'antimoine métallique.
Cependant venant des pays contractants, comme de partout ailleurs les produits de laboratoire, dont l'antimoine est la base, suivent le régime qui leur est propre et sont traités, soit comme produits chimiques, soit comme médicaments composés non dénommés.
Les plus importants de ces produits sont le Kermès minéral aujourd'hui spécialement taxé parmi les médicaments, le verre d'antimoine, le crocus ou safran des métaux; le soufre doré d'antimoine, le beurre d'antimoine et l'émétique ou tartre stibié.

28. — ARGENT. Le minerai argentifère qui a été lavé ou qui a subi une autre préparation quelconque est traité comme *argent brut*.
Le papier qui forme les livrets dans lesquels est importé l'argent battu en feuilles n'est pas compris dans le calcul du poids passible des droits.

29. — ARMES DE GUERRE. On traite comme armes de guerre: 1° Celles qui servent ou ont servi à armer les troupes françaises; 2° Celles dites de bord ou de troque, à l'exclusion des armes de chasse destinées au commerce avec la côte d'Afrique qui sont traitées comme armes de commerce; 3° enfin toute arme reconnue propre au service de la guerre et qui serait une imitation réduite ou amplifiée d'une arme de guerre.
Nonobstant la prohibition édictée par le tarif, l'importation des armes de guerre peut être autorisée ou ordonnée par le ministre de la guerre.
Dans ce cas elles sont assujetties aux droits suivants :

```
Armes portatives, blanches, par navires français ............................ F.  400.00  ⎫
                            par navires étrangers et par terre ......  »  417.30  ⎬ les 100 kil. N.
  id.            à feu, par navires français .............................  »  200.00  ⎪
                            par navires étrangers et par terre ......  »  212.50  ⎭
Armes d'affut, en bronze, par navires français ........................  »   40 00  ⎫
                            par navires étrangers et par terre ......  »   41.00  ⎬
  id.      en fonte ou } par navires français ...........................  »    4.00  ⎬ les 100 kil. B.
           en fer      } par navires étrangers et par terre ......  »    4.40  ⎪
Affûts, en fonte ou en fer                                                       ⎭
  id.      en bois ..............................................................  15 % de la valeur.
```

Les bureaux suivants sont ouverts à l'importation des armes de guerre qui ne peuvent être entreposées que dans ceux qui sont marqués d'un *, Bayonne, Bellegarde (Ain), Bordeaux*, Boulogne*, le Havre*, Jeumont, Lille, Longwy, Lyon*, Marseille*, Nantes*, Paris*, Perpignan, Rouen*, Saint-Jean-de-Maurienne, Saint-Louis, Strasbourg*, Thionville, et Valenciennes; Les Bureaux de Dunkerque et de Saint-Nazaire sont en outre autorisés à recevoir, en entrepôt, les armes de guerre arrivées en transit.

30. — ARMES DE COMMERCE. Bien que rangées dans la classe des armes de commerce, les armes secrètes ou cachées sont prohibées à l'importation.
Les boîtes et nécessaires dans lesquels sont renfermées ordinairement les armes de luxe sont admises aux droits afférents aux armes elles-mêmes.
Quant aux fusils et sabres d'enfant ils sont assimilés à la bimbeloterie, s'ils ne peuvent servir que comme jouets.
Les armes enrichies d'or et d'argent sont passibles à l'entrée du droit de garantie, dont la perception est assurée de la manière indiquée à l'article bijouterie (note 43), cependant cette disposition n'est pas appliquée s'il ne s'agit que de simples médaillons ou autres ornements de peu de valeur.
Pour l'application des tarifs conventionnels, les balles, les moules à balles et les tire-balles suivent le régime des ouvrages en métaux selon l'espèce. Les bois de fusil et de pistolet achevés ou non, même ceux pour armes de guerre, celui des ouvrages en bois.
Quant aux pièces d'armes en fer ou en acier elles sont rangées, savoir: 1° Dans la ferronnerie les pièces en fer pur et laminé, à l'état brut de forge, autres que les canons de fusil; 2° Parmi les armes à feu, les mêmes pièces polies, limées ou ajustées; 3° Dans la classe des tubes en fer étiré, soudés sur mandrin et à recouvrement, les canons de fusils bruts; 4° Dans la catégorie des armes à feu, les canons de fusil polis, limés ou ajustés; 5° Comme ouvrages en acier pur non dénommés, les petites pièces en acier brutes, telles que chiens, noix, ressorts, etc.; 6° Enfin dans les armes blanches, les baïonnettes brutes ou finies.

31. — ARTICLES D'EMBALLAGE. Les emballages usagés et importés sans la marchandise, des pays contractants, sont exempts de tous droits ou acquittent quela taxe de 25 centimes si l'importation est effectuée sous pavillons tiers.
La franchise ne s'applique cependant ni aux sacs et autres articles d'emballage vides qui ne portent pas des traces évidentes de service, ni aux récipients en cuivre, en verre, en grès, etc., qui conservent leur valeur marchande.

32. — BAUMES. Il n'est question, sous ce titre que des baumes naturels. Les baumes factices ou de pharmacie, tels que ceux de Lucatel, de Chiron, de Genièvre, de la borde et d'arcœus rentrent dans la classe des médicaments composés non dénommés. Ce sont des compositions grasses ou alcooliques auxquelles on a donné la consistance visqueuse et l'odeur des résines Benzoïques.

33. — STORAX. L'écorce d'aliboufier est assimilée au Storax. Le tarif ne fait plus d'ailleurs aucune différence entre le Storax naturel et celui qui est importé en pains.

34. — STYRAX LIQUIDE. C'est la résine du Liquidambar d'*Orient*. L'huile de Liquidambar d'Amérique fait partie des baumes non dénommés.

35. — BAUMES NON DÉNOMMÉS. Sont rangés dans cette classe le Liquidambar dont il existe deux sortes, 1° l'huile de *Liquidambar*, substance liquide et une autre qui est loin d'avoir la même valeur; 2° le baume du *Pérou* ou coque; 3° le baume du *Pérou noir*; 4° le baume de *Tolu*; 5° le baume de *Vanille*; 6° le baume de *Caluba* dit aussi baume Marie ou baume vert de l'île Bourbon; 7° le baume du *Canada* ou faux baume de Gilead; 8° le baume du *Judée* dit aussi baume de la Mecque, d'Égypte, de Gilead ou baume vrai: 9° le baume de *Focot*; 10° le baume *Houmiri*.

36. — BESTIAUX, AGNEAUX. On ne traite comme tels, que les jeunes sujets pesant moins de 8 kilogrammes.

37. — MOUTONS. On perçoit indépendamment du droit afférent à l'animal, le droit sur la Laine, lorsque celle-ci a plus de 4 mois de croissance. Cette disposition est également applicable aux agneaux.

38. — BŒUFS, TAUREAUX ET VACHES. Sont réputés tels, les sujets dont les deux pinces de lait placées au centre de la mâchoire ont été remplacées par des dents d'adultes, ce qui arrive à l'âge de 18 mois ou 2 ans.

39. — BOUVILLONS, TAURILLONS, GÉNISSES. Leur mâchoire est plus large que celle des veaux. Leurs dents de lait commencent à s'user.

40. — COCHONS DE LAIT. Ne sont admis comme Cochons de lait que les jeunes sujets pesant moins de 15 kilogrammes.

41. — VEAUX. Ils ont la mâchoire étroite. Leurs dents de lait sont larges et n'ont pas encore commencé à s'user, leurs cornes sont petites, courtes, droites, ternes et plient quand on les empoigne; le toupillon est nu et peu volumineux, au-dessus de six à neuf mois, ces signes disparaissent et l'animal est classé parmi les bouvillons taurillons ou génisses.

DÉSIGNATION DES MARCHANDISES L'astérique *) indique que les Droits mentionnés ci-contre comprennent les deux Décimes.	UNITÉS sur lesquelles portent les droits	QUOTITÉ DES DROITS	
		par navires franç. et des pays contractants par tête	par navires étrang. et d'ailleurs que des pays contractants par tête
		fr. c.	fr. c.
ÂNES et ÂNESSES	par tête.	exempts	exempts
ANIMAUX vivants non dénommés	id.	id.	id.
ANTALE (26)	100 kil. B.	id.	id.
ANTIMOINE (27) minerai d'	100 kil. B.	id	id.
sulfuré, fondu / des pays contractants	id.	id.	0.25*
/ d'ailleurs	id.	1.00	3.00
métallique ou régule d' / des pays contractants	id.	6.00*	6.60
/ d'ailleurs	100 kil. N.	26.00	28.60
ARGENT (28) minerai / par navire français et par terre	100 kil. B.	exempt	exempt
/ par navire étranger	id.	—	1.00
brut, en masses, lingots, ouvrages détruits, etc.	1 kil. N.	0.01*	0.01*
battu, en feuilles	id.	20.00*	22.00*
tiré, laminé ou filé	100 kil. N.	500.00*	517.50*
ouvrages d', v. Orfèvrerie, bijouterie ou monnaies.			
ARMES de guerre / blanches			
/ à feu / portatives	100 kil. B.	prohibées	prohibées
/ d'affût, en bronze ou en fonte			
de commerce (30) / blanches / des pays contractants	100 kil. N.	40.00*	44.00*
/ d'ailleurs	id.	400.00	417.50
/ à feu / des pays contractants	id.	240.00*	254.50*
/ d'ailleurs	id.	200.00	212.50
ARSENIC blanc, v. Acide arsénieux			
jauge ou rouge, v. (Sulfures d')			
minerai	100 kil. B.	exempt	exempt
métal	id.	id.	id.
ARTICLES D'EMBALLAGE ayant déjà servi / des pays contractants	id.	exempt	0.25
/ d'ailleurs, droits du tarif selon l'espèce.			

B

DÉSIGNATION DES MARCHANDISES	UNITÉS		
BAUMES naturels (32) benjoin / des pays hors d'Europe	id.	exempt	2.50
/ des entrepôts	id.	2.50	2.50
storax de toute sorte / des pays hors d'Europe	id.	exempt	2.00*
/ des entrepôts	id.	2.00*	2.00*
Styrax liquide (34)	id.	2.00*	2.20*
de copahu / des pays hors d'Europe	100 kil. N.	15.00	30.00
/ des entrepôts	id.	20.00	30.00
non dénommés (35) / des pays hors d'Europe	id.	15.00	30.00
/ des entrepôts	id.	20.00	30.00
BESTIAUX agneaux (36)	par tête	0.10	0.10
béliers, brebis et moutons (37)	id.	0.25	0.25
bœufs (38) / des pays contractants	id.	3.60*	3.60*
/ d'ailleurs	id.	3.00	3.00
boucs, chèvres et chevreaux	id.	exempts	exempts
bouvillons et taurillons (39)	id.	1.00	1.00
cochons de lait (40)	id.	0.10	0.10
génisses (39)	id.	1.00	1.00
porcs / des pays contractants	id.	0.30*	0.30*
/ d'ailleurs	id.	0.25	0.25
taureaux (38)	id.	3.00	3.00
vaches (38)	id.	1.00	1.00
veaux (41)	id.	0.25	0.25
BETTERAVES	100 kil.	exempts	exempts

DOUANES FRANÇAISES

ASSIMILATIONS
ET RENVOIS AUX AUTRES TABLEAUX DES DROITS

contractants, r. Machines, etc., pièces détachées; — d'ailleurs, en acier, mêmes droits que l'acier en barres; — en fer, mêmes droits que les rails; — pour voitures des pays contractants, r. Bandes de roues pour machines etc.; — d'ailleurs, mêmes droits que le fer, en barres carrées de moins de 15 millimètres.

BARCELONNETTES, en bois, r. Meubles; — en osier ou en autres végétaux tressés, r. Vannerie non dénommée.

BARDILLE, r. Marbres

BARILLE, r. Alcalis, soudes.

BARILS vides, à vis, servant à mettre du sel, r. Ouvrages en bois non dénommés; — autres, r. Ouvrages en bois, futailles vides.

BAROMÈTRES, r. Instruments de calcul.

BERCEAUX en fonte, r. Ouvrages en métaux.

BARRES de Cabestan ou de Guindeau en bois, r. Agrès et apparaux de navires.

BARYTE (Sulfate et carbonate de), r. Sels.

BAS, en caoutchouc et en soie ou en coton, r. Ouvrages en caoutchouc combiné, etc; — en peau, r. Ouvrages en peau non dénommés ou pelleteries ouvrées; — autres, r. Tissus selon l'espèce (Bonneterie).

BASANES, r. Peaux préparées non dénommées.

BASINS, r. Tissus de coton ou tissus de lin (toile croisée), selon l'espèce.

BASSES, r. Instruments de Musique.

BASSINES, r. Ouvrages en cuivre non dénommés; — (fonds de), v. Fonds.

BASSONS, r. Instruments de musique.

BASTINGS, r. Cordages en fibres de coco.

BATEAUX, de rivière et bâtiments de mer, r. Embarcations.

BATIS de machines en fonte, r. Ouvrages en métaux.

BATONS vernissés ou non, à épée ou à poignard, prohibés, comme armes cachées; — garnis pour cannes (cannes montées), v. Tabletterie; — autres, v. Ouvrages en bois non dénommés.

BATS v. Ouvrages en peau ou en cuir (Sellerie).

BAUDRIERS v. Ouvrages en peau ou en cuir non dénommés.

BAUDRUCHES, r. Vessies autres que de cerf.

BAUMES, factices dits sypathique ou de riza, r. Médicaments composés (Eaux distillées alcooliques); — autres, r. Médicaments composés non dénommés; — naturels, v. page 7.

BÊCHES, r. Instruments aratoires.

BECS, à gaz en cuivre, r. Ouvrages en cuivre; — de plumes, r. plumes à écrire ou plumes en métal, selon l'espèce.

BELIERS, r. Bestiaux.

BENJOIN (baume de), v. Baumes naturels; — (Fleurs de), v. Acide benzoïque.

BESAIGRE, r. Outils de fer rechargés d'acier.

BEURRE d'Antimoine, r. la note 27 relative à l'Antimoine; — de Saturne, dit Onguent nutritum, r. Médicaments composés non dénommés.

Bi-CARBONATE d'Ammoniaque, r. Sels ammoniacaux; — de Potasse, r. Alcalis (Potasse); — de Soude, ces pays contractants, r. Alcalis; — d'ailleurs, v. Produits chimiques non dénommés.

Bi-CHROMATE de Potasse, v. Sels (Chromate de Potasse).

BIÈRE, r. Boissons ou Levure de Bière.

BIGORNES et Bigorneaux (petites enclumes), v. Outils de fer, rechargés d'acier.

BIJOUTERIE, argentée, dorée ou d'or faux, r. Ouvrages en cuivre, etc.; — de métaux communs avec pierres fausses, r. Verres et cristaux (vitrifications taillées pour bijoux); — autre, v. Ouvrages en métaux, selon l'espèce.

BIJOUX cassés, v. Or ou Argent brut.

BILBOQUETS, en bois communs ou peints, v. Bimbeloterie; — en buis, r. Mercerie; — en ivoire, r. Tabletterie non dénommée.

BILLARDS, r. Meubles; — (billes de), v. Tabletterie; — (queues de), v. Tabletterie non dénommée.

BILLES de billards, r. Tabletterie; — de Marbre, d'Agate ou de Pierre, r. Marbre; — Agates ou Pierres ouvrées (Chiques), de Porcelaine, mêmes droits que les Chiques d'Agate; — de Stuc, mêmes droits que les Chiques de Marbre.

BILLON, r. Monnaie.

BISAIGRE ou Biseigle (outil de cordonnier, en bois, r. Mercerie; — en fer, r. Outil de pur fer.

BISCUIT (Porcelaine matte, r. Poteries, etc.

BISTOURIS, r. Instruments de chirurgie.

BITTER, v. Boissons distillées (Liqueur).

BITUMES, broyés ou pulvérisés, même régime que les Bitumes solides.

BLAGUES à tabac en caoutchouc, r. Ouvrages en caoutchouc, selon l'espèce.

BLANC, d'argent et de plomb, r. Sels (Carbonate de plomb); — De Baleine et de Cachalot ouvré, r. — d'Espagne, de Troyes ou de Rouen, r. Pierres servant aux arts, etc. (Craie); — d'œufs desséchés, r. Albumine; — de Toilette, r. Parfumeries (Fards); — de Zinc, r. Oxyde de zinc.

BLÉ, v. Céréales.

BLEU, de choux et Bleu minéral, même régime que le bleu de Prusse; — de Montagne, r. Couleurs non dénommées; — boules de, r. Indigo, etc.

BLETTE (couleur dérivant de la Houille), r. Couleurs non dénommées.

BLOUSE (Déchet de Laine), r. Laines en masse.

BOBINES pour métiers à Tulle, r. Machines, etc., pièces détachées.

BOBINOIRS, r. Machines pour le tissage.

BŒUFS, r. Bestiaux.

BOIS charbon de, r. Charbon; — coupé et préparé pour tresses de Chapeaux ou fendu pour allumettes, r. Ouvrages en bois non dénommés; — de fusil, en noyer, r. Ouvrages en bois; — autres, r. Ouvrages en bois non dénommés; — (nattes en) r. Tressés, etc.; — de pistolets, r. Ouvrages en bois non dénommés.

NOTES EXPLICATIVES

42. — BEURRE SALÉ. C'est celui dans lequel entre une quantité notable de sel et qui s'importe habituellement en pots ou en barils. On traite comme frais le beurre légèrement salé, destiné aux usages de la table. Le même régime est appliqué, quel que soit le degré de salaison, aux menues quantités de beurre apportées au marché par les habitants voisins de la frontière.

43. — BIJOUTERIE. Cette dénommination s'applique aux petits ouvrages de luxe tels que les anneaux, bagues, bracelets, boucles, breloques, cachets, chaines et clefs de montres, épingle, peignes, tabatières et tous les bijoux en or ou en argent ornés ou non de pierres vraies ou fausses. Les boîtes de montre guillochées ou émaillées, finies ou ébauchées font partie de la bijouterie.

La bijouterie est assujettie au droit de garantie lequel est fixé par hectogramme non compris les deux décimes à 20 francs sur les ouvrages d'or et à 1 franc sur les ouvrages d'argent ou de vermeil.

Ce droit est perçu par le bureau de la garantie sur lequel les objets son dirigés avec acquit-à-caution délivré par les douanes.

Ces dispositions sont applicables à l'orfèvrerie.

44. — BIMBELOTERIE. Sont rangées dans cette classe, les petites voitures, même suspendues, destinées à conduire les enfants, dès qu'elles ne peuvent être traînées qu'à bras. Il en est de même des fusils et des sabres d'enfant qui ne sont propres qu'à servir de jouets.

Les jouets en écaille, en ivoire ou en nacre font partie de la tabletterie et ceux en buis de la mercerie commune. Enfin les objets en grès fin porcelaine ou autres poteries sont compris parmi les poteries

On traite comme bijouterie ou orfèvrerie les jouets en or ou en argent et même ceux dans lesquels ces métaux ne seraient que de simples accessoires.

Pour l'application du tarif conventionnel, les poupées en carton à tête de porcelaine sont traitées comme bimbeloterie. Il en est de même à l'égard de tous les objets confectionnés en partie avec de la porcelaine, du grès fin ou d'autres poteries: mais les jouets entièrement en porcelaine, en grès, etc., sont passibles du droit des poteries.

Les jouets en métal sont, au choix des déclarants, soumis soit au droit des ouvrages en métaux, soit à la taxe applicable à la bimbeloterie. Dans le premier cas, s'il s'agit de jouets composés de divers métaux, ils suivent le régime du métal dominant en poids. Quant aux jouets composés en partie de métal, ils sont traités comme bimbeloterie, à l'exception de ceux dont l'or et l'argent formeraient la partie principale et qui sont dès lors traités comme orfèvrerie.

45. — BLANC DE BALEINE. Ce produit n'étant pas originaire des pays contractants, reste soumis au droit de 4 francs.

46. — BOIS A CONSTRUIRE. On range dans cette classe tous les bois propres aux constructions à l'exception des bois exotiques pouvant, par leur nature, servir à l'ébénisterie. Toutefois les feuilles de placage ayant 3 millimètres ou moins d'épaisseur, provenant de bois indigènes dont la production n'est pas exclusive à l'Europe, tels que le noyer, l'érable, le frêne, le cerisier, etc., sont traitées comme bois d'ébénisterie. Il en est de même des planches de bois indigènes, teintes de toute sorte.

47. — BOIS D'ÉBÉNISTERIE. Tous les bois d'ébénisterie sont aujourd'hui taxés sans distinction d'espèce. On considère comme bois d'ébénisterie ceux qui servent pour la tabletterie et la marqueterie.

48. — BOIS ODORANTS. Ce sont principalement les bois d'Agra, d'Alsès, de Bannier de Judée, de Camphrier, de Cannelier, de Rhodes, de Santal blanc, de Santal citrin et de Sassafras.

On assimile aux bois odorants, les bois de Garou, Néphrétique, de Quassie amère ou de Surinam et le bois de Tamaris, qui cependant sont inodores.

49. — BOIS DE TEINTURE. On ne traite comme bois de teinture que ceux qui sont en copaux, en petites pièces ou éclats ou en bûches irrégulières et dont il ne peut être tiré ni planches ni feuilles pour l'ébénisterie. Les blocs, poutrelles planches et madriers suivent le régime des bois d'ébénisterie.

DÉSIGNATION DES MARCHANDISES L'astérique *) indique que les droits mentionnés ci-contre comprennent les deux décimes.	UNITÉS sur lesquelles portent les droits	QUOTITÉ DES DROITS	
		au sortir des f... et des pays contractants par terre	au sortir ... qu des pays ...
		fr. c.	fr. c.
BEURRE ... frais ou fondu	100 kil. B.	exempt	exempt
salé (42)	id.	2.70*	2.70*
BÉZOARDS	id.	exempts	exempts
BIJOUTERIE d'or, de vermeil, d'argent et de platine (43)	100 kil. N.	500.00*	517.50*
BIMBLOTERIE (44) ... des pays contractants	la valeur	10 %*	10 %*
d'ailleurs	100 kil. N.	80.00	80.50
BISMUTH (étain de glace) ... des pays contractants	100 kil. B.	exempt	0.25*
d'ailleurs	100 kil. B.	id.	0.25*
BITUMES ... houille, V. ce mot.			
autres, solides ou fluides et goudron minéral provenant de la distillation de la houille, soit liquide, soit concret	id.	exempts	exempts
BLANC de BALEINE et de CACHALOT (45) ... de pêche française	id	0.20	——
de pêche étrangère, brut, des pays hors d'Europe	id.	2.00*	4.0.*
brut, originaire des pays contractants	id.	2.00*	2.9.*
brut, des entrepôts	id.	4.00*	4.0.*
de pêche étrangère, pressé	100 kil. N.	20.00*	22.0.*
raffiné	id.	50.00*	55.1.*
BLEU DE PRUSSE	100 kil. B.	exempt	exempt
BOIS à construire (46) ... à bruler, en bûches, en rondins et en fagots	id.	id.	id
de toute espèce, du Sénégal	le stère ou les 100 mètres de longueur selon l'espece	id.	id. (a)
de noyer, brut ou scié	"	id.	id
de chêne, brut ou scié	"	id.	id.
autres, bruts ou simp. équarris à la hâche, des pays contractants	le stère	id.	0.12*
bruts ou simp. équarris à la hâche, d'ailleurs	id.	id.	0.10
scié ayant d'épaisseur plus de 80 millimètr, des pays contractants	100 m. de long	id.	1.20*
de 80 millim. et au-dessous, d'ailleurs	id.	0.05	1.50
mats, matereaux, espars, pigouilles, manches de gaffe, et de pièces à goudron	la pièce	exempts	exempts
d'ébénisterie (17) ... de toute espèce du Sénégal	100 kil. B.	id.	id. (a
rabilles et en bûches ou sciés à plus de 2 décim. d'épaisseur, buis, d'origine des pays par mer	id.	id.	1.00*
d'origine, par terre	id.	—	exempt
d'ailleurs	id.	1.00*	1.00*
autres, des pays hors d'Europe	id.	exempts	6.00
d'ailleurs	id.	3.00	6.00
sciés à 2 décim. d'épaisseur ou moins, buis	id.	1.00*	2.00*
autres, des pays hors d'Europe	id.	1.00	7.00
d'ailleurs	id.	4.00	7.00
en éclisse ... des pays contractant	les 1000 feuilles	0.10	2.40*
d'ailleurs	id.	0.10	2.00
feuillards et merrains ... des pays contractants	le mille en nombre	exempts	1.80*
d'ailleurs	id.	0.10	1.50
odorants (48) ... des pays hors d'Europe	100 kil. B.	exempts	3.00
des entrepôts	id.	3.00	3.00
ouvrés, V. MEUBLES OU OUVRAGES EN BOIS selon l'espèce.			
de teinture (19) ... en bûches, Épine-vinette et fustet	id.	exempts	exempts
autres, des pays contractants	id.	id.	0.25*
des pays hors d'Europe	id.	id.	3.00*
des entrepôts	id.	3.00	3.00*
moulus, des pays contractants	id.	exempts	0.25*
d'ailleurs, par mer, des pays de production	id.	id.	3.00*
d'ailleurs	id.	3.00*	3.00*
par terre, des pays de production	id.	—	exempts
d'ailleurs	id.		3.00*

(a) plus la surtaxe d'affrètement. V. l'art. 58 des notions préliminaires.

ASSIMILATIONS ET RENVOIS AUX AUTRES TABLEAUX DES DROITS	NOTES EXPLICATIVES
Boissellerie, v. Ouvrages en bois. **Boites.** 1° en bois indigènes, Blancs, *dites de Spa*, v. Mercerie fine; — autres grossièrement peintes colorées ou ferrées ou recouvertes en papier colorié, v. Mercerie commune; — unies et sans ferrure, v. Ouvrages en bois *Boîtes de bois blanc*; — vernissées, avec ou sans ferrure en acier, y compris celle de figuier, v. Mercerie fine; — de noyer ou de chêne polies ou vernies, v. Meubles; — communs, de 1 à 7 millimètres d'épaisseur et d'un travail grossier, v. Boisellerie; — à vis, servant à mettre du sel, v. Ouvrages en bois non dénommés; 2° — en bois exotiques, v. Tabletterie non dénommée; — à compartiments rentrant dans la classe de la tabletterie, mais renfermant des armes de chasse ou de luxe, mêmes droits que les armes de luxe; 3° — pour instruments de musique *coffres, étuis* v. Mercerie; 4° — en marqueterie, v. Tabletterie non dénommée; 5° — en carton, v. Carton moulé; 6° — en coquillages, v. Mercerie fine; 7° — en cuir y compris celles pour chapeaux, v. Ouvrages en peaux ou en cuir non dénommés; 8° — en écaille, ivoire, nacre, ou autres matières dures, v. Tabletterie non dénommée; 9° — en laque de Chine avec peintures en or ornées d'incrustations; v. Tabletterie; — sans incrustations, v. Mercerie fine; 10° — de montres, avec mouvement, v. Horlogerie, etc; — sans mouvement, en argent ou en or guillochées ou émaillées, v. Bijouterie; —autres, v. Orfévrerie; — en argent avec médaillon, galons ou charnière en or, ainsi qu'en vermeil et en argent plaqué d'or, v. Orfévrerie d'argent; 11° — pour moyeux de roues, v. Ouvrages en métaux selon l'espèce; 12° — renfermant des carillons à musique et rentrant dans la classe de la tabletterie, mêmes droits que les carillons. **Bol** d'arménie et autres, v. Pierres servant aux arts. **Borate** de chaux, mêmes droits que l'acide borique; — de soude — *(borax* v. Sels. **Bordures**, pour chapeaux, en bois, v. Tresses de bois blanc, autres; — en paille, v. Tresses de paille, autres; — en papier gaufré, pour cartonnage, v. Mercerie;— de tableaux, v. Meubles. **Bottes et Bottines**, v. Ouvrages en peau ou en cuir non dénommés ou pelleteries ouvrées. **Bouchons** recouverts en caoutchouc, v. Ouvrages en caoutchouc combiné, etc. **Boucles** d'acier, v. Ouvrages en acier; — d'argent, d'or ou de vermeil, v. Bijouterie; — dorées ou argentées, v. ouvrages en métaux selon l'espèce; — d'étain, v. Ouvrages en etain (poterie); - de fer et de cuivre, v. Mercerie; - plaquées v. plaqués. **Boucs**, v. Bestiaux. **Bouilloires**, v. Ouvrages en métaux selon l'espèce. **Boules** de bleu, v. indigo, etc.; — de mail en bois, v. Mercerie. **Boulons** en fer, v. Ouvrages en fer. **Bourdaine**, (baies de) v. Nerprun; — (écorce de) v. Ecorces à tan. **Bourre** de laine, v. Laines; — de poils, v. Poils de toute sorte; — de soie, v. Soies en masse ou tissus de; — de coton en laine, comme la matière brute. **Bournas** de fusil, en carton ou en cire, v. Mercerie. **Bourses** tricotées en grains de verre, v. Mercerie fine; — autres qu'en grains de verre, v. Tissus (bonneterie); — non tricotées, v. Mercerie. **Boussoles** en bois et en os, au paquet, v. Mercerie; — autres, v. Instruments d'observation. **Bouteilles** de chasse recouvertes en cuir, v. Mercerie; — en grès, v. Poterie de grès selon l'espèce; — en verre, pour verres à cadran, v. Verres, etc., verres à cadran bruts; — autres, v. Verres et cristaux. **Boutoirs** de maréchal-ferrant, v. Outils de fer rechargé d'acier. **Bouvillons**, v. Bestiaux. **Brancards** de charriots, v. Ouvrages en bois non dénommés. **Brebis**, v. Bestiaux. **Breloques** de montre en or, et en argent, v. Bijouterie; — autres v. Ouvrages en métaux selon l'espèce. **Bretelles** en caoutchouc, v. Ouvrages en caoutchouc combiné, etc.; — à élastique, v. Mercerie fine; — en passementerie, v. Tissus selon l'espèce. **Briques** à carreler les appartements, v. Matériaux (carreaux de terre); — à polir les couteaux, v. pierres, etc., servant aux arts, non dénommés; — propres à la bâtisse, y compris les briques réfractaires, v. Matériaux; — tubulaires creuses et vernies sur une face, v. Poteries (faïence commune). **Briquets** chimiques ou hydro-platiniques, v. Instruments de Chimie; — autres, y compris les briquets phosphoriques, v. Mercerie. **Briquettes** de coke, de houille ou de houille et de goudron minéral, mêmes droits que la houille. **Broches** en acier des pays contractants v. Ouvrages en métaux; — pour peignes à tisser en métal, v. Machines, etc., pièces détachées selon l'espèce; — en roseau, mêmes droits que les peignes de tissage (pièces détachées de machines); — à tricoter et à mécaniques, v. Machines, etc., pièces détachées selon l'espèce; — à tricoter, v. Mercerie, v. aussi pointes. **Brodequins**, v. Ouvrages en peau ou en cuir non dénommés. **Broderies** à la main, v. Tissus de coton. **Bronze** en poudre, v. Couleurs non dénommées.	50. — **Boissons.** Les boissons en bouteilles acquittent, en sus de la taxe qui affecte les liquides, le droit sur le verre, à raison de 15 centimes (décimes en sus) par litre de contenance. Si les récipients sont en grès, etc., ils sont assujettis aux droits de la poterie, selon l'espèce. Pour les bouteilles importées des pays contractants, v. Verres etc. bouteilles vides. 51. — **Alcools et eaux-de-vie.** Les produits désignés dans le commerce sous le nom d'alcools chimiques, tels que l'alcool Amylique, l'alcool Méthylique, etc., font partie des produits chimiques non dénommés. Les alcools proprement dits peuvent seuls être traités comme boissons distillées. Pour l'application des tarifs conventionnels les déclarations doivent indiquer à laquelle des deux classes appartiennent les produits importés, à plus forte raison cette distinction est-elle nécessaire lorsqu'il s'agit d'importations d'ailleurs que des pays contractants. 52. — **Liqueurs.** L'eau-de-vie d'Andaye est traitée comme liqueur ainsi que toutes les eaux-de-vie sucrées. Il en est de même 1° des jus d'orange et d'autres fruits contenant un mélange d'alcool; 2° de l'extrait de punch; 3° de la limonade gazeuse dans laquelle il entre, indépendamment du jus d'orange ou de citron, divers autres ingrédients. 53. — **Vins.** Le tarif est le même pour les vins ordinaires et les vins de liqueur. Quant aux vins avec lesquels ont été combinées des substances médicinales, ils rentrent dans la classe des médicaments composés. La vendange paie la moitié et le moût les deux tiers des droits afférents aux vins. 54. — **Vinaigre de vin.** L'acide pyroligneux (esprit ou vinaigre de bois) est assimilé au vinaigre de vin. 55. — **Hydromel.** C'est une boisson préparée avec du miel dissout dans de l'eau par la cuisson. Quand elle a fermenté, on lui donne le nom d'hydromel vineux, mais tous les hydromels paient le même droit. 56. — **Jus d'orange.** Il s'agit ici du jus d'orange *pur*, et par assimilation des jus naturels et fermentés de la Groseille, de la Myrtille, de l'Ananas, de la Grenade, de la Calebasse, etc. Le jus d'orange mélangé de sucre est considéré comme sirop et comme liqueur si l'on y a ajouté de l'alcool. 57. — **Bonbons.** Les bonbons suivent le régime du sucre brut au-dessous du n° 13. Ce sont les dragées, pralines, pastilles, les tiges d'angélique sucrées, les pâtes de jujube, de guimauve, les boules de gomme et, par assimilation, les biscuits, macarons, massepains, nougats et autres patisseries sucrées auxquelles on donne le nom de petit four. Le cachou préparé suit également le régime des bonbons. 58. — **Bougies.** Les bougies de toute sorte acquittent le même droit. Cette dénomination comprend par suite les bougies de cire, celles de blanc de baleine, ou de cachalot, ainsi que les bougies dites de l'Étoile; etc., dont l'acide stéarique est la base. 59. — **Boutons.** Tous sont aujourd'hui admissibles aux droits quelle que soit la matière dont ils sont formés. 60. — **Boutons de passementerie.** Le tableau des droits fait connaître clairement le régime applicable aux boutons de passementerie. 61. — **Boutons autres que de passementerie.** Les boutons de fantaisie ornementés à la main, notamment ceux composés de velours, d'un travail fini, rentrent dans la classe des boutons de passementerie, etc. Parmi les *boutons autres*, on considère comme fins ceux en acier, en ivoire, en écaille, en nacre, en porcelaine et en verre ou cristal taillé, ainsi que les boutons dorés, argentés, plaqués, estampés, vernis, brunis ou bronzés et généralement tous les boutons de luxe. Sont considérés comme boutons communs, les boutons d'os, de corne, de verre non taillé, de coco, de baleine, et en métaux communs qui ne sont ni vernis, ni brunis, à moins qu'à raison du fini du travail, ils ne rentrent dans la classe des boutons de luxe. Pour l'application du tarif conventionnel, les *boutons ornementés* dont il est question dans le premier paragraphe de cette note, suivent le régime du tissu dont ils sont formés. Quant aux boutons de verre ils sont spécialement taxés à l'article *verres et cristaux*. Les boutons en plaqués sont rangés dans les plaqués. 62. — **Brosserie.** Pour l'application des traités avec les pays contractants, les brosses à dents à manches d'os et les pinceaux de poils fins ou de cheveux sont compris dans la brosserie.

DESIGNATION DES MARCHANDISES				UNITÉS sur lesquelles portent les droits	QUOTITÉ DES DROITS	
L'astérique (*) indique que les droits mentionnés ci-contre comprennent les deux décimes.					par navires franç. et des pays contractants par terre	par navires étrang. et d'ailleurs que des pays contractants par terre
Boissons 50	distillées	des pays contractants	alcools (51) — eaux-de-vie — en bouteilles	hectol. de liquide	15.00*	15.00*
			eaux-de-vie — autres qu'en bouteilles	id. d'alcool par		
			autres	id. id.		
			liqueurs (52)	id. de liquide		
		d'ailleurs	alcools et eaux-de-vie de vins, de cerises, de mélasse, de riz et autres (51)	id. d'alcool par	25.00	25.00
			liqueurs (52)	id. de liquide	150.00	150.00
	fermentées	vins ordinaires et de liqueur, en futailles, en outres ou en bouteilles 53	des pays contractants	id.	0.20*	0.20*
			d'ailleurs	id.	0.25	0.25
		vinaigres de toute sorte, autres que ceux de parfumerie (54)		id.	2.00*	2.00*
		cidre, poiré, vergus	des pays contractants	id.	0.25*	0.25*
			d'ailleurs	id.	2.00	2.00
		bière	des pays contractants	id.	4.40*	4.40*
			d'ailleurs	id.	6.00	6.00
		hydromel (55)		id.	25.00	25.00
		jus d'orange (56)	des pays contractants	id.	exempt	exempt
			d'ailleurs	id.	25.00	25.00
	autres	pommes et poires écrasées		100 kil. B.	exemptes	exemptes
		eaux minérales (gazeuses et autres) cruchons compris		id.	id.	id.
Bonbons (57)	des colonies et poss⁸ françaises	des Antilles, de la Guyane, de la Réunion, de Sainte-Marie de Madagascar, de Mayotte, de Nossi-Bé, de Taïti et de Noukahiva		100 kil. N.	37.00*	39.00*
		des autres possessions		id.	42.00*	44.00*
	des pays étrangers	hors d'Europe		id.	42.00*	44.00*
		d'Europe		id.	44.00*	44.00*
Bouchons de toute sorte (58)				la valeur	5 %	5 %*
Boutons (59)	de passementerie (60)	en coton pur ou mélangé de matières autres que la laine ou la soie	unis	100 kil. N.	100.00	107.50
			façonnés	id.	200.00	212.50
		autres. Droits de la passementerie, selon l'espèce				
	autres que de passementerie (61)	des pays contractants		la valeur	10 %	10 %
		d'ailleurs	communs	100 kil. N.	100.00	107.50
			fins	id.	200.00	212.50
	(moules de) V. ouvrages en bois					
Boyaux frais ou salés				100 kil. B.	exempts	exempts
Brôme	des pays contractants			id.	exempts	0.25*
	d'ailleurs			100 kil. N.	40.00	44.00
Brosserie	des pays contractants, de toute espèce (62)			la valeur	10 %	10 %
	d'ailleurs	brosses à dents à os, V. MERCERIE FINE				
		manche d'ivoire ou d'écaille		100 kil. B.	prohibées	prohibées
		pinceaux de poils fins et de cheveux, V. MERCERIE FINE				
		autre, uniquement composée de bois et de poil ou de racines, V. MERCERIE				

ASSIMILATIONS ET RENVOIS AUX AUTRES TABLEAUX DES DROITS	NOTES EXPLICATIVES
Brun rouge ou colcotar, v. Oxydes de fer; — de Wandick ou tête de nègre, v. Pierres, etc., propres aux arts (ocres). Buffleteries, v. Ouvrages en peau ou en cuirs non dénommés. Buis (ouvrages en), v. Ouvrages en bois de buis. Burins, v. Outils de pur acier. Buscs pour corsets de femmes en acier, v. Ouvrages en acier; — en baleine, v. Fanons de baleine coupés et apprêtés. Cabestan en bois, v. Agrès et apparaux de navires; — en fonte ou en fer, v. Machines et mécaniques non dénommées; — (barres ou manivelles de) en bois, v. Agrès, etc. Cables en fer, pour la marine, v. Agrès et apparaux; — en végétaux, v. Cordages. Cachalot (blanc de), v. Blanc de baleine, etc.; — (dents de) v. Dents d'éléphant. Cachemire, (châles et autres tissus de) v. Tissus de poil. Cachets en agate, même montés sur métaux communs, v. Agates ouvrées; — en cristal de roche, même montés sur métaux communs, v. Cristal de roche ouvré; — à empreintes, en papier, v. Mercerie fine; — d'or ou d'argent, v. Bijouterie; — en autres métaux, selon l'espèce; — en vitrification, même montés sur métaux communs, comme vitrifications taillées en pierres à bijoux. Cadenas des pays contractants, en fer, v. Ouvrages en fer (serrurerie); — d'ailleurs de toute sort(e), en cuivre, v. Mercerie fine; — en fer, v. Mercerie. Cadrans en bois, v. Ouvrages en bois non dénommés; — de montres et de pendules, bruts ou achevés, en argent en or, v. Bijouterie; — en faïence, v. Poteries de terre faïence; — autres, v. fournitures d'horlogerie; — solaires, v. Instruments d'observation. Cadrats, v. Caractères d'imprimerie. Cadres, à chardon, en métal, v. Machines, etc., (pièces détachées); — communs en bois blanc, sans ornements ni moulures, v. Ouvrages en bois, (boissellerie); — en cuivre, pour portraits au daguerréotype, v. Ouvrages en cuivre; — tous autres, en bois, y compris ceux peints et dorés, v. meubles. Cafetières, v. Orfèvrerie, ouvrages en étain, poterie fine, Plaqués ou Ouvrages en métaux selon l'espèce. Cages d'oiseaux, v. Mercerie; — de pendules. v. Cartels. Cailloux, à faïence et à porcelaine, v. Pierres, etc., servant aux arts. Caisses militaires, ordinaires, v. Instruments de musique, (tambours); — Grosse-Caisse, v. Instruments de musique; — autres, v. Coffres. Cajeput (Essence de), v. Huiles volatiles. Calamine grillée ou pierre calaminaire, v. Zinc; — blanche (pompholix) v. Oxyde de zinc. Calebasses (Ouvrages en coques de) ornés de peintures, etc., v. Mercerie fine. Calèches d'enfant, v. La note relative à la bimbeloterie; — autres, v. Voitures suspendues. Calendriers, avec dessins coloriés ou non, v. Etiquettes gravées; ou imprimées; — sans dessins, v. Almanachs. Calomel ou Calomelas, v. Médicaments composés non dénommés. Calorifères, des pays contractants, en tôle ou en fonte et tôle, v. Machines et mécaniques, gazomètres. etc.; — d'ailleurs, grands, v. Machines et mécaniques; — autres, v. Ouvrages en métaux selon l'espèce. Camées montés, en or ou en argent, v. Bijouterie; — en cuivre ou en or faux, v. Ouvrages en cuivre non dénommés; — non montés; — antiques, v. Objets de collection; — modernes, en coquilles, même régime que le corail taillé; — en émail fondu, comme vitrifications taillées pour pierres à bijoux, v. Verres, etc.; — en lave, même régime que les pierres gemmes taillées. Camomille, v. Herbes et fleurs médicinales; — (essence de) v. Huiles volatiles. Camphre, v. Sucs d'espèces particulières. Canéfice, v. Fruits médicinaux, casse confite. Canevas, en coton, v. Tissus de coton; — en fil, mêmes droits que le treillis, v. Tissus de lin, etc.; — en soie ou en fil de soie, unis, mêmes droits que la gaze, selon l'espèce; — brodés en soie, mêmes droits que les tapis de soie, v. Tissus de soie. Cannelle, en poudre, prohibée, comme substance médicinale pulvérisée; — (essence de) v. Huiles volatiles. Cannes montées à épée ou à poignard, prohibées comme armes cachées; — autres, v. Tabletterie non dénommée; — non montées, v. Joncs et roseaux bruts exotiques. Cannetilles d'or, ou d'argent, faux, v. cuivre doré ou argenté, tiré; — fin, v. or ou argent tirés. Canons (bouches à feu) v. Armes de guerre d'affût; — de cheminée, v. Ouvrages en fer; — de clefs de montre, v. Fournitures d'horlogerie; — de fusils et de pistolets, v. Armes à feu, selon l'espèce; — pour jouets d'enfant, v. Bimbeloterie. Canots, v. embarcations. Caoutchouc, brut ou simplement refondu, v. Sucs d'espèces particulières; — (carré de) pour fournitures de bureaux ou en feuilles cylindrées, v. Ouvrages en caoutchouc pur; — liquide (suc non encore desséché), comme caoutchouc brut; — ouvré ou filé, v. Ouvrages en caoutchouc pur ou combiné, selon l'espèce. Caparaçons, pour chevaux, v. Ouvrages en peau, etc., (sellerie). Capsules en étain, pour boucher les bouteilles, v. Ouvrages en étain, poterie commune; — de poudre fulminante, v. Munitions de guerre. Carabines, v. Armes à feu, selon l'espèce. Caractères à jour, v. Ouvrages en cuivre ou en fer blanc, selon l'espèce. Carbonates, v. Sels; — d'ammoniaque (sel volatil), v. Sel sammoniac; — de baryte artificiel, v. Produits chimiques non dénommés; — de cuivre, en masse, natif, v. Malachite; — pulvérisé, (bleu de montagne), v. Couleurs non dénommées; — vert de montagne, v. Ces mots; — neutre (bi-carbonate de soude) des pays contractants, v. Alkalis; — d'ailleurs, v. Produits chimiques non dénommés; — de soude, v. Alcalis, soudes ou natrons selon l'espèce; — de zinc natif, v. Zinc, pierre calaminaire. Cardamomes, v. Fruits médicinaux non dénommés. Cardes, v. Machines; — (plaques et rubans de) etc., v. (pièces détachées de). Caret, v. Ecailles de tortue. Carillons à musique, v. Horlogerie (ouvrages montés); v. aussi boîtes. Carottes sèches non torréfiées, mêmes droits que la racine de chicorée sèche. Carreaux d'ardoises, v. matériaux; — de marbre, v. marbres; — d'écossine, v. écossines; — d'autres pierres, v. pierres ouvrées; — de terre cuite, vernis, v. Poteries de terre, faïence; non vernis, v. matériaux; — pour boucher à lunette, v. Verres et cristaux, verre à lunette. Carrelets, v. Outils de pur acier. Cartels de pendules, en bois même peints, vernis ou dorés, avec incrustations, v. Tabletterie non dénommée; — sans incrustations, v. Ouvrages en bois non dénommés; en marbre et en albâtre. v. Marbres et albâtres sculptés; — en métal, v. Ouvrages en métaux selon l'espèce. Cartes de visite, blanches, en carton dit papier porcelaine, v. Carton en feuilles, autre; — autres, v. Carton coupé et assemblé; — gravées, imprimées ou lithographiées, en carton dit papier porcelaine, v. Mercerie fine; autres, v. Mercerie.	63. — Cachou. Il ne s'agit ici que du cachou en masse dit aussi terre du Japon, qui est employé dans la teinture. Le cachou préparé en pastilles est assimilé aux bonbons. 64. — Café. Les droits indiqués ci-contre ne sont appliqués qu'au café épluché. Le café en cerise obtient une réduction de 40 %; la réduction est de 20 % si le café est en parchemin. 65. — Cannelle. La cannelle de toute espèce et le Cassia-Lignéa payent le même droit. Cependant les écorces nommées Cannelle blanche et Cannelle giroflée rentrent dans la classe des écorces médicinales non dénommées. On traite comme Cassia-Lignéa, les écorces de divers lauriers aromatiques provenant de l'Inde. 66. — Caractères d'Imprimerie neufs. On range dans cette classe non seulement les caractères proprement dits, mais encore les filets, accolades, espaces, interlignes, cadrats et généralement tous les types mobiles en fonte d'imprimerie employés pour l'impression. On assimile en outre aux caractères d'imprimerie les clichés en caractères d'imprimerie et les planches stéréotypées, sans dessins ni vignettes. Les chiffres de toute sorte et les notes de musique en types mobiles suivent le régime des caractères d'imprimerie en langue française. Il en est de même des caractères neufs, lettres et autres susceptibles d'être employés pour l'impression en français. Aucune distinction n'existe, à l'importation des pays contractants, entre les caractères en langue française, ou autres, et l'on assimile les clichés et planches gravées aux caractères d'imprimerie neufs. 67. — Vieux caractères d'imprimerie. Le droit spécial qui les affecte ne s'applique, quelle qu'en soit la provenance, qu'aux caractères hors d'usage exclusivement importés pour la refonte. 68. — Cartes géographiques. Celles qui sont placées dans les ouvrages de librairie et se rapportent au texte, sont soumises aux mêmes droits que les livres dont elles font partie. 69. — Cartes à jouer. Le service des Douanes perçoit en sus du droit indiqué ci-contre, 48 centimes (déc. compris) par jeu de cartes importé des pays contractants. Cette dernière taxe est versée dans les caisses des receveurs des Contributions indirectes et représente le droit dont sont passibles les cartes à jouer fabriquées en France. Voir aux notions préliminaires, art. 43, l'indication des bureaux ouverts à leur importation.

DÉSIGNATION DES MARCHANDISES L'astérique (*) indique que les Droits mentionnés ci-contre comprennent les deux Décimes.	UNITÉS sur lesquelles portent les droits	QUOTITÉ DES DROITS	
		par navires français et des pays contractants par terre	par navires étrangers et d'ailleurs que des pays contractants par terre
BROU de noix	100 kil B.	exempt	exempt
BRUYÈRES à ver-gettes — brutes	id.	exemptes	exemptes
— dépouillées de leurs barbes — des pays contractans	id.	0.50	0.75
— d'ailleurs	id.	0.50	5.00
BULBES d'asphodèle — par navires français et par terre	id.	exemptes	exemptes
— par navires étrangers	id.	–	1.10
BULBES ou oignons autres que d'asphodèle	id.	exempts	exempts
BYSSUS de pinnes marines	id.	exempts	exempts

C

DÉSIGNATION DES MARCHANDISES	UNITÉS sur lesquelles portent les droits	par navires français et des pays contractants par terre	par navires étrangers et d'ailleurs que des pays contractants par terre
CACAO — fèves et pellicules — des Colonies et possessions françaises, à l'exception de l'Algérie — de la Réunion, des Antilles ou de la Guyane, du Sénégal *et de ses dépendances*	100 kil N.	20.00	20.00 (a)
— de l'Inde	id.	25.00	25.00 (a)
— des autres possessions	id	25.00	———
— d'ailleurs hors d'Europe	id.	20.00	———
— des entrepôts	id.	25.00	40.00
— simplement broyé *ou* autrement préparé. V. CHOCOLAT	id.	35.00	40.00
CACHOU en masse (63) — des pays hors d'Europe	100 kil B.	exempt	4.00
— des entrepôts	id.	2.00	4.00
CADMIUM brut — des pays contractants	id.	exempt	0.25 *
— d'ailleurs	id.	2.00	2.20
CAFÉ (64) — des Colonies et possessions françaises à l'exception de l'Algérie — de la Réunion, du Sénégal (*Saint-Louis et Gorée*), des Antilles ou de la Guyane	100 kil N.	36.00 *	36.00 * (a)
— de l'Inde	id.	50.40 *	———
— des autres possessions	id.	36.00 *	———
— d'ailleurs hors d'Europe	id.	50.40 *	55.40 *
— des entrepôts	id.	55.40 *	55.40 *
CALEBASSES vides	100 kil B.	exemptes	exemptes
CANNELLE de toute espèce (65) — des pays hors d'Europe	100 kil N.	30.00 *	45.00 *
— des entrepôts	id.	45.00 *	45.00 *
CANTHARIDES desséchées	100 kil B.	2.00 *	2.20 *
CARACTÈRES d'imprimerie — neufs (66) — des pays contractants	id.	8.00 *	8.80 *
— d'ailleurs — en langue française	100 kil N.	200.00	212.50
— en langue allemande	id.	50.00	55.00
— en toute autre langue	id.	100.00	107.50
— vieux et hors d'usage (67) — des pays contractants	100 kil B.	3.00 *	3.30 *
— d'ailleurs	id.	5.00	5.50
CARMIN de toute sorte	id.	exempt	exempt
CARTES — Géographiques ou Marines (68) — des pays contractants	id.	exemptes	0.25 *
— d'ailleurs	100 kil N.	300.00	317.50
— à jouer (69) — des pays contractants — plus	la valeur par jeu	15 % *	15 % *
		0.48 *	0.48 *
— d'ailleurs	100 kil B.	prohibées	prohibées
CARTHAME (fleurs de) — des pays hors d'Europe	id.	exemptes	6.00
— d'ailleurs	id.	3.00	6.00

(a) Plus la surtaxe d'affrètement. V. l'art. **58** des observations préliminaires.

ASSIMILATIONS

ET RENVOIS AUX AUTRES TABLEAUX DES DROITS

NOTES EXPLICATIVES

CARTON de bois, de paille, de collage, v. Carton en feuilles, autres; — composé de débris de chanvre mélangés de poils d'animaux et imprégné d'asphalte, v. feutre à doublage; — de déchets de peaux, dit carton cuir ou enduit de céruse, dit papier porcelaine, v. Carton en feuilles, autres; — en feutre ou herbes marines, imprégné ou non de goudron ou d'asphalte, pour le radoub des embarcations, comme la vannerie en végétal brut; — frappé d'une empreinte (dominoterie), ou imitant l'ardoise (tablettes à écrire), v. Mercerie; — imprimé, dit papier ou carton paille pour chapeaux de femme, v. Carton moulé; — présentant des dessins coloriés ou en relief, mêmes droits que les étiquettes gravées ou imprimées, etc., v. ces mots; — carton-pierre (ouvrages en), v. Carton moulé; — (ouvrages en) recouverts en étoffes, même régime que les étoffes; — en papier blanc ou colorié, v. Carton coupé, etc.

CARTOUCHES. v. munitions de guerre, poudre à tirer.

CARVI (essence de), v. huiles volatiles.

CASQUES, même régime que la matière ouvrée dont ils sont principalement composés.

CASQUETTES de cuir, v. Ouvrages en peau, etc., non dénommés; — d'étoffes, v. effets à usage, habillements; — de feutre, de peluche de soie et de toile cirée, mêmes droits que les chapeaux de feutre, v. Chapeaux; — garnies de fourrure, v. Pelleteries ouvrées.

CASSE sans apprêt et confite, v. Fruits médicinaux.

CASSE-CROUTES, v. Ouvrages en fer; — casse-noix et casse-noisettes, en buis, v. Mercerie; — en fer ou en acier, v. Ouvrages en fer ou en acier.

CASSEROLES, v. Ouvrages en métaux; — (fonds de), v. fonds.

CASSOLETTES, boîtes en bois, à vis, renfermant une autre petite boîte en étain, v. Mercerie.

CASTINE, v. Pierres, etc. servant aux arts.

CENDRES gravelées (lie de vin et menu tartre brûlés), ou perlées, v. Alcalis (Potasses); — du Levant, de Sicile et de Roquette, v. Alcalis (soudes).

CÉRAT, v. Médicaments composés non dénommés.

CHAINES, câbles en fer pour la marine, v Agrès et apparaux; — autres, v. Ouvrages en métaux ou bijouterie; — chaînes de fusées, pour montres, pendules, etc., v. Fournitures d'horlogerie.

CHAISES, v. Meubles; — (dos et pieds de). v. Ouvrages en bois non dénommés.

CHALES de cachemire, v. tissus de poil; — autres, v. Tissus selon l'espèce.

CHALOUPES, v. Embarcations.

CHALUMEAUX, v. Outils de cuivre ou de laiton.

CHAMBRES NOIRES, v. Instruments d'optique ou bimbeloterie, selon l'espèce.

CHANDELIERS d'acier ou de cuivre, v. Ouvrages en métaux; — d'argent et de vermeil, v. Orfèvrerie; — d'étain, v. Ouvrages en étain (Poterie); — de fer, v. Mercerie; — plaqués ou doublés, v. Plaqués; — de sel gemme, v. Mercerie; — de spath, v. pierres ouvrées; — vernissés, dorés ou argentés, v. Ouvrages en métaux selon l'espèce.

CHANVRE, v. Fils, tissus, cordages végétaux filamenteux ou tourteaux.

CHAPEAUX de baleine et rotin, de bambou, de bois blanc, dits paille de riz, de chanvre de manille, de jonc et d'osier, mêmes droits que les Chapeaux de paille, etc.; — de carton imprimé et de plumes d'oie, v. Modes; — de coton, v. Tissus de coton; — de cuir, vernis ou non, v. Ouvrages en peaux, etc.; — de paille mêlée de soie, crin, fibres d'aloès, abaca, etc., v. Chapeaux de paille; — de toile cirée, v. Chapeaux de feutre.

CHAPELETS en bois, en frétilles et en graines d'abrus, de balisier ou de panacoco, v. Mercerie; — en grains d'acier et de cuivre, mêmes dorés, v. Ouvrages en métaux; — en rocaille, et en verre, v. Verres, etc., vitrification en grains percés.

CHAPES de boucles, v. Ouvrages en fer ou en acier.

CHARBON de goudron de houille pulvérisé, v. Noir de fumée; — d'os ou charbon animal, v. Noir animal d'os; — de tourbe, v. Tourbe carbonisée.

CHARGETTES ou fermoirs de poires à poudre, v. Ouvrages en métaux.

CHARIOTS en bois, ferrés ou non ferrés, v. Voitures autres que suspendues, etc.; — en fonte, v. Ouvrages en fonte; pour métiers à tulle, v. Machines etc., pièces détachées.

CHARNIÈRES en tôle, etc., v. Ouvrages en métaux.

CHARPENTES façonnées, v. Ouvrages en bois.

CHARPIE en feuilles, préparée à la mécanique, comme fil de lin simple, blanchi, de 6000 mètres ou moins; — autre (vieux linge effilé), v. Drilles.

CHARRUES, v. Machines propres à l'agriculture.

CHASSIS en bois, garnis de toiles métalliques, v. Machines, etc., pièces détachées; — non garnis, v. Ouvrages en bois non dénommés; — en métal, v. Ouvrages en métaux.

CHAUDIÈRES, v. Machines, etc. et ouvrages en métaux.

CHAUDRONS et chaudronnerie, v. Ouvrages en métaux selon l'espèce; — (fonds de), v. fonds.

CHAUFFERETTES en bois communs garnies de tôle, v. Mercerie; — non garnies, v. Boisellerie.

CHAUSSURES, en caoutchouc ou en guttapercha, v. Ouvrages en caoutchouc, etc.

CHÊNE-LIÈGE, seconde écorce du), v. Écorces à tan.

CHENETS, en fonte, en fer ou en cuivre, v. ouvrages en métaux.

CHENILLE (chaîne en), v. Tissus selon l'espèce.

CHÈVRES et CHEVREAUX, v. Bestiaux.

CHIFFRES pour l'impression, mêmes droits que les caractères d'imprimerie en langue française.

CHIQUES, en porcelaine; comme les chiques d'agate; — de stuc, comme celles de marbre, v. Marbres, agates ou pierres ouvrées.

---

70. — CARTON EN PATE DE PAPIER. Ce carton est formé avec de la pâte de chiffons mise en rames ou en feuilles à l'aide d'une simple pression. Il est épais, boursouflé, spongieux et peut être aisément employé à la fabrication du papier, il suffit de le remettre au pilon et à la cuve.

71. — CARTON LUSTRÉ. Il sert à presser les draps. Il est ferme, compact, luisant et résonne quand on le frappe avec le doigt.

72. — CARTONS EN FEUILLES (autres). On range dans cette classe tous les cartons en feuilles autres que ceux dont il a été question dans les deux notes précédentes, notamment ceux qui sont formés de plusieurs feuilles de papier collées les unes aux autres; les cartons fabriqués soit avec de la paille ou du bois trituré, soit avec des déchets de peaux, enfin le carton enduit de céruse et glacé, dit papier porcelaine.

73. — CARTON MOULÉ. On range dans cette classe les boîtes, tabatières et tous les ouvrages fabriqués par compression dans des moules avec une pâte de papier mélangée de colle-forte, ainsi que ceux en carton pierre et le carton imprimé imitant la paille d'Italie.

Les poupées ou têtes de poupées en carton moulé font cependant partie de la bimbeloterie et les masques pour bals sont rangés dans la Mercerie.

74. — CARTON COUPÉ ET ASSEMBLÉ. Les reliures ou autres cartonnages recouverts en étoffes suivent le régime de celles-ci.

Le tarif conventionnel assimile au carton coupé ou assemblé, le carton taillé pour cartes de visite ou d'adresse et les cartes de visites blanches, gravées, imprimées ou lithographiées, y compris celles en carton porcelaine il en est de même des étoiles à dévider, en carton, qui venant d'ailleurs que des pays contractants sont traitées comme Mercerie.

75. — ALBUMS. Le droit de 10 % indiqué ci-contre, en ce qui concerne les albums revêtus ou incrustés de nacre, etc., est celui qui atteint les objets de tabletterie provenant des pays contractants.

76. — CASSIA-LIGNÉA. Voir la Note 65 relative à la Cannelle.

77. — CASTOREUM. C'est une substance résineuse, brune, rougeâtre ou jaunâtre, d'une odeur forte qui provient des vésicules ou poches que portent les Castors.

78. — CENDRES BLEUES OU VERTES. Il y en a de naturelles et d'artificielles. L'oxyde de cuivre en est la base. On range parmi les cendres artificielles le vert de Schweinfurt ou de Vienne.

79. — CÉRÉALES. Le blé simplement dépouillé de sa pellicule extérieure et propre encore à la mouture, suit le régime des Céréales.

On range dans la classe des grains perlés ou mondés, l'épeautre séché au four avant maturité et préparé pour être employé dans les potages.

80. — CHANDELLES. Les chandelles acquittent le même droit que les bougies (5 %), mais on classe parmi ces dernières les bougies dites de l'Étoile et du Phénix, etc., les chandelles de résine sont assimilées aux résines indigènes.

81. — CHAPEAUX. Le tarif conventionnel admet au droit de 10 % les ouvrages en feutre de toute espèce, à moins que les importateurs ne renoncent à son application, cette taxe doit être appliquée aux chapeaux de feutre ainsi qu'à ceux de soie qui suivent le même régime.

Les chapeaux de paille, d'écorce, etc., étant aujourd'hui taxés au poids, il n'y a plus aucune distinction à l'égard des coques et des plateaux qui seraient présentés séparément.

82. — CHEVAUX ENTIERS, ETC. Le tarif n'établit plus aucune distinction entre les chevaux entiers, les chevaux hongres et les juments.

83. — POULAINS. Cette dénomination s'applique uniquement aux jeunes chevaux.

DÉSIGNATION DES MARCHANDISES L'astérique (*) indique que les Droits mentionnés ci-contre comprennent les deux Décimes	UNITÉS sur lesquelles portent les droits	QUOTITÉ DES DROITS	
		par navires français et des pays contractants par terre	par navires étrangers et d'ailleurs que des pays contractants par terre
		fr. c.	fr. c.
Carton — en feuilles — des pays contractants	100 kil. B.	8.00*	8.80*
— d'ailleurs — de simple moulage (pâte à papier) (70)	100 kil. N.	150.00	160.00
— lustré à presser les draps (71)	id.	80.00	86.50
— autres (72)	id.	150.00	160.00
moulé dit papier mâché (73) — des pays contractants	la valeur	10 %*	10 %*
— d'ailleurs	100 kil. N.	200.00	212.50
coupé et assemblé (74) — des pays contractants	la valeur	10 %*	10 %*
— d'ailleurs	100 kil. N.	100.00	107.50
albums (75) — des pays contractants — même garnis en métal commun	id. ou la valeur	60.00* / 10 %*	65.50* / 10 %*
— incrustés de nacre, d'ivoire ou d'écaille	la valeur	10 %*	10 %*
— d'ailleurs, V. Mercerie ou Tabletterie, selon l'espèce.			
Cassia-Lignéa (76) (écorce de) — des pays hors d'Europe	100 kil. N.	30.00*	45.00*
— d'ailleurs	id.	45.00*	45.00*
(essence de), V. Huiles Volatiles.			
Castoréum (77)	100 kil. B.	2.00*	2.20*
Cendres — bleues ou vertes (78)	id.	exemptes	exemptes
— de houille	id.	0.01	0.01
noires ou de Tropey, V. Terres Pyriteuses.			
— et regrets d'orfèvre — par navires français et par terre	id.	exempts	exempts
— par navires étrangers	id.	——	1.00
— végétales, vives ou lessivées (charrée)	id.	exemptes	exemptes
Céréales (79) — froment, épeautre et méteil — grains	id.	0.50	0.50
— farines	id.	1.00	1.00
— seigle, maïs, orge, sarrasin et avoine — grains	id.	exempts	exempts
— farines	id.	exemptes	exemptes
Céruse (Carbonate de Plomb), V. Sels	id.	exempte	exempte
Champignons, Morilles et Mousserons frais, secs ou marinés	id.	exempts	exempts
Chandelles (80)	la valeur	5 %*	5 %*
Chapeaux (81) — chinois, V. Instruments de Musique (Basses).			
— de crin	la pièce	0.25	0.25
— de feutre et de soie — des pays contractants	la valeur	10 %*	10 %*
— d'ailleurs	la pièce	1.50	1.50
— de paille, d'écorce, de sparte et de fibres de Palmier	100 kil. B.	10.00*	11.00*
Charbon — de bois et de chénevottes — des pays contractants	id.	exempt	0.06*
— d'ailleurs — par navires français et par terre	id.	exempt	exempt
— par navires étrangers	id.		0.05
— de terre, V. Houille.			
Chardons cardères (têtes ou graines de)	id.	exempts	exempts
Châtaignes et leurs farines	id.	exemptes	0.50
Chevaux — entiers, hongres ou juments (82)	par tête	25.00	25.00
— poulains	id.	15.00	15.00
Cheveux ouvrés ou non ouvrés	100 kil. B.	exempts	exempts
Chiens, de toute espèce	par tête	exempts	exempts
Chlorates — de potasse — des pays contractants	100 kil. N.	32.35*	35.50*
— d'ailleurs, V. Produits chimiques non dénommés.			
— autres, V. Produits chimiques non dénommés.			

DOUANES FRANÇAISES

ASSIMILATIONS ET RENVOIS AUX AUTRES TABLEAUX DES DROITS	NOTES EXPLICATIVES

CHROMATES, r. Sels.
CHROME (oxyde de), r. Oxyde d'urane.
CHRONOMÈTRES de mer, r. Instruments de calcul; — de poche, r. Horlogerie, montres.
CHRYSOCALE, r. Cuivre doré ou ouvrages en cuivre.
CHRYSOCOLLE, r. Sels, borax.
CHRYSOLITES, r. Pierres gemmes.
CHRYSOPRASE, r. Agates.
CIDRE, r. Boissons fermentées.
CIMENT pour la bâtisse, r. Matériaux non dénommés.
CIMOLÉE, r. Pierres servant aux arts, terre de Lemnos.
CINABRE, en pierres ou pulvérisé, r. Sulfure de mercure; — (minerai brut de), r. Minerais non dénommés.
CINCHONINE, r. Médicaments composés, extrait de quinquina.
CIRAGE pour chaussures, r. Noir à souliers.
CIRE, à dorer et à gommer — crasse et résidu de cire, comme la cire non ouvrée; — végétale, comme la cire d'abeille.
CISAILLES, r. Outils de fer rechargé d'acier.
CISEAUX, à doubles branches, à tondre les draps, r. Outils de fer rechargé d'acier; — à tondre les haies, r. Instruments aratoires; — autres, r. Coutellerie; — à froid, r. Outils de pur acier ou outils de fer rechargé d'acier, selon l'espèce.
CITRATE de chaux, r. Acide citrique; — de magnésie, r. Produits chimiques non dénommés.
CITRONS (écorces de), au sucre, r. confitures; — autres, r. écorces médicinales; — (essence de), r. Huiles volatiles; — (jus de), r. Acide citrique; — (pépins de), r. Matières dures à tailler, r. aussi fruits frais ou confits.
CLARINETTES, r. Instruments de musique.
CLAVECINS, r. Instruments de musique; — forté, piano.
CLEFS, de montres, en argent et en or, r. Bijouterie; en cuivre doré ou argenté et en or faux, r. Ouvrages en cuivre; — autres, r. Fournitures d'horlogerie; — de portes et de voitures, r. Ouvrages en fer.
CLINQUANT, en argent et en or; r. Argent ou or laminé; — en cuivre pur, r. La note relative au cuivre doré; — en cuivre doré ou argenté, r. Cuivre doré ou argenté laminé; — en plomb verni, comme celui en cuivre argenté.
CLOCHES et Clochettes de bronze, r. Ouvrages en cuivre.
CLOUS, d'acier, pour cordonnier, r. Mercerie fine; — autres, r. Ouvrages en acier; — de cuivre, rouge, durcis au gros marteau; pour doublage et penture de gouvernail, r. Cuivre pur ou allié de zinc, battu; — pour sellier, r. Mercerie fine, autres, r. Ouvrages en cuivre; — de fer, pour cordonnier et sellier, r. Mercerie; — autres, r. Ouvrages en fer; — de zinc, pour doublage de navires, r. zinc laminé.
CLOUS DE GIROFLE, r. Girofle.
COALTAR, r. Bitumes.
COBALT, oxyde, sels, composés du) r. Sels; — à mouches, r. Arsenic.
COCARDES en baleine pour chevaux, r. Mercerie fine.
COCHONS, r. Bestiaux, porcs ou cochons de lait.
COCO (filaments de), r. Végétaux filamenteux; — (noix de) avortées, comme les coques de coco; — autres, r. Fruits de table frais; — (pulpes de) désséchées et rances, r. Graines oléagineuses.
COCONS de soie, r. Soies.
COFFRES, en bois, communs, ferrés, r. Meubles; — non ferrés, r. Ouvrages en bois, boissellerie; — fins (ouvrages d'ébénisterie), r. Meubles; — autres, r. Tabletterie; — peints ou vernis, r. Meubles; — pour instruments de musique, r. Mercerie; — en fer, r. Ouvrages en fer; r. aussi boîtes, malles, ou nécessaires.
COFFRETS, en bois communs, r. Mercerie; — en coquillages, à ouvrage ou pour toilette, en bois peints etc. (Ouvrages de Spa), r. Mercerie fine; — en sel gemme, r. Mercerie.
COGNÉES, r. Outils de fer rechargé d'acier.
COIFFES, à chapeau, r. Effets à usage, habillements neufs; — en feutre, dites galettes, r. Feutres, autres ouvrages.
COINS à fendre le bois, r. Outils de fer rechargé d'acier; — gravés, r. Cylindres et coins gravés.
COKE, r. Houille carbonisée.
COLCOTAR ou vitriol rubifié, r. Oxydes de fer.
COLLE de peau d'âne ou de zèbre (tablettes d'hockiac), r. Médicaments composés.
COLLIERS d'argent et d'or ou de corail (corail monté), r. Bijouterie, selon l'espèce; — de bois, de frétilles et de graines d'abrus, de balisier ou de panacoco, r. Mercerie; — de fer et de cuivre, r. Ouvrages en métaux, de grains de verre et de pierres fausses, r. Verres, etc., vitrifications en grains percés, — de grenat, r. Pierres gemmes, taillées; — d'iris, r. Iris de florence ouvré; — de perles fausses, r. Mercerie fine; — fines, r. Perles.
COLLODION, r. Produits chimiques non dénommés.
COLOMBINE sèche (laque carminée), r. Carmin.
COLONNES en fonte, r. Ouvrages en fonte.
COLOPHANE, r. Résines indigènes.
COLOQUINTE, r. Fruits médicinaux non dénommés.
COLZA (graines de), r. Graines oléagineuses; — (tiges de) même régime que la paille, r. Fourrages; — tourteaux (graine de), r. Tourteaux de graines oléagineuses, autres.
COMPAS, en bois, garnis en métal, r. Mercerie; — autres, de bureau, en fer ou en cuivre, à la grosse, simples, r. Mercerie; — avec pièces de rechange, r. Mercerie fine; — autres qu'à la grosse, r. Instruments de calcul; — de charpentier et de menuisier, r. Outils de fer rechargé d'acier.
COMPOSÉS du cobalt, r. Sels.
CONDUITS en papier et bitume, r. Tuyaux autres; — pour le gaz, r. Ouvrages en métaux.
CONFECTIONS pharmaceutiques, r. Médicaments composés non dénommés.
CONTRE-BASSES, r. Instruments de musique, basses.
CONTREFAÇONS en librairie, r. Livres.
COPAHU (baume de), r. Baumes.
COPAL (résine dite gomme) brute, r. Résineux exotiques; — taillée ou autrement ouvragée, r. Mercerie fine.
COQUES d'amande, vides, même régime que le brou de noix, r. ces mots; — de bâtiments de mer r. embarcations; — de chapeaux de paille, d'écorce, etc., r. la note relative aux chapeaux.

---

84. — CHLORURES. À l'exception du chlorure de potassium et du chlorure de magnésium, tous les autres ont été classés depuis longtemps parmi les produits chimiques non dénommés.

Cependant les chlorures de chaux, d'Aluminium et de Magnésium sont spécialement taxés par le tarif conventionnel.

85. — CIGARES ET AUTRES TABACS FABRIQUÉS. Les tabacs fabriqués, dits de santé ou d'habitude, peuvent être importés pour l'usage personnel des consommateurs, jusqu'à concurrence de dix kilogrammes par destinataire.

Les droits à percevoir dans ce cas sont fixés comme il suit, sans décime:

Cigares et Cigarettes..............................F. 24.00) par kil. net.
Tabacs en poudre, en carotte ou autrement fabriqué...16.00)

Les mêmes droits sont applicables aux restes de provisions déclarées par des voyageurs qui arrivent en France, à l'exception de ces restes de provisions toute quantité de tabac ne peut circuler sans être revêtue de vignette ou sans être accompagnée de la quittance des droits.

86. — COCHENILLE. La cochenille en tablettes, en pains, en grains ou en grabeau suit absolument le même régime.

87. — COLLE-FORTE. Le tarif ne fait aucune distinction entre la colle-forte liquide et la colle-forte desséchée. L'Albumine (blanc d'œufs desséché) est assimilée à la colle-forte. Elle est nommément taxée par le tarif conventionnel.

88. — COLLE DE POISSON. Cette substance est préparée avec les vessies natatoires de certains poissons. Il n'est pas possible de la confondre avec la colle-forte. Elle est demi-translucide, d'une couleur blanchâtre fauve ou d'un brun jaunâtre. Enfin on l'importe soit en feuillets soit en petits cylindres ou cordons contournés en divers sens et qui ont, le plus souvent, la forme d'une lyre ou d'un cœur.

89. — CONFITURES. Les écorces de citron, d'orange, etc., mélangées avec du Sucre et toutes les conserves au sucre ou au miel, sont traitées comme confitures. Cependant la Casse confite, les Myrobolants et les Tamarins confits sont spécialement tarifés comme fruits médicinaux.

DÉSIGNATION DES MARCHANDISES L'astérique (*) indique que les Droits mentionnés ci-contre comprennent les deux Décimes	UNITÉS sur lesquelles portent les droits	QUOTITÉ DES DROITS	
		par navire français et des pays contractants par terre	par navire étranger et d'ailleurs que des pays contractants par terre
		fr. c.	fr. c.
CHLORURES (84) de chaux { des pays contractants	100 kil. B.	3.55*	3.90*
d'ailleurs. V. Produits Chimiques non dénommés.			
d'aluminium { des pays contractants	la valeur	10 p. %*	10 p. %*
d'ailleurs. V. Produits Chimiques non dénommés.			
de magnésium { des pays contractants	100 kil. B.	0.40*	0.65*
d'ailleurs. V. Produits Chimiques non dénommés.			
de mercure (mercure doux et sublimé corrosif) { des pays contractants. V. Produits Chimiques non dénommés;			
d'ailleurs V. Médicaments composés non dénommés.			
de potassium. V. Sels Hydrochlorates de Potasse.			
de sodium. V. Sels — Sel marin.			
autres. V. Produits Chimiques non dénommés.			
CHOCOLAT et CACAO simplement broyé { des pays contractants	100 kil. N.	35.00*	38.50*
d'ailleurs	id.	150.00	160.00
CIGARES et autres tabacs fabriqués (85) pour la régie { des pays hors d'Europe	100 kil. B	exempts	15.00
des entrepôts	id.	7.00	15.00
pour compte particulier (a)	id.	prohibés	prohibés
CIRE non ouvrée, jaune, brune ou blanche { des pays contractants	id.	1.00*	1.25*
des lieux de production	id.	1.00*	3.00*
d'ailleurs	id.	3.00*	3.00*
non ouvrée (résidu de)	id.	exempt	exempt
ouvrée, bougies	la valeur	5 p. %*	5 p. %*
ouvrée, autre	100 kil. B.	4.00*	4.40*
CIRE A CACHETER { des pays contractants	100 kil. N.	30.00*	33.00*
d'ailleurs	id.	100.00	107.50
CIVETTE	100 kil. B.	2.00*	2.20*
CLICHÉS, avec ou sans dessins { des pays contractants	id.	8.00*	8.80*
d'ailleurs. V. Caractères d'Imprimerie.			
CLOPORTES DESSÉCHÉS	id.	exempts	exempts
COBALT minérai	id.	exempt	exempt
vitrifié { des pays contractants	id.	exempt	0.25*
d'ailleurs, en masse. — Smalt. *comme émail*, vitrifications *en masses ou azur*, selon l'espèce.			
en poudre. — azur	100 kil. N.	30.00	33.00
COCHENILLE (86) { des pays hors d'Europe	100 kil. B.	exempte	15.00
des entrepôts	id.	10.00	15.00
COLLE forte (87)	id	exempte	exempte
de poisson (88) { des pays contractants	100 kil. N.	40.00*	44.00*
des pays hors d'Europe	id.	40.00*	45.00*
des entrepôts	id.	45.00*	45.00*
CONFITURES (89) au sucre ou au miel, des colonies et possessions françaises { des Antilles, de la Guyane, de la Réunion, de Sainte-Marie de Madagascar, de Mayotte, de Nossi-Bé, de Taïti et de Noukahiva	id.	18.50*	19.50*
des autres possessions	id.	21.00*	22.00*
des pays étrangers { hors d'Europe	id.	21.00*	22.00*
d'Europe	id.	22.00*	22.00*
sans sucre ni miel	100 kil. B.	10.00	11.00
COQUES DE COCO { des pays hors d'Europe	id.	exemptes	3.00
d'ailleurs	id	3.00	3.00

(a) Sauf le tabac de santé ou d'habitude. V. la note 85

ASSIMILATIONS ET RENVOIS AUX AUTRES TABLEAUX DES DROITS	NOTES EXPLICATIVES
COQUILLAGES, pleins, r. Huîtres ou moules; — vides, antale et cauris, r. Antale; — casques rouges, casques noirs, lambisques et turbaud marbré, même droits que la nacre, r. Coquillages nacrés; — (ouvrages en) boîtes, coffrets, fleurs, paniers et autres objets du même genre, r. Mercerie fine; — tabatières, montées sur or ou sur argent, r. Bijouterie; — autres, r. Tabletterie. CORAIL en poudre, r. Parfumeries, poudres non dénommées; — des jardins, r. Poivre et piment. CORBEILLES (petites) en fibres d'aloès, paille, etc., pour bijoux ou parfums et en verres filé, r. Mercerie fine; — autres, en végétal quelconque, non garnies, r. Vannerie, autre. CORDAGES de crin, r. Crin frisé; — de coco, destinés à faire des paillassons, r. Tresses grossières pour paillassons; — de fil de fer, r. Ouvrages en fer. CORDES, de boyau, pour instruments de musique, r. Mercerie fine; — pour mécaniques, r. Mercerie; — métalliques, blanches, roulées sur bobines, r. Fer, etc.; cordes pour instruments; — non roulées, r. Fer, fil de fer ou acier filé; — jaunes, roulées sur bobines, r. Cuivre allié de zinc, filé pour cordes d'instruments; — autres, r. Cuivre pur ou allié filé, poli ou non poli; — en cuivre argenté, roulé ou non sur bobines, r. Cuivre argenté, tiré, battu ou laminé; — dites mèches de mineurs (artifices), r. Mercerie. CORDONS et cordonnets, en cheveux, r. Cheveux ouvrés; — autres, r. Tissus selon l'espèce; — passementerie, r. aussi Fils de laine dits cordonnets. CORSALINES, r. Agates. CORNES, de bétail calcinées ou carbonisées, r. Noir d'os; — rapées ou clapons, r. Cornes de bétail brutes; — de daim, renne, élan, axis et autres cornes rameuses non creuses, comme les cornes de cerf; — de licorne et de rhinocéros, r. Dents d'éléphant. CORNETS à jouer, en corne et en cuir, r. Mercerie. CORNUES en terre réfractaire, r. Poterie de terre grossière. COROSS de coton, r. Fils de coton (déchets de). COROZO (noix de) sèches, v. Grains durs à tailler. CORS, r. Instruments de musique. CÔTES, de douppion, r. Soies, bourre filée; — de feuilles de tabac, r. Tabac en feuilles. COTON (déchets de), bourre de coton en laine, comme la matière brute; — (bouts de fils de), r. Déchets de fils de coton; — filé, r. Fils; — (graines de) entières, r. Graines à ensemencer; — concassées, r. Graines oléagineuses, autres; — en poudre, pour la fabrication du papier tontice, comme bourre de laine tontice, poudre de coton, comme poudre à tirer, r. Munitions de guerre. COULANTS, en fer ou en acier et en cuivre, r. Ouvrages en métaux. COUPE-CHOUX ou coupe-racines, r. Machines pour l'agriculture. COUPEROSES, r. Sels, sulfate de fer, de cuivre ou de zinc. CORBES en fer pour navires, r. Ouvrages en fer. COURROIES, en coton mélangé de caoutchouc, r. Ouvrages en caoutchouc combiné, etc.; — autres, r. Tissus de coton; — en cuir, r. Ouvrages en peau, etc.; — en laine, fil ou soie, r. Tissus, selon l'espèce, passementerie. COUSSINETS en fonte pour chemins de fer, r. Ouvrages en fonte. COUTEAUX, pour cannes à sucre, r. Armes de commerce; — de chasse, avec pistolets, prohibés comme armes secrètes, autres, r. Armes de commerce; — de cuisine, de poche et de table, à lame d'argent, d'or ou de vermeil, r. Orfèvrerie; — autres, r. Coutellerie; — en écaille, en ivoire et en nacre, r. Tabletterie; — de plantage, r. Coutellerie; — spatules, r. Outils selon l'espèce; — de tanneur et de corroyeur, en ardoises, r. Pierres ouvrées, autres; — autres qu'en ardoise, r. Outils de fer rechargé d'acier ou outils de pur acier; — de tonnelier et couteaux à pied pour sellier, r. Outils de fer rechargé d'acier; — de cordonnier (tranchets), r. Outils de pur acier. COUTIL de coton pur ou mélangé, r. Tissus de coton; — de pur fil, r. Tissus de lin, etc., toile croisée. COUVERCLES de pipe, en fer et en cuivre, v. Mercerie. COUVERTURES, de coton, laine, poil, soie et bourre de soie, r. Tissus selon l'espèce; — de pur fil, blanches, v. Tissus de lin, toile croisée, coutil pour literie; — teintes, v. Tissus de lin, etc., toile teinte. CRAIE, r. Pierres, etc., servant aux arts; — de briançon, v. Pierres servant aux arts, talc. CRASSE DE CIRE, r. Cire non ouvrée; — de sel, v. Sel marin, etc., de verre (provenant de la projection du verre hors des creusets, r. Verres, etc., groisil; — fiel de verre, r. Alcalis, soudes. CRASSIN de forges, même régime que le mâchefer. CRAVACHES, r. Mercerie. CRÈME de tartre, r. Sels, tartrates, etc. CRÊPON de soie, r. Tissus de soie, étoffes unies, autres; — de Zurich, r. Tissus de laine, burail, etc. CRETONS, r. Tourteaux de graines oléagineuses. CREUSETS, en métal, r. Ouvrages en métaux, selon l'espèce; — autres, même ceux en graphite ou plombagine, r. Poterie de grès commun. CRIBLES, en bois, r. Ouvrages en bois, boissellerie; — à combinaison (tarares), r. Machines, etc., pour l'agriculture; — autres, r. Mercerie. CRICS montés, r. Instruments aratoires. CRIN de Florence, r. Poil de messine; — végétal, caragate muciforme, r. Végétaux filamenteux.	90. — COQUILLAGES NACRÉS. Les morceaux de nacre sont traités comme ouvrages de tabletterie, lorsqu'ils ont une forme arrêtée et qu'ils ont été polis. Ceux qui ne remplissent pas l'une ou l'autre de ces deux conditions suivent le régime de la nacre sciée ou dépouillée de sa croûte. 91. — CORDAGES. Il s'agit ici des cordages neufs, de sparte, de chanvre ou d'autres végétaux, à l'exclusion de ceux en crin, qui sont assimilés au crin frisé et des cordages composés en tout ou en partie de fil de fer, lesquels rentrent dans la classe des ouvrages en fer. Les vieux cordages hors de service suivent le régime des drilles, les câbles et bouts de câbles retirés du fond des rades sont traités comme les ancres draguées, V. AGRÈS ET APPARAUX, ETC. Enfin les ficelles font partie des cordages, s'il s'agit de *ficelles d'emballage*, fabriquées ou non à la mécanique ou de ficelles faites comme les cordages eux-mêmes, au moyen de filasse étirée et tordue à la roue du cordier. Les *gros fils* simples ou retors ne sauraient dans aucun cas suivre le même régime. 92. — CORNES. Sont traitées comme *brutes* les cornes de bétail entières, et celles qui sont tronquées soit à la pointe soit à la base ou qui n'ont été sciées que pour séparer la partie creuse de la partie pleine, pourvu qu'elles n'aient reçu aucune autre façon. Les rapures et rognures suivent le même régime. Les cornes *préparées* comprennent les cornes plates destinées à faire des peignes et les cornes débitées à la scie, pour en faire des disques ou viroles, des manches de couteaux ou tous autres ouvrages. Sont assimilées aux cornes de cerf toutes les cornes rameuses non creuses, telles que celles de daim, de renne, d'élan, d'axis, etc. 93. — COULEURS NON DÉNOMMÉES. Ce sont entre autre, le bistre; le bleu de montagne; le bronze pulvérisé; les débris de momies; l'encre de la sèche en vésicules, dite *sepia*; le fusain; le jaune minéral; le jaune de Naples; la laque rosette; l'orpiment ou orpin pulvérisé (*jaune de Cassel* ou *jaune royal*); le mat, préparation dont le nitre est la base; le noir minéral liquide ou pétri en trochisques; la pourpre naturelle ou factice; le talc pulvérisé; le vert minéral de Brunswick; le vert de perroquet; le vert de vessie; les assortiments de couleurs pour l'amusement des enfants; et toutes les couleurs préparées ou non, reprises au tarif *général*, qu'elles soient sèches ou liquides, en sacs ou en vessies, en boîtes, en vases ou en trochisques. On range dans la même classe les produits suivants qui dérivent de la houille : azaléine, azérole, azuline, bleuine, fuschsine, indisine, roséine, etc. 94 — COUTELLERIE. On range dans la classe de la coutellerie, outre les couteaux, canifs, rasoirs, ciseaux, etc., les fourchettes en acier montées ou non montées à l'exception des fourchettes en fer, d'un travail grossier qui font partie de la mercerie. Les couteaux à lames d'argent, d'or ou de vermeil suivent le régime de l'orfèvrerie d'argent ou d'or selon l'espèce, même quand les manches sont en nacre, en ivoire ou en ébène; mais lorsqu'ils viennent des pays contractants, on peut, sur la demande des importateurs évaluer séparément les lames et les manches pour appliquer aux uns et aux autres le droit qui leur est propre. Les médaillons et viroles d'or, d'argent ou de vermeil dont ces manches seraient ornés ne suffiraient pas pour les faire traiter comme orfèvrerie. Pour l'application du tarif conventionnel la coutellerie comprend les couteaux de table et de poche, ceux de chasse et de boucher, les poignards de luxe, les ciseaux même en fonte polie, les rasoirs, canifs, grattoirs, poinçons à papier, limes à ongles, etc., les fourchettes en fer, en fonte polie et en acier emmanchées ou non. Toutefois les couperets ou hachoirs de boucher, les tranchets de cordonnier, les couteaux de mégissier, de corroyeur et de tonnelier, les couteaux à pied pour sellier et tous les gros instruments tranchants faisant partie de la taillanderie et emmanchés sans luxe, sont repris parmi les Outils en acier ou en fer rechargé d'acier. 95. — CRAYONS. On traite comme crayons simples, la pierre noire, l'ardoise, la sanguine, etc., simplement coupés ou sciés en morceaux. On assimile aux crayons à gaine de cèdre : 1° Tous ceux qui ne sont pas en bois blanc ou dont le bois a été teint et qui sont recouverts d'un vernis à l'extérieur; 2° les crayons de divers couleurs dont on se sert pour la peinture au pastel; 3° les filets dits crayons moulés destinés à être enchassés dans les gaines de bois ou des porte-crayons. Les crayons à gaine de roseau suivent le régime de ceux à gaine de bois blanc. 96. — CRIN. Le crin teint est assimilé au crin brut; les cordages en crin, au crin préparé.

DÉSIGNATION DES MARCHANDISES L'astérique (*) indique que les droits mentionnés ci-contre comprennent les deux décimes	UNITÉS sur lesquelles portent les droits	QUOTITÉ DES DROITS	
		par navire franç. et des pays contractants par terre	par navire étrang. et d'ailleurs que des pays contractants par terre
		fr. c.	fr. c.
COQUILLAGES NACRÉS (90)			
nacre de perle, *sans distinction de la nacre dite franche ou batarde* — en coquilles brutes — des pays hors d'Europe.	100 kil. B.	exemptes	4.00
— des entrepôts	id.	4.00	4.00
— sciée ou dépouillée de la croûte — des pays hors d'Europe	id.	exemptes	8.00
— des entrepôts	id.	8.00	8.00
haliotides, dits *oreilles de mer*	id.	exemptes	3.00
CORAIL			
naturel, brut ou taillé, mais non monté	id.	exempt	exempt
monté, *V.* BIJOUTERIE SELON L'ESPÈCE			
factice, en verre, *V.* VITRIFICATIONS			
CORDAGES ET CORDES (91)			
de fibres de coco (basting) — des pays contractants	id.	6.00*	6.60*
de sparte de tous calibres — en fils ou tresses battues (veltes) — d'ailleurs	id.	5.00	5.50
— en fils ou tresses non battues — des pays contractants	id.	2.40*	2.64*
de tilleul *et* de jonc — d'ailleurs	id.	2.00	2.20
de chanvre — de phormium tenax, d'abaca, de jute, d'aloès et d'agavé — des pays contractants	100 kil. N.	15.00*	16.50*
autres — d'ailleurs	id.	25.00	27.50
vieux cordages, *V.* DRILLES			
CORNES (92)			
de bétail — brutes — par mer — des pays contractants	100 kil. B.	exemptes	0.25*
— des pays hors d'Europe.	id.	exemptes	2.00*
— du cru des pays d'Europe.	id.	exemptes	2.00*
— d'ailleurs	id	2.00*	2.00*
— par terre — du cru des pays d'Europe.	id.	————	exemptes
— d'ailleurs	id.	— -	2.00*
préparées *ou* débitées en feuilles	id.	3.00*	3.30*
de cerf *et* de snack	id.	exemptes	exemptes
COTON			
en laine — par mer — des pays hors d'Europe	100 kil. N.	exempt	3.00*
— du cru des pays d'Europe.	id.	exempt	3.00*
— d'ailleurs	id.	3.00*	3.00*
— par terre — des pays de production	id.	————	exempt
— d'ailleurs	id.		3.00*
non égrené — par mer — des pays hors d'Europe	100 kil. B.	exempt	0.75*
— du cru des pays d'Europe	id.	exempt	0.75*
— d'ailleurs	id.	0.75*	0.75*
— par terre — des pays de production	id.	————	exempt
— d'ailleurs	id.		0.75*
en feuilles cardées *et* gommées (ouate) — des pays contractants	id.	10.00*	11.00*
— d'ailleurs	100 kil. N.	100.00	107.50
COULEURS non dénommées sèches, en pâte ou liquides (93)	100 kil. B	exemptes	exemptes
COUTELLERIE *de toute espèce* (94) — des pays contractants	la valeur	15 p. %*	15 p. %*
— d'ailleurs	100 kil. B.	prohibée	prohibée
CRAYONS (95)			
simples, en pierre — des pays contractants	id.	1.00*	1.25*
— d'ailleurs	id.	10.00	11.00
composés — à gaine de bois blanc — des pays contractants	la valeur	10 p %*	10 p. %*
— d'ailleurs	100 kil. N.	100.00	107.50
— à gaine de cèdre — des pays contractants	la valeur	10 p. %*	10 p. %*
— d'ailleurs	100 kil. N.	200.00	212.50
CRINS (96)			
bruts, préparés *ou* frisés — des pays contractants	100 kil. B.	exempts	0.25*
— des pays hors d'Europe	id.	exempts	3.00
— du cru des pays d'Europe	id.	exempts	3.00
— d'ailleurs	id.	3.00	3.00
autres, *V.* OUVRAGES EN (OU TISSUS DE).			

ASSIMILATIONS
ET RENVOIS AUX AUTRES TABLEAUX DES DROITS

CRISTAL, factice, v. Verres etc.; — dit minéral (sel de prunelle), mêmes droits que le nitrate de potasse, v. Sels.

CRISTAUX, v. Verres et cristaux; — de soude, v. Alcalis; — de tartre, v. Sels (tartrates).

CROCHETS, de métiers à bas v. machines etc., pièces détachées; — à tricoter (commes les broches), v. Mercerie.

CROCUS ou safran des métaux, v. la note relative à l'Antimoine.

CROSSES de parapluie et de parasol, en corne, ivoire, nacre, bois fin etc., v. Tabletterie.

CRUCHES et cruchons, v. Poteries selon l'espèce.

CRUCIFIX, en bois commun, avec ornements en cuivre frappé, v. Mercerie; — autres, v. Ouvrages en bois non dénommés.

CUBÈBE ou poivre à queue, v. Poivre.

CUDBÉARD, v. Orseille.

CUILLERS, en corne et en os, v. Mercerie; — en étain, v. Ouvrages en étain (poterie); — en fer et autres métaux communs, v. Mercerie; — en ivoire, v. Tabletterie; — en métal de composition dit métal anglais, v. Ouvrages en étain (poterie fine) ou ouvrages en métaux divers des pays contractants; — en argent et en vermeil, v. Orfèvrerie; — en bois (des pays contractants), v. Ouvrages en bois; d'ailleurs en bois communs, v. Ouvrages en bois (Boisellerie); autres, v. Mercerie.

CUIRASSES de cavalerie, V. Armes de guerre blanches.

CUIRS, v. Peaux préparées ou ouvrages en cuir; — à rasoir avec ou sans gaine, v. Mercerie; — odorants de veau ou de vachette etc, v. Peaux préparées.

CUISINES en fer, pour navires et autres, v. Ouvrages en fer.

CURE-DENTS et cure-oreilles, en bois, en os et en plumes, v. Mercerie; — en écaille, en ivoire et en nacre, v. Tabletterie.

CUVES, cuveaux et cuviers en bois, même cerclés en fer, v. Ouvrages en bois non dénommés.

Cymbales, v. instruments de musique (tambours), etc.

CYPRÈS, (résine de), v. Résineux exotiques de toute sorte.

DAGUERRÉOTYPES, v. Instruments d'optique; — (plaques métalliques de) unies, v. Plaqués ou ouvrages en métaux selon l'espèce; — revêtues d'images, de dessins etc., v. objets de collection.

DAMES et damiers, en bois communs, peints, v. Bimbeloterie; — autres, v. Tabletterie.

DAMMAR (résine dite gomme d'), v. Résineux exotiques de toute sorte.

DÉBRIS d'embarcations échouées, mêmes droits que les agrès et apparaux, v. ces mots; — de momies, v. Couleurs non dénommées; — de vieux ouvrages, v. métaux selon l'espèce.

DÉCHETS d'ateliers d'orfèvre et d'hôtels des monnaies, v. cendres et regrets d'orfèvre; — de cornes de bétail brutes, comme les cornes brutes; — de cornes de cerf et de daim, v. rapures (de); — de coton en laine, v. Coton; — d'écaille, exclusivement propres à être refondus, v. Écaille de tortue (rognures), — de fanons de baleine, comme les Fanons bruts;— de feuilles de cuivre préparées pour la dorure, comme le bronze en poudre, v. couleurs non dénommées; — de fils de coton, v. Fils de coton, (déchets de) de fils de laine et de fils de coton mélangés, comme la laine lanice et tontice; — d'ivoire, impropre à la tabletterie, v. rapures d'ivoire; — de laine, v. Laine; — de pierres, v. Matériaux (moellons etc;— de poils de porc et de sanglier (rognures de brossiers', v. Poils de toute sorte, brut'; — de soies mêmes teintes, n'ayant pas plus d'un mètre 10 cent. de longueur, v. Soies écrues grèges, v. aussi Bourre de soie.

DÉFENSES ou dents propres à la tabletterie, v. Dents d'éléphant.

DENTELLES, de crin, v Tissus de crin (passementerie);— autres, v. Tissus selon l'espèce.

NOTES EXPLICATIVES

97 — CRISTAL DE ROCHE. De même que le cristal de roche raye le verre, il est rayé lui-même par les pierres précieuses. On lui assimile l'améthiste.

98 — CUIVRE. Le tarif distingue entre le cuivre pur ou le cuivre allié soit de zinc, soit d'étain, quand l'importation n'a pas lieu des pays contractants.

99 — MINERAI. Quelle qu'en soit la provenance, le minerai est exempt de droit. On assimile au minerai les mattes et scories de cuivre et autres produits intermédiaires entre le minerai et le cuivre de 1re fusion, quand ils ne contiennent pas plus de 75 % de cuivre. Des échantillons sont adressés à l'Ecole des mines, pour être analysés.

Le tarif conventionnel assimile en outre au minerai cru les scories cuivreuses et les minerais enrichis par le grillage ou la fusion.

100 — CUIVRE DE 1re FUSION et LIMAILLES. On considère comme cuivre de 1re fusion, les bronzes et le laiton coulés en masses brutes, les barres et plaques régulières propres au laminage, lorsqu'elles proviennent de 1re fusion, la mitraille ou débris de vieux ouvrages préalablement brisés en douane, les vieilles monnaies hors d'usage, les feuilles et planches de cuivre ayant servi au doublage des navires, enfin les flans à monnaies et à médailles dont la destination est régulièrement justifiée.

Le même régime est étendu aux cylindres de cuivre n'ayant reçu d'autre préparation que celle de masselotte, d'ébarbage et d'alésage.

101 — CUIVRE BATTU, ETC. On range dans cette classe: 1o qu'elle qu'en soit la provenance, les feuilles ou planches de cuivre pour doublage de navires, les barres forgées, les barres à chevilles, les rouleaux pour tréfilerie, et le clinquant en cuivre pur; 2o venant d'ailleurs que des pays contractants, les fonds de chaudières, de poêlons, de casserolle, de bassines etc., lorsqu'elles n'ont pas été travaillées au marteau, les plaques pour cadrans d'horloge ou de pendule, les planches pour l'impression lorsqu'elles ne sont ni polies ni gravées, les plaques à verdet et le clinquant en feuilles de laiton autres qu'à l'état de livret de doreur.

Lorsqu'ils sont importées des pays contractants, on applique à ces derniers objets le droit des ouvrages en cuivre.

102 — CUIVRE DORÉ OU ARGENTÉ. On traite comme cuivre doré ou argenté les diverses compositions imitant l'or et l'argent, qui ne sont pas spécialement tarifées, le clinquant de cuivre à l'état de livrets de doreurs, le fil de cuivre teint et imitant la dorure, le fil de laiton propre à la broderie, enfin les feuilles, traits, lames, paillettes, clinquants et cannetilles fabriqués avec le cuivre argenté ou doré ou imitant l'or ou l'argent. Le clinquant en plomb verni suit le même régime.

103 — CUIVRE ET LAITON FILÉS. Les gratte bosses ou gratte bois sont assimilés au laiton filé, non poli.

Pour l'application du tarif conventionnel, la dénomination de *fils de cuivre* comprend le cuivre pur ou allié, en fils de toute dimension polis ou non, notamment les fils propres à la broderie et les cordes d'instruments enroulées ou non sur bobines et le cuivre filé teint en jaune, imitant la dorure qui, provenant d'ailleurs que des pays contractants, est traité comme cuivre doré.

104 — CURCUMA. L'écorce d'*autour* est assimilée au curcuma.

105 — CYLINDRE EN CUIVRE ou en laiton, pour l'impression. Les cylindres, planches et coins gravés sont soumis aux mêmes formalités que les instruments de calcul et de précision (v. la note 108). On leur assimile les planches stéréotypées, présentant des dessins et vignettes, les pierres gravées pour impression sur toile ou sur papier, les poinçons gravés et les moules gravés.

Les cylindres non gravés suivent le régime des parties détachées de machines, à l'exception de ceux dont il a été question dans la note 100.

Quant au tarif conventionnel, il ne fait aucune distinction entre les cylindres gravés et ceux non gravés. Cependant la disposition qui assimile dans certains cas les cylindres bruts en cuivre, au cuivre de 1re fusion est applicable aux provenances des pays contractants.

106 — DENTS D'ÉLÉPHANT. Suivent le même régime que les dents d'éléphant, les défenses de licorne, les dents d'hippopotame, les cornes de rhinocéros, ainsi que les dents de phoque, de lamentin, de cachalot etc. L'ivoire fossile de toute sorte est assimilé aux dents d'éléphant.

Les ivoires importés des états Barbaresques et de l'Egypte sont considérés comme provenant des pays hors d'Europe, lorsqu'il est justifié qu'ils ont été apportés dans les ports d'embarquement par caravanes venues de l'intérieur de l'Afrique.

DÉSIGNATION DES MARCHANDISES L'astérique (* indique que les Droits mentionnés ci contre comprennent les deux Décimes	UNITÉS sur lesquelles portent les droits	QUOTITÉ DES DROITS	
		par navires franç. et des pays contractants par terre (fr. c.)	par navires étrang. et d'ailleurs que des pays contractants par terre (fr. c.)
CRISTAL DE ROCHE (97) — non ouvré	100 kil. B.	exempt	exempt
ouvré — des pays contractants	id.	exempt	0.25*
ouvré — d'ailleurs	id.	prohibé	prohibé
monté, des pays contractants	100 kil. N.	comme bijouterie ou orfèvrerie	
CUIVRE (98) — des pays contractants — minerai (99)	100 kil. B.	exempt	exempt
pur ou allié de zinc ou d'étain — de 1re fusion, en masses, barres, saumons ou plaques (100)	id.	exempt	0.25*
laminé ou battu, en barres ou planches (101)	id.	10.00*	11.00*
en fils de toute dimension, polis ou non, autres que dorés ou argentés (103)	id.	10.00*	11.00*
doré ou argenté, en masses ou en lingots, battu, tiré (102), laminé ou filé, sur fil ou sur soie	100 kil. N.	100.00*	107.50*
limailles et débris de vieux ouvrages en) (100)	100 kil. B.	exempts	0.25*
d'ailleurs — minerai (99)	id.	exempt	exempt
pur — de 1re fusion, en masses, barres ou plaques (100)	id.	exempt	0.25
pur — laminé ou battu, en barres ou planches — par mer	100 kil. N.	15.00*	16.50*
pur — laminé ou battu, en barres ou planches — par terre	id.	—	15.00*
pur — filé (103) — teint en jaune, imitant la dorure	id.	100.00*	107.50*
pur — filé (103) — non teint	id.	100.00	107.50
allié — de zinc (laiton) — de 1re fusion, en masses, barres ou plaques	100 kil. B.	exempt	0.25
de zinc (laiton) — laminé ou battu, en barres ou en planches (101) — par mer	100 kil. N.	15.00*	16.50*
de zinc (laiton) — planches (101) — par terre	id.	—	15.00*
de zinc (laiton) — filé (103) — poli — p' cordes d'instruments	id.	100.00	107.50
filé (103) — poli — autre	100 kil. B.	prohibé	prohibé
filé (103) — non poli	100 kil. N.	100.00	107.50
filé (103) — propre à la broderie	id.	100.00*	107.50*
d'étain de 1re fusion, en masses, barres ou plaques	100 kil. B.	exempt	0.25
doré ou argenté, en masses ou lingots, battu, tiré (102) laminé ou filé sur fil ou sur soie	100 kil. N.	100.00*	107.50*
limailles et débris de vieux ouvrages (en) (100)	100 kil. B.	exempts	0.25
ouvré, V. MONNAIES OU OUVRAGES EN CUIVRE.			
CURCUMA, en racine ou en poudre (104)	id.	exempt	exempt
CYLINDRES EN CUIVRE OU LAITON (105) — p' l'impression — gravés — des pays contractants	100 kil. N.	15.00*	16.50*
gravés — d'ailleurs	la valeur	15 %	15 %
non gravés — de 1re fusion — mêmes droits que le cuivre pur ou allié de 1re fusion			
non gravés — autres — des pays contractants	100 kil. N.	15.00*	16.50*
non gravés — autres — d'ailleurs — comme pièces détachées de machines.			
pour mécaniques — comme pièces détachées de machines.			
pour chauffer les bains. V. MEUBLES.			
pour la tréfilerie V. ROULEAUX.			

D

DÉSIGNATION DES MARCHANDISES	UNITÉS	par navires franç. et des pays contractants par terre	par navires étrang. et d'ailleurs que des pays contractants par terre
DÉGRAS DE PEAUX — des pays hors d'Europe	100 kil. B.	exempts	2.00*
des pays contractants	id.	exempts	0.25*
d'ailleurs — du cru des pays d'Europe — par mer	id.	exempts	1.00*
d'ailleurs — du cru des pays d'Europe — par terre	id.	—	exempts
autres	id.	2.00*	2.00*
DENTS D'ÉLÉPHANT, DÉFENSES et MÂCHELIÈRES (106) — des pays hors d'Europe	id.	exemptes	3.00
des entrepôts	id.	3.00	3.00

ASSIMILATIONS

ET RENVOIS AUX AUTRES TABLEAUX DES DROITS

DENTS, artificielles, en ivoire, r. Tabletterie; — en porcelaine ou en composition, recouvertes d'émail, r. Vitrification, (émail), — de cachalot, r. Dents d'éléphant; — de cardes, r. Machines et mécaniques, pièces détachées, selon l'espèce; — d'éléphant calcinées ou carbonisées, r. Noir d'ivoire; — rapées, r. Rapures; — travaillées, r. Tabletterie; — d'hippopotame et de lamentin, comme les dents d'éléphant; — humaines, r. Dents de loup; — de narval et de phoque, comme les dents d'éléphant; — de rats (des pays contractants), r. Machines etc, (pièces détachées); — de sanglier, comme les dents de loup.

DÉRIVÉS de l'essence de houille, r. Essence de houille.

DERLE, r. Pierres propres aux arts, etc.

DÉS à coudre et à jouer, en acier, r. Mercerie fine; — en cuivre, r. Ouvrages en cuivre (simplement tournés); — en étain, avec ornement en émail, r. Ouvrages en étain, poterie fine; — sans ornements, r. Poterie d'étain; — en fer et en os, r. Mercerie; — en ivoire et en nacre, r. Tabletterie; — en or, en argent et en vermeil, même ceux à dôme d'acier ou de fer, r. Bijouterie; — en or faux, r. Ouvrages en cuivre non dénommés.

DÉVIDOIRS, v. Machines, etc., non dénommés.

DEXTRINE (fécule torréfiée), r. Amidon.

DIAMANTS, non montés, v. Pierres gemmes; — montés, v. Bijouterie; — diamants de vitrier montés, v. Outils de pur acier.

DOLLURES de peaux, r. Oreillons.

DOMINO (jeux de), v. Tabletterie.

DOMINOTERIE, v. Mercerie.

DOS, de fouine, de lièvre blanc, de marte, de petit-gris, de renard, etc., v. Pelleteries.

DOUBLÉS, v. plaqués.

DOUPPIONS, v. Soies.

DOUVAINS, douves et douvelles, v. Merrains.

DRACHE (huile de morue), v. Graisses de poissons.

DRAGE (résidu de brasserie) même régime que le son, v. Fourrages.

DRAGÉES, v. Bonbons.

DRÈCHE (orge germée et desséchée) même régime que l'orge, v. Céréales.

DROITS (sel de), r. Sels, sulfate de Potasse.

DUVET, de cachemire, v. Poils de toute sorte; — de canard, de cygne, d'eyder, d'oie et de flamant, r. Plumes à lit; — cotonneux du peuplier d'Italie et autres de même nature, v. Végétaux filamenteux.

EAUX d'arquebusade, de cologne, impériale, de luce, sans pareille, etc., r. Parfumeries, eaux de senteur; — bourbeuses (résidu des réservoirs d'huile), v. Amurca; — de champignons salés, v. Épices préparées; — distillées de fleurs d'oranger, de gaiac et de Portutal, r. Médicaments composés; — eau forte, v. Acide nitrique; — de lavande, de mille-fleurs et de rose, v. Parfumeries eaux de senteur; — de mélisse dite des Carmes, v. Médicaments, eaux distillées; — de poix ou de raze, r. Huiles volatiles non dénommées; — de Pulina, r. Eaux minérales; — eau-régale, r. Acide hydrochloro-nitrique; — de Sachingen et de Spa, de Seultiz et de soude (Soda Water) de Seydsckutz, r. Eaux minérales; — de vie d'andaye et autres sucrées, r. Boissons distillées, liqueurs; — sans sucre, quoique anisées ou absinthées, r. Boissons distillées, eaux-de-vie.

ÉCARLATE, (graines d'), r. Kermès.

ÉCARRISSOIRS, r. Outils de pur acier.

ÉCHANTILLONS d'histoire naturelle, r. Objets de collection.

ÉCHARPES, de cachemire, r. Tissus de poils; — autres, r. Tissus selon l'espèce.

ÉCHECS (jeux d'), r. Tabletterie.

ÉCHELLES en bois, r. Ouvrages en bois, boisellerie.

ÉCHENILLOIRS, r. Instruments aratoires.

ÉCHIQUIERS en bois communs peints, r. Bimbeloterie; — autres, r. Tabletterie.

ÉCORCES d'alibouffer, r. Baumes, storax de toute sorte; — d'aune, de bourdaine de pin, de grenade, r. Écorces à tan; — d'autour, r. Curcuma en racine; — de bouleau blanc, de charme, de chataignier, de chêne-liège (seconde écorce) et de chêne commun, r. Écorces à tan, autres; — de citron, etc., mélangées de sucre, r. Confitures; — de clavalier, de copalchi et de manglier, r. Quercitron; — de hêtre et d'orme, r. Écorces à tan, autres; — du laurier aromatique de l'Inde, mêmes droits que le cassia-lignéa; — médicinales, r. herbes, fleurs et écorces médicinales; — de paraguatan, r. Garance en racine; — de quillai ou quiliaja, r. Garou; — de sapin et de saule, r. Écorces à tan, autres; — de sumac et de fustet, r. Sumac etc.; — (tissus d'), r. Tissus.

ÉCOUANES (outils de cordonnier), r. Outils, limes et rapes.

ÉCRANS de main (plaques d') en bois blanc, (ouvrages de spa), r. Mercerie.

ÉCREVISSES de mer, r. Homards; — autres, r. Poissons d'eau douce.

ÉCRITOIRES, en carton verni, r. Carton moulé; — en corne, en bois et en os r. Mercerie; — en cuir, r. Ouvrages en peau ou en cuir; — en ivoire, r. Tabletterie; — en métaux communs, plaqués ou doublés, r. Plaqués; — vernissés dorés ou argentés, r. Ouvrages en métaux; — en or et en argent, r. Bijouterie; — de voyage, en verre, à bouchon élastique, garnies en cuir ou en bois, r. Mercerie fine.

ÉCRITURE, (modèles d') gravés, mêmes droits que les livres.

ÉCROUS, en fer, r. Ouvrages en fer; — en cuivre, r. Ouvrages en cuivre non dénommés.

ÉCUELLES en bois, blanches, r. Ouvrages en bois, boisellerie; — vernies, r. Ouvrages en bois, autres.

ÉCUME de mer, vraie ou fausse, brute, r. Pierres etc., servant aux arts non dénommées, — ouvrée en pipe, r. Mercerie; — sèche, de raffinerie de sucre, r. Engrais; — de verre, r. Crasse ou fiel de verre.

ÉDREDON, r. Plumes à lit.

ÉLÉMI (Résine dite gomme), v. Résineux exotiques.

ÉLIXIRS, stomachique de Stoughton, r. Médicaments composés (eaux distillées); — autres, r. Médicaments composés non dénommés.

ÉMAIL, en gâteaux ou en baguettes, r. Verres et cristaux (Vitrifications); — ouvré, r. Bijouterie; — en poudre bleue, mêmes droits que l'azur, r. Cobalt vitrifié en poudre; — de toute autre couleur, mêmes droits que l'émail en gâteaux, r. Vitrifications.

NOTES EXPLICATIVES

107. — DRILLES. Cette dénomination embrasse généralement toutes les matières propres à la fabrication du papier, notamment les chiffons de lin, de chanvre, de laine, de soie, de coton, etc., à l'exclusion des morceaux de vieilles étoffes qui peuvent encore être livrées au commerce de la friperie. On traite aussi comme drilles les vieilles cordes et les vieux cordages goudronnés ou non, ainsi que les étoupes qui en proviennent, les vieux papiers, les rognures de papier, la charpie provenant de vieux linge effilé, le linge à pansement.

Les bouts de fils de laine et de coton provenant de la tonte des châles et qui servent à fabriquer des tissus grossiers ne peuvent suivre le régime des drilles.

108. — ÉCAILLES DE TORTUE. On ne considère comme *rognures*, que les sciures, raclures et déchets d'écaille qui ne sont propres qu'à être refondus, à l'exclusion de tout morceau, même de faible dimension, pouvant être employé à de petits ouvrages de tabletterie ou de placage.

109. — ÉCOSSINES OUVRÉES, ETC. On admet au droit de 15 0/0 les écossines préparées qui ne sont ni polies, ni sciées en tranches de moins de 16 centimètres. Le même droit est appliqué à celles qui sont travaillées, en auges, goulots et autres objets analogues creusés par la taille, aux chambranles de portes, appuis de fenêtres et marches d'escalier, le tout simplement piqué à la pointe ou au ciseau.

110. — ÉCOSSINES OU CARREAUX DE PAVAGE TAILLÉS, ETC. Cette tarification ne s'applique qu'aux carreaux taillés à la pointe, et au maillet. Les carreaux sciés et les écossines sciées en tables ou en planches suivent le régime des marbres sciés.

Aux termes du tarif conventionnel les écossines pour carreaux de pavage grossièrement taillées en carré, simplement planées et n'ayant reçu qu'un commencement de polissage au grès tendre, sont traitées comme brutes; mais celles qui sont autrement travaillées, telles que les marches d'escalier quoique simplement polies, rentrent dans la classe des écossines sculptées, autres.

111. — EFFETS A USAGE. Le linge de corps et les habillements à l'usage des voyageurs sont admis en franchise. Il en est de même du linge de table, de cuisine et de lit ayant servi et importé *en très-petites quantités* parmi les autres objets composant le trousseau. Si les quantités sont trop fortes on applique au linge dont il s'agit le droit des meubles.

Les habillements et les instruments de musique dont se servent les artistes ambulants et les instruments portatifs de l'espèce importés par des voyageurs pour leur usage personnel sont également admis en franchise

112. — HABILLEMENTS NEUFS. Lorsqu'ils sont importés des *pays contractants* on leur applique, selon l'espèce les droits indiqués ci-contre. Ceux de toute autre provenance sont admis au droit de 30 0 0, s'il s'agit réellement de vêtements confectionnés à l'usage des voyageurs.

On applique le même régime aux articles de fantaisie, de nature prohibée, que ces mêmes voyageurs apportent avec eux parmi leurs bagages.

113. — HABILLEMENTS VIEUX. Il s'agit uniquement ici des habillements propres à alimenter le commerce de la friperie et, par assimilation des morceaux de vieilles étoffes qui peuvent encore être utilisés autrement que comme drilles.

DÉSIGNATION DES MARCHANDISES *L'astérique (*) indique que les droits mentionnés ci-contre comprennent les deux décimes.*	UNITÉS sur lesquelles portent les droits	QUOTITÉ DES DROITS	
		par navires franç. et des pays contractants par terre	par navires étrang. et d'ailleurs que des pays contractants par terre
		fr. c.	fr. c.
DENTS DE LOUP — par mer — des pays contractants..	100 kil. B.	exemptes	0.25*
— des pays hors d'Europe.	id.	exemptes	2.00*
— du cru des pays d'Europe.	id.	exemptes	2.00*
— d'ailleurs.	id.	2.00*	2.00*
par terre — du cru des pays d'Europe.	id.	———	exemptes
— d'ailleurs.	id.	———	2.00*
DESSINS *de toute sorte*, sur papier — à la main	la valeur	exempts	exempts
— imprimés — des pays contractants..	100 kil. B.	exempts	0.25*
— d'ailleurs.	100 kil. N	100.00	107.50
DRILLES (107) — vieux cordages goudronnés ou non ... chiffons de laine *sans mélange* ... autres de toute espèce — par navire français et par terre	100 kil. B.	exemptes	exemptes
— par navire étranger	id.	———	1.00

E

DÉSIGNATION DES MARCHANDISES	UNITÉS sur lesquelles portent les droits	par navires franç. et des pays contractants par terre	par navires étrang. et d'ailleurs que des pays contractants par terre
EAUX MINÉRALES *de toute espèce* (cruchons compris)	id.	exemptes	exemptes
ÉCAILLES — d'ablette	id.	exemptes	exemptes
— de tortue (108) — carapaces, onglons et caouane — des pays hors d'Europe.	id.	exemptes	5.00
— des entrepôts.	id.	5.00	5.00
— rognures — des pays hors d'Europe.	id.	exemptes	2.50
— des entrepôts.	id.	2.50	2.50
— peignes (d') *v.* TABLETTERIE.			
ÉCHALAS — des pays contractants	1000 en N	0.25*	0.30*
— d'ailleurs.	id.	0.25	0.25
ÉCORCES — médicinales *v.* HERBES, FEUILLES, etc.			
— à tan moulues ou non moulues, d'aune, de Bourdaine, de grenade, de pin et autres...	100 kil. B.	exemptes	exemptes
— de tilleul, pour cordages.	id.	exemptes	exemptes
ÉCOSSINES — des pays contractants — brutes, taillées ou sciées.	id.	exemptes	0.25*
— sculptées ou polies — statues modernes			
— autres ouvrages.	id.	0.50*	0.75*
— d'ailleurs — brutes, ou simplement équarries autrement que par le sciage.		même droits que les marbres	
— ouvrées, en pièces préparées pour la bâtisse et non polies (109)..	la valeur	15 %	15 %
— carreaux de pavage (110) — taillés dans des feuilles ou lames schisteuses d'extraction naturelle.	id.	15 %	15 %
— sciés.		mêmes droits que les marbres, selon leur état	
— sculptées, moulées, polies ou autrement ouvrées			
EFFETS à usage (111) — des pays contractants — vêtements et articles confectionnés — de soie et de bonne bourre de soie, *régime des tissus dominant en poids.*			
— en caoutchouc etc. *v.* OUVRAGES EN CAOUTCHOUC			
— de coton	la valeur	15 %*	15 %*
— de laine — neufs.	id.	10 %*	10 %*
— vieux 113	100 kil. N.	20.00*	22.00*
— de lin ou de chanvre — en coutil ou en linge damassé	la valeur	16 %*	16 %*
— en autre tissu.	id.	15 %*	15 %*
— pièces de lingerie cousues		mêmes droits que le tissu dont elles sont formées et le dixième en sus	
— d'ailleurs — habillements — neufs (112) — vêtements et autres effets à usage des voyageurs..	la valeur	30 %*	30 %*
— autres.		comme l'étoffe principale dont ils sont formés	
— vieux (113)	100 kil. N.	51.00	56.00

<table>
<tr><th>ASSIMILATIONS
ET RENVOIS AUX AUTRES TABLEAUX DES DROITS</th><th>NOTES EXPLICATIVES</th></tr>
</table>

ÉMAUX (*peintures en émail*), v. Objets de collection.
EMBAUCHOIRS pour bottes, v. Ouvrages en bois non dénommés.
ÉMERAUDES, v. Pierres gemmes non dénommées.
ÉMERI en pierres, en grains et en poudre, v. Pierres, etc., servant aux arts et métiers (pierres ferrugineuses).
ÉMÉTIQUE et Emplâtres, v. Médicaments composés non dénommés.
EMPORTE-PIÈCES, v. Outils de fer rechargé d'acier.
ENCLUMES, v. Outils de fer rechargé d'acier; — (plaques d'), v. Fer étiré en barres de 213 à 458 millimètres.
ENCRE de la Chine et à écrire, sèche, mêmes droits que l'encre à dessiner; — à marquer le linge, v. Produits chimiques non dénommés; — de sèche, dite Sépia, v. Couleurs non dénommées.
ENCRIERS, v. Écritoires.
ENFERS (*eaux bourbeuses prov. des réservoirs où s'écoule l'huile*), v. Amurca.
ENGRÊLURES, mêmes droits que les dentelles, v. Tissus, selon l'espèce.
ENVELOPPES en papier ornées de dessins ou vignettes, mêmes droits que les étiquettes gravées, etc; — unies, v. Papier, selon l'espèce.
ÉPEAUTRE, v. Céréales, froment.
ÉPÉES, v. Armes blanches, de guerre ou de commerce.
ÉPERONS en acier et en fer poli, v. Mercerie fine; — en argent, v. Orfévrerie; — bronzés ou argentés, v. Ouvrages des métaux dont ils sont formés; — plaqués ou doublés, v. Plaqués; — autres en métaux communs, v. Mercerie.
ÉPINETTES, v. Instruments de musique.
ÉPINE-VINETTE (Bois et Racine d'), v. Bois de teinture; — (Jus d'), mêmes droits que le jus de citron, v. Acide citrique.
ÉPINGLES en acier, v. Mercerie fine; — en argent et en or, v. Bijouterie; — en cuivre ou en fer à grosse tête, à filigranes et verroterie, dites de Venise, v. Mercerie fine; — autres, v. Mercerie.
ÉPIS en paille, pour ornements de chapeaux; — artificiels, v. tresses de paille fines; — naturels, v. Tresses de paille grossières.
ÉPREUVES du daguerréotype sur feuilles métalliques, v. Objets de collection; — sur papier, v. Gravures.
EPSOM (Sel d'), v. Sels, Sulfate de magnésie.
ÉQUERRES en fer, ferronnerie, v. Ouvrages en fer; — autres, v. Instruments de calcul.
ESPACES (*petites pièces en métal pour séparer les mots*), v. Caractères d'imprimerie.
ESPARS, v. Bois à construire.
ESPINGOLES ou tromblons. Armes défendues (prohibés).
ESPRITS, de bois (*acide pyroligneux*), v. Boissons fermentées (*vinaigre de bois*); — de corne de cerf, v. Médicaments composés non dénommés; — de genièvre et de succin, v. Médicaments composés; — de nitre, v. Acide nitrique; — de poix ou de raze (*huiles*), v. Huiles volatiles, etc., non dénommées; — de savon, v. Médicaments composés non dénommés; — de sel, v. Acide hydrochlorique; — de soufre ou de vitriol, v. Acide sulfurique; — de vin, v. Boissons distillées.
ESSAYE, mêmes droits, à l'entrée, que la garance, v. Teintures, etc.
ESSENCES médicinales, v. Médicaments composés non dénommés; — de savon, v. Parfumeries (*savons*); — de térébenthine, v. Résines indigènes.
ESSIEUX en bois, v. Ouvrages en bois non dénommés; — en fer, des pays contractants, v. Pièces de machines en fer; — d'ailleurs, v. Ouvrages en fer.
ESTAGNONS vides, v. Ouvrages en métaux, selon l'espèce.
ESTAMPES grossières (*dominoterie*), v. Mercerie; — autres, v. Gravures, etc.
ÉTAIN (potée d'), v. Oxyde d'étain; — de glace, v. Bismuth.
ÉTAUX, v. Outils de fer rechargé d'acier.
ÉTHER, v. Médicaments composés non dénommés.
ÉTHIOPS MARTIAL (*oxyde de fer noir*), v. Oxydes de fer.
ÉTOILES à dévider en bois, des pays contractants, v. Ouvrages en bois; — d'ailleurs, v. Mercerie; — en carton et en os, v. Mercerie; — en écaille, en ivoire et en nacre, v. Tabletterie non dénommée.
ÉTOUPES provenant de vieux cordages, v. Drilles; — autres, v. Filaments; — (mèches d'), pour fabriquer des toiles d'emballage, v. Cordages.
ÉTRIERS en acier et en fer poli, v. Mercerie fine; — argentés ou bronzés, v. Ouvrages des métaux dont ils sont formés; — plaqués ou doublés, v. Plaqués; — autres, en métaux communs, v. Mercerie.
ÉTRILLES, v. Outils de pur fer.
ÉTUIS, des pays contractants en cuir, v. Ouvrages en cuir; — en bois, en corne ou en os, v. Tabletterie; — d'ailleurs, à aiguilles en argent ou en or, v. Bijouterie; — en bois blancs, peints ou recouverts en paille (*ouvrages de Spa*), v. Mercerie fine; — figurant un cigare allumé, v. Bimbeloterie; — autres, v. Mercerie; — en ivoire et en nacre et en laque de Chine avec incrustations, v. Tabletterie non dénommée; — sans incrustations, v. Mercerie fine; — en os et en verre opaque, v. Mercerie; — de chapeau en carton, v. Carton coupé, etc.; — en cuir, v. Ouvrages en peau; — en papier, v. Papier selon l'espèce; — à cigares, en peau ou en cuir verni, et en paille ou autres végétaux tressés, v. Mercerie fine; — de gainerie et pour instruments de musique, v. Mercerie; — de mathématiques, v. Instruments de calcul.
ÉVENTAILS montés ou en feuilles, v. Mercerie.
EXTIRPATEURS, v. Machines pour l'Agriculture.
EXTRAITS d'absinthe, liquide, v. Boissons distillées (liqueur); — sec, v. Médicaments composés non dénommés; — de genièvre, v. Esprit (de); — d'aconit, de ratanhia et de sureau, v. Médicaments composés non dénommés; — d'avelanèdes, de noix de galle, etc, v. Sucs tanins; — de café (liqueur alcoolique), v. Boissons distillées; Liqueurs; — autres, concrets ou liquides, v. Médicaments composés non dénommés; — de garance, v. Garancine; — de lack-dye, v. Laque en teinture, etc.; — liquides, épices, pour assaisonnement, v. Épices préparées non dénommées; — de punch (*schrubb*), v. Boissons distillées; (Liqueurs); — de quinquina, v. Médicaments composés; — Résineux; de rhubarbe concret, et de Saturne (*acétate de plomb liquide*), v. Médicaments composés non dénommés.

---

114 — EMBARCATIONS. Quelle que soit leur provenance, les bâtiments de mer à voiles ou à vapeur, gréés et armés, ainsi que les coques de bâtiments de mer, sont admis au droit de 2 francs par tonneau de jauge, décimes compris qu'ils soient en bois ou en fer.

Les bâtiments de mer sont ceux qui doivent naviguer en mer ou dans la partie des fleuves soumise à la police des douanes. Les autres sont passibles du droit des bateaux de rivière.

Les bâtiments de mer qui seraient affectés ultérieurement à la navigation dans la partie supérieure des fleuves, acquitteraient la différence entre la taxe des bâtiments de mer et celle des bateaux de rivière.

Les machines installées à bord des bâtiments de mer à vapeur et le lest en métal qui y existe sont admis en franchise. Le droit d'importation comprend les embarcations destinées au service du bord, les agrès et apparaux et le mobilier nécessaire à la navigation; mais on perçoit séparément les taxes qui leur sont propres sur les embarcations qui seraient affectées à un autre service, les articles de remplacement excédant les limites d'un approvisionnement normal, les meubles meublants, la literie, le linge, la vaisselle etc.

Les machines qui dépendent d'un bateau de rivière sont imposées séparément. Il en serait de même des machines admises en franchise, si le bâtiment était ultérieurement affecté à la navigation fluviale.

Les navires achetés à l'étranger acquittent le droit d'importation à leur arrivée en France. Mais, s'ils font un voyage intermédiaire à l'étranger avec l'autorisation des Consuls de France, ceux-ci exigent des armateurs le montant présumé des droits avec soumission de payer en France au retour du bâtiment le complément de droits qui serait exigible.

115 — ENCRE. L'encre de sèche dite *Sépia* fait partie des couleurs non dénommées. Celle qui sert à marquer le linge est classée parmi les produits chimiques non dénommés.

116 — ÉPICES PRÉPARÉES NON DÉNOMMÉES. Le tarif général range dans cette catégorie tous les extraits plus ou moins liquides préparés pour assaisonnements, tels que jus, sauces ou sucs épicés provenant de viande, de poissons ou de végétaux; la poudre de Kary et toutes les substances servant à l'assaisonnement des mets à l'exclusion toutefois des denrées spécialement tarifées simplement réduites en poudre, telles que le poivre, le piment, etc.

Les sauces sont spécialement taxées par le tarif conventionnel.

117 — ÉPINGLES DES PAYS CONTRACTANTS. Les épingles en acier, en cuivre ou en laiton, acquittent le même droit qu'elles soient ou non étamées peintes ou vernies. Cependant les épingles à grosse tête en acier rentrent dans la classe des petits objets en acier. (v. *ouvrages en métaux*).

Quant aux épingles en or, en argent ou en métaux dorés ou argentés, elles suivent le régime de la bijouterie.

118 — ESSENCES DE HOUILLE. Le droit de 5 p. % de la valeur auquel est taxée l'essence de houille, par le tarif conventionnel, s'applique également à la benzine (essence purifiée) ainsi qu'aux autres huiles provenant de la distillation des schistes.

Les dérivés de l'essence de houille provenant des pays contractants sont imposés au même droit; ce sont la nitro-benzine, l'aniline, l'acide phénique, l'acide picrique ou carbazotique et la naphtaline.

On extrait de l'aniline divers produits, qui sont classés parmi les couleurs non-dénommées. V. *la note* 93.

119 — ÉTAIN ALLIÉ D'ANTIMOINE. Le droit de F. 8 n'est applicable qu'autant que l'antimoine entre dans le mélange pour une proportion de 10 p. % au moins.

Les compositions métalliques d'étain où domine le cuivre suivent le régime de ce dernier produit.

DÉSIGNATION DES MARCHANDISES L'asterique (*) indique que les droits mentionnés ci-contre comprennent les deux décimes.	UNITÉS sur lesquelles portent les droits	QUOTITE DES DROITS	
		par navires franç. et d[es] pays contractants par terre	par navires étrang. et d'ailleurs que des pays contractants par terre
		fr. c.	fr. c.
EMBARCATION (114) — en état de servir — bateaux de rivière — en métal — des pays contractants	le tonn. de jange franc.	40.00*	40.00*
d'ailleurs	100 kil. N.	30.00	33.00
autres — des pays contractants	le tonn. de jauge franc.	10.00*	10.00*
d'ailleurs	id.	20.00	20.00
bâtiments de mer à voiles ou à vapeur gréés et armés — en bois ou en fer	id.	2.00*	2.00*
coques de bâtiments de mer — à dépecer — doublées en métal	id.	0.60	0.60
non doublées	id.	0.25	0.25
ENCRE (115) — à dessiner, en tablettes — des pays contractants	100 kil. N.	20.00*	22.00*
d'ailleurs	1 kil. N.	1.00	1.10
liquide, à écrire ou à imprimer — des pays contractants	100 kil. N.	20.00*	22.00*
d'ailleurs	id.	60.00	65.50
ENGRAIS — sang de bétail, sauf le sang de bouc desséché	100 kil. B.	exempt	exempt
Guano — du Pérou	id.	exempt	exempt
d'ailleurs hors d'Europe	id.	exempt	1.80*
des entrepôts	id.	1.80*	1.80*
de poisson — des pays contractants	id.	exempt	0.25*
d'ailleurs — Poudrette — Résidu de noir animal et autres — par navire français et par terre	id.	exempt	exempt
par navire étranger	id.	——	0.50
EPICES préparées — des pays contractants — moutarde liquide ou composée	100 kil. B.	5.00*	5.50*
sauces	100 kil. N.	25.00*	27.50*
autres (116)	1 kil N.	2.40*	2.64*
d'ailleurs — moutarde (farine ou confection de) Sénevé	100 kil. N.	25.00	27.50
non dénommées (116)	1 kil. N.	2.00	2.20
EPINGLES de toute sorte — des pays contractants (117)	100 kil. N.	50.00*	55.00*
d'ailleurs V. MERCERIE OU BIJOUTERIE.			
EPONGES de toute sorte — des pays contractants			
des pays hors d'Europe	id.	50.00*	55.00*
des entrepôts	id.	55.00*	55.00*
ESSENCE de houille (117) — dérivés (de l') — des pays contractants	la valeur	5 %*	5 %*
d'ailleurs	100 kil. B.	prohibés	prohibés
autre — des pays contractants	la valeur	5 %*	5 %*
d'ailleurs	100 kil. N.	13.00	14.30
ESTAMPES — des pays contractants	100 kil. B.	exemptes	0.25*
d'ailleurs — grossières (mercerie)	100 kil. N.	100.00	107.50
autres (gravures)	id.	300.00	317.50
ETAIN — minerai (d')	100 kil. B.	exempt	exempt
autre — des pays contractants — en masses brutes, barres ou plaques	id.	exempt	0.25*
allié d'antimoine (métal britannique) en lingots (119)	id.	5.00*	5.50*
pur ou allié, battu ou laminé	id.	6.00*	6.60*
limailles et débris de vieux ouvrages	id.	exempt	0.25*
d'ailleurs — brut, limailles et débris de vieux ouvrages	id.	exempt	0.25
battu ou laminé	100 kil. N.	60.00	65.50
ETIQUETTES imprimées, gravées ou coloriées — des pays contractants	100 kil. B.	exemptes	0.25
d'ailleurs	100 kil. N.	300.00	317.50
EXTRAITS — de bois de teinture — des pays contractants — noirs et violets	id.	20.00*	22.00*
rouges et jaunes	id.	30.00*	33.00*
d'ailleurs	100 kil. B.	prohibés	prohibés
de viandes	id.	exempts	exempts

ASSIMILATIONS ET RENVOIS AUX AUTRES TABLEAUX DES DROITS	NOTES EXPLICATIVES

FAÏENCE, dite anglaise, v. Poterie de grés fin et de terre de pipe; — autre, v. Poteries de terre.

FALSOPCH (*gomme séraphique* ou *sagapénum*), v. Résineux exotiques.

FARDS, v. Parfumeries.

FARINES de fenugrec, de graines grasses non dénommées, et de graines de lin, comme substances médicinales pulvérisées; — de grains, même celles torréfiées, v. Céréales selon l'espèce; — de légumes secs, v. Légumes; — de manioc, v. Gruaux et fécules; — de marrons et de châtaignes, v Marrons; — de moutarde, v. Épices préparées, Moutarde; — de riz, mêmes droits que le riz en grains.

FAUCILLES et FAUX, v. Instruments aratoires.

FÉCULES, (eau-de-vie de), v. Boissons distillées; Eaux-de-vie non dénommées.

FENOUIL (essence de), v. Huiles volatiles.

FERREMENTS et FERRURES de portes ou de croisées, en fer, v. Ouvrages en métaux; — de machines dites rots, v. Machines pièces détachées; — de charrettes et waggons, v. Ouvrages en métaux.

FERS, à bottes et fers à cheval, v. Ouvrages en fer; — à canon de fusil et de pistolet, v. Fer étiré en barres plates, de 158 millimètres et plus; — à friser, à gaufrer et à repasser; v. Outils de pur fer; — à rabot, v. Outils de fer rechargé d'acier; — pour socs de charrue bruts, v. fer en barres plates, de 458 millimètres et plus; — ébauchés au martinet, v. Fer en barres rondes, selon leurs dimensions.

---

120. — FÉCULES. On entend par fécules *indigènes*, les fécules de pomme de terre ou autres d'origine Européenne, et par fécules *exotiques* la farine de manioc et autres fécules brutes ou grillées d'origine étrangère à l'Europe.

Le sagou naturel et la semoule sont spécialement tarifés. La fécule de dictame et celle d'arrowroot sont assimilées au sagou.

121. — FONTE. La fonte provenant des pays contractants est taxée sans distinction de poids. Venant d'ailleurs elle n'est admissible qu'autant que chaque masse pèse au moins 15 kil. Cependant on admet les morceaux d'un moindre poids, s'ils proviennent de masses ayant le poids voulu et brisées accidentellement.

Les débris d'ouvrages en fonte (fets ou blocailles) sont admis aux mêmes droits que la fonte brute, lorsqu'ils ne sont propres qu'à la refonte. La fonte bocardée également impropre à tout autre usage qu'à la refonte peut aussi suivre le même régime, en vertu d'autorisations spéciales du ministre, lorsqu'elle est destinée pour les forges situées dans le rayon frontière.

La fonte mazée est celle qui a éprouvé une seconde fusion dans des feux d'affinerie alimentés par du coke ou du charbon de bois.

122. — FERS EN BARRES. Les barres *octogones*, les barres *ovales* ou *plates* d'un côté et *demi-circulaires* de l'autre et les barres *pliées en équerre*, celles taillées en *biseau* et enfin les barres *convexes* d'un côté et *concaves* de l'autre, sont admises aux droits du tarif, d'après leurs dimensions, lorsqu'elles ont été tirées au laminoir et n'ont reçu aucune autre main-d'œuvre. Le même régime est appliqué aux fers feuillards présentant une rainure convexe sur l'une des faces, ainsi qu'à tous ceux obtenus par le laminage, quelle que soit leur forme.

Le classement des barres irrégulières s'opère d'après la forme dominante. On considère, par exemple comme carrées les barres pentagones, hexagones etc., qui ne sont qu'une modification de forme carrée, et comme rondes les barres plates d'un côté et demi-circulaires de l'autre.

Sont assimilées au fer étiré en barres plates de 213 à 458 millimètres, 1° les lames de fer rechargé d'acier, *brutes*, destinées à fabriquer des forces à tondre les draps, 2° les plaques grossières d'enclume, composées d'acier forgé et de fer ayant 100 millimètres de largeur sur 15 d'épaisseur et 320 millimètres de longueur dont 120 pour le manche. Ces plaques pèsent environ 5 kilog.

Les fers plats, pour socs de charrue, ayant la forme d'un cœur sont traités comme le fer en barres plates de 458 millimètres et plus et comme fer en barres rondes, lorsqu'ils ont été ébauchés. Quand les lames de forces, dont il a été question ci-dessus, sont confectionnées, quoique non montées sur leurs anneaux, on leur applique, comme aux forces achevées, le droit des outils de fer rechargés d'acier.

Enfin on admet les bandes de roues au droit des fers carrés de moins de 15 millimètres. Importées des pays contractants, celles-ci rentrent dans la catégorie des pièces détachées de machines, lorsqu'elles sont polies et limées, ou dans celle des fers en barres, si elles sont brutes.

Les barres droites de fer ou d'acier profilées au laminoir, même quand elles sont coupées de longueur pour former des roues de locomotives, de wagons ou de charrettes ordinaires sont également traitées comme barres de fer ou d'acier, suivant leur nature, lorsqu'elles proviennent des pays contractants.

Les traités ne font d'ailleurs aucune distinction entre les fers en barres de formes diverses, tous sont passibles du même droit, même les fers à T et à double T percés de trous à leurs extrémités pour recevoir des boulons.

123. — RAILS. Les rails sont soumis aux mêmes droits que les fers étirés en barres, selon leurs dimensions. Les barres de fer pour bandes de roues de machines locomotives et de tenders suivent le même régime que les *rails*. V. l'avant-dernier paragraphe de la note 122.

Si les rails importés des pays contractants sont partiellement rabotés et amincis pour changement et croisement de voie, on leur applique le droit de la ferronnerie. Ceux qui sont simplement percés de trous pour le passage des boulons restent dans la classe des rails.

Les éclisses pour rails des mêmes provenances suivent également le régime des rails, s'il s'agit de simples prismes droits percés à l'emporte-pièce, coupés et charbés à la scie ou à la tranche. Quand elles portent la trace de l'action du burin ou de la machine à raboter, elles sont passibles du droit de la ferronnerie, enfin les boulons et écrous servant à les maintenir suivraient le régime qui leur est propre, s'il en était importé en même temps que les éclisses.

124. — FERS EN MASSIAUX OU PRISMES. Le tarif conventionnel n'est applicable qu'aux *fers* bruts de l'espèce, retenant des scories. L'absence de celles-ci les feraient traiter comme fers en barres.

Le fer *forgé* en massiaux ou prismes importés d'ailleurs que des pays contractants est prohibé d'une manière absolue.

125. — FER FEUILLARD. Le tarif conventionnel ne dénomme spécialement que le fer feuillard d'un millimètre d'épaisseur ou moins; celui de plus d'un millimètre suit, comme les feuillards importés d'ailleurs que des pays contractants, le régime des fers en barres.

Les barres de fer minces découpées à la cisaille sont traitées comme tôles minces à leur importation des pays contractants.

126. — TÔLE. Sont considérées comme tôle aux termes du tarif général, les pièces de fer ayant en largeur 1° de 20 à 35 centimètres sur 5 millimètres d'épaisseur ou moins; 2° de plus de 35 centimètres sur une épaisseur de 30 millimètres et au-dessous.

Toutes les autres pièces quelles que soient leur forme, leur largeur et leur épaisseur, sont soumises aux droits du fer en barres pourvu qu'elles soient à l'état brut. Il en est ainsi notamment des pièces ayant en largeur, 1° moins de 20 centimètres, sans distinction d'épaisseur; 2° de 20 à 35 centimètres inclusivement sur plus de 5 millimètres d'épaisseur; 3° plus de 35 centimètres sur plus de 30 millimètres d'épaisseur.

Les tôles galvanisées sont assimilées aux fers étamés cependant les tôles galvanisées en feuilles planes, rectangulaires sont traitées comme les tôles ordinaires lorsqu'elles viennent des pays contractants, pourvu que leur épaisseur soit de plus d'un millimètre, celles qui n'ont qu'un millimètre ou moins sont rangées dans les fers étamés, etc.

Les plaques galvanisées ou non, de plus d'un millimètre d'épaisseur sont assimilées, savoir, les tôles *trouées* aux tôles découpées de même épaisseur; les tôles *ondées* ou *plissées*, *ajustées* ou *prêtes à être ajustées*, aux chaudières gazomètres, poêles et calorifères en tôle.

Si leur épaisseur est d'un millimètre ou moins les tôles découpées ou trouées, ondées ou plissées, ajustées ou prêtes à être ajustées sont traitées comme fer étamé, etc., à moins que d'après la nature et le fini du travail elles ne rentrent dans la classe des *ouvrages en métaux*. V. ces mots et le tarif applicable aux articles de ménage, des pays contractants.

127. — FER-BLANC. Le fer plombé, cuivré ou zingué suit le même régime que le fer-blanc. Les caisses en fer-blanc dans lesquelles les feuilles sont importées quelques fois suivent le même régime que celles-ci. Cette règle est applicable à toutes les provenances.

128. — FIL DE FER, ETC. Le tarif général comprend sous cette dénomination les baguettes rondes de moins de 7 millim. de diamètre qui sont en bottes droites et tout le fil de fer roulé en couronne de tous diamètres. On n'admet aux droits des cordes métalliques blanches etc. que celles qui sont roulées en bobines; importées sous toute autre forme elles acquittent la taxe de la matière filée dont elles sont composées.

Les fils de fer même étamés etc. sont divisés par le tarif conventionnel en deux classes, selon leur diamètre. Les cordes métalliques blanches etc. en suivent le régime. Il en est de même des fils de fer dont la section transversale, au lieu d'être circulaire est applatie et elliptique. Pour opérer le classement de ces derniers, on en prend l'épaisseur et la largeur, et l'on multiplie l'un

DESIGNATION DES MARCHANDISES L'astérique (*) indique que les droits mentionnés ci-contre comprennent les deux décimes.	UNITÉS sur lesquelles portent les droits	QUOTITÉ DES DROITS	
		par navires franç. et des pays contractants par terre	par navires étrang. et d'ailleurs que des pays contractants par terre
F		fr. c.	fr. c.
FANONS DE BALEINE .... { bruts de toute pêche .... { des pays contractants...	100 kil. B.	exempts	0.25*
{ des pays hors d'Europe.	id.	exempts	2.00*
{ des entrepôts	id.	2.00*	2.00*
{ coupés et apprêtés	id.	10.00	15.00
FÉCULES (120) .... { indigènes .... { des pays contractants...	id.	1.20*	1.45*
{ d'ailleurs	id.	1.00	1.50
{ exotiques .... { des pays hors d'Europe.	id.	1.00	2.50
{ d'ailleurs	id.	2.50	2.50
FER, ... minerai (de)	id.	exempt	exempt
fonte (121) { des pays contractants, sans distinction de poids { brute, en masses et fonte moulée pour lest de navires	id.	2.00*	2.25*
{ épurée, dite mazée	id.	2.75*	3.00*
{ d'ailleurs .... { brute, en masses pesant 15 kil. ou plus { par mer..	id.	4.00	4.40
{ par terre.	id.	———	4.00
{ épurée, dite mazée, en masses pesant 15 kil. ou plus	id.	7.00	7.70
{ de toute autre espèce	id.	prohibée	prohibée
ouvrée ou moulée. V. OUVRAGES EN FONTE.			
en barres, à rainures dites rails, mêmes droits que les fers étirés selon leur dimension (123).			
limailles et pailles	id.	exemptes	exemptes
ferraille .... { débris de vieux ouvrages en fer .... { des pays contractants....	id.	2.75*	3.00*
{ d'ailleurs	id.	8.00	8.80
{ débris de vieux ouvrages en fonte .... { des pays contractants....	id.	2.00*	2.25*
{ d'ailleurs .... { par mer..	id.	4.00	4.40
{ par terre.	id.	———	4.00
machefer .... { des pays contractants	id.	exempt	0.25*
{ d'ailleurs .... { par mer..	id.	0.80	0.88
{ par terre.	id.	———	0.80
ouvré. V. OUVRAGES EN FER			
autres { des pays contractants — en barres carrées, rondes ou plates ; fers d'angle et à T (122)	id.	6.00*	6.60*
brut, en massiaux ou prismes, retenant encore des scories (124)	id.	4.50*	4.90*
feuillard en bande d'un millimètre d'épaisseur ou moins (125)	id.	7.50*	8.20*
tôles (126) { laminées ou martelées de plus d'un millimètre d'épaisseur	id.	7.50*	8.20*
{ minces et fers noirs en feuilles d'un mill. d'épaisseur ou moins.	id.	10.00*	11.00*
{ laminées, martelées ou minces et fers noirs en feuilles, planes, découpées d'une façon quelconque	———	droits des tôles et fers noirs, en feuilles rectangulaires selon l'espèce et le dixième en sus	
étamé (fer blanc) cuivré, zingué ou plombé (127)	100 kil. N.	13.00*	14.30*
fils de fer, qu'ils soient ou non étamés, cuivrés ou zingués (128) .... { de 5 dixièmes de milli. de diamètre ou moins....	100 kil. B.	10.00*	11.00*
{ autres	id.	6.00*	6.60*
acier (129) { en barres de toute espèce, et feuillard (130)	id.	9.00*	9.90*
en tôle ou en bandes (131).... { brunes, laminées à chaud ayant d'épaisseur ...... { plus d'un demi millim.	100 kil. N.	11.25*	12.30*
{ un demi milli. ou moins	id.		
{ blanches, laminées à froid, quelle que soit l'épaisseur	id.	15.00*	16.50*
filé, même blanchi pour cordes d'instruments (132)	id.	20.00*	22.00*
Scories de forge.	100 kil. B.	exemptes	0.25*

ASSIMILATIONS

ET RENVOIS AUX AUTRES TABLEAUX DES DROITS

FEUILLES d'agave et d'aloès, v. Végétaux filamenteux; — d'anil. Mêmes droits que les feuilles de pastel; — d'épine-vinette, de houx, de myrte, de noyer et de tournesol, v. Feuilles tinctoriales non dénommées; — de fustet, de pudis, de redoul et de sumac, v. Sumac; — de henné entières, v. Feuilles tinctoriales non dénommées; — pulvérisées, v. Garance moulue; — de maïs découpées, pour cigarettes, v. papier d'enveloppe; — médicinales, v. Herbes; feuilles, etc.; — de métal, v. Métaux laminés, selon l'espèce; — de palmier et de latanier, v. Joncs et roseaux d'Europe; — de piquerie (*trébel*). Même régime que le tabac en feuilles; — de placage, en bois indigènes, v. Bois d'ébénisterie; — de tabac et de thé, v. Tabac ou thé; — de pastel, v. Pastel; de Sumac et de fustet, v. Fustet; — tinctoriales non dénommés, v. Feuilles tinctoriales.

FEUTRES à filtrer, v. Feutres autres ouvrages; — imprégnés d'alphate, pour couverture de bâtiments, v. Feutre à doublage; — à papier (*manchons sans couture*). Mêmes droits que la toile à blutoir, v. Tissus de laine; — peints et vernis, pour tapis de table, visières, etc; Galettes et Semelles (de) et Lanières (de), pour garnir les marteaux de pianos, ayant au plus 30 centimètres de longueur, sur 20 centimètres de largeur, v. Feutres, autres ouvrages.

FÈVES, d'algarovilla ou du Pérou, v. Noix de Galle; — de cacao, v. Cacao; — communes, v. Légumes secs; — pichurim, v. Muscades sans coques; — Tonka ou tongo. Mêmes droits que les muscades, selon leur état.

FIASQUES (*bouteilles de verre mince empaillées*). v. Verres et cristaux (Bouteilles).

FIBRES d'agave, d'aloès et de bananier, v. Végétaux filamenteux; — de bois blanc, v. Tresses de bois blanc grossières.

FICELLES, v. Cordages.

FICHES, en fer et en tôle, v. Ouvrages en fer; — à jeu, en ivoire et en nacre, v. Tabletterie non dénommée; — en os, v. Mercerie.

FIEL de bœuf clarifié, v. Sang de bétail; — de verre (*résidu des matières employées à la fabrication du verre*), v. Alcalis, soudes.

FIFRES, v. Instruments de musique.

FIGUIER (Petits meubles en) vernissés, v. Mercerie fine.

FIGURES, en albâtre, v. Albâtre sculpté; — en bois, v. Ouvrages en bois non dénommés; — en cire, v. Cire ouvrée; — en ivoire, v. Tabletterie non dénommée; — en marbre, v. Marbres sculptés; — en os, v. Tabletterie non dénommée; — en pâte d'amidon, en plâtre et en pierres, v. Pierres ouvrées; — en Porcelaine, v. Poteries (Porcelaine fine); — en terre cuite, v. Poteries selon l'espèce.

FILASSE d'agave, de bananier, de chanvre et de lin, v. Végétaux filamenteux.

FILETS, pour chevaux, v. Ouvrages en peau ou en cuir (Sellerie); — d'imprimerie v. Caractères d'imprimerie.

FILIÈRES à faire des vis, avec leurs tarauds, v. Outils de fer rechargé d'acier; — à jauger et à tirer les métaux, v. Outils de pur acier.

FILOSELLE, v. Soies — Bourre filée.

NOTES EXPLICATIVES

par l'autre ces deux diamètres exprimés en dixième de millimètre. Si le produit est égal ou inférieur à 25, le fil rentre dans la catégorie de ceux qui ont 5/10 de millimètres ou moins. Si le produit dépasse 25 le fil rentre dans la classe de ceux qui sont le moins imposés.

129. — ACIER. Le tarif n'établit aujourd'hui aucune distinction entre l'acier naturel ou de cémentation et l'acier fondu.

Les massiaux d'acier naturel et de cémentation et les lingots d'acier fondu sont assimilés à l'acier en barres de toute espèce.

130. — ACIER EN BARRES. On assimile à l'acier en barres, les barres de fer rechargé d'acier, les rails d'acier, les bandes ou bandages de roues en acier brut de forge venant des pays contractants et les débris d'ouvrages en acier des mêmes provenances.

131. — ACIER EN TÔLE. On considère comme tôle d'acier: 1° les pièces ayant 25 centimètres et *plus* de largeur et un centimètre ou *moins* d'épaisseur; 2° les pièces ayant moins de 25 centimètres de largeur et moins d'un centimètre d'épaisseur, lorsqu'elles ont été découpées dans des pièces plus larges.

Toutes les autres, quelles que soient leur forme, leur largeur et leur épaisseur acquittent le droit de l'acier en barres pourvu qu'elles soient à l'état brut.

On admet au régime des scies, les lames de scies dentées ou non; comme fourniture d'horlogerie, les bandes d'acier poli pour ressorts de montres ou de pendules et l'on range dans la classe des ouvrages en acier, les planches d'acier poli destinées à être gravées. Quant aux planches gravées, elles sont nommément tarifées.

Telles sont les règles générales auxquelles le tarif conventionnel a apporté les modifications suivantes pour les provenances des pays contractants.

Sont admis à suivre le régime des tôles: 1° les bandes d'acier droites ou enroulées, blanches ou brunies, bleuies ou polies, trempées ou non trempées destinées à la confection de ressorts d'horlogerie, de carcasses de jupons ou d'objets analogues; 2° les bandes d'acier recouvertes d'une tresse en coton pur ou mélangé pour crinolines (métal et tresses paient le même droit) 3° les feuilles d'acier taillées ou non en bandes, pour servir à la fabrication des plumes métalliques; 4° les planches ou disques d'acier simplement découpés soit pour lames de scies circulaires ou droites, soit pour tout autre usage, pourvu que les bandes ne revêtent pas des formes particulières, qu'elles n'aient été amincies ou découpées d'une façon quelconque et que les planches ou disques ne soient ni polis, ni ventés ni amincis par les bords. Dans le cas où il en serait autrement le droit exigible serait, selon le cas, celui des ouvrages en acier non dénommés ou celui des outils.

132. — ACIER FILÉ. On ne considère comme fil d'acier que celui ayant moins de 7 millimètres de diamètre. Lorsque cette dimension est dépassée, le régime de l'acier en barres est applicable.

On traite comme acier filé l'acier de pignon et l'acier pour vis tiré à la filière, à l'usage de l'horlogerie. Ce dernier est sous forme de broches cannelées ou polies et en bottes droites de 325 à 1024 millimètres, quelquefois il est en fil continu roulé en couronnes.

Les gratte-bosses en acier sont assimilés à l'acier filé. Toutefois ils sont rangés, par le tarif conventionnel, dans la classe des ouvrages en acier non dénommés.

D'après le même tarif, les tiges droites d'acier trempé, soit pleines soit à cannelures, destinées à la confection des montures de parapluies, sont traitées comme acier filé.

133. — FEUTRES. Les feutres de toute sorte paient le même droit lorsqu'ils sont importés des pays contractants.

Le tarif général comporte des taxes différentes pour les chapeaux, les feutres à doublage et les autres ouvrages. Il assimile aux chapeaux de feutre 1° Les chapeaux formés d'une carcasse en carton recouverte de toile cirée; 2° Les chapeaux de soie, à l'exclusion de ceux fabriqués avec de la peluche en coton ou mélangée de coton, lesquels continuent à être prohibés; 3° Les casquettes en feutre, en peluche de soie ou en toile cirée; 4° Les shakos non garnis.

Les shakos garnis en cuir suivent le régime des ouvrages en cuir non dénommés.

134. — FEUTRE à doublage, on assimile au feutre à doublage un feutre imprégné d'asphalte et qui est destiné à couvrir des serres ou autres bâtiments.

135. — AUTRES OUVRAGES EN FEUTRE. Les étoffes fabriquées comme les feutres, restent soumises à la prohibition qui atteint les tissus de laine à l'exception toutefois des manchons sans couture employés dans les fabriques de papier à la mécanique. Ceux-ci suivent le même régime que la toile à blutoir.

136. — FILS D'ABACA. — Les fils d'abaca, ceux de phormium tenax, de jute, etc., sont imposés aux mêmes droits d'après le tarif général, sans distinction du degré de finesse.

Le tarif conventionnel établit, au contraire, des taxes différentes sur les fils de Jute et sur ceux fabriqués avec les autres végétaux filamenteux. Tous sont du reste faciles à distinguer des fils de lin ou de chanvre, dont ils sont loin d'avoir la consistance. Quand ils ont été noués ils se cassent net au moindre effort, à l'endroit où se trouve le nœud.

DÉSIGNATION DES MARCHANDISES *L'astérisque (*) indique que les droits mentionnés ci-contre comprennent les deux décimes.*	UNITÉS sur lesquelles portent les droits	QUOTITÉ DES DROITS	
		par navires franç. et des pays contractants par terre	par navires étrang. et d'ailleurs que des pays contractants par terre
		fr. c.	fr. c.
FER (suite) \ autres (suite) — d'ailleurs que des pays contractants — Etiré sans distinction du mode de fabrication (122) — *par navires français et par terre* — en barres plates de — 458 mill. *et* plus, la largeur multipliée par l'épaisseur..	100 kil. B.	10.00	10.00
213 mill. *inclus*¹ à 458 mill. *exclus*¹ idem..	100 kil. N.	12.00	12.00
moins de 213 mill. idem..	id.	14.00	14.00
en barres carrées de — 22 mill. *et plus sur chaque face*	100 kil. B.	10.00	10.00
15 mill. *inclus*¹ à 22 *exclus*¹ idem..	100 kil. N.	12.00	12.00
moins de 15 mill. idem..	id.	14.00	14.00
en barres rondes de — 15 mill. *et plus de diamètre*	100 kil. N.	12.00	12.00
moins de 15 mil. idem	id.	14.00	14.00
par navires étrangers — en barres plates de — 458 mill. *et plus, la largeur multipliée par l'épaisseur*..	100 kil. B.	——	11.00
213 mill. *inclus*¹ à 458 mill. *exclus*¹ idem..	100 kil N.	——	13.20
moins de 213 mill. idem	id.	——	15.40
en barres carrées de — 22 mill. *et plus sur chaque face*	100 kil. B.	——	11.00
15 mill. *inclus*¹ à 22 *exclus*¹ idem	100 kil. N.	··	13.20
moins de 15 mill. idem	id.	——	15.40
en barres rondes de — 15 mill. *et plus le de diamètre*	id.	——	13.20
moins de 15 mill. idem	id.	——	15.40
forgé, *en massiaux ou prismes* (124)	100 kil. B.	prohibé	prohibé
platiné ou laminé — noir. — Tôle (126)	100 kil. N.	20.00	22.00
étamé (*fer blanc*) plombé, cuivré ou zingué (127)	id.	40.00	44.00
de tréfilerie (128) — fil de fer, *même recouvert d'autres métaux,*	id.	30.00	33.00
cordes métalliques blanches, pour instruments	id.	70.00	76.00
Acier (129) — en barres, de toute espèce (130)	id.	30.00	33.00
laminé — en tôle ordinaire (131)	id.	50 00	55.00
en bandes ou feuilles blanches ou brunes (131) — non polies ni trempées, plus de 1 mill. d'épaisseur quelle que soit la largeur	id.	50.00	55.00
trempées ayant 1 mill. ou moins d'épaisseur et 15 cent. ou plus de largeur	id.	75.00	81.20
moins de 15 cent. id	id.	110.00	118.00
(131) polies, bleuies, trempées ou non, roulées ou droites (*autres que scies*)	1 kil. N.	5.00	5.50
filé, même blanchi pour cordes d'instruments (132)	100 kil N.	70.00	76.00
ouvré. *v.* OUVRAGES EN MÉTAUX.			
FEUILLES TINCTORIALES non dénommées	100 kil. B.	exemptes	exemptes
FEUTRES — des pays contractants, de toute sorte	la valeur	10 %*	10 %*
d'ailleurs, — Chapeaux (*Chapeaux de soie compris*) (133)	la pièce	1.50	1.50
à doublage (134)	100 kil. N.	100 00	107.50
autres ouvrages (135)	id.	400.00	417.50
FILETS — neufs ou en état de servir — pour la pêche — des pays contractants	id.	20.00*	22.00*
d'ailleurs	id.	25.00	27.50
pour la chasse			
autres. *v.* DRILLES			
FILS — d'abaca (136) — des pays contractants	la valeur	5 %*	5 %*
d'ailleurs, — écrus	100 kil N.	60.00	65.50
blanchis	id.	81.00	87.50
teints	id.	80.00	86.50
d'alpaga, de lama *et* de vigogne, purs ou mélangés *même régime ou mêmes droits que* les fils de laine pure.			

ASSIMILATIONS ET RENVOIS AUX AUTRES TABLEAUX DES DROITS	NOTES EXPLICATIVES
Fils, de bourre de soie, *v.* Soie, — bourre filée; de coton et de laine, *v.* ces mots; — de lin ou de chanvre, dits à cordonniers. Mêmes droits que les fils retors, *v.* Ces mots; — jaunâtres, dits *crémés*, *v.* fils blanchis; — ourdis en chaîne. Mêmes droits que les fils retors, *v.* Ces mots; — simples et retors, *v.* ces mots; — de métal, *v.* Métaux, selon l'espèce; — de poils et de plocs, de Lama, de Vigogne et d'Alpaga, *v.* Fils de laine; — autres, *v.* ces mots; — de végétaux filamenteux non dénommés, *v.* Fils d'abaca et de phormium ténax ou fils de jute, et la note 136.	137. — Fils de coton, *v.* à l'article 45 des notions préliminaires, la désignation des bureaux ouverts à l'importation des fils de coton provenant des pays contractants. La classification des fils de coton, telle qu'elle est indiquée par le tarif conventionnel n'exige aucune explication. Il suffit de rappeler que, pour déterminer la classe à laquelle appartient un fil retors, on multiplie le nombre de mètres au kil. par le nombre de bouts de fil simple dont est composé le fil retors. Les fils ourdis en chaîne sont assimilés aux fils retors. Enfin tout fil ayant reçu un commencement quelconque de blanchiment est considéré comme blanchi. Ces trois dernières dispositions s'appliquent aux fils de lin et de chanvre, de toute provenance aussi bien qu'aux fils de coton importés des pays contractants.

DÉSIGNATION DES MARCHANDISES	DROITS applicables (*décimes compris*) par 100 kil. Net aux FILS			
	simples		retors en deux bouts	
	par navires franç. ou sous pavillon des pays contract. et par terre.	par navires tiers	par navires franç. ou sous pavillon des pays contract. et par terre	par navires tiers
	fr. c.	fr. c.	fr. c.	fr. c.
FILS de coton *pur mesurant au demi kilogramme* des pays contractants (137) — **écrus**				
20.500 mètres ou moins	15.00	16.50	19.50	21.40
plus de 20.500 mètres pas plus de 30.500.	20.00	22.00	26.00	28.60
» 30.500 » » 40.500.	30.00	33.00	39.00	42.90
» 40.500 » » 50.500.	40.00	44.00	52.00	57.10
» 50.500 » » 60.500.	50.00	55.00	65.00	70.70
» 60.500 » » 70.500.	60.00	65.50	78.00	84.40
» 70.500 » » 80.500.	70.00	76.00	91.00	98.00
» 80.500 » » 90.500.	90.00	97.00	117.00	125.30
» 90.500 » » 100.500.	100.00	107.50	130.00	139.00
» 100.500 » » 110.500.	120.00	128.50	156.00	166.30
» 110.500 » » 120.500.	140.00	149.50	182.00	193.60
» 120.500 » » 130.500.	160.00	170.50	208.00	220.90
» 130.500 » » 140.500.	200.00	212.50	260.00	275.50
» 140.500 » » 170.500.	250.00	265.00	325.00	342.50
» 170.500 »	300.00	317.50	390.00	407.50
blanchis				
20.500 mètres ou moins	17.25	18.90	22.40	24.60
plus de 20.500 mètres pas plus de 30.500.	23.00	25.30	29.90	32.80
» 30.500 » » 40.500.	34.50	37.90	44.85	49.30
» 40.500 » » 50.500.	46.00	50.60	59.80	65.20
» 50.500 » » 60.500.	57.50	62.80	74.75	80.90
» 60.500 » » 70.500.	69.00	74.90	89.70	96.60
» 70.500 » » 80.500.	80.50	87.00	104.65	112.30
» 80.500 » » 90.500.	103.50	111.10	134.55	143.70
» 90.500 » » 100.500.	115.00	123.20	149.50	159.40
» 100.500 » » 110.500.	138.00	147.40	179.40	190.80
» 110.500 » » 120.500.	161.00	171.50	209.30	222.20
» 120.500 » » 130 500.	184.00	195.70	239.20	253.60
» 130.500 » » 140.500.	230.00	244.00	299.00	316.40
» 140.500 » » 170.500.	287 50	304.30	373.75	391.20
» 170.500 »	345.00	362.50	448.50	466.00
teints				
20.500 mètres ou moins	40.00	44.00	44.50	48.90
plus de 20.500 mètres pas plus de 30.500.	45.00	49.50	51.00	56.00
» 30.500 » » 40.500.	55.00	60.20	64.00	69.70
» 40.500 » » 50.500.	65.00	70.70	77.00	83.30
» 50.500 » » 60.500.	75.00	81.20	90.00	97.00
» 60.500 » » 70.500.	85.00	91.70	103.00	110.60
» 70.500 » » 80.500.	95.00	102.20	116.00	124.30
» 80.500 » » 90.500.	115.00	123.20	142.00	151.60
» 90.500 » » 100.500.	125.00	133.70	155.00	165.20
» 100.500 » » 110.500.	145.00	154.70	181.00	192.50
» 110.500 » » 120.500.	165.00	175.70	207.00	219.80
» 120 500 » » 130.500.	185.00	196.70	233 00	247.10
» 130.500 » » 140.500.	225.00	238.70	285.00	301.70
» 140.500 » » 170.500.	275.00	291 20	350.00	367.50
» 170.500 »	325.00	342.50	415.00	432.50

ASSIMILATIONS ET RENVOIS AUX AUTRES TABLEAUX DES DROITS	NOTES EXPLICATIVES
	138. — FILS DE COTON, d'ailleurs. Les fils écrus du n° 143 (système métrique) sont les seuls admissibles aux termes du tarif général. Ils doivent être importés en paquets pesant au moins 907 grammes (2 livres anglaises). La taxe est perçue déduction faite de tous papiers, cartons et ficelles servant à couvrir ou à attacher la marchandise. L'importation en est permise par les seuls ports du Havre, de Boulogne, de Calais et de Dunkerque. 139. — DÉCHETS DE FIL DE COTON. Il s'agit ici des bouts de fil qu'entraîne le dévidage et le tissage (pennes ou corons) ayant de 108 à 170 millimètres de longueur. 140. — FILS DE JUTE. Les fils de jute sont imposés, par le tarif conventionnel, en raison de leur finesse. Venant d'ailleurs que des pays contractants, ils acquittent les mêmes droits que les fils d'abaca et de phormium tenax. Presque toujours les fils de jute conservent l'odeur de l'huile de poisson avec laquelle le filament doit être graissé, pour être mis en œuvre. Le métrage des fils de jute retors est calculé, pour le classement, d'après le mode indiqué dans la note 137; il n'existe aucune distinction entre les fils de chaîne préparés et les autres fils simples.

DÉSIGNATION DES MARCHANDISES L'astérique (*. indique que les Droits mentionnés ci-contre comprennent les deux Décimes	UNITÉS sur lesquelles portent les droits	QUOTITÉ DES DROITS	
		par navires franç. et des pays contractants par terre	par navires étrang. et d'ailleurs que des pays contractants par terre
		fr. c.	fr. c.
Fils (suite) — de coton (suite), pur, des pays contractants (137) : retors en 3 bouts ou plus, écrus blanchis ou teints.. à simple torsion	les mille mètres de longueur	0.06 *	0.06 *
à plusieurs torsions ou câblés	id.	0.12 *	0.12 *
ourdis ou chaîne, écrus, blanchis ou teints — *mêmes droits que les fils de coton retors en deux bouts, selon l'espèce et le degré de finesse.*			
d'ailleurs (138) : écrus, du nº 143 (système métrique) et au-dessus : simples	1 kil. N.	7.00	7.70
retors	id.	8.00	8.80
tous autres *sans distinction d'espèces ni de numéros*	100 kil B.	prohibés	prohibés
(déchets de) pennes ou corons (139) : par mer. des pays hors d'Europe	100 kil N.	exempts	3.00 *
du cru des pays d'Europe	id.	exempts	3.00 *
d'ailleurs	id.	3.00 *	3.00 *
par terre : des pays de production	id.	———	exempts
d'ailleurs	id.	———	3.00 *
mélangé, le coton dominant en poids : des pays contractants	....	*mêmes droits que les fils de coton pur*	
d'ailleurs	100 kil B.	prohibés	prohibés
de jute (140), des pays contractants, pur ou mélangé le jute dominant en poids mes. au kil. : écrus : moins de 1400 mètres	id.	5.00 *	5.50 *
de 1400 à 3700 mètres excl	id.	6.00 *	6.60 *
3700 à 4200 id. id.	id.	7.00 *	7.70 *
4200 à 6000 id. inclus	id.	10.00 *	11.00 *
plus de 6000 mètres	....	*mêmes droits que les fils de lin selon la classe*	
blanchis ou teints : moins de 1400 mètres	100 kil B.	7.00 *	7.70 *
de 1400 à 3700 id. excl	id.	9.00 *	9.90 *
3700 à 4200 id. id.	id.	10.00 *	11.00 *
4200 à 6000 id. inclus	100 kil N.	14.00 *	15.40 *
plus de 6000 mètres	....	*mêmes droits que les fils de lin selon la classe*	
d'ailleurs, *mêmes droits que les fils d'Abaca.*			

ASSIMILATIONS ET RENVOIS AUX AUTRES TABLEAUX DES DROITS	NOTES EXPLICATIVES
	141. — Fils de laine des pays contractants. C'est encore la note 137 qu'il faut consulter pour le classement des fils retors. Ceux-ci sont divisés en deux catégories par le tarif conventionnel ; les fils pour le tissage et les fils pour la tapisserie. L'importation des fils de laine et de lama, etc., provenant des pays contractants, est restreinte, aux bureaux désignés à l'article 45 des notions préliminaires. **142.** — Fils de laine d'ailleurs. Les seuls admissibles, à leur importation d'ailleurs que des pays contractants sont les fils de laine longue, peignée, etc., dits cordonnets. L'Angleterre seule est encore en mesure d'en approvisionner les fabriques françaises. Ces fils, lorsqu'ils en proviennent rentrent conséquemment dans la catégorie de ceux dont il a été question dans la note précédente. S'il en venait d'ailleurs que des pays contractants les cordonnets ne pourraient entrer que par les seuls ports de Boulogne, Calais ou le Havre à charge d'être dirigés, par acquit-à-caution et sous plomb, sur la douane de Paris. Les fils fabriqués avec la laine d'alpaga, de vigogne ou de lama suivent le régime des autres fils de laine.

DÉSIGNATION DES MARCHANDISES	UNITÉS sur lesquelles portent les droits	DROITS applicables *décimes compris* aux FILS — blanchis ou non — par navires franç. ou sous pavillon des pays contract. et par terre.	blanchis ou non — par navires tiers	teints — par navires franç. ou sous pavillon des pays contract. et par terre.	teints — par navires tiers
		fr. c.	fr. c.	fr. c.	fr. c.
FILS de laine — pure — des pays contractants mesurant au kilog. (141) — *simples* — 10.000 mètres ou moins		10.00 les 100 kil. brut	11.00 les 100 kil. brut	50.00 les 100 kil. N.	55.00 les 100 kil. N.
plus de 10.000 mètres; pas plus de 15.000	100 kil N.	15.00	16.50	50.00	55.00
id. 15.000 id. id. 20.000	id.	20.00	22.00	50.00	55.00
id. 20.000 id. id. 30.500	id.	25.00	27.50	50.00	55.00
id. 30.500 id. id. 40.500	id.	35.00	38.50	60.00	65.50
id. 40.500 id. id. 50.500	id.	45.00	49.50	70.00	76.00
id. 50.500 id. id. 60.500	id.	55.00	60.20	80.00	86.50
id. 60.500 id. id. 70.500	id.	65.00	70.70	90.00	97.00
id. 70.500 id. id. 80.500	id.	75.00	81.20	100.00	107.50
id. 80.500 id. id. 90.500	id.	85.00	91.70	110.00	118.00
id. 90.500 id. id. 100.500	id	95.00	102.20	120.00	128.50
id. 100.500 id.	id.	100.00	107.50	125.00	133.70
retors — pour tissage — 30.500 mètres ou moins	id.	32.50	35.70	57.50	62.80
plus de 30.500 mètres; pas plus de 40.500	id.	45.50	50.00	70.50	76.50
id. 40.500 id. id. 50.500	id.	58.50	63.90	83.50	90.10
id. 50.500 id. id. 60.500	id.	71.50	77.50	96.50	103.80
id. 60.500 id. id. 70.500	id.	84.50	91.20	109.50	117.40
id. 70.500 id. id. 80.500	id.	97.50	104.80	122.50	131.10
id. 80.500 id. id. 90.500	id.	110.50	118.50	135.50	144.70
id. 90.500 id. id. 100.500	id.	123.50	132.10	148.50	158.40
id. 100.500 id.	id.	130.00	139.00	155.00	165.20
retors — pour tapisserie — 30.500 mètres ou moins	id.	50.00	55.00	75.00	81.20
plus de 30.500 mètres; pas plus de 40.500	id.	70.00	76.00	95.00	102.20
id. 40.500 id. id. 50.500	id.	90.00	97.00	115.00	123.20
id. 50.500 id. id. 60.500	id.	110.00	118.00	135.00	144.20
id. 60.500 id. id. 70.500	id.	130.00	139.00	155.00	165.20
id. 70.500 id. id. 80.500	id.	150.00	160.00	175.00	186.20
id. 80.500 id. id. 90.500	id.	170.00	181.00	195.00	207.20
id. 90.500 id. id. 100.500	id.	190.00	202.00	215.00	228.20
id. 100.500 id.	id.	200.00	212.50	225.00	238.70
d'ailleurs (142) — longue, peignée, écrus, retors à un ou plusieurs bouts, dégraissés et grillés, importés par mer.. — par nav. franç.	1 kil N.	7.00 (déc. en sus)	——	....	....
par nav. étrang.	1 kil N.	——	7.70 (déc. en sus)	....	....
tous autres	100 kil B.	prohibés	prohibés	prohibés	prohibés
mélangée — des pays contractants, la laine dominant en poids.. mêmes droits que les fils de laine pure. — d'ailleurs	id.	prohibés	prohibés	prohibés	prohibés

ASSIMILATIONS ET RENVOIS AUX AUTRES TABLEAUX DES DROITS	NOTES EXPLICATIVES
	143. — FILS DE LIN OU DE CHANVRE. C'est la finesse du fil déterminée par le rapprochement comparé de son poids et de son métrage, qui fixe la classe dans laquelle les fils de lin et de chanvre doivent être rangés. Pour le classement des fils retors, *v.* la note 137. Les dispositions de cette même note, relatives aux fils ourdis en chaîne ainsi qu'à ceux ayant reçu un commencement quelconque de blanchiment, sont applicables en tous points aux fils de lin ou de chanvre. Les fils crémés suivent le régime des fils blanchis. Il en est de même des *lunements,* fils grossiers fabriqués avec des étoupes blanchies et dont on fait des mèches pour lampions, cierges, chandelles, etc. Les fils de cordonniers sont assimilés aux fils retors. 144. — FILS DE LIN, etc., d'ailleurs. On traite comme *fils teints* les fils crémés lorsque la couleur jaunâtre qui les caractérise leur a été donnée artificiellement. L'importation des fils de lin, etc., de toutes provenances est restreinte aux ports d'entrepôt réel, ainsi qu'aux bureaux de la frontière de terre ci-après, savoir : Apach, Armentières, Baisieux, Blancmisseron, Chambéry, Condé, Entre-deux-Guiers, Feignies, Forbach, Halluin, Lanslebourg, Lille, Longwy, Pont-de-la-Caille, St-Jean-de-Maurienne, Strasbourg, Thionville (station), Valenciennes et Wissembourg.

DÉSIGNATION DES MARCHANDISES

L'astérique (*, indique que les Droits mentionnés ci-contre comprennent les Deux décimes

| | DROITS applicables par 100 kil. N. aux FILS importés. | | | |
| | des pays contractants | | d'ailleurs (144) | |
DÉSIGNATION DES MARCHANDISES	par navires franç. ou sous pavillon des pays contract. et par terre.	par navires tiers	par navires français	par navires étrangers et par terre
	fr. c.	fr. c.	fr. c.	fr. c.
FILS (suite) — de lin ou de chanvre (143) — pur mesur. au kil... — simples — écrus — 6.000 mètres ou moins	15.00*	16.50*	38.00	41.80
plus de 6.000 mètres; pas plus de 12.000.	20.00*	22.00*	48.00	52.80
» 12.000 » » 24.000.	30.00*	33.00*	80.00	86.50
» 24.000 » » 36.000.	36.00*	39.60*	125.00	133.70
» 36.000 » » 72.000.	60.00*	65.50*	165.00	175.70
» 72.000 »	100.00*	107.50*	165.00	175.70
simples — blanchis — 6.000 mètres ou moins	20.00*	22.00*	54.00	59.20
plus de 6.000 mètres; pas plus de 12.000.	27.00*	29.70*	66.00	71.80
» 12.000 » » 24.000.	40.00*	44.00*	106.00	113.80
» 24.000 » » 36.000.	48.00*	52.80*	163.00	173.60
» 36.000 » » 72.000.	80.00*	86.50*	212.00	225.10
» 72.000 »	133.00*	142.10*	212.00	225.10
simples — teints — 6.000 mètres ou moins	20.00*	22.00*	58.00	63.40
plus de 6.000 mètres; pas plus de 12.000.	27.00*	29.70*	70.00	76.00
» 12.000 » » 24.000.	40.00*	44.00*	106.00	113.80
» 24.000 » » 36.000.	48.00*	52.80*	160.00	170.50
» 36.000 » » 72.000.	80.00*	86.50*	200.00	212.50
» 72.000 »	133.00*	142.10*	200.00	212.50
rotors — écrus — 6.000 mètres ou moins	19.50*	21.40*	44.00	48.40
plus de 6.000 mètres; pas plus de 12.000.	26.00*	28.60*	60.00	65.50
» 12.000 » » 24.000.	39.00*	42.90*	104.00	111.70
» 24.000 » » 36.000.	46.80*	51.40*	167.00	177.80
» 36.000 » » 72.000.	78.00*	84.40*	225.00	238.70
» 72.000 »	130.00*	139.00*	225.00	238.70
rotors — blanchis — 6.000 mètres ou moins	26.00*	28.60*	61.00	66.50
plus de 6.000 mètres; pas plus de 12.000.	35.10*	38.60*	81.00	87.50
» 12.000 » » 24.000.	52.00*	57.10*	136.00	145.30
» 24.000 » » 36.000.	62.40*	68.00*	215.00	228.20
» 36.000 » » 72.000.	104.00*	111.70*	287.00	303.80
» 72.000 »	172.90*	184.00*	287.00	303.80
rotors — teints — 6.000 mètres ou moins	26.00*	28.60*	70.00	76.00
plus de 6.000 mètres; pas plus de 12.000.	35.10*	38.60*	86.00	92.80
» 12.000 » » 24.000.	52.00*	57.10*	134.00	143.20
» 24.000 » » 36.000.	62.40*	68.00*	205.00	217.70
» 36.000 » » 72.000.	104.00*	111.70*	260.00	275.50
» 72.000 »	172.90*	184.00*	260.00	275.50
mélangé, le lin ou le chanvre dominant en poids.	mêmes droits que les fils de lin ou de chanvre purs, selon l'espèce et la classe		prohibés	prohibés
de phormium tenax, *mêmes droits que les fils d'abaca.* d'autres végétaux filamenteux non dénommés	mêmes droits que les fils d'abaca		régime à déterminer par l'administration	

ASSIMILATIONS ET RENVOIS AUX AUTRES TABLEAUX DES DROITS	NOTES EXPLICATIVES

ASSIMILATIONS ET RENVOIS AUX AUTRES TABLEAUX DES DROITS

Fils de métal, *v.* Métaux, selon l'espèce.

Filtres en grès, *v.* Poteries, grès fin ou grès commun, suivant l'espèce.

Fine métal, *v.* Fonte mazée.

Fioles et flacons en verres ou en cristal, *v.* Verres et cristaux.

Flageolets, *v.* Instruments de musique.

Flambeaux, d'acier, *v.* Ouvrages en acier; — d'or ou d'argent, *v.* Orfèvrerie; — de cristal, *v.* Verres, etc., verrerie non dénommée; — de cuivre, *v.* Ouvrages en cuivre selon l'espèce; — de fer et de sel gemme, *v.* Mercerie; — plaqués ou doublés, *v.* Plaqués; — vernissés, dorés ou argentés, *v.* Ouvrages en métaux selon l'espèce.

Flammes, de vétérinaires, *v.* Instruments de chirurgie.

Flans, à monnaies et à médailles, dont la destination est justifiée, droit du cuivre brut; — autres, droit du cuivre laminé.

Fléaux de balance, en bois, *v.* Ouvrages en bois, boissellerie; — en fer et en cuivre, *v.* Outils de pur fer ou de cuivre; — à battre le blé, *v.* Ouvrages en bois boissellerie.

Flèche indienne (fécule de), *v.* Sagou.

Flèches anciennes, *v.* Objets de collection; — pour jouets d'enfant, *v.* Bimbeloterie; — autres, *v.* Ouvrages en bois non dénommés.

Fleuret, *v.* Soie, bourre filée ou tissus de bourre de soie.

Fleurets (lames de) montées ou non, *v.* Mercerie fine.

Fleurs, artificielles en bois blanc, *v.* Tresses de bois blanc, autres; — en coquillages, *v.* Mercerie fine; — en paille pour ornements de chapeaux sans mélange d'autres matières, *v.* Tresses de paille autres; — mélangée d'autres matières, *v.* la note relative aux tresses de paille; — autres fleurs artificielles, *v.* ci-contre le tableau des droits; — fleurs de benjoin, *v.* Acide benzoïque; — de carthame et de safran, *v.* Carthame ou safran; — de jasmin, infusées dans l'eau-de-vie, *v.* Parfumeries, eaux de senteur alcooliques; — médicinales, *v.* Herbes, etc., médicinales; — de soufre, *v.* Soufre; — de zinc, *v.* Oxyde de zinc.

Flin, *v.* Pierres servant aux arts, pierres ferrugineuses non dénommées.

Flint-glass, en tables ou masses brutes, *v.* Verres, etc., vitrifications en masses; — taillé et poli, pour verres à lunette, *v.* Verres, etc., verres à lunette taillés et polis; — autrement ouvré, comme verrerie non dénommée, *v.* Verres etc.

Flutes, *v.* Instruments de musique.

Foie d'antimoine (oxyde de sulfure demi-vitreux), *v.* la note 27.

Foin, *v.* Fourrages; — frisé pour garnir des meubles; comme joncs et roseaux d'Europe.

Fonds de bassine, casserole, chaudière et poêlon non travaillés au marteau, *v.* Cuivre ou laiton laminé; — simplement relevés par le martelage, mais non finis, ni bordés, *v.* Cuivre ou laiton battu.

Fonds de cribles en bois, *v.* Ouvrages en bois, boissellerie.

Fontaines à filtrer, *v.* Meubles.

Fonte de fer, *v.* Fer ou ouvrages en métaux; — verte dite polozum, *v.* Cuivre allié d'étain.

Forces à tondre les draps, *v.* Outils de fer rechargé d'acier; — les moutons, *v.* Instruments aratoires.

Formes, de boutons, *v.* Moules (de); — de chapeau en carton, garnies de leur coiffe, *v.* modes; — sans coiffe, *v.* Carton moulé; — à fabriquer le papier, garnies de toiles métalliques, *v.* Machines et mécaniques pièces détachées; — non garnies et formes pour souliers et pour chapeaux, *v.* Ouvrages en bois non dénommés; — à sucre, en métal, même régime que les machines et mécaniques.

Forté-piano, *v.* Instruments de musique.

Fouets, *v.* Mercerie.

Fourches, en bois, des pays contractants, *v.* Ouvrages en bois; — d'ailleurs garnies de pointes en fer à l'extrémité, *v.* Ouvrages en bois non dénommés; — non garnies, *v.* Ouvrages en bois, boissellerie; — en fer, *v.* instruments aratoires.

Fourchettes, en acier, montées ou non, *v.* Coutellerie; — en argent et en vermeil, *v.* Orfèvrerie; — en bois et en corne, *v.* Mercerie, — en étain, *v.* Ouvrages en étain, poterie; — en fer non emmanchées, d'un travail grossier, *v.* Mercerie commune; — autres, *v.* Mercerie fine; emmanchées, d'un travail grossier, *v.* Mercerie commune; — autres, *v.* Coutellerie; — en métal anglais, *v.* Ouvrages en étain poterie fine en tous autres métaux, *v.* Mercerie.

Fournimens à poudre (gaînerie), *v.* Mercerie.

Fournitures d'horlogerie, *v.* Horlogerie.

Fourreaux de baïonnette, *v.* Ouvrages en peau ou en cuir non dénommés; — d'épée (gaînerie), *v.* Mercerie; — faux fourreaux de pistolets, *v.* Ouvrages en peau, sellerie; — fourreaux de sabre, en cuir, *v.* Ouvrages en peau non dénommés; en métal, *v.* Ouvrages en métaux, selon l'espèce.

Frétilles brutes, *v.* Grains durs à tailler; — percées ou autrement ouvrées, *v.* Mercerie.

Frisons peignés, *v.* Soies, bourre cardée.

Froment grains et farine de), *v.* Céréales; — perlé, *v.* Grains perlés.

Fruits artificiels, en porcelaine, *v.* Poteries, porcelaine fine; — rouges, percés, pour breloques, *v.* Mercerie fine; — autres, droits de la matière ouvrée dont ils sont formés.

NOTES EXPLICATIVES

145. — Fils de poils de chèvre, des pays contractants. Ceux qui sont mélangés d'autres matières, suivent le régime de la partie dominante en poids.

146. — Idem, d'ailleurs. On n'admet que les fils exclusivement composés de poils de chèvre. Ceux dans lesquels il existe un mélange quelconque de laine ou de coton, sont atteints par la prohibition.

147. — Fleurs artificielles. Sauf les fleurs artificielles en bois blanc, en coquillages et en paille (*v.* ci-contre les assimilations) toutes paient le même droit sans égard à la matière avec laquelle elles sont fabriquées. Ainsi les fleurs en papier, ou étoffes de toute sorte, en cire, en baleine, en baudruche, suivent absolument le même régime.

148. — Fourrages. L'avoine, les féveroles et la jarosse n'en font pas partie; cette dernière est nommément taxée; l'avoine est comprise parmi les céréales et les féveroles font partie des légumes secs.

149. — Fromages. Les fromages de pâte molle sont des fromages blancs d'une fabrication récente qui supportent difficilement un transport lointain, les fromages de hervé, dits du Limbourg en font partie, tandis que les fromages de Hollande même ceux à pâte grasse ou à demi-molle, revêtus d'une croûte dure sont rangés parmi les fromages de pâte dure.

150. — Fruits médicinaux non dénommés, en outre des amomes et cardamomes, on range parmi les fruits non dénommés l'acaja, les anacardes, les baies d'alkekenge, — de laurier, — de morelle et de viorne, le baobab, les calebasses pleines, le carpobalsamum, les coloquintes, les coques du levant, les fèves de Saint-Ignace, le gombo, les noix d'acajou, — de cyprès et vomiques, les pignons doux, les pommes de pin à pignons, le sablier, les sébestes et les graines d'abelmosch, — d'ache, — d'agnus castres, — d'alliaire, — d'ammi, — d'aneth, — d'angélique, — de catapuce, — de cédron, — de cévadille, — de chardon argentin, — de chardon bénit, — de chouan, — de citrouille, de coing, de concombre et de courge, — de coriandre, — de cumin, de daucus de Crète, — de dolics de toute sorte, — de fenouil, — de garou, — de gremil non mondé, — de jusquiame, — de lavande, — de livêche, — de melons, de nhandirode, — de nigelle, — de persil de macédoine, — de pivoine, — de pourprier, — de psyllium, — de saxifrage, — de seigle ergoté, — de séséli, — de staphisaigre, — de stamoine, — de sureau et de tanaisie.

DÉSIGNATION DES MARCHANDISES *L'astérique * indique que les droits mentionnés ci-contre comprennent les deux décimes.*	UNITÉS sur lesquelles portent les droits	QUOTITÉ DES DROITS — des pays étrang. et des pays contractants par mer	des pays contractants et d'ailleurs que des pays contractants par terre
		fr. c.	fr. c.
Fils de poil — des pays contractants — de chèvre 145	100 kil. N.	24.00*	26.40*
de chameau... pur / mélangé de laine *quelle que soit la proportion du mélange d'autres filaments quelconques le poil de chameau dominant en poids*		mêmes droits que les fils de laine pure	
autres	100 kil. B.	exempts	0.25*
d'ailleurs — de chèvre 146	100 kil. N.	20.00	22.00
de vache *et* d'autres ploos	100 kil. B.	9.00	9.90
de chien	id.	1.00	1.10
tous autres	id.	prohibés	prohibés
Fleurs — artificielles 147 — des pays contractants	id.	exemptes	0.25*
d'ailleurs	la valeur	12 p. %	12 p. %
médicinales v. *herbes, feuilles,* etc.			
Fourrages (148) — paille, foin et herbes de pâturage, de toute espèce — par navires français *et* par terre	100 kil. B.	exempts	exempts
par navires étrangers	id.	—	0.50
son, *de toute sorte* — par navires français *et* par terre	id.	exempts	exempts
de graines — par navires étrangers	id.	—	0.50
Fromages (149) — blancs, *de pâte molle* — des pays contractants	id.	3.00*	3.30*
d'ailleurs	id.	6.00	6.60
autres — des pays contractants	id.	4.00*	4.40*
d'ailleurs	100 kil. N.	15.00	16.50
Fruits à distiller — anis vert — des pays contractants	100 kil. B.	2.00*	2.25*
des lieux de production	id.	2.00*	4.00*
d'ailleurs	id.	4.00*	4.00*
figues de cactus — des pays contractants	id.	exempts	1.32*
baies — de genièvre / de myrtille — d'ailleurs — par navires français et par terre	id.	exemptes	exemptes
par navires étrangers	id.	—	1.10
Fruits médicinaux — casse — sans apprêt — des pays hors d'Europe	id.	exempte	20.00
des entrepôts	id.	10.00	20.00
Confite *canéfice* — des colonies et possessions françaises — des Antilles, de la Guyane, de la Réunion, de Ste-Marie de Madagascar, de Mayotte, de Nossi-Bé, de Taïti et de Noukahiva	100 kil. N.	37.00*	39.00*
des autres possessions	id.	42.00	44.00*
des pays étrangers... hors d'Europe	id.	42.00*	44.00*
d'Europe	id.	44.00*	44.00*
gousses et pulpes — des pays hors d'Europe	id.	exempts	12.00*
d'ailleurs	id.	12.00*	12.00*
Tamarins — des colonies et possessions françaises — des Antilles, de la Guyane, de la Réunion, de Ste-Marie de Madagascar, de Mayotte, de Nossi-Bé, de Taïti, et de Noukahiva	id.	18.50*	19.50*
des autres possessions	id.	21.00*	22.00*
confits au sucre — des pays étran. — hors d'Europe	id.	21.00*	22.00*
d'Europe	id.	22.00*	22.00*
myrobolants confits	id.	62.00	67.00
Badiane *anisétoilé* — des pays hors d'Europe	id.	20.00*	31.00*
d'ailleurs	id.	31.00*	31.00*
Follicules de séné *entières ou en grabeau* — des pays hors d'Europe	100 kil. B.	exempts	20.00
non dénommés *amomes et cardamomes compris* 150 — des entrepôts	id.	10.00	20.00

ASSIMILATIONS ET RENVOIS AUX AUTRES TABLEAUX DES DROITS	NOTES EXPLICATIVES
FRUITS, de table, confits au vinaigre ou à l'huile, atchars de l'Inde, *v*. Fruits confits sans sucre ni miel; — autres, *v*. Fruits de table confits, sans sucre ni miel; — écrasés, sauf les raisins, mêmes droits que les pommes et poires écrasées, *v*. ces mots. FUMIERS, *v*. Engrais. FURETS, comme chiens de chasse. FUSAIN (baguettes de) pour poinçons d'horloger, etc., *v*. Osier en bottes; — carbonisé, *v*. Couleurs non dénommées. FUSCHSINE (couleur dérivant de la houille), *v*. Couleurs non dénommées. FUSEAUX, en acier pour mécaniques, *v*. Machines, etc., pièces détachées; — en bois, *v*. Ouvrages en bois (boissellerie). FUSILS, de boucher, *v*. Outils de pur acier; — de calibre, de chasse, etc., *v*. Armes à feu selon l'espèce; — d'enfant, ne pouvant servir que de jouet, *v*. Bimbeloterie; — à vent, prohibés; — (bois de) en noyer, d'ailleurs que des pays contractants, *v*. Ouvrages en bois; — autres, *v*. Ouvrages en bois non dénommés. GAÏAC (eau de), *v*. Médicaments, etc., eaux distillées; — (rapures de) *v*. Substances médicinales pulvérisées; — (résine de), *v*. Résineux exotiques. GAINERIE, *v*. Mercerie. GALBANUM, *v*. Résineux exotiques. GALÈNE, *v*. Minerai de plomb. GALETTES en feutre, *v*. Feutres (ouvrages non dénommés). GALIPOT ou poix, *v*. Résines indigènes brutes; — de Manille, *v*. Résineux exotiques. GALLES, *v*. Noix de galle. GALLONS de Hongrie, du Piémont, etc., mêmes droits que les avelanèdes. GALOCHES, en bois ferrées, *v*. Mercerie; — non ferrées, *v*. Ouvrages en bois (boissellerie); — en cuir, *v*. Ouvrages en peau ou en cuir, non dénommés. GALONS neufs ou en état de servir, *v*. Tissus, selon l'espèce (passementerie); — vieux, à brûler, *v*. Métaux, or ou argent, bruts. GALOUBETS, *v*. Instruments de musique. GANSES, *v*. Tissus, selon l'espèce (passementerie). GANTS, de crin, pour frictions, sans mélange d'autres matières, *v*. Tissus de crin, passementerie; — mélangés 1° de fil, *v*. Tissus de lin, etc., bonneterie; 2° de coton ou de laine, *v*. Tissus de coton ou de laine; — autres que pour frictions, *v*. Tissus de crin non dénommés; — de peau, sans poils, *v*. Ouvrages en peau, etc., avec poils, *v*. Pelleteries ouvrées; — de tricot, *v*. Tissus, selon l'espèce, bonneterie. GARANCE (extrait de) (*garancine*), *v*. Garancine; — (résidu des fabriques de) même régime que la garance. GARDE-VUES, *v*. Mercerie. GARGOUSSES, *v*. Munitions de guerre, poudre à tirer. GARNITURES de cardes pour mécaniques, *v*. Machines et mécaniques (pièces détachées, plaques et rubans de cardes). GARNITURES de piston en toile et en caoutchouc, *v*. Ouvrages en caoutchouc combiné avec d'autres matières. GATEAUX de figues, d'amandes et autres sucrés, mêmes droits que les bonbons; — sans sucre, mêmes droits que le pain d'épice, *v*. ces mots. GAULETTES de coudrier, *v*. Baguettes de coudrier. GAZES, *v*. Tissus selon l'espèce. GAZETTES et journaux, mêmes droits que les livres. GAZOMÈTRES (grands), servant de réservoir pour le gaz, *v*. Machines et mécaniques (petits ou mesureurs de gaz, *v*. Instruments de calcul. GEDDAEL géhuph (gommes du), *v*. Gommes pures exotiques.	151. — CITRONS FRAIS ET ORANGES. Sont traités comme frais, les cédrats coupés par morceaux; les petits citrons et les petites oranges, en vert, (*chinois*) qui ont été simplement mis dans de l'eau de mer, pour être conservés pendant leur transport. Mais s'ils sont confits au sel, ils suivent le régime des fruits confits. 152. — NOIX DE COCO. Lorsque l'intérieur n'en est plus mangeable, elles sont traitées comme les coques de coco. Il en est de même des petites noix de coco avortées, propres à la tabletterie. Les pulpes dépouillées de leur coque sont rangées parmi les graines oléagineuses, autres. 153. — FRUITS FRAIS EXOTIQUES, AUTRES. Ce sont notamment les ananas, bananes, goureaux, grenades, pacanes, pommes de grenadille, etc. 154. — FRUITS FRAIS INDIGÈNES, AUTRES. On range dans cette classe, les fruits ci-après; abricots, azeroles, baies d'épine-vinette, cerises, coings, concombres, cornichons, fraises, framboises, groseilles, melons, mures, nèfles, pêches, poires, pommes, raisin frais, etc. Les amandes, les noix, noisettes et avelines suivant le régime des fruits oléagineux. Les pommes et poires écrasées sont spécialement tarifées. 155. — FRUITS SECS OU TAPÉS, AUTRES. On entend par là les cerises, les dattes en grappes ou égrappées, les figues, gengeoles ou jujubes, jubis, picardats, poires, pommes, pruneaux, prunes etc, ainsi que le péricarpe charnu de la courge, divisé et séché. Toutefois on traite comme légumes secs les pommes et les poires sèches qui ont encore leur pellicule et leurs pepins. 156. — FRUITS DE TABLE CONFITS. On range dans la classe des fruits confits sans sucre ni miel, les atchards de l'Inde, les Crambeis ou crambrerais, et le piment confits au vinaigre. — les cédrats, citrons, etc, confits au sel et tous les fruits, autres que ceux dénommés au tableau des droits, qui sont préparés au vinaigre, à l'huile ou au sel; les fruits de table sans sucre ni miel, conservés par la méthode Appert ou par tout autre procédé analogue suivent le même régime. Les olives confites à l'huile et dans lesquelles le noyau a été remplacé par un morceau d'anchois, sont traitées comme poissons de mer marinés. 157. — GARANCE. On assimile à la garance, la racine d'oldenlande ou de chavaver, l'écorce du paraguatan et les feuilles de henné pulvérisées. L'extrait de garance (*garancine*) est spécialement dénommé au tableau des droits. Il est prohibé à son importation d'ailleurs que des pays contractants. 158. — GÉLATINE. La gélatine alimentaire est depuis longtemps assimilée aux extraits de viandes qui sont aujourd'hui exempts de tous droits à l'importation. Cette immunité doit nécessairement profiter aux provenances des pays contractants.

DÉSIGNATION DES MARCHANDISES L'astérique (*) indique que les droits mentionnés ci-contre comprennent les deux décimes	UNITÉS sur lesquelles portent les droits	QUOTITÉ DES DROITS	
		par navires français et des pays contractants par terre	par navires étrangers et d'ailleurs que des pays contractants par terre
		fr. c.	fr. c.
FRUITS oléagineux (Amandes, noix, noisettes, avelines et autres) — des pays contractants	100 kil. B.	exempts	0.25*
d'ailleurs, par mer, des pays hors d'Europe	id.	exempts	2.00*
du cru des pays d'Europe	id.	exempts	1.00*
d'ailleurs	id.	2.00*	2.00*
par terre, du cru des pays d'Europe	id.	———	exempts
d'ailleurs	id.	———	2.00*
FRUITS de table — frais, citrons, oranges et leurs variétés (151), des pays contractants	id.	2.00*	2.25*
d'ailleurs	id.	10.00	11.00
noix de coco (152)	id.	exempts	4.00
carrobe ou carouge, des pays contractants	id.	0.30*	0.55*
d'ailleurs	id.	0.25	1.00
autres, exotiques (153)	id.	exempts	4.00
indigènes (154), des pays contractants	id	exempts	2.40*
d'ailleurs	id.	exempts	2.00
secs ou tapés, pistaches, des pays contractants	id.	8.00*	8.80*
d'ailleurs	100 kil. N.	16.00	17.60
autres (155), raisins secs, des pays contractants	100 kil. B	0.30*	0.55*
d'ailleurs	id.	0.25	2.00
figues sèches ou tapées, des pays contractants	id.	0.30*	0.55*
d'ailleurs	100 kil. N.	16.00	17.60
non dénommés, des pays contractants	100 kil. B.	8.00*	8.80*
d'ailleurs	100 kil. N.	16.00	17.60
confits, cornichons et concombres, des pays contractants	100 kil. B.	8.00*	8.80*
d'ailleurs	100 kil. N.	17.00	18.70
olives, des pays contractants	100 kil. B.	8.00*	8.80*
picholines, d'ailleurs	100 kil. N.	36.00	39.60
capres, des pays contractants	100 kil. B.	8.00*	8.80*
d'ailleurs	100 kil. N.	60.00	65.50
autres, à l'eau-de-vie	id.	98.00	105.40
au sucre ou au miel. V. CONFITURES.			
sans sucre ni miel (156)	100 kil. B.	10.00	11.00
conservés par la méthode Appert, ou par tout autre procédé analogue, sans sucre ni miel (156), des pays contractants	id.	8.00*	8.80*
d'ailleurs	id.	10.00	11.00
FOSTET — écorces, feuilles et brindilles, moulu	id.	exempt	exempt
bois et racines (de). V. BOIS DE TEINTURE.			
FUTAILLES VIDES, montées ou démontées, cerclées en bois ou en fer	id.	exemptes	exemptes

G

DÉSIGNATION DES MARCHANDISES	UNITÉS	par navires français et des pays contractants par terre	par navires étrangers et d'ailleurs que des pays contractants par terre
GARANCE, soit en racine verte ou sèche (*Alizari*), soit moulue ou en paille (157)	id.	exempte	exempte
GARANCINE (*Extrait de Garance*), des pays contractants	id.	exempte	0.25*
d'ailleurs	id.	prohibée	prohibée
GAROU	id.	exempt	exempt
GAUDE	id.	exempt	exempt
GÉLATINE (158), des pays contractants	la valeur	5 p. % *	5 p. % *
d'ailleurs (*comme Extraits de viande*)	100 kil. B.	exempte	exempte

<table>
<tr><td>

ASSIMILATIONS

ET RENVOIS AUX AUTRES TABLEAUX DES DROITS

</td><td>

NOTES EXPLICATIVES

</td></tr>
</table>

GENIÈVRE (esprit de), r. Médicaments composés.
GÉNISES, r. Bestiaux.
GIBECIÈRES (gainerie), r. Mercerie.
GIBERNES, r. Ouvrages en peaux, etc.,
GILLS, petits peignes pour mécaniques, r. Machines, etc., pièces détachées, en cuivre ou en acier.
GINGEMBRE et girofle en poudre, r. Substances médicinales pulvérisées.
GLACES d'optique, r. Instrument d'optique; — autres, r. Verres, etc.
GLANDS de chêne, coupés et séchés, r. Racines de chicorée sèche; — pulvérisés, comme la chicorée moulue.
GLAUBER (sel), r. Sels, sulfate de soude.
GLOBES célestes et terrestres, r. Instruments d'optique, etc.; — pour verres à cadran; — r. Verres, verres à cadran.
GLU, r. Sucs d'espèces particulières.
GLUCOSES, r. Sucre selon l'espèce.
GLYCÉRINE et eaux glycériques, r. Produits chimiques non dénommés.
GOBELETERIE, r. Verres et cristaux.
GOMMES de gambie, r. Sucs d'espèces particulières, kino; — ropal, dammar, gutte et gomme laque, r. Résineux exotiques, r. aussi gommes pures exotiques.
GONDS en fer, r. Ouvrages en métaux.
GONIOMÈTRES, r. Instruments d'optique, etc.
GOUDRONS, d'huile de chiste et goudron minéral, r. Bitumes; — essence de et goudron végétal, r. Résines indigènes.
GORGES de tourneurs, etc., r. Outils selon l'espèce.
GOURDES en cuir (gainerie), r. Mercerie.
GOURMETTES, r. Plaqués ou ouvrages en métaux selon l'espèce.
GRAINES d'écarlate, r. Kermès; — de rocou, r. Rocou; — de vesce, r. Jarrosse, r. aussi fruits médicinaux, graines oléagineuses ou à ensemencer, etc.
GRAINS d'acier et de cuivre à broder ou pour bijouterie fausse, r. Ouvrages en métaux; — de céréales, r. Céréales; — de verre ou de cristal pour lustres, r. Verres, etc., vitrifications ou verrerie non dénommée.
GRAMMAIRES, r. Livres.
GRANIT, r. Marbres, autres.
GRAPPINS, comme les ancres, r. Agrès, etc.
GRATTE-BOIS et gratte-bosse en cuivre, r. Cuivre, laiton filé non poli; — en acier, r. acier filé; — gratte-navires, r. Outils de fer rechargé d'acier.
GRELOTS de toute sorte, r. Mercerie.
GRENADES en fonte, r. Munitions de guerre, projectiles.
GRENAILLE à giboyer, en fonte ou en plomb, r. Ouvrages en métaux selon l'espèce.
GRENATS (prime brute de) r. Agates brutes; — autres, r. Pierres gemmes.
GRÈS fin ou commun, r. Poteries; — (pierres de) r. Matériaux non dénommés.
GRIFFES de girofle, r. Girofle.
GRILLES de foyer en fonte ou en fer, r. Ouvrages en métaux.
GROISIL (verre cassé), r. Verres et cristaux.
GROISON, r. Terres servant aux arts, etc.
GROSEILLES (jus ou vin de), mêmes droits que le jus d'orange.
GROSSES CAISSES, r. Instrument de musique.
GRUES, r. Machines et mécaniques non dénommées.
GUANO ou huano, r. Engrais.
GUÉDASSE, r. Alcalis, potasse.
GUÈDE, r. Pastel.
GUI de chêne, r. Herbes médicinales.
GUIMAUVE (pâte et suc de), r. Bonbons; — (sirop de), r. Sirops.
GUIMBARDES, r. Mercerie.
GUINDEAUX, en bois et barres ou manivelles (de), r. Agrès et apparaux; — en fonte ou en fer, r. Machines non dénommées.
GUITARES, r. Instruments de musique.
GUTTA-PERCHA, même régime que le caoutchouc, selon son état, r. Sucs d'espèces particulières ou ouvrages (en).
GUTTE (gomme), r. Résineux exotiques.
GYPSE cristallisé, r. Albâtre; — autre, r. Pierres servant aux arts, etc., plâtre.
GYPSOPHILE (racine de), r. Garou.
HABILLEMENTS, r. Effets à usage.
HACHE-NAVETS et hache-paille complets, r. Machines pour l'agriculture; — (lames de), r. Machines, pièces détachées en acier.
HACHES, d'abordage, en usage dans la marine impériale, r. Armes blanches de guerre; — autres, r. Outils de fer rechargé d'acier.
HACHETTES à sucre, r. Ouvrages en fer ou en acier.
HACHISH, r. Médicaments composés.
HACHOIRS de boucher, r. Outils selon l'espèce.
HALIOTIDES, r. Coquillages nacrés.
HAMACS, de coton, r. Tissus de coton; — de chanvre ou autres végétaux, comme filets neufs, r. Cordages.

---

159. — GIBIER. Le gibier mort ou vivant est prohibé à l'entrée, ainsi qu'à la circulation, pendant tout le temps où la chasse n'est pas permise.

La prohibition ne s'étend pas aux oiseaux dont les similaires n'existent pas en France.

160. — GOMMES PURES. Les gommes pures d'Europe sont produites par les arbres indigènes tels que les abricotiers, les pruniers, les cerisiers et les pêchers. La gomme olivier suit le même régime.

On range dans la classe des gommes exotiques, celles d'Arabie (dite aussi de Gedda, thurique ou d'Yambo) du Sénégal, de Galam, de Barbarie, de l'Inde, et de la Nouvelle-Hollande, ainsi que la gomme d'acacia, celle d'acajou, la gomme adragante, vraie ou fausse, la gomme de bassora ou gomme gutte, enfin celle de Géhuph et celle de Monbin.

161. — GOUSSES TINCTORIALES NON DÉNOMMÉES. Ce sont les gousses d'acacia (bablah) celles du cassie et celles du barbatimao, qui ont la forme du libidibi mais sont ordinairement plus étroites.

162. — GRAINES OLÉAGINEUSES. On range dans cette classe, outre les graines de moutarde, celles de cameline, de carthame, de chanvre, de coton concassées ou pilées, de laitue, de lin, d'hélianthe annuel, d'illipé, de jatropha (piquon d'Inde), de madia, de navette, d'olivelier ou d'argan, de pastèque ou melon d'eau, de rabette, de ravison, de ricin, de Sterculia, de tell ou till, de sésame, de sicoude ou de seifesum et enfin les pepins de Calebasse, ainsi que les pulpes du coco dépouillées de leur coque et rances.

Les farines de graines de lin ou de toute autre graine oléagineuse, suivent le régime des substances médicinales pulvérisées.

163. — GRAINS DURS A TAILLER. Il s'agit ici des frétilles, des graines d'abrus, de balisier ou de panacoco, non percés, qui servent habituellement à faire des colliers, chapelets ou breloques et par assimilation, les pepins d'orange ou de citron, les noix de corozo ou d'avoira, les noix d'arec et les orangettes.

164. — GRAISSES DE POISSONS. L'huile extraite des baleines et autres cétacés échoués sur les côtes de France est traitée comme si elle provenait de pêche française. L'huile de Cachalot qui contient moins d'un tiers de blanc de baleine paie le même droit que les graisses de poisson.

165. — GRAISSES DE TOUTE SORTE. Les graisses de crabe de terre et de frégate, celles de cheval et d'ours, les graisses de pieds de bœuf et de pieds de mouton, enfin le suif fondu suivent le régime des graisses de toute sorte.

Le suif végétal qui provient du croton porte-suif, le cambouis et les graisses pour voitures ou locomotives, composées du mélange de plusieurs corps gras acquittent aussi les mêmes droits.

166. — GRAVURES, ETC. L'importation n'en est permise que par les bureaux ouverts à l'entrée de la librairie dont le régime leur est en tous points applicable. r. la note 101 relative aux livres.

Les estampes grossières et généralement toutes les images coloriées ou non qui sont vendues habituellement dans les campagnes et n'ont aucune valeur artistique sont classées dans la dominoterie (mercerie commune) bien qu'elles restent, comme les autres, soumises au régime de la librairie.

Les gravures placées dans des ouvrages de librairie et se rapportant au texte acquittent le droit imposé sur ce texte.

Les dessins imprimés sur tissus suivent le régime de ces tissus: les épreuves de daguerréotype sur papier, celui des gravures: enfin les gravures dont la publication remonte à plus de 50 ans sont considérées comme objets de collection.

Quant aux gravures ou lithographies encadrées et recouvertes de verres ou glaces, on leur applique le droit des meubles.

Quel que soit le mode de transport, les gravures et lithographies de l'Empire de Russie sont exemptes de tous droits à l'importation. r. les tableaux des droits d'entrée applicables, en vertu de traités spéciaux, au pays qui ne jouissent pas du bénéfice des tarifs conventionnels.

167. — HAMEÇONS. Le tarif n'établit aucune distinction entre les hameçons en fer et ceux en acier.

DÉSIGNATION DES MARCHANDISES L'astérique (*) indique que les droits mentionnés ci-contre comprennent les deux décimes.	UNITÉS sur lesquelles portent les droits	QUOTITÉ DES DROITS	
		par navires franç. et des pays contractants par terre	par navires étrang. et d'ailleurs que des pays contractants par terre
		fr. c.	fr. c.
GENESTROLLE *ou* genêt des teinturiers	100 kil. B.	exempt	exempt
GIBIER volailles et tortues (159) { vivants	la valeur	exempts	exempts
{ viande de	100 kil. B.	exempte	exempte
GIROFLE { clous *(fleurs)* { des pays hors d'Europe	100 kil. N.	100.00*	111.00*
{ d'ailleurs	id.	111.00*	111.00*
essence (de v. *huiles volatiles*			
{ griffes *pédoncules* { des pays hors d'Europe	id.	25.00*	38.00*
{ d'ailleurs	id.	38.00*	38.00*
GOMMES pures (160) { d'Europe	100 kil. B.	exemptes	exemptes
exotiques { du Sénégal et de ses dépendances	id.	exemptes	exemptes a
{ des pays hors d'Europe	id.	exemptes	3.00*
{ d'ailleurs	id.	3.00*	3.00*
GOUSSES tinctoriales { libidibi en gousses entières ou simplem. concassées { des pays hors d'Europe	id.	exempt	4.00
{ des entrepôts	id.	3.00	4.00
moulu	id.	exempt	exempt
autres entières ou simplement concassées (161) { des pays hors d'Europe	id.	exemptes	4.00
{ des entrepôts	id.	3.00	4.00
GRAINES à ensemencer ; de jardin, de fleurs, de garance, de pastel, de chardons cardères, forestales, de coton et de prairie	id.	exemptes	exemptes
GRAINES oléagineuses (*graine de moutarde comprise*) (162) { des pays contractants	id.	exemptes	0.25*
d'ailleurs { par mer { des pays hors d'Europe	id.	exemptes	2.00*
{ du cru des pays d'Europe	id.	exemptes	1.00*
{ d'ailleurs	id.	2.00*	2.00*
{ par terre { du cru des pays d'Europe	id.	——	exemptes
{ d'ailleurs	id.	——	2.00*
GRAINS durs { à tailler (163) { des pays hors d'Europe / du cru des pays d'Europe	id.	exempts	3.00
{ d'ailleurs	id.	3.00	3.00
taillés, V. MERCERIE.			
GRAINS perlés *ou* mondés	id.	1.00	1 50
GRAISSES { de poisson (164) { de pêche française	id.	0.15	——
de pêche étrangère { des pays contractants	id.	6.00*	6.00*
{ des pays hors d'Europe	id.	6.00*	8.00*
{ des entrepôts	id.	8.00*	8.00*
autres *de toute sorte* (graisse de mouton, suif brut, saindoux etc.) (165) { des pays contractants	id.	exemptes	0.25*
{ des pays hors d'Europe	id.	exemptes	2.00*
du cru des pays d'Europe { par mer	id.	exemptes	1.00*
{ par terre	id.	——	exemptes
{ d'ailleurs	id.	2.00*	2.00*
GRAPHITE *ou* plombagine	id.	exempte	exempte
GRAVURES, lithographies et photographies sur papier (166 { des pays contractants	id.	exemptes	0.25*
{ d'ailleurs	100 kil. N.	300.00	317.50
GRIGNON	100 kil. B.	exempt	exempt
GRUAUX	id.	1.00	1.50

H

HAMEÇONS (167) { des pays contractants	100 kil. N.	50.00*	55.00*
{ d'ailleurs	id.	200.00	212.50

(a) plus la surtaxe d'affrètement. V. l'art. 58 des notions préliminaires.

ASSIMILATIONS ET RENVOIS AUX AUTRES TABLEAUX DES DROITS	NOTES EXPLICATIVES

ASSIMILATIONS ET RENVOIS AUX AUTRES TABLEAUX DES DROITS

HARENGS, r. Poissons de mer.

HARICOTS secs, confits. etc., r. Légumes.

HARMONICA, r. Instruments de musique.

HARNAIS, r. Ouvrages en peau, etc., sellerie.

HARPES à bouche dites éoliennes, r. Bimbeloterie; — autres, r. Instruments de musique.

HAUTBOIS, r. Instruments de musique.

HÉLIANTHE annuel (graine d'), r. Graines oléagineuses.

HÉLIOTROPE (silex), r. Agates.

HÉMATITE, r. Pierres servant aux arts, (pierres ferrugineuses non dénommées).

HERBES jaunes ou à jaunir, r. Gaude; — de piquerie à feuilles trinervées, r. tabac en feuilles; — à la reine dite tabac rustique, même régime que le tabac ordinaire.

HERBUE, r. Pierres, etc., servant aux arts; castine.

HERSES, r. machines et mécaniques pour l'agriculture.

HOCHETS, en argent et en or, r. bijouterie; — en ivoire, r. Tabletterie; — en os et en cuivre blanchi, même garnis de verre, r. Bimbeloterie.

HORLOGES de sable et d'eau, r. Mercerie.

HOUES, r. Instruments aratoires.

HOUPPES à cheveux, r. Mercerie.

HOUSSES de chevaux, r. Ouvrages en peau, etc., sellerie.

HOYAUX, r. instruments aratoires.

HUILES, d'ambre ou de succin, r. produits chimiques non dénommés; — animales, dites de Dippel, r. Médicaments composés non dénommés; — antiques, parfumées, r. Huiles fixes aromatisées; — d'asphalte brute, r. bitumes; — de baleine et de Bergen, r. Graisses de poisson; — de bucoro, r. médicaments composés non dénommés; — ranime ou canine, r. baume de copahu; — de cheval et de crabe de terre, r. graisse de mouton, etc.; — de cire et de corne de cerf, r. Médicaments composés non dénommés.

NOTES EXPLICATIVES

168. — HERBES, FEUILLES, FLEURS ET ÉCORCES MÉDICINALES, non dénommées. On range dans cette classe, 1° parmi les *Herbes*, l'alchimille ou pied de lion, l'angélique, l'argentine, la bangue, le basilic, le botrys, les bourgeons de sapin, la brainvillier aralucu, le cabaret, le caille-lait, les capillaires, le catapuce ou épurge, la centaurée, le ceterach ou doradille, le chardon benit, la chiragita, la cigue, les épithymes, l'euphraise, le gallium, la germandrée, l'héliotrope *(herbes aux verrues)*, l'hysope, la jusquiame, la lavande, la livèche, la marjolaine, le marum, la mélisse, la menthe, l'origan, la paille de Schœnante, la pariétaire, les pensées, le phlonis de Ceylan, le pouliot, le psyllium, le romarin, la sabine, la saponaire, la sauge, la saxifrage, la scabieuse, le schœnanthe, la soldanelle, la spigelie du Maryland, la spilanthe salivaire, la stramoine, la tanaisie, le thym et les vulnéraires.

2° parmi les *feuilles*, celles d'ambavelle, d'argentine, d'arnica, d'aya-pana, de bacante visqueuse, de balais de savane, de basilic, de belladone, de betel, de bétoine, de bois immortel, de bourrache, de cannelier, de citronnier, de dent de lion ou pissenlit, de dictame de Crète, de faam ou fahon, de girofle, de gombo, de guaco ou huaco, de guimauve, d'hysope, de laurier franc, de malabathrum, de maté *(thé du Paraguay)* de mélisse, de menthe, de morelle, de pêcher, de raisin d'ours ou busserole, de ravensara, de romarin, de rue, de sabine, de sassafras, de scolopendre, de séné, de souci, de stramoine, de vanillier, de véronique, de viorne, etc.

3° parmi les *fleurs*, celles d'ambavelle, d'arnica, de bouillon blanc, de bourrache, de camomille, de cannelier, de centaurée, de chardonnette ou cartonnette d'Espagne, de chouan, de gallium, de grenadier, de guaco ou huaco, de guimauve, d'immortelle, de mauve, de mélisse, de muguet, d'ortie blanche, de pavot rouge, de pêcher, de pivoine, de roses sèches, de souci, de stéchas ou stœchas, de stramoine, de sureau, de tanaisie, de thé, de tilleul, de tussilage et de violette.

4° parmi les *Écorces*, celles d'acacie virginale, d'ambavelle, d'angusture, de bois de fer à tête de mort, de cannelle *blanche* et de cannelle *giroflée*, de caprier, de carapa, de cascarille, de culitawan, de gaïac, de garou, de giroflier, de magnolier glauque, de monésia, d'orme pyramidal, de prunier de virginie, de sassafras, de simarouba, de strychnos, de sureau, de tamaris, de vinter, d'yeble etc.

169. — HORLOGERIE. Ouvrages montés, des pays contractants; sont compris dans cette classe : les montres, les pendules, les horloges en bois, les mouvements pour montres, horloges, pendules, métronomes, lampes, etc. et les carillons à musique, auxquels on assimile les sonneries *à gammes* ou sonneries *musicales* et les petites mécaniques *à oiseau*. Les importateurs ont la faculté de réclamer pour les ouvrages montés, dans leur déclaration, l'application des droits mentionnés ci-contre. En l'absence de toute réserve à cet égard, le droit à percevoir est celui de 5 p. % de la valeur.

Le tarif conventionnel ne fait aucune distinction pour les cages de pendules. Il en est de même des boîtes à carillons, à moins que la matière et le fini de leur travail ne doivent conduire à considérer le carillon comme l'accessoire. Dans ce cas, le tout serait traité, soit comme orfèvrerie ou bijouterie, soit comme tabletterie.

Les grands chronomètres, désignés sous le nom de *montres marines*, restent classés parmi les instruments de précision, v. d'ailleurs la note suivante, pour l'application du droit de garantie et les restrictions d'entrée.

170. — OUVRAGES MONTÉS, D'AILLEURS. Sont rangés dans cette classe, les montres, les mouvements de montres sans boîtiers, les carillons à musique, les horloges en bois et les mouvements d'horlogerie de toute sorte. Quant aux pendules elles suivent le régime de la cage ou cartel qui renferme le mouvement. Si le cartel n'est pas prohibé, il est soumis à la taxe particulière qui l'affecte et le mouvement est assujeti au droit de 10 p. % de la valeur. Si le cartel est prohibé, la pendule est repoussée.

Les montres en vermeil ou plaquées en or, et les montres à médaillons, galons ou charnières en or rentrent dans la classe des montres à boîtes d'argent, lorsque le surplus de la boîte est en tout autre métal que l'or.

Les sonneries à gammes et les petites mécaniques à oiseau sont assimilées aux carillons à musique.

Lorsque ceux-ci sont renfermés dans des boîtes en bois commun, en fer-blanc ou autre matière commune, celles-ci, considérées comme emballages, ne sont assujéties à aucun droit particulier; mais, lorsqu'elles sont en écaille, en corne fondue, en bois exotique et en bois incrusté, leur admission n'est autorisée qu'autant que l'on consent à acquitter sur la boîte le même droit que le carillon.

Les cages des horloges en bois ne sont assujéties à aucun droit particulier; lorsqu'elles sont en bois commun, grossièrement travaillé; mais s'il s'agit de cages en bois peint avec ornements en cuivre, on les soumet séparément au droit des meubles. Enfin lorsque des serinettes ou des carillons sont adaptées aux horloges en bois, le droit est perçu sur la serinette ou sur le carillon, indépendamment de la taxe, afférente à l'horloge.

Les horloges en bois ne sont assujéties à aucune restriction d'entrée. Il n'en est pas de même des ouvrages montés qui ne peuvent être importés que par les bureaux ouverts au transit des marchandises prohibées. v. aux annexes des tableaux des droits, la liste de ces bureaux.

Après l'acquittement des droits d'entrée, les montres doivent être dirigées sous double plomb et par acquit-à-caution, sur l'un des bureaux de garantie de Paris, Le Havre, Marseille, Lyon, Besançon, Bordeaux, Strasbourg, Nice, Chambéry, Annecy, Pontarlier, Bellegarde ou Toulouse pour y être essayées et marquées et y acquitter le droit de garantie qui est de 20 francs par hectogramme sur les ouvrages d'or et de 1 franc sur ceux d'argent ou de vermeil. Cette disposition n'est pas applicable aux montres à l'usage personnel des voyageurs, et même lorsque ceux-ci n'ont sur eux, pour leurs besoins, qu'une montre, on peut s'abstenir de la soumettre au droit d'entrée, quand par sa nature et sa valeur elle est en rapport avec la position sociale de la personne qui en est porteur.

171. — FOURNITURES D'HORLOGERIE. Cette classe comprend toutes les pièces nécessaires à la composition des ouvrages d'horlogerie montés. Ce sont notamment : les chaînes de fusée, les roues de rencontre et d'échappement, les spiraux, les pignons, les cadrans bruts ou achevés, les aiguilles et les clefs en métaux communs, les canons de clef, les ressorts en acier trempés, recuits, polis ou bleuis, en un mot, entièrement finis et prêts à être mis en place.

Les cadrans, les aiguilles et les clés de montre en or ou en argent doivent être traités comme bijouterie; mais on défalque du poids des clefs le poids des canons et autres accessoires, lorsqu'ils sont en toute autre matière que l'or ou l'argent. Ces accessoires, dont le poids particulier peut être facilement apprécié par épreuves, sont soumis au droit des fournitures d'horlogerie. Les outils d'horloger ne doivent pas être classés parmi les fournitures d'horlogerie : ils suivent le régime des outils, suivant l'espèce.

172. — HUILE DE PALME. On assimile à l'huile de Palme, le résidu de l'huile brute de coton épurée par les alcalis.

173. — HUILES FIXES PURES NON-DÉNOMMÉES. Ce sont : 1° Les huiles de cameline, de carthame, de chénevis, de colza, de graine de coton, de lin, de navette, d'œillette, de rabette, de ricin, de sésame, de till et autres *graines grasses*; 2° les huiles d'amande douce, d'anacarde, de ben, de cacao, de culaba dite de galba, de faine, de fougère, de laurier et de laurinées, de noisette, de noix, d'olivetier argan et de pignons, etc.

174. — HUILES FIXES AROMATISÉES. En font partie, l'huile ambrée, huile chargée d'ambre, l'huile antique et les huiles composées d'un parfum fixé sur une huile limpide et inodore, telles que celles d'iris, de jasmin, de lis, de narcisse, de tubéreuse, de violette et autres de même espèce.

L'huile d'ambre proprement dite est traitée comme produits chimiques non dénommés.

DESIGNATION DES MARCHANDISES *L'astérique (* indique que les droits mentionnés ci-contre comprennent les deux décimes.*	UNITÉS sur lesquelles portent les droits	QUOTITÉ DES DROITS par navires franç. et des pays contractants par terre	par navires étrang. et d'ailleurs que des pays contractants par terre
		fr. c.	fr. c.
HERBES, feuilles, fleurs et écorces médicinales — absinthe, gui de chêne, feuilles d'oranger et de lierre *tiges et branches comprises*, barbotine ou semencine, fleurs de lavande et d'oranger, *même salées*, capillaires et écorces de citron, d'orange et de leurs variétés	100 kil. B.	exemptes	exemptes
des pays contractants	id.	exemptes	0.25*
non dénommées *écorces de quinquina comprises* (168) — d'ailleurs par mer — des pays hors d'Europe	id.	exemptes	5.00*
du cru des pays d'Europe	id.	2.00*	5.00*
d'ailleurs	id.	5.00*	5.00*
par terre — du cru des pays d'Europe	id.	———	2.00*
d'ailleurs	id.	———	5.00*
HOMARDS, de toute pêche — frais	id.	exempts	exempts
conservés par la méthode Appert, *V.* POISSONS MARINÉS, etc.			
HORLOGERIE — des pays contractants — ouvrages montés (169) — horloges en bois	la pièce	1.00*	1.00*
montres — à boîtes d'argent	id.	1.00*	1.00*
à boîtes d'or	id.	5.00*	5.00*
carillons ou boîtes à musique	id.	5.00*	5.00*
ou fournitures (d') (171)	la valeur	5 p. %*	5 p. %*
	100 kil. N.	50.00*	55.00*
d'ailleurs — ouvrages montés (170) — montres — boîtes d'argent ou de métal autre que l'or — mouvements simples à roues de rencontre	la pièce	1.10	1.10
de toute autre sorte / répétitions, réveils ou autres genres	id.	1.80	1.80
à boîtes d'or — mouvements simples à roues de rencontre	id.	3.10	3.10
de toute autre sorte	id.	4.40	4.40
répétitions ou réveils — à roues de rencontre / de toute autre sorte	id.	6.00	6.00
secondes fixes indépendantes et chronomètres de poche			
sans boîtiers	la valeur	10 p. %	10 p. %
carillons à musique	1 kil. N.	5.00	5.50
horloges en bois — avec mouvement en métal	la pièce	2.00	2.00
toutes autres	id.	1.00	1.00
mouvements, *de toute sorte*	la valeur	10 p. %	10 p. %
fournitures (d') (171)	1 kil. N.	5.00	5.50
HOUBLON — des pays contractants	100 kil. N.	12.50*	13.70*
d'ailleurs	id	45.00	49.50
HOUILLE — crue ou carbonisée (coke) — des pays contractants	100 kil. B.	0.12*	0.37*
d'ailleurs — par mer	id.	0.12*	0.72*
par terre	id.	———	0.12*
cendres (de)	id.	0.01	0.01
HUILES — fixes — pures — d'olive — des pays contractants	id.	3.00*	3.30*
d'ailleurs	id.	3.00*	4.00*
de palme, de coco, de touloucouna et d'illipé (172) — du Sénégal et de ses dépendances	id.	exemptes	exemptes(a
d'ailleurs hors d'Europe	id.	1.00*	3.00*
des Entrepôts	id.	3.00*	3.00*
d'arachides et de palma-christi — des pays contractants	id.	1.00*	1.25*
d'ailleurs — par mer — des pays hors d'Europe	id.	6.00*	7.00*
du cru des pays d'Europe	id.	7.00*	7.00*
d'ailleurs	id.	———	6.00*
par terre — des pays de production	id.	———	7.00*
d'ailleurs	id.	6.00*	6.60*
autres (173) — des pays contractants			
d'ailleurs, même droits que les huiles d'arachides			
aromatisées (174)	1 kil. N	1.00	1.10

(a) Plus la surtaxe d'affrétement. *V.* l'art. 58 des notions préliminaires.

ASSIMILATIONS ET RENVOIS AUX AUTRES TABLEAUX DES DROITS	NOTES EXPLICATIVES

HUILES, de foie, dite de Bergen et de foie de morue, r. Graisse de poisson; — de frégate, r. graisses de mouton, etc.; — de gabian, r. bitume; — de goudron minéral, r. Essence de houille; — de goudron végétal, r. Résines indigènes; — de Harlem, r. médicaments composés non dénommés; — de jais, r. produits chimiques non dénommés; — (lies d') mêmes droits que les huiles dont elles proviennent; — de liquidambar, r. Baumes non dénommés; — cuites, lithargirisées ou rendues siccatives par tout autre procédé, v. Produits chimiques non dénommés; — minérales d'écosse (pétrole noir), r. Bitumes; — d'ours, de pieds de bœuf et de pieds de mouton, r. Graisse de mouton, etc ; — de pingouin, r. Graisses de poisson; — de poisson, dégras de peaux, r. ces mots; — autres, r Graisses de poisson; — de sapin, r. résines indigènes; — de soufre ou de vitriol, r. Acide sulfurique; — de succin, r. Produits chimiques non dénommés; — de suif, r. Acide oléique; — de tartre (potasse liquide), r. Alcalis, potasse; — de térébenthine, r. Résines indigènes; — de touloucourou (crabe de terre), r. Graisses de mouton; — de vipère, r. Médicaments composés non dénommés; — de vitriol, r. Acide sulfurique.

HUITRES, conservées par la méthode Appert; — comme huîtres marinées.

HYDRIODATE de potasse, r. Iodure de potassium.

HYDROCHLORATES d'ammoniaque, r. Sels ammoniacaux; — de baryte, de cuivre et d'étain, r. produits chimiques non dénommés; — de potasse; r. Sels, chlorure de potassium; — de soude, r. Sel de marais, etc..

HYDROMEL, r. Boissons fermentées.

HYDRO-SULFATE d'antimoine, r. La note 27 relative à l'antimoine.

HYGROMÈTRES, r. Instruments d'optique, d'observation, etc.

HYPOCISTE, r. Sucs d'espèces particulières, sucs végétaux, etc.

HYPOSULFITE de soude, r. alcalis.

IMAGES, en colle de poisson, r. Mercerie fine; — sur papier, grossières (dominoterie), r. Mercerie; — autres, v. Gravures, etc.

IMPRIMÉS (affiches, prospectus, etc.), r. Livres.

INDISINE (couleur dérivant de la houille), r. couleurs non dénommées.

INSTRUMENTS ARATOIRES, simples, r. Outils; — à combinaison, r. Machines pour l'agriculture.

INTERLIGNES, r. Caractères d'Imprimerie.

IPÉCACUANHA, r. Racines médicinales.

IVOIRE BRUT ET IVOIRE FOSSILE, r. Dents d'éléphant; — (billes de billard en), r. Tabletterie; — (calciné et noir d'), r. Noir d'ivoire; — peignes et autres ouvrages, r. Tabletterie; r. aussi rapures d'ivoire.

JABLOIRE, r. Outils de fer rechargé d'acier.

JAGRE (jus de palmier) même droit que le sucre exotique.

JAIS OU JAYET, taillé ou autrement ouvré, r. Mercerie.

JALAP (racine de), r. racines médicinales non dénommées; — résine de), r. Résineux exotiques.

JANTES de roues, r. Ouvrages en bois non dénommés.

175. — HUILES VOLATILES NON DÉNOMMÉES. Les principales sont celles d'absinthe, d'aneth, d'angélique, d'aspic, de barbotine, de bouleau, de cade, de caoutchouc, de catakonti, de cèdre ou de cerfeuil, de clynopode, de coriandre, de culilawan, de cumin, dedictame de Crète, d'estragon, de feuilles de laurier, de gaiac, de genévrier ou de genièvre, de guigembre, d'hysope, d'impératoire, de lavande, de marjolaine, de mélisse, de menthe, d'origan, d'oxycèdre, de poix ou de raze, de pouliot, de romarin et autres labiées non dénommées, de rue, de sabine, de santal, de sauge, de serpolet, de stécas ou stœchas, de thym, de winter, de winter-green, etc.

176. — INDIGO. On assimile à l'indigo la pâte préparée avec des feuilles d'anil broyées et desséchées. Il en est ainsi des pâtes, tablettes ou trochisques bleus, autres que d'outremer ou de bleu de Prusse, dans la composition desquels entre l'indigo.

177. — INSTRUMENTS DE CHIMIE ET DE CHIRURGIE. Ceux qui sont en or, en argent ou en vermeil sont traités comme orfèvrerie.

Par une disposition spéciale des tarifs conventionnels, pour ceux qui sont composés de pièces distinctes, et de métaux différents, les parties en or, en argent, ou en vermeil, sont seules soumises au régime de l'orfèvrerie, et l'on applique la franchise à celles en métaux communs.

179. — INSTRUMENTS DE MUSIQUE. Ceux qui portent des traces de service et appartiennent à des artistes ambulants ou à des voyageurs sont exempts de droits. L'exemption n'est accordée toutefois, dans la seconde hypothèse qu'aux instruments portatifs. Les pianos faisant partie du mobilier des personnes qui viennent s'établir en France, sont admis comme meubles s'ils portent des traces d'usage.

Les serinettes adaptées à des horloges en bois acquittent le droit spécial qui les affecte, en sus de celui qui est applicable aux horloges.

Les accordéons sont assimilés aux serinettes lorsqu'ils peuvent être employés comme instruments de musique. Dans le cas contraire ils sont traités comme bimbeloterie.

Les petites orgues d'église, à cylindres pointés et à manivelle sont assimilées aux orgues portatives.

Les pianos de toutes autres formes que celles indiquées aux tableaux des droits sont assimilés, savoir :

Aux pianos carrés, si leur valeur n'excède pas 1,200 fr.

Aux pianos à queue, si leur valeur est supérieure à cette somme.

Importées des pays contractants, les pièces détachées d'instruments de musique, y compris les archets de violons, acquittent le même droit que ces instruments.

180. — INSTRUMENTS D'OPTIQUE, DE CALCUL, D'OBSERVATION ET DE PRÉCISION. Cet article comprend les instruments d'astronomie, de mathématiques, de navigation et de physique, les machines à graver dites aussi machines à tracer les lignes et les cercles, les machines à diviser, les tours à guillocher fin.

Le tarif général assimile aux instruments d'optique les grandes lanternes magiques. Il range dans la classe de la mercerie, les petites boussoles en bois ou en os qui se vendent au paquet, les lorgnettes ou lorgnons montés en corne ou en métal, les lunettes à branches dites besicles, en boîte et à la douzaine, ainsi que les compas de bureau de basse qualité qui sont vendues à la grosse, les petites lanternes magiques font partie de la bimbeloterie.

Le tarif conventionnel n'admet pas les mêmes distinctions ; il range dans la classe des instruments de calcul etc., les petites boussoles, les lorgnettes ou lorgnons, les lanternes magiques de toute sorte, les lunettes à branches et les compas de bureau.

181. — IODE. Les diverses préparations auxquelles ce produit sert de base, à l'exception de l'iodure de potassium, rentrent dans la classe des produits chimiques non dénommés.

182. — IODURE DE POTASSIUM. L'iodure de potassium ou hydriodate de potasse, résulte de la combinaison de l'acide hydriodique avec la potasse. Il est blanc, cristallisé en cubes et dégage une vapeur d'un beau violet, lorsqu'il est traité par l'acide sulfurique.

183. — IRIS DE FLORENCE OUVRÉ. On applique la taxe de l'iris de Florence ouvré à celui qui est travaillé en pois ou boules pour la pharmacie et la passementerie et qui sont employés, comme pois à cautère, grains de chapelets, moules de boutons ou pour glands. Les pois à cautère ou orangette, sont assimilés aux pois d'iris. Quant à l'iris en poudre il est traité comme substance médicinale pulvérisée.

184. — JAIS. Il ne s'agit ici que du jais brut. Le jais ouvré rentre dans la classe de la mercerie commune. S'il est monté en or ou en argent, il est traité comme bijouterie.

DÉSIGNATION DES MARCHANDISES L'astérique (*) indique que les droits mentionnés ci-contre comprennent les deux décimes.	UNITÉS sur lesquelles portent les droits	QUOTITÉ DES DROITS	
		par navires franç. et des pays contractants par terre	par navires étrang. et d'ailleurs que des pays contractants par terre
		fr. c.	fr. c.
HUILES (suite) — volatiles ou essences — des pays contract. — de rose	1 kil N.	48.00*	52.80*
de bois de Rhodes, girofle, muscade, macis, cannelle, cassia-lignéa, sassafras, fenouil, anis, badiane, carvi, cajeput, camomille, valériane, amandes amères et d'orange, citron et de leurs variétés	100 kil. N.	100.00*	107.50*
autres (175)	1 kil. N.	0.90*	0 96*
d'ailleurs — de rose et de bois de Rhodes	1 kil N.	40.00	44.00
de girofle, muscade, macis, cannelle, cassia-lignéa, sassafras, fenouil, anis, badiane, carvi, cajeput, camomille, valériane et amande amère	id.	5.00	5.50
d'orange, de citron et de leurs variétés	id.	4.00	4.40
toutes autres (175)	id.	0.75	0.80
de pétrole et de schiste rectifiées et épurées — des pays de product. — par mer	100 kil. B.	3.00*	5.00*
par terre	id.	——	3.00*
d'ailleurs	id.	5.00*	5.00*
HUITRES — fraîches — de pêche française	1000 en Nomb.	exemptes	——
de pêche étrangère — des pays contractants	id.	1.50*	6.00*
d'ailleurs	id.	1.50	5.00
marinées de toute pêche	100 kil. B.	6.00*	6.60*

I

DÉSIGNATION DES MARCHANDISES	UNITÉS	par navires franç.	par navires étrang.
INDIGO (176) — de l'Inde et des autres pays où il est récolté	100 kil. N.	exempt	28.00
Indigue, inde-plate et boules de bleu (177) — d'ailleurs	id.	25.00	28.00
INSTRUMENTS de chimie et de chirurgie (178) — des pays contractants	100 kil. B.	exempts	0.25*
d'ailleurs	la valeur	10 p. %	10 p. %
INSTRUMENTS DE MUSIQUE (179) — des pays contractants (y compris les pièces détachées)	id.	10 p. %*	10 p. %*
d'ailleurs — fifres, flageolets et galoubets	la pièce	0.63	0.63
flûtes, pochos et triangles	id.	0.75	0.75
cymballes (la paire), luths, mandolines, psaltérions, sistres, tambours, tambourins, timbales et tympanons	id.	1.50	1 50
altos, bassons, cors, guitares, lyres, serinettes, serpents, trombones, trompes, trompettes, violes et violons	id.	3.00	3.00
clarinettes et hautbois	id.	4.00	4.00
vielles simples	id.	5.00	5.00
basses, chapeaux chinois, contre-basses et grosses caisses	id.	7.50	7.50
épinettes, harmonicas, orgues portatives et vielles organisées	id.	18.00	18.00
harpes	id.	36.00	36.00
forté-pianos carrés	id.	300.00	300.00
id. à queue ou en buffet et orgues d'église	id.	400.00	400.00
non dénommés, mêmes droits que leurs analogues.			
INSTRUMENTS d'optique, de calcul, d'observation et de précision (180) — des pays contractants	100 kil. B.	exempts	0.25*
d'ailleurs	la valeur	30 p. %	30 p. %
IODE brut ou raffiné (181) — des pays contractants	100 kil. B.	exempts	0.25*
IODURE de potassium (182) — d'ailleurs	1 kil. N.	5.00	5.50
IRIS de florence ouvré (183) — des pays contractants	la valeur	10 p. %*	10 p. %*
d'ailleurs	100 kil. N.	200.00	212.50

J

DÉSIGNATION DES MARCHANDISES	UNITÉS	par navires franç.	par navires étrang.
JAIS brut (184)	100 kil. B.	exempt	exempt
JAROSSE (graine de vesce) — par navire français et par terre	id.	exempte	exempte
par navire étranger	id.	——	0.50

<table>
<tr><th>ASSIMILATIONS
ET RENVOIS AUX AUTRES TABLEAUX DES DROITS</th><th>NOTES EXPLICATIVES</th></tr>
<tr><td>

Jarretières en caoutchouc, r. Ouvrages en caoutchouc combiné, etc.; — à élastiques, r. Mercerie fine; — en passementerie, r. Tissus selon l'espèce, passementerie.

Jas en bois, attenant aux ancres, mêmes droits que les ancres; importés séparément, r. Ouvrages en bois non dénommés.

Jaune, de cassel, minéral, de Naples et de Roi ou jaune royal, r. Couleurs non dénommées, — de chrome, r. Sels, chromate de plomb; — de montagne, r. Pierres servant aux arts, etc., ocres.

Jetons en ivoire et en nacre, r. Tabletterie; — en métal, v. Ouvrages en métaux ou objets de collection; — en os, r. Mercerie.

Jeux de domino et d'échecs, r. Tabletterie non dénommée; — de loto, de l'oie et autres semblables (dominoterie), r. Mercerie.

Joaillerie, v. Bijouterie.

Jouets d'enfant, r. Bimbeloterie et la note 44.

Journaux, mêmes droits que les livres.

Juments, r. Chevaux.

Jus, d'ananas, calebasse, grenade, groseille, framboises et myrtille, r. Jus d'orange; — de cerises, comme l'eau-de-vie de cerises, r. Boissons distillées; — de citron et de limon, naturel ou concentré et d'épine-vinette, r. Acide citrique; — de cocotier et de palmier, mêmes droits que le sucre; — d'orange, mélangé d'alcool, v. Boissons distillées, liqueurs; — de sucre, sans alcool, r. Sirops ou vins de liqueur selon l'espèce; — pur, r. Boissons fermentées, jus d'orange; — de réglisse, r. Sucs d'espèces particulières; — de poissons, de viandes et de végétaux pour assaisonnement, r. Épices préparées.

Jute, r. Cordages, (fils ou tissus de) ou végétaux filamenteux.

Kaleidoscopes, r. Mercerie.

Lacets, en caoutchouc, r. Ouvrages en caoutchouc combiné, etc.; — autres, v. Tissus selon l'espèce, passementerie.

Lactate de fer, v. Produits chimiques non dénommés.

Laine, de bois (duvet cotonneux), v. Végétaux filamenteux; — de cachemire, r. Poils; — (pennes de), v. Laines en masses.

Lait de soufre, r. Médicaments composés non dénommés.

Lama (laine de), r. Laines, fils ou Tissus de laine.

Lames, d'acier fondu ou de cuivre allié, dites *racles*, r. Outils de pur acier; — de coupe-choux, de haches navets et de hache-paille, r. Machines, etc., pièces détachées; — de couteau soit de chasse, soit pour cannes à sucre, v. Armes de commerce; — d'épée, v. Armes de guerre ou de commerce, selon l'espèce; — de force à tondre les draps, en acier, r. Outils de pur acier; — en fer rechargé d'acier, brutes, comme le fer en barres plates de 213 à 458 millimètres; — confectionnées, r. Outils de fer rechargé d'acier; — de peignes à tisser en métal, r. Machines, etc., pièces détachées en fer; — en roseaux, comme les peignes de tissage, v. Machines, pièces détachées; — de sabre pour enfant ne pouvant servir que de jouets, r. Bimbeloterie; — autres, v. Armes de guerre ou de commerce; — à scie dentées ou non, r. Outils, scies.

Laminoirs, r. Machines non dénommées.

Lampes, en argent, r. Orfèvrerie; — autres, v. Ouvrages des métaux dont elles sont principalement composées.

Lamproies, r. Poissons de mer.

Lancettes, r. Instruments de chirurgie.

Languettes de bouvet, r. Ouvrages en fer.

Lanternes à la douzaine et lanternes chinoises, r. Mercerie; — magiques, grandes, v. Instruments d'optique, etc.; — petites, pour jouets d'enfants, v. Bimbeloterie.

Laque, carminée, r. Carmin; — préparée pour coller la porcelaine, v. Laque en teinture; — rosette et autres préparations pour peintures dites laques, v. Couleurs non dénommées.

Laque de Chine, meubles, en vieux laque, r. Objets de collection; — modernes, v. Meubles; — autres ouvrages (boîtes à thé, etc.) avec incrustation, v. Tabletterie; — sans incrustation ou avec simple application de nacre, r. Mercerie fine.

Laudanum, r. Médicaments composés non dénommés.

Laves ouvrées en camées, r. Pierres gemmées; — autres, r. Pierres ouvrées ou meules à moudre.

Légumes confits au vinaigre, r. Fruits de table confits sans sucre ni miel; autrement qu'au vinaigre ou conservés par la méthode Appert, r. Légumes salés.

Leviers, r. Outils de pur fer.

Lianes en bois de persil pour cannes, r. Joncs et roseaux exotiques.

Lignes de pêcheur, r. Mercerie.

Limes chimiques pour les cors, r. Mercerie; — à ongles, r. Outils, limes fines de moins de 17 centimètres; — autres, r. Outils, limes.

Limonade gazeuse, r. Boissons distillées, liqueurs; — ordinaire, r. Boissons fermentées, jus d'orange.

Lin, r. Végétaux filamenteux ou fils ou tissus (de), selon l'espèce.

Linge, v. Tissus, effets à usage ou drilles.

Lingotières en fonte, v. Ouvrages en métaux, en fonte.

Liqueurs, r. Boissons distillées.

Lisières de draps, r. Tissus de laine.

Litharge, r. Oxyde de plomb, etc.

Lithographies, r. Gravures.

Lits en fer et autre métal, r. Ouvrages en métaux.

Livrets de doreurs, r. Or tiré ou laminé, ou cuivre doré, battu, tiré ou laminé.

Locomobiles et locomotives, v. Machines à vapeur.

Longue-vues, r. Instruments d'optique, etc.

Loquets en fer, v. Ouvrages en métaux.

Lorgnettes et lorgnons, montés, en argent ou en or, r. Bijouterie, en corne avec tubes de carton, r. Mercerie; —en métal, autre que l'or ou l'argent, r. Mercerie fine.

Loupes, r. Instruments d'optique et d'observation.

Lunettes à branches dites bésicles, en boîtes et à la douzaine, v. Mercerie; — d'approche ou d'astronomie, r. Instruments d'observation.

Lustres, r. Verres et cristaux, verrerie non dénommée.

Luths et lyres, v. Instruments de musique.

</td><td>

185. — Joncs et roseaux. Les joncs odorants (nard indien, paille de schœnante et autres) font partie des racines ou des herbes médicinales non dénommées. Les joncs montés font partie de la tabletterie, à l'exception de ceux dont les pommeaux sont en or ou en argent et dont les garnitures paient le droit de la bijouterie.

On traite comme joncs et roseaux exotiques les bambous et joncs forts, les roseaux de l'Inde et les rotins ou rotangs de tous calibres.

La dénomination de joncs et roseaux d'Europe s'applique aux roseaux des jardins, au sparte ou battin, ainsi qu'aux joncs et roseaux de marais qui servent à faire des balais de cheminée, de petits ouvrages de vannerie, ou à garnir des siéges.

On assimile au sparte en tiges brutes les feuilles de palmier et de latanier.

186. — Laines. Les laines cardées sont assimilées aux laines peignées et les blouses teintes aux laines teintes.

La blouse est une laine courte qui reste dans le peigne pendant l'opération du peignage. Elle est comme la barbe qui provient du filage de la laine peignée, désignée au tarif sous le nom de bourre entière.

Les lisières de drap des pays contractants sont rangées dans les tissus de laine; celles qui proviennent d'ailleurs sont assimilées aux laines en masse. Il en est de même des découpures d'étoffes qui ne sont propres qu'à la préparation des laines dites de renaissance, des laines provenant du défilage ou de l'effilochage des étoffes ou tricots, des débourrures de cardes et de tous autres déchets qui ne rentrent pas dans la classe de la bourre lanice et de la bourre tontice.

La première de ces bourres est le déchet produit par le battage des laines ou le peignage des étoffes; la seconde provient de la tonte des draps.

187. — Laque en teinture, etc. La laque carminée, connue aussi sous le nom de colombine sèche, est tarifée sous le nom de carmin; les préparations pour peinture telles que la laque-rosette, etc., rentrent dans la classe des couleurs non dénommées.

188. — Légumes. On considère comme légumes verts les plantes et racines potagères propres à la cuisine à l'exception des pommes de terre qui sont spécialement dénommées. On range parmi les légumes salés ou confits ceux qui ont reçu une préparation quelconque destinée à en assurer la conservation, notamment la choucroute et les autres légumes en sauce, ainsi que ceux préparés par la méthode Appert ou autre procédé analogue. Les légumes secs comprennent les fèves, féverolles, haricots, lentilles, pois etc. et, par assimilation, les poires et pommes sèches ayant leurs pellicules et, leurs pépins ainsi que les capsules coupées et desséchées du gombo d'Amérique.

Quant au gombo pulvérisé il est traité comme les substances médicinales pulvérisées. Cependant les chefs locaux peuvent en autoriser l'admission au droit des légumes secs.

189. — Lichens tinctoriaux. Il n'est question que des substances propres à la teinture, celles qui servent exclusivement en pharmacie sont exemptes de tous droits.

190. — Liége. La seconde écorce du chêne-liége, celle qui est placée sous le liége proprement dit et adhère au bois est assimilée aux écorces à tan.

191. — Livres. Leur importation n'est autorisée que par les bureaux suivants: Ajaccio et Bastia (Corse) Bayonne, Béhobie, Bellegarde, Bordeaux, Boulogne, Calais, Chambéry, Dieppe, Dunkerque, Givet, Granville, le Hâvre, Hendaye, Lille, Longwy, Saint-Malo, Marseille, Saint-Michel, Nantes, Saint-Nazaire, Nice, Pontarlier, Pont-de-la-Caille, Strasbourg, Thionville et Valenciennes.

Ceux qui sont taxés à moins de 150 F. doivent être emballés séparement par espèces. En cas de mélange on perçoit sur le tout le droit le plus élevé.

Des agents spéciaux désignés par le ministère de l'Intérieur sont chargés, dans chacun des bureaux désignés ci-dessus, de procéder conjointement avec le service des douanes, à la vérification des livres. Lorsque ces livres sont destinés pour Paris, on peut toutefois les expédier sous plomb et par acquit-à-caution sur le ministère de l'Intérieur (bureau de la librairie, où la vérification est effectuée toujours en présence des employés des douanes).

Les livres importés par l'un des bureaux désignés ci-dessus, près duquel il n'existerait pas d'agent spécial sont dirigés après visite, sous plomb et par acquit-à-caution sur la préfecture la plus voisine.

Les contrefaçons sont prohibées à l'importation, au transit et à la sortie.

Les dictionnaires et les grammaires sont classés d'après la langue dans laquelle est donnée la définition des mots ou explication des règles. Cette disposition est applicable à tous les ouvrages dans lesquels la traduction est en regard du texte.

Les seuls livres en langue française dont l'entrée soit autorisée sont ceux dont la propriété est établie à l'étranger ou qui sont une édition étrangère d'ouvrages français tombés dans le domaine public.

Enfin on admet, comme mémoires scientifiques, les seuls ouvrages qui sont publiés sous les auspices d'un corps savant et ne font pas l'objet d'une spéculation commerciale.

Les livres russes sont exempts de tout droit quel que soit le mode d'importation.

</td></tr>
</table>

DÉSIGNATION DES MARCHANDISES *L'astérique (*) indique que les droits mentionnés ci-contre comprennent les deux décimes*	UNITÉS sur lesquelles portent les droits	QUOTITÉ DES DROITS	
		par navires français et des pays contractants par terre	par navires étrang. et d'ailleurs que des pays contractants par terre
		fr. c.	fr. c.
JONCS et roseaux (185) / bruts / exotiques / des pays hors d'Europe	100 kil. B.	exempts	2.00*
des entrepôts	id.	2.00*	2.00*
bruts / d'Europe / des pays contractants	id.	exempts	0.25*
d'ailleurs / par mer / des pays de production	id.	exempts	1.00*
d'ailleurs	id.	1.00*	1.00*
par terre / des pays de production	id.	——	exempts
d'ailleurs	id.		1.00*
cordages (en) V. CORDAGES			
préparés, filés ou autrement ouvrés	id.	10.00*	15.00*
K			
KERMÈS / animal en grains *(graine d'écarlate)* et en poudre ou en pastel	id.	exempt	exempt
minéral. V. MÉDICAMENTS COMPOSÉS.			
L			
LAINES (186) / des pays contract. / en masses origin. / d'Australie	id.	exemptes	3.60*
des pays contractants	id.	exemptes	0.25*
peignées et teintes, *de toute sorte*	100 kil. N.	25 00*	27.50*
d'ailleurs / en masse / par mer / des pays hors d'Europe et du cru des pays d'Europe	100 kil. B.	exemptes	3.00
d'ailleurs	id.	3.00	3.00
par terre / du cru des pays d'Europe	id.	——	exemptes
d'ailleurs	id.		3.00
peignées ou cardées	100 kil N.	70.00	80.00
teintes, *de toute sorte*	id.	100.00	115.00
déchets (de) / bourre entière, *(même régime et mêmes droits que les laines en masse)*.			
bourre lanice et tontisse	100 kil. B.	exempte	exempte
LAIT	id.	exempt	exempt
LAQUE en teinture ou en trochisques (187) / des pays contractants	id.	exempte	0.25*
des pays hors d'Europe	id.	exempte	10.00
des entrepôts	id.	5.00	10.00
LÉGUMES (188) / verts	id.	exempts	exempts
salés ou confits autrement qu'au vinaigre	id.	3.00*	3.30*
secs et leurs farines / des pays contractants	id.	exempts	0.25*
d'ailleurs	id.	exempts	0.50
LEVURE de bière ou levain	id.	exempt	exempt
LICHENS / tinctoriaux (189) / des pays hors d'Europe	id.	exempts	3.00
d'ailleurs	id.	1.00	3.00
autres	id.	exempts	exempts
LIÈGE (190) / brut, râpé, en planches ou taillés en petits cubes ou carrés / des pays contractants	id.	exempts	0.25*
d'ailleurs / par mer / des pays de production	id.	exempt	1.00*
d'ailleurs	id.	1.00*	1.00*
par terre / des pays de production	id.	——	exempt
d'ailleurs	id.		1.00*
brûlé ou carbonisé. V. NOIR D'ESPAGNE.			
ouvré *(bouchons, etc.)*	la valeur	10 p. %*	10 p. %*
LIVRES (191) / en langues mortes ou étrangères / des pays contractants	100 kil. B.	exempts	0.25*
d'ailleurs / almanachs	100 kil. N.	100.00	107.50
autres	100 kil B.	10.00	11.00
en langue française / des pays contractants	id.	exempts	0.25*
d'ailleurs / imprimés au Canada et importés / par navires français ou canadiens	id.	exempts	exempts
par navire tiers	id.	——	0.25*
mémoires scientifiques	100 kil. N.	50.00	55.00
autres ouvrages publiés à l'étranger	id.	100.00	107.50
réimprimés sur éditions françaises	id.	150 00	160.00
imprimés en France	100 kil. B.	exempts	exempts
contrefaçons	id.	prohibées	prohibées
LYCOPODE	id	exempt	exempt

ASSIMILATIONS ET RENVOIS AUX AUTRES TABLEAUX DES DROITS	NOTES EXPLICATIVES

ASSIMILATIONS ET RENVOIS AUX AUTRES TABLEAUX DES DROITS

MACARONI, v. Pâtes d'Italie.

MACARONS, v. Bonbons.

MACHEFER, v. Fer.

MACHINES autres qu'à vapeur, savoir :

    appareils pour la métallurgie et balances à bascule, v. machines non dénommées;

    bancs à broches, v. Machines pour la filature;

batteurs, des pays contractants, v. Machines à nettoyer; — d'ailleurs, v. Machines pour la filature;

bobines, chariots et autres pièces d'intérieur de métier à tulle, v. Pièces détachées;

bobinoirs, v. Machines pour le tissage;

en bois, v. Ouvrages en bois non dénommés;

cabestan, en fonte ou en fer, v. Machines non dénommées;

charrues, coupe-choux et coupe-racines, v. Machines pour l'agriculture;

à couper le papier, v. Machines à fabriquer le papier;

à couper et à briser le lin, v. machines pour la filature.

dévidoirs, v. Machines non dénommées;

électriques, électro-magnétiques, galvaniques et pneumatiques, v. Instruments d'optique, etc.;

à encoller, v. Machines pour le tissage;

étaleurs, des pays contractants, v. Machines à nettoyer; — d'ailleurs, v. Machines pour la filature;

à étirer, v. Machines pour la filature;

à fabriquer les tuyaux de drainage, v. Machines pour l'agriculture et la note 211;

à faire les trames, v. Machines non dénommées;

à filer (métiers) continus à sec, ou à eau chaude, v. Machines pour la filature;

à fondre les caractères d'imprimerie, v. Machines non dénommées;

à gazer et à glacer les fils, v. Machines non dénommées;

générateurs de vapeur, v. Chaudières;

à graver, à diviser, à guillocher fin, v. instruments d'optique et de précision;

grues, v. Machines non dénommées;

guindeaux, v. Page 12, le mot cabestan.

hache-paille, hache-navet et

herses, v. Machines pour l'agriculture;

laminoirs, v. Machines non dénommées;

à lire les dessins, v. Machines pour le tissage;

à lisser et à glacer le papier; v. Machines à fabriquer le papier;

métiers à faire les bas, la bonnetterie, les lacets, les rubans, les trames, à doubler et retordeurs, v. Machines non dénommées;

à filer et métiers renvideurs, v. Machines pour la filature;

à mouiller les trames, v. Machines pour le tissage;

moulins à farine, à tan, à sucre, v. Machines non dénommées;

mulls-jenny, v. machines pour la filature;

à ourdir (ourdissoirs), v. Machines pour le tissage;

à nettoyer, des pays contractants, v. la note 196;

à parer, v. Machines pour le tissage;

à peigner (peigneuses) des pays contractants, v. Machines à nettoyer; — d'ailleurs, v. Machines non dénommées;

à planer les métaux, v. Machines non dénommées;

plieuses mécaniques, v. Machines pour le tissage;

pompes à incendie et

pompes d'épuisement, v. Machines non dénommées;

presses hydrauliques, v. Machines non dénommées;

presses d'imprimerie, v. machines à imprimer;

pressoirs à vin, à huile, v. Machines pour l'agriculture;

à raboter les métaux et

roues hydrauliques, v. Machines non dénommées;

rouets à filer, v. Machines pour la filature;

rouleaux en fonte et en fer pour le jardinage, v. Machines pour l'agriculture;

à satiner et à sécher le papier, v. machines à fabriquer le papier;

self-acting, v. Machines pour la filature;

semoirs, v. Machines pour l'agriculture;

sondes de mineurs, v. Machines non dénommées;

tarares, v. Machines pour l'agriculture;

temples, des pays contractants, v. Machines pour le tissage; — d'ailleurs, comme les navettes de tisserand;

à tourner les métaux;

tours de tourneur autres que ceux à guillocher fin;

tours d'horloger avec bâtis en bois, mandrins et roues d'engrenage, et

vis d'archimède, v. Machines non dénommées;

ventilateurs, v. Machines pour l'agriculture;

wagons de terrassement avec caisse en métal, v. Machines non dénommées.

NOTES EXPLICATIVES

192. — MACHINES ET MÉCANIQUES. Bureaux ouverts à leur importation : Abbeville, Apach, Bellegarde, Bordeaux, Boulogne, Brest, Calais, Caen, Cette, Chambéry, Cherbourg, Dieppe, Dunkerque, Feignies, Forbach, Givet, Le Havre, Hendaye, Honfleur, Jeumont, Lans-le-Bourg, Lille, Longwy, Lorient, Marseille, Morlaix, Nantes, Nice, Pontarlier, Pont-de-la-Caille, Rochefort, Roubaix, Rouen, St-Jean-de-Maurienne, St-Louis, St-Malo, St-Nazaire, Strasbourg, Thionville, Toulon, Tourcoing, Trouville, Valenciennes, Verrières-de-Joux, Vireux, et Wissembourg.

Les machines qui sont pourvues de tous les organes nécessaires pour fonctionner, sont seules considérées comme *appareils complets*. On traite comme *pièces détachées*, tout objet qui, par la main-d'œuvre qu'il a reçue, est propre à faire partie intégrante d'une machine.

Les *accessoires* sont soumis au régime qui leur est propre.

En cas de doute, sur l'exactitude des déclarations, le service doit recourir à la décision des Commissaires du Gouvernement. A cet effet, et sauf lorsqu'il s'agit de machines et mécaniques importées des pays contractants, les importateurs doivent produire, en cas de contestation, les plans et notices dont il est question ci-après.

Il faut en conséquence que les déclarations indiquent la nature et l'espèce des machines ou partie de machines, leur poids, leur valeur, et, autant que possible, le nom du constructeur, le lieu de fabrication de la machine et le nom et la résidence du destinataire. Il faut, de plus, que ces déclarations fournissent des renseignements précis sur l'importance relative des machines auxquelles elles se rapportent : elles doivent, par exemple, faire connaître le nombre de broches des métiers à filer, le format qu'impriment les presses typographiques, la puissance des machines à vapeur exprimée en force de cheval, le système d'après lequel ces machines sont construites, le diamètre de leurs cylindres, la course des pistons, etc. A l'appui des déclarations, il doit être produit : 1° un inventaire explicatif spécifiant le nombre, la destination et le poids, par nature de métal, des pièces importées; 2° un plan sur échelle représentant, par des nuances distinctes, les différents métaux dont les machines sont composées. Les importateurs sont tenus, en outre, de souscrire, avant l'enlèvement des objets, une soumission cautionnée portant engagement de subir les conséquences du contrôle exercé sur leurs déclarations par le Comité consultatif.

Pour les petits objets, tels que garnitures de cardes, peignes de tissage, broches de filatures, etc., les plans ou dessins peuvent être remplacés par des échantillons.

Les appareils d'espèce différente, destinés à fonctionner ensemble, sont soumis séparément au droit qui affecte chacun d'entre eux. Ainsi, par exemple, lorsqu'une machine à vapeur doit servir de moteur à une pompe d'épuisement, à une machine soufflante, etc., on traite le moteur seul comme machine à vapeur; les autres appareils suivent le régime qui leur est propre.

Les galeries de sûreté dites garde-corps sont cependant considérées comme partie des machines auxquelles on doit les adapter, lorsqu'elles sont importées avec celles-ci. Importées séparément elles rentrent dans la classe des pièces détachées.

193. — MACHINES A VAPEUR. On range dans la classe des machines fixes tous les appareils à vapeur qui ne peuvent servir à la navigation et sont employés à demeure dans les usines et autres établissements. Les locomobiles importées des pays contractants sont spécialement taxées; venant d'ailleurs elles sont traitées comme machines à vapeur fixes.

Les appareils à vapeur *complets* quelle qu'en soit la force, employés sur des navires français *destinés à la navigation internationale maritime*, sont exempts de tous droits; mais, lorsqu'ils sont affectés ultérieurement à une destination autre que la navigation internationale maritime, ils sont assujettis au payement du droit exigible d'après le tarif actuellement en vigueur. Cette immunité est d'ailleurs subordonnée à l'autorisation préalable de l'administration.

Ces mêmes machines sont également admises en franchise quand elles sont installées à bord d'un bâtiment de mer qui est assujetti au droit d'importation, pourvu que ce bâtiment ne soit pas employé ultérieurement à la navigation fluviale. v. la note 114.

Les locomotives et leur attirail complet, c'est-à-dire la machine, la voiture et les pièces ou leviers, qui leur impriment le mouvement, acquittent les mêmes droits. Il n'y a d'exception que pour les *tenders* qui sont nommément tarifés.

194. — APPAREILS COMPLETS, AUTRES, des pays contractants. Les dénominations adoptées par le tarif conventionnel, ne sont pas absolument identiques à celles du tarif général.

195. — *Machines pour la filature.* v. ci-contre les assimilations.

196. — *Machines à nettoyer, etc.* Ce sont les échardonneuses, les batteurs et épurateurs, les étaleurs et éplucheurs, les peigneuses et les machines à ouvrir le lin, la laine et le coton, etc.

197. — *Machines pour le tissage.* Les temples ou templus en font partie. Quant à la roulette dont ils sont pourvus, si elle était présentée isolément, elle serait soumise au droit des rots, ferrures ou peignes à tisser, à dents de fer ou de cuivre.

198. — *Machines à fabriquer le papier.* v. la note 209.

199. — *A imprimer, pour l'agriculture et métiers à tulle.* v. les notes 208, 210 et 211.

200. — *Appareils à distiller, à sucre, et de chauffage en cuivre.* Ceux qui sont en fonte, en fer ou en tôle acquittent les droits afférents aux machines non dénommées, selon la proportion de fonte ou de fer entrant dans leur composition. Les chaudières en fonte suivent le régime de la poterie de fonte. Les appareils formés de cuivre et de fonte ou de fer, si le cuivre en constitue la partie notable, sont traités comme appareils en cuivre.

201. — *Cardes non garnies.* v. la note 207.

202. — *Gazomètres, chaudières, etc.* S'il était importé des gazomètres et des chaudières découvertes en cuivre (appareils d'évaporation), on les soumettrait au droit des appareils à distiller.

Il y a lieu d'assimiler aux gazomètres 1° les feuilles de tôle, galvanisées ou non, d'une épaisseur supérieure à un millimètre, *ondées, plissées, ajustées ou prêtes à être ajustées*, telles que les plaques droites, courbées ou pliées en équerre, avec nervures formées de plusieurs feuilles soudées ensemble et disposées pour la toiture; 2° les tuyaux en tôle, galvanisées ou non, cloués mais non polis, quand l'épaisseur de la tôle est supérieure à un millimètre (voir, pour les autres tuyaux, les notes relatives aux tubes en fer et aux ouvrages en tôle non dénommés); 3° les cylindres ou tonneaux en tôle soudée et rivée, destinés à servir de bouées, et les caisses à eau ou à huile importées, soit en pièces détachées, soit à l'état d'objets achevés, en tôle galvanisée ou non, mais d'une épaisseur supérieure à un millimètre (Voir, pour les objets analogues d'une épaisseur moindre, la note 126).

203. — *Machines, outils; etc.*, v. les assimilations.

204. — *Appareils complets, autres, d'ailleurs.* Voici quelles sont les distinctions établies pour les appareils qui en font partie.

205. — *Machines pour la filature*............) v. aux assimilations, les machines appartenant à ces deux classes. Les métiers à
206. — *Machines pour le tissage*............) filer, dépourvus de poids de pression, sont considérés comme complets.

207. — *Cardes non garnies.* La carde non garnie est la machine complète moins les plaques et rubans de cardes. Il y a lieu, par suite, d'appliquer le droit des cardes non garnies aux cylindres préparateurs à lame d'acier dentée en scie, par lesquels passe la matière filamenteuse avant d'arriver aux tambours, lorsque ces cylindres sont importés avec le reste de l'appareil.

208. — *Métiers à tulle.* Les métiers à tulle du système Jacquart et autres, sont tous soumis aux mêmes droits. Les parties détachées présentées séparément, telles que les pièces d'intérieur, les bobines, chariots et les pièces constituant le mécanisme à la Jacquart, sont traitées comme pièces détachées de machines.

209. — *Machines à fabriquer le papier.* La tarification dont il s'agit ici s'applique à la machine, depuis le premier agitateur à côté des toiles métalliques, jusqu'à la formation de la feuille. On range dans la même classe tout ce qui compose un appareil de papeterie complet par lui même, à l'exclusion des pièces détachées proprement dites.

210. — *Machines à imprimer.* Ce sont les machines destinées à la typographie et particulièrement les presses d'imprimerie.

211. — *Machines pour l'agriculture.* On soumet au même droit celles qui sont entièrement en fer et celles dans lesquels il entre du bois, néanmoins les pressoirs à vin ou à huile qui suivent le régime des machines pour l'agriculture, sont traités comme ouvrages en bois non dénommés lorsqu'ils sont uniquement composés de bois.

Les machines à fabriquer les tuyaux de drainage sont traitées comme machines agricoles, mais les accessoires qui servent à broyer et à préparer la terre, ne suivent le même régime qu'autant qu'ils sont importés en même temps que la machine principale, et qu'ils composent avec celle-ci un appareil complet.

212. — *Wagons de terrassement.* Ceux dont la caisse est en métal suivent le régime des machines non dénommées.

213. — *Bateaux et Nacelles de rivière.* Les droits indiqués ci-contre ne s'appliquent qu'aux bateaux et nacelles *en métal* destinés à la navigation des rivières dans la partie de leur cours que n'atteint pas le flot de la mer, v. *embarcations*.

214. — *Tenders.* Les tenders sont toujours assujettis au droit spécial qui les affecte, alors même qu'ils sont importés avec les locomotives au service des quelles ils sont destinés.

215. — *Chaudières.* Ce sont les chaudières destinées à la production de la vapeur, soit comme force motrice, soit pour tout autre emploi, et qui sont, à proprement parler, des *générateurs de vapeur*. Les ustensiles de fabrique ou de cuisine, connus sous les noms de chaudières et de chaudrons, continuent de suivre le régime des métaux ouvrés.

On ne soumet pas au droit spécial établi à leur égard les chaudières qui sont importées en même temps que les machines à vapeur dont elles font partie : elles suivent, dans ce cas, le régime de ces machines.

216. — *Gazomètres.* Il s'agit ici des grands gazomètres, qui servent de réservoirs pour le gaz, en même temps qu'ils en indiquent la quantité. Les compteurs à gaz ou petits gazomètres font partie des *Instruments de précision*.

217. — *Machines non dénommées.* Cette subdivision comprend les machines de toute espèce que la loi n'a pas spécialement taxées, sauf les machines entièrement composées de bois, qui suivent, par assimilation, le régime des *Ouvrages en bois non dénommés*.

M

DÉSIGNATION DES MARCHANDISES L'astérique (*) indique que les droits mentionnés ci-contre comprennent les deux décimes	UNITÉS sur lesquelles portent les droits	QUOTITÉ DES DROITS par navires franç. et des pays contractants par terre	par navires étrang. et d'ailleurs que des pays contractants par terre
MACHINES et mécaniques, — appareils complets (192) — à vapeur (193) — des pays contractants : fixes avec ou sans chaudières, avec ou sans volants..	100 kil. N.	6.00*	6.60*
pour la navigation, avec ou sans chaudières	id.	12.00*	13.20*
locomotives ou locomobiles	id.	10.00*	11.00*
d'ailleurs : fixes	id.	25.00	27.50
pour la navigation	id.	35.00	38.50
locomotives sans tenders	id.	40.00	44.00
tenders de machines locomotives	id.	8.00*	8.80*
autres qu'à vapeur — des pays contractants (194) : pour la filature (195)	id.	10.00*	11.00*
à nétoyer et ouvrir la laine, le lin, le coton et et autres matières textiles (196) pour le tissage (197) à fabriquer le papier (198) à imprimer (199) pour l'agriculture (199) à bouter les plaques *et* rubans de cardes métier à tulle (199)	id.	6.00*	6.60*
à sucre, à distiller, de chauffage, en cuivre (200)	id.	10.00*	11.00*
cardes non garnies (201)			
CHAUDIÈRES à vapeur (202) — en tôle de fer, cylindriques ou sphériques, avec ou sans bouilleurs ou réchauffeurs	id.	8.00*	8.80*
tubulaires en tôle de fer, à tubes en fer, cuivre ou laiton étirés ou en tôle clouée, à foyers intérieurs et toutes autres chaudières de forme non cylindrique ou sphérique simple	id.	12.00*	13.20*
en tôle d'acier, de toute forme	id.	25.00*	27.50*
gazomètres, chaudières découvertes, poèles et calorifères en tôle ou en fonte et tôle (202)	id.	8.00*	8.80*
machines outils et machines non dénommées *contenant* en fonte (203) — 75 % et plus	id.	6.00*	6.60*
50 à 75 % exclusivem	id.	10.00*	11.00*
moins de 50 %	id.	15.00*	16.50*
d'ailleurs (204) : pour la filature (205)	id.	40.00	44.00
pour le tissage (206)	id.	15.00	16.50
Cardes non garnies (207)	id.	30.00	33.00
métiers à tulle (208)	id.	60.00	65.50
à fabriquer le papier 209) et à imprimer (210).	id.	30.00	33.00
pour l'agriculturre (211)	id.	15.00	16.50
wagon de terrassement, *à caisse en bois et roues en fonte* (212)	id.	20.00	22.00
bateaux et nacelles de rivière (213). tenders (214); chaudières (215); gazomètres (216); appareils à sucre, à distiller, de chauffage. — en fer	id.	30.00	33.00
en cuivre	id.	60.00	65.50
non dénommés pesant (217) — 100 kilog. ou moins	id.	65.00	70.70
de 100 kil. excl. à 200 kil. incl.	id.	45.00	49.50
de 200 » » à 1000 kil incl.	id.	35.00	38.50
de 1000 » » à 2500 kil. incl.	id.	30.00	33.00
de 2500 » » à 5000 kil. incl.	id.	25.00	27.50
plus de 5000 kil.	id.	20.00	22.00

ASSIMILATIONS ET RENVOIS AUX AUTRES TABLEAUX DES DROITS	NOTES EXPLICATIVES

ASSIMILATIONS ET RENVOIS AUX AUTRES TABLEAUX DES DROITS

Macis, (essence de) v. Huiles volatiles.

Macclatures de papier, v. Drilles.

Madras de l'Inde, v. Tissus d'écorce non dénommés.

Magnésie calcinée, des pays contractants, v. Produits chimiques non dénommés; d'ailleurs, v. Médicaments composés; — autre, v. Sels (Carbonate ou Sulfate de)

Magnésium brut ou filé, v. Produits chimiques non dénommés.

Maillechort (argentan), v. Nickel métallique allié ou ouvrages en métaux.

Maillons, pour métiers à tisser, en fonte, fer, cuivre ou acier, v. Machines, etc., pièces détachées; — en verre, v. Mercerie fine; — en zinc, mêmes droits que les pièces détachées v. Machines, etc.

Maïs, v. Céréales.

Malachite, mineral en fragments propres uniquement à la refonte, comme le minerai de cuivre; — en masse, v. Marbre blanc statuaire; — polie pour ornements comme marbres polis; — pulvérisée, v. Couleurs, vert de montagne; — taillée pour pierres à bijoux, comme pierres gemmes.

Malaguette, v. Piment.

Malicorium, v. Ecorces à tan de grenade.

Malles, en bois garnies, v. Mercerie; — non garnies, v. Ouvrages en bois (Boissellerie); — en cuir, v. Ouvrages en peau ou en cuir, non dénommés.

Malt (orge germée et desséchée). Même régime que l'orge à l'état naturel, v. Céréales.

Malthe, v. Bitumes fluides.

Manches, de brosse, de couteau et de fouet en bois communs, v. Ouvrages en bois non dénommés; — en bois fins, en ivoire et en corne, v. Tabletterie; — d'écouvillon, v. Ouvrages en bois non dénommés; — de gaffe et de fouine, v. Bois à construire; — d'outils en bois de toute sorte, avec ou sans virole. v. Ouvrages en bois; — en os, v. Mercerie; — de pinceaux à goudron, v. Bois à construire; — autres, v. Ouvrages en bois; Boisellerie.

Manchettes (lames de couteaux pour cannes à sucre). Mêmes droits que les armes de commerce.

Manchons. v. Pelleteries ouvrées.

Manchons sans couture, pour machines à fabriquer le papier. Mêmes droits que la toile à blutoir, v. Tissus de laine.

Mandolines, v. Instruments de musique.

Manglier, (écorce et racine de). Mêmes droits que le quercitron.

Manguier (Noyaux pulvérisés du) Mêmes droits que le sumac moulu.

Manioc (Farine ou Fécule de) v. Fécules; — granulée (tapioca) Mêmes droits que les pâtes d'Italie; — (Galette de), dite cassave, même régime que le biscuit de mer.

Manne, v. Sucs d'espèces particulières.

Mannes, en végétal quelconque, v. Vannerie non dénommée.

Mannite (extrait de manne) des pays contractants, v. Produits chimiques non dénommés; — d'ailleurs, v. Médicaments composés non dénommés.

Mannequins et Manuscrits, de toute sorte, v. Objets de collection.

Mappemondes, v. Gravures ou Instruments d'observation, selon l'espèce.

Maquereaux, v. Poissons de mer.

Marbres pulvérisés et débris (de). Mêmes droits que les marbres bruts.

NOTES EXPLICATIVES

218. — Pièces détachées des pays contractants. On range dans cette classe les navettes à tisser soit en bois et acier, soit en bois et fer, les arbres à manivelles en acier pour locomotives, les dents de cardes en fer, les peignes circulaires à peigner la laine: ces derniers objets, s'ils sont composés de métaux différents, acquittent le droit applicable à la partie la plus fortement imposée.

219. — Plaques et rubans pour cardes. Les plaques et rubans de cuir, de caoutchouc et de tissus spécialement destinés pour cardes sont soumises par le tarif conventionnel à un régime particulier. Il s'agit des pièces qui doivent recevoir les pointes métalliques. Sont considérées comme exclusivement propres à la fabrication des cardes les plaques ou bandes composées au moins de trois tissus superposés, quelle que soit d'ailleurs leur dimension. S'il était présenté sous la dénomination de plaques ou bandes pour cardes des plaques n'offrant par cette superposition, mais qui, néanmoins, par d'autres caractères, sembleraient destinées réellement à l'usage indiqué dans la déclaration, l'expertise légale devrait être provoquée.
A l'égard des tambours de cardes revêtus d'une garniture de rubans, on perçoit les droits séparément sur chacune des deux parties de l'objet.

220. — Rots, ferrures et peignes a tisser. — Il n'est fait mention que des rots, ferrures ou peignes à tisser à dents de fer ou de cuivre. Si les dents étaient en acier, le régime resterait le même. Les sérans ou peignes à peigner le chanvre ou le lin, classés parmi les outils d'après le tarif général, sont soumis au droit des rots, etc.
Les planchettes en bois à pointes d'acier pour cardes, les lames ou lisses en fil de coton et les lames ou maille en fil de laine pour métiers à tisser sont également traitées comme rots.

221. — Pièces en fonte. — Celles qui ne sont ni polies, ni limées, ni ajustées doivent être traitées comme ouvrages en fonte moulée ni tournés ni polis, et acquitter, selon leur nature, l'un des droits déterminés pour ces derniers.

222. — Pièces en fer forgé. — Le tarif conventionnel range dans cette classe les essieux et les bandages de roues limés et polis. Lorsqu'ils sont en fer brut de forge, les essieux sont assimilés à la ferronnerie, et les bandages de roues aux fers en barres.

223. — Pièces détachées, d'ailleurs. On entend par pièces détachées tout objet qui, dans l'état de fabrication où il est importé, peut faire partie intégrante d'une machine. Toutes les pièces dont la réunion ne forme pas une machine complète, doivent être considérées comme pièces détachées, Il y a lieu ainsi de soumettre au droit des pièces détachées les machines incomplètes, c'est-à-dire celles qui ne présentent pas tous les organes nécessaires pour qu'elles puissent fonctionner, à l'exception toutefois des métiers à filer non munis de poids de pression.
Les parties de machines formées de métaux différents suivent le régime de la partie la plus fortement taxée; mais cette disposition ne s'applique qu'aux pièces dont les parties ne peuvent se séparer, comme, par exemple, les cylindres de filature en fer recouvert de cuivre. Lorsque, au contraire, le poids des diverses parties d'une machine peut être constaté séparément, chacune d'elles acquitte le droit qui l'affecte, d'après la nature du métal dont elle est formée. Pour les pièces d'un même métal, composées de diverses parties, la quotité du droit se détermine par le poids séparé de chaque partie.
Les pièces détachées exclusivement composées de bois, sont assimilées à l'entrée, aux ouvrages en bois non dénommés. Cette disposition ne s'applique ni aux navettes, ni aux peignes et broches de tissage.

224. — Plaques et rubans de cardes. Il ne s'agit que des plaques et rubans garnis de leurs pointes en fer ou en acier. Les bandes en cuir, pour cardes qui sont dépourvues de ces pointes sont prohibées à l'entrée lorsqu'elles arrivent d'ailleurs que des pays contractants.

225. — Peignes de tissage. — Les peignes à tisser se composent d'un cadre en bois garni, dans le sens de sa hauteur, de broches ou petites lames très-rapprochées, entre lesquelles on fait passer les fils de la chaîne des étoffes pour en prévenir le mélange. Ces broches sont, tantôt en cuivre, tantôt en fer ou en acier, et souvent même en roseau. Elles ont d'un demi-millimètre à un millimètre d'épaisseur, sur trois à quatre centimètres de largeur et dix à vingt-cinq centimètres de longueur. On applique le régime des peignes de tissage aux broches en roseau qui sont importés séparément.

226. — Navettes de toute sorte. Ce sont les navettes de tisserand: elles sont ordinairement en buis ou en tout autre bois. Il n'y a pas à distinguer entre elles selon qu'elles sont ou ne sont pas garnies.

227. — Pièces de machines purement agricoles. En ce qui concerne il doit être produit des dessins coloriés indiquant les points où les pièces seront appliquées.

228. — Manganèse. Ce métal a quelque ressemblance avec l'iode qu'il est facile cependant de reconnaître aux vapeurs violacées qu'il manifeste lorsqu'on le jette sur des charbons ardents, v. la note 181.

229. — Marbres sculptés, moulés, polis ou autrement ouvrés. Les marbres sciés, lorsqu'ils sont simplement planés à la meule ou au sable, ne sont pas considérés comme marbres polis; ils acquittent les mêmes droits que les marbres sciés n'ayant reçu aucune autre main-d'œuvre. Cette disposition s'applique particulièrement aux carreaux de marbre employés pour carrelage; mais il a été recommandé aux employés de veiller à ce que l'on n'introduise pas comme simplement planés des marbres qui auraient reçu un degré de plus de main-d'œuvre. Ceux-ci, de même que les colonnes, socles, consoles, chapiteaux, et toutes les pièces de marbre qui ont des saillies, des rainures et autres entailles, demeurent passibles des droits imposés sur les marbres polis ou ouvrés.
Les sculptures antiques en marbre, sont rangées parmi les objets de collection hors de commerce. Celles qui sont l'ouvrage des français attachés à l'école de Rome sont considérées comme objets d'arts et suivent le même régime, mais avec l'autorisation de l'administration.

DÉSIGNATION DES MARCHANDISES L'astérique (*) indique que les droits mentionnés ci-contre comprennent les deux décimes	UNITÉS sur lesquelles portent les droits	QUOTITÉ DES DROITS	
		par navires franç. et des pays contractants par terre	par navires étrang. et d'ailleurs que des pays contractants par terre
MACHINES et mécaniques (suite), pièces détachées.			
des pays contractants (218) :			
plaques et rubans de cardes, sur cuir, sur caoutchouc ou sur tissus purs ou mélangés	100 kil. N.	50.00*	55.00*
dents de rots en fer ou en cuivre	id.	30.00*	33.00*
rots, ferrures ou peignes à tisser à dents de fer ou de cuivre (220)	id.	30.00*	33.00*
pièces en fonte, *polies, limées et ajustées* 221)	id.	6.00*	6.60*
pièces en fer forgé, *polies, limées et ajustées ou non, quel que soit leur poids* (y compris les essieux, ressorts et bandages de roues(222)	id.	10.00*	11.00*
ressorts en acier pour carrosserie, wagons et locomotives	id.	11.00*	12.10*
pièces en acier, *polies, limées, ajustées* / plus d'un kilogramme	id.	15.00*	16.50*
ou *non*, pesant / un kilog. ou moins	id.	20.00*	22.00*
pièces en cuivre pur ou allié de tous autres métaux	id.	20.00*	22.00*
plaques et rubans de cuir, de caoutchouc et de tissus spécialement destinés pour cardes, (219)	id.	20.00*	22.00*
d'ailleurs (223) :			
plaques et rubans de cardes, *de toute espèce* (224) / peignes de tissage (225) / navettes, *de toute sorte* (226)	id.	200.00	212.50
de machines purement agricoles, en fonte ou en fer pur ou rechargé d'acier (227)	id.	15.00	16.50
autres — en fonte pesant : 25 kilogrammes ou moins	id.	80.00	86.50
de 25 id. excl. à 50 kil. incl	id.	65.00	70.70
50 id. id. 100 id. id	id.	55.00	60.20
100 id. id. 200 id. id	id.	45.00	49.50
200 id. id. 1.000 id. id	id.	35.00	38.50
1.000 id. id. 2.500 id. id	id.	25.00	27.50
2.500 id. id. 5.000 id. id	id.	20.00	22.00
plus de 5.000 kilog	id.	15.00	16.50
en fer pesant : 5 kilogrammes ou moins	id.	100.00	107.50
de 5 id. excl. à 25 kil. incl	id.	80.00	86.50
25 id. id. 50 id. id	id.	70.00	76.00
plus de 5 kilogrammes	id	60.00	65.50
en acier	id.	150.00	160.00
en cuivre	id.	200.00	212.50
MACIS. des pays hors d'Europe	id.	150.00*	162.00*
d'ailleurs	id.	162.00*	162.00*
MANGANÈSE (228). des pays contractants	100 kil. B.	exempt	0.25*
d'ailleurs / par navires français et par terre	id.	exempt	exempt
par navires étrangers	id.	—	1.00
MARBRES. *des pays contractants :* blancs statuaires — bruts, équarris ou sciés / sculptés moulés ou statues modernes	id.	exempts	0 25*
polis / autres ouvrages	id.	1.50*	1.75*
autres de toute sorte — bruts ou équarris / sciés ayant d'épaisseur 16 centimètres et plus	id.	exempts	0.25*
sciés... moins de 16 cent	id.	1.50*	1.75*
sculptés moulés ou statues modernes	id.	exemptes	0.25*
polis (229) / autres ouvrages	id.	1.50*	1.75*
d'ailleurs, V. folio suivant.			

ASSIMILATIONS ET RENVOIS AUX AUTRES TABLEAUX DES DROITS	NOTES EXPLICATIVES
MARC d'amandes et de pignons, *v.* Pâtes liquides en pains; — d'olives, *v.* Amurca ou grignon.	**230. — MARNE.** On assimile à la marne toutes les matières minérales qui ne sont pas spécialement taxées et qui peuvent être employées à l'amendement des terres, à l'exception de celles qui rentrent dans la classe des engrais, tels que le terreau, les boues, le produit du curage des étangs et des mares, les cendres de tourbe, l'écume sèche de raffinerie de sucre.
MARCASSITE pour bijoux, *v.* Pierres gemmes; — autre, en masse, *v.* Fer, minerai.	
MARCHE-PIEDS, *v.* Ouvrages en bois, boissellerie.	**231. — MATÉRIAUX-PLATRE.** Le stuc et le sulfate de chaux artificiel sont assimilés au plâtre. Le stuc est obtenu au moyen de plâtre gâché avec une dissolution de colle-forte, ou par un simple mélange de la chaux et du marbre pulvérisé.
MARGARINE, *v.* Acide stéarique.	
MARLI, de pur fil, *v.* Tissus de lin, etc., toile croisée, grossière, treillis; — de soie, *v.* Tissus de soie, gaze.	**232. — ARDOISES.** Les ardoises pour toiture sont plus *minces* que les autres: elles doivent pouvoir se tailler et se percer par le seul moyen du marteau du couvreur. Les ardoises pour constructions sont celles que l'on destine à faire des parements de cheminées, des marches d'escalier, etc. Les ardoises destinées à faire des tables de billard, font partie des ardoises en table et en suivent le régime. Lorsque les ardoises sont encadrées le cadre de bois est soumis au droit de la boissellerie à moins qu'elles ne proviennent des pays contractants.
MARMELADES d'anacarde, *v.* Médicaments composés non dénommés; — de tomates, *v.* Épices préparées non dénommées; — autres. *v.* Confitures sans sucre ni miel.	
MARMITES, *v.* Poteries ou ouvrages en métaux.	**233. — BRIQUES.** Il s'agit ici uniquement des briques propres à la batisse et des briques réfractaires, quelles qu'en soient les dimensions. Les briques à polir les couteaux font partie des pierres, etc., servant aux arts, non dénommés.
MAROQUIN, *v.* Peaux préparées non dénommées.	
MARQUETERIE, *v.* Meubles.	**234. — TUILES BOMBÉES.** On leur assimile les tuyaux ayant à peu près la même longueur que les tuiles, mais un tuyau acquitte le même droit que deux tuiles. Quant aux tuyaux de grandes dimensions, tels que ceux employés pour prolongements de cheminées, conduites d'eau, etc., le poids en est constaté comparativement à celui des tuiles bombées, et les droits sont perçus d'après le résultat de l'opération; c'est-à-dire que si 100 tuyaux pèsent le poids de mille tuiles, ils paieront le décuple du droit imposé sur les tuiles bombées.
MARRONS confits au sucre, *v.* Bonbons.	
MARTEAUX de bijoutier, de ciseleur et d'horloger, *v.* Outils de pur acier; — autres, *v.* Outils de fer rechargé d'acier.	Les tuyaux de drainage et autres des pays contractants sont spécialement taxés; il sont classés parmi les poteries.
MASQUES, *v.* Mercerie.	
MASSEPAINS, *v.* Bonbons.	**235. — CARREAUX DE TERRE.** Ce sont uniquement les carreaux communs formés de terre cuite. Ceux qui sont vernis ou émaillés même d'un seul côté sont traités comme faïence ou comme grès fin.
MASSIAUX de fer, *v.* Fer forgé en massiaux; — d'acier naturel ou de cémentation, *v.* Acier en barres.	
MASSICOT, *v.* Oxyde de plomb jaune.	**236. — MATÉRIAUX NON DÉNOMMÉS.** On range dans cette classe les pierres de taille brutes, la pouzzolane, les pierres et terres réfractaires, les pierres meulières, brutes, enfin les pierres, argiles, terres glaises et autres employées pour la batisse et qui ne sont pas spécialement tarifées.
MASTIC propre à la batisse, *v.* Matériaux non dénommés; — bitumineux, *v.* Bitumes; — métallique pour les dents, *v.* Produits chimiques non dénommés; — résineux, *v.* Résines indigènes; — résine, *v.* Résineux exotiques.	
MAT, préparation servant à dorer le bronze au mat, *v.* Couleurs non dénommées.	Le machefer ou crassin de forges qui a été bocardé et l'ardoise en poudre grossière, sont assimilés aux matériaux non dénommés; quant aux pierres meulières ou autres taillées et prêtes à être assemblées, elles sont traitées comme pierres ouvrées.
MATELAS neufs, droits du tarif tant sur l'enveloppe que sur le contenu; — ayant servi, *v.* Meubles.	
MATIÈRES animales, propres à la fabrication de la colle, *v.* Oreillons; — végétales destinées à la fabrication du papier, *v.* Drilles.	**237. — MAURELLE.** Ce sont des loques ou chiffons imprégnés de couleur bleue. Le tarif conventionnel assimile à ces chiffons ceux qui sont imprégnés de rouge pour fard.
MATS et matereaux, *v.* Bois à construire.	
MATRICES à fondre les caractères d'imprimerie et autres de toute sorte, mêmes droits que les cylindres et coins gravés.	**238. — MÉDICAMENTS COMPOSÉS.** On range particulièrement parmi les eaux distillées l'eau de fleurs d'orangers, appelée vulgairement eau de *fleur d'orange*, l'eau de Portugal, l'eau de mélisse, dite des *Carmes*, et en général toutes les eaux non sucrées, provenant d'infusion ou de la distillation de vulnéraires, et qui ne sont pas destinées à servir comme boisson habituelle. On y assimile en outre l'eau de gaïac, le baume Sympathique, le baume de Riga et l'élixir stomachique de Stoughton.
MATTES de cuivre, *v.* Minerai de cuivre.	
MÉCANIQUES propres aux arts et métiers, *v.* Machines etc.; — autres, automates et objets semblables, *v.* Objets de collection; — produisant des airs de musique, *v.* Instruments de musique, ou horlogerie, carillons; — à oiseau, mêmes droits que les carillons.	Les extraits de quinquina comprennent la quinine et la chinchonine; quant au sulfate et *aux autres sels de quinine* et à la magnésie calcinée, importée des pays contractants, ils rentrent dans la classe des produits chimiques non dénommés.
MÈCHES chinoises. *v.* Parfumeries, pastilles odorantes à brûler; — de coton, en fil, *v.* Fils de coton; — tissées, *v.* Tissus de coton; — d'étoupe dites lumernents, *v.* fils de lin etc., blanchis; — grossières, destinées à la fabrication des toiles d'emballage, *v.* Cordages; — de fouets en cuir, *v.* Ouvrages en cuir non dénommés; — de lampes de nuit, *v.* Mercerie; — de mineurs (*artifices*), *v.* Mercerie; — soufrées. *v.* Soufre; — à tarière ou à vilebrequin, de 24 centimètres de longueur au plus, *v.* Outils de pur acier; — autres, *v.* Outils de fer rechargé d'acier; — de tire-bouchons, *v.* Mercerie.	
MÉDAILLES en métal, *v.* Ouvrages en métaux ou objets de collection; — en pâte odorante, *v.* Musc; — en plâtre et en soufre, *v.* Pierres ouvrées.	

DÉSIGNATION DES MARCHANDISES	UNITÉS sur lesquelles portent les droits	QUOTITÉ DES DROITS — par navires franç. et des pays contractants par terre	par navires étrang. et d'ailleurs que des pays contractants par terre
L'astérique (*) indique que les droits mentionnés ci-contre comprennent les deux décimes		fr. c.	fr. c.
MARBRES *(suite)*, d'ailleurs *de toute sorte* — bruts ou équarris ... par nav. français et par terre	100 kil B.	1.00*	1.00*
... par navires étrangers	id.	—	2.50*
sciés ayant d'épaisseur, 16 cent. ou plus / moins de 16 centimètres ... par nav. français et par terre	id.	1.50*	1.50*
... par navires étrangers	id.	—	2.50*
sculptés, moulés, polis ou autrement ouvrés (229)	100 kil N.	40.00	44.00
chiques	id.	15.00	16 50
MARC DE RAISIN / **MARC DE ROSES**	100 kil B.	exempt	exempt
MARNE (230) — par navires français et par terre	id.	exempte	exempte
par navires étrangers	id.	—	1.00
MARRONS, châtaignes et leurs farines — des pays contractants	id.	exempts	0.25*
d'ailleurs	id.	exempts	0.50
MATÉRIAUX — chaux / plâtre brut ou préparé (231)	id.	exempts	exempts
ardoises (232) pour constructions, brutes	1.000 en N.	4.00*	4.00*
pour toiture	100 en N.	exemptes	exemptes
en carreaux ou en tables, des pays contractants	id.	10 00*	10.00*
d'ailleurs	100 kil B.	3.75*	4.10*
nues ou encadrées, destinées à l'écriture ou au dessin, des pays contractants	ou la valeur	5 %*	5 %*
d'ailleurs, les ardoises	100 en N.	10.00*	10.00*
les cadres	100 kil B.	4.00	4.40
briques (233) des pays contractants	id.	exemptes	0.25*
d'ailleurs	1.000 en N.	4.00	4.00
tuiles plates, des pays contractants	100 kil B.	exemptes	0 25*
d'ailleurs	1.000 en N.	10.00	10.00
bombées (234), des pays contractants	100 kil B.	exemptes	0.25*
d'ailleurs	1.000 en N.	25.00	25.00
faîtières, des pays contractants	100 kil B.	exempts	0.25*
d'ailleurs	1.000 en N.	10.00	10.00
carreaux de terre (235) des pays contractants	100 kil B.	exempts	0.25*
d'ailleurs	1.000 en N.	10.00	10.00
sable commun pour la bâtisse ou la métallurgie	100 kil B.	exempt	exempt
moellons et déchets de pierres, de grès — par navires français et par terre	id.	exempts	exempts
par navires étrangers	id.	—	0.01
pavés, autres — par navires français et par terre	id.	exempts	exempts
par navires étrangers	id.	—	1.00
pierres de construction, brutes — des pays contractants	id.	exemptes	0.25*
d'ailleurs ... par nav. français et par terre	id.	exempts	exempts
non dénommés (236) ... par navires étrangers	id	—	1.00
MAURELLE (*loques ou chiffons imprégnés de couleur bleue*) (237)	id.	exempte	exempte
MÉDICAMENTS composés (238) — eaux distillées, alcooliques	100 kil N.	150.00	160.00
sans alcool	id.	100.00	107.50
extrait de quinquina, de toute sorte	100 kil B.	2.00*	2.20*
kermès minéral	1 kil N.	2.40	2.60
antigoutte de la Martinique	id.	3.60	3.90
esprit de genièvre	id.	2.80	3.00
esprit de succin	id.	9.00	9.90
tablettes d'hockinc	id.	2.40	2.60
hachisch (préparation du chanvre indien)	id.	3.60	3.90
créosote	la valeur	20 %	20 p. %
magnésie calcinée			
non dénommés	100 kil B.	prohibés	prohibés

<table>
<tr><td>

ASSIMILATIONS

ET RENVOIS AUX AUTRES TABLEAUX DES DROITS

</td><td>

NOTES EXPLICATIVES

</td></tr>
</table>

MÉLISSE (eau de), v. médicaments composés, eaux distillées alcooliques.

MERCURE (précipité de), v. médicaments composés non dénommés.

MESURES, v. Poids et mesures.

MÉTEIL (mélange de froment et de seigle), v. Céréales.

MÉTIERS, v. Machines, etc.

MÉTRONOME, v. Horlogerie, mouvements de toute sorte.

MEUBLES, en bois de boule, v. Objets de collection; — en fer, cuivre, etc., v. Ouvrages en métaux; — en laque, antiques, dits vieux laque, v. Objets de collection; — modernes, v. tabletterie, mercerie fine ou meubles, selon l'espèce; — petits, en écaille, ivoire, nacre, corne, os et bois fins ou ornés d'incrustations, v. Tabletterie; — autres, en sel gemme ou en ouvrages de spa, v. Mercerie.

MICROMÈTRES ET MICROSCOPES, v. Instruments d'optique et d'observation.

MINE-DE-PLOMB, noire, v. Graphite, etc.; — rouge (minium), v. oxyde de plomb.

MINE-ORANGE, v. oxyde de plomb.

MINÉRAUX choisis, sauf les pierres gemmes, etc.

MINIATURES, v. Objets de collection.

MINIUM, v. Oxyde de plomb.

MIROIRS, d'optique, v. Instruments d'optique; — autres, v. verres, etc.

MITRAILLE (projectiles), v. Munitions de guerre; — autre (objets détruits), v. Fer, cuivre, etc., selon l'espèce.

MODÈLES en bois, v. Ouvrages en bois; — d'écriture gravés, v. Livres.

MOMIES (corps desséchés) entières, v. Objets de collection; — débris (de), v. couleurs non dénommées.

MONTE-RESSORTS (étau à main), v. Outils de fer rechargé d'acier.

MONTRES marines (chronomètres de mer), v. Instruments d'optique, de calcul, etc.; — de poche, à boîtes, d'or ou d'argent, v. Horlogerie, ouvrages montés, de tout autre métal et de vermeil, comme les montres à boîtes d'argent; — solaires pour les bergers, v. Mercerie.

MONTURES, d'éventails, comme éventails, v. Mercerie; — de parapluies et de parasols, en fer, v. Ouvrages en métaux; en baleine, le cinquième du droit des parapluies de soie.

MOQUETTES (tapis) v. Tissus de laine, tapis de pied, etc.; — pour meubles, v. Tissus de laine non dénommés.

MORDANT, de fer, v. Produits chimiques non dénommés.

MORS de bride, v. Orfévrerie, plaqués ou ouvrages en métaux selon l'espèce.

MORTIERS, d'artillerie, v. armes de guerre, d'affût; — à piler, en bois de buis, v. Mercerie; — en tout autre bois, v. Ouvrages en bois; — en agate, en marbre ou autres pierres, v. Agates, marbres ou pierres, ouvrés; — en métal, v. Ouvrages en métaux; — en verre, v. Verres, etc., verrerie non dénommée.

MOSAÏQUES, pour la bijouterie, non montées, v. Pierres gemmes taillées; — montées sur or ou sur argent, v. Bijouterie; — autres, modernes, v. Pierres ouvrées; — antiques, v. Objets de collection.

MOTEURS, hydrauliques, v. Machines, autres qu'à vapeur non dénommées; — à vapeur, v. Machines à vapeur, selon l'espèce.

MOUCHETTES, en acier, et pieds ou ressorts de), v. Ouvrages en fer ou en acier; — doublées ou plaquées, v. Plaqués; — en fer, fonte et cuivre, v. Mercerie.

MOULES, à balles, des pays contractants, v. Ouvrages en métaux; — d'ailleurs, v. Mercerie; — de batteur d'or (baudruches) comme les vessies autres que de cerf; — de boutons, en bois, v. Ouvrages en bois; — en fer même, vernis et en os, v. Mercerie; — en iris, v. Iris de Florence, ouvré; — autres, gravés comme cylindres, planches et coins gravés; — non gravés, en bois, v. Ouvrages en bois non dénommés; — en métal, y compris ceux à briques, v. Machines et mécaniques non dénommées; — en pierre, plâtre ou soufre, v. Pierres ouvrées; — en poterie, v. Poteries selon l'espèce.

MOULINS, à café et à poivre, montés, v. Mercerie; — à farine, à sucre, à tan, v. Machines non dénommées.

MOUT, de raisins, les deux tiers du droit afférent aux vins ordinaires.

MORTADE (farine ou confection de), v. Épices préparées.

MOUTONS, v. Bestiaux.

MOUVEMENTS d'horlogerie, pour montres, v. Horlogerie, montres sans boîtiers; — autres, v. Horlogerie, mouvements de toute sorte.

MOYEUX de voitures, en bois, v. Ouvrages en bois non dénommés.

MULLS-JENNY, v. Machines pour la filature.

239. — MÉLASSE. C'est la matière incristallisable résultant de l'égouttage des sucres. Ce produit pèse d'ordinaire de 1 kilogramme 374 grammes à un 1 kilogramme 427 grammes par litre, et marque à l'aréomètre de Baumé 40 à 44 degrés, à la température de 15 degrés du thermomètre centigrade.

La richesse des mélasses déclarées pour la consommation s'établit par l'expertise au moyen du prélèvement d'échantillons qui sont adressés à l'Administration. On applique le droit du sucre *au-dessous du n° 13* aux mélasses venant de certains pays contractants (Angleterre, etc.) et dont la richesse saccharine est supérieure à 50 pour %.

Cette disposition s'étend aux mélasses des colonies françaises.

240. — MERCERIE des pays contractants. Le tarif conventionnel ayant nommément taxé un grand nombre d'objets compris dans la mercerie fine et commune (voir la note 241), la nomenclature de la mercerie, en ce qui concerne les provenances des pays contractants, se trouve réduite aux articles suivants : abat-jour en papier découpé, artifices pour divertissements, baguettes de fusil en baleine garnies ou non, briquets phosphoriques, cachets à empreinte en papier, cocardes en baleine pour chevaux, copal taillé ou autrement ouvragé, cordes de boyau pour mécaniques ou instruments de musique, dominoterie, sauf l'imagerie commune, écrans de main ou éventails, sauf ceux que leur monture fait rentrer dans la tabletterie, fruits rouges percés pour breloques, horloges de sable et d'eau, houppes à cheveux, images en colle de poisson, jais taillé ou autrement ouvragé, kaléidoscopes, lignes de pêcheurs, limes chimiques pour les cors, masques, mèches de lampes de nuit, ouvrages ou petits meubles en sel gemme, ouvrages en coquillages, ouvrages en coques de calebasses ornées de peintures, pains à cacheter ou à chanter, en pâte, en gélatine, en colle forte ou en colle de poisson, plumasseaux, sacs à tabac en vessie, tablettes à écrire en carton recouvert d'une poudre d'ardoise, tresses et ornements pour chapeaux de femme, composés de diverses matières mélangées, notamment de paille, de papier, de coton, de soie, d'aloès, de crin, de verroteries.

Les tresses et ornements formés d'une seule matière suivent le régime qui leur est propre et les bougies phosphoriques sont assimilées aux allumettes chimiques.

Les moules à balles et les balles sont traités comme ouvrages en métaux.

241. — MERCERIE, d'ailleurs. On trouve aux assimilations l'indication des nombreux articles qui font partie de la mercerie. Sauf les exceptions nommément faites, les métaux ne doivent être ni plaqués, ni dorés, ni argentés, ni vernis.

Enfin, on applique le droit de la mercerie fine à tous les objets qui sont rangés dans la mercerie commune, et auxquels un travail plus parfait a ajouté une valeur indépendante de leur utilité première, ce qui s'entend des choses, dites *de luxe*, qui ne sont pas de nature à être communément vendues dans les foires de campagne. On traite notamment comme *Mercerie fine* tous les ouvrages en fer ou en acier que le vif et l'éclat de leur poli distinguent de ceux de même espèce compris dans la Mercerie commune, lesquels ne sont ordinairement polis qu'au brunissoir, procédé qui n'est en général employé que pour les objets communs.

Les articles de mercerie portant des garnitures d'or ou d'argent, susceptibles d'être poinçonnés, doivent être assujettis au régime de la *Bijouterie*, mais pour ces garnitures seulement.

242. — MEUBLES. Avant d'appliquer le droit des meubles, consulter, ci-contre les assimilations. Les ornementations en marbre, telles que dessus de commodes, etc., suivent le même régime que celles-ci.

On assimile aux meubles les banquettes de bois avec dorure en or fin ou faux, les cadres pour tableaux dorés ou non, les matelas portant des traces évidentes de service, les vieilles porcelaines, les outils ayant servi et même les pianos faisant partie du mobilier des personnes qui viennent s'établir en France.

Cette mesure est étendue, à leur égard, aux objets de toute nature qui composent ce mobilier, pourvu qu'ils portent des traces d'usage.

Les harnais ayant servi et importés à dos de chevaux suivent également le régime des meubles.

243. — MODES (ouvrages de). Cet article comprend les chapeaux de carton imprimé imitant les pailles de riz ou d'Italie, les chapeaux de plumes d'oie, les carcasses pour ouvrages de mode, etc. Quant aux bandes de mousseline, de percale et de tulle brodées, elles suivent le régime des tissus de coton.

On ne considère comme ouvrages de modes que les articles formant un tout complet et entièrement achevés, à l'exclusion des accessoires importés isolément.

244. — MONNAIES. Les monnaies antiques sont traitées comme objets de collection: celles en cuivre et en billon, dont l'entrée est prohibée peuvent cependant être admise comme vieux cuivre après avoir été brisées ou martelées. Quant aux autres monnaies elles ne sont assujéties aux droits qu'autant que leur importation constitue une opération de commerce.

245. — MUNITIONS DE GUERRE. Les balles, quelles soient ou non du calibre de guerre, ne suivent plus le régime des projectiles; elles sont traitées comme ouvrages en métaux. Les cartouches et les gargousses suivent le régime de la poudre à tirer.

DÉSIGNATION DES MARCHANDISES L'astérique (*) indique que les droits mentionnés ci-contre comprennent les deux décimes.	UNITÉS sur lesquelles portent les droits	QUOTITÉ DES DROITS	
		par navires franç. et des pays contractants par terre	par navires étrang. et d'ailleurs que des pays contractants par terre
		fr. c.	fr. c.
Mélasse (239) — des colonies et possessions françaises (l'Algérie exceptée) — pour être convertie en alcool — des Antilles, de la Guyane ou de la Réunion.	100 kil B.	exempte	exempte (a)
du Sénégal et de ses dépendances	id.	id.	id. (a)
des autres colonies et possessions	id.	id.	—
ayant une autre destination — des Antilles, de la Guyane ou de la Réunion.	id.	9.80	9.80 (a)
des autres possessions	id.	prohibée	prohibée
étrangère — pour être convertie en alcool — de l'Autriche	id.	2.00*	2.00*
des autres pays contractants	id.	exempte	0.25*
des pays hors d'Europe	id.	exempte	2.00*
d'ailleurs	id.	2.00*	2.00*
pour toute autre destination — du Zollverein, des villes anséatiques, des grands-duchés de Mecklembourg ou de l'Autriche	id.	prohibée	prohibée
de l'Angleterre, de la Belgique ou des Pays-Bas, ayant de richesse saccharine 50 % ou moins	100 kil N.	14.30*	15.70*
plus de 50 %	id.	42.00*	44.00*
des autres pays contractants, idem, 50 % ou moins	id.	14.30*	15.70*
plus de 50 %	id.	44.00*	44.00*
d'ailleurs	100 kil B.	prohibée	prohibée
Mercerie de toute sorte — des pays contractants (240)	la valeur	10 %*	10 %*
d'ailleurs (241) — commune	100 kil N.	100.00	107.50
fine	id.	200.00	212.50
Mercure natif ou vif-argent — des pays contractants	100 kil. B.	exempt	0.25*
d'ailleurs	id.	1.00	5.00
Merrains, de toute espèce — des pays contractants	1000 en N.	exempts	1.80*
d'ailleurs	id.	0.10	1.50
Meubles (242) — des pays contract. — en bois courbé pour siéges, tables et lits	100 kil. B.	7.00* ou 10 %*	7.70* ou 10 %*
autres	la valeur	10 %	10 %
d'ailleurs	id.	15 %	15 %
Meules à moudre ou à aiguiser, *de toute dimension*	la pièce	exemptes	exemptes
Miel	100 kil. B.	exempt	exempt
Millet — grains et farine	id.	exempt	0.50
(tiges de), *V.* Tiges, etc.			
Minerais — d'or, de fer, etc., *V.* Or, Argent, Fer, etc., selon l'espèce.			
de pyrite ou de sulfure de fer	id.	exempts	exempts
non dénommés			
Modes (ouvrages de) (243) — des pays contractants	id.	exempts	0.25*
d'ailleurs	la valeur	12 %	12 %
Moelle et vessies de cerf	100 kil. B.	exemptes	exemptes
Monnaies (244) — d'or	1 hect. N.	0.01*	0.01*
d'argent	1 kil. N.	0.01*	0.01*
de cuivre — ayant cours légal en France	100 kil. B.	0.20	0.20
hors de cours	id.	prohibées	prohibées
de billon — ayant cours légal en France	id.	1.00	1.10
hors de cours	id.	prohibées	prohibées
Mottes à brûler	1000 en N.	exemptes	exemptes
Moules et autres coquillages, *de toute pêche*	100 kil. B.	exempts	exempts
Mules et Mulets — des pays contractants	par tête	5.00*	5.00*
d'ailleurs	id.	15.00	15.00
Munitions de guerre (245) — poudre à tirer / capsules de poudre fulminante / projectiles	100 kil. B.	prohibées	prohibées

(a) *plus la surtaxe d'affrétement.* V. l'Art. 58 des observations préliminaires.

ASSIMILATIONS

ET RENVOIS AUX AUTRES TABLEAUX DES DROITS

MURIATE, de potasse, r. Sels, chlorure de potassium.
MUSCADES, essence de) r. Huiles volatiles.
MUSETTES, mêmes droits que les hautbois, r. Instruments de musique.
MUSIQUE, imprimée comme le texte pour chant d'église (plainchant) comme les livres; manuscrite, r. Objets de collection.
MYRTILLES (baies de) indigènes, v. Fruits à distiller; — exotiques fraîches, r. Fruits de table frais exotiques non dénommés, — confites au sucre, r. Confitures; — au vinaigre, r. Fruits de table confits sans sucre ni miel; — vin ou jus de) comme le jus d'orange, v. Ces mots aux assimilations.
NACELLES de rivière, en fer ou en cuivre, r. Machines et mécaniques ou embarcations; — autres, v. Embarcations.
NACRE de perle, ouvrée, v. Tabletterie; — autre, v. Coquillages nacrés.
NANKIN, v. Tissus de coton.
NAPHTE, de houille, v. Essence de houille; — autre v. Bitumes.
NATRONS, v. Alcalis.
NATTES de cheveux, r. Cheveux ouvrés; — de bois, d'écorce de paille, etc., r. Tresses.
NAVETTES à filocher, v. Mercerie; — de tisserand de toute sorte, v. Machines, etc., pièces détachées.
NAVIRES, v. Embarcations.
NÉCESSAIRES, en tissus de grains de verre, r. Mercerie fine; — autres de toilette et de voyage, v. Ouvrages en peau, etc., ou tabletterie.
NITRATES, d'ammoniaque, v. Sels ammoniacaux; — d'argent (pierre infernale) des pays contractants, v. Produits chimiques non dénommés; — de plomb et de strontiane, v. Produits chimiques non dénommés; — de potasse et de soude, v. Sels, nitrates.
NITRE, v. Sels, nitrate de potasse; — esprit (de), v. Acide nitrique.
NITROBENZINE (essence de mirbane), r. Produits chimiques non dénommés.
NOIR, animal (résidu de), v. Engrais; — provenant de la combustion des goudrons, du Gaz, v. Noir de fumée; — minéral liquide et pétri en pains, tablettes ou trochiques r. Couleurs non dénommées; — à repasser les rasoirs, comme noir à souliers; — de sèche (encre de sèche) v. Couleurs non dénommées; — de tan. v. Noir de fumée; — de teinturier et de corroyeur, v. Sels, acétate de fer.
NOIX, d'arec, d'avoira et de carozo, sèches, v. grains durs à tailler; — pulvérisées, v. substances médicinales pulvérisées; — vomiques, même en poudre, v. Fruits médicinaux non dénommés.
NOTES de musique, en types mobiles, v. Caractères d'imprimerie en langue française.
OBJETS d'art et d'ornement, en cuivre pur ou allié, v. Ouvrages en métaux.
OBUS, r. Munitions de guerre, projectiles.
OBUSIERS, r. Armes de guerre, d'affût.
OCRES, v. Pierres, etc., servant aux arts.
OCTANTS. r. Instruments d'optique, de calcul, etc.
OCTAVINE, v. Instruments de musique, épinettes.
ŒUFS, de fourmi, comme les cloportes; — de poissons, préparés pour aliments et assaisonnement, v. Poissons salés ou marinés selon leur état; — préparés pour servir d'appât, v. Rogues de morues; — vides, v. Objets de collection.
OIGNONS, communs, de scille, de fleurs et tous autres, v. Bulbes et oignons.
OLÉINE de suif, de saindoux ou de blanc de baleine, comme l'acide oléique.
OLIVES, fraîches, v. Fruits oléagineux; — garnies intérieurement d'un morceau d'anchois, comme poissons de mer marinés; — macérées, r. Fruits de table confits; — marc (d'), v. Amurca ou grignon.
OMBRELLES, r. Parapluies et parasols.
ONGLONS, v. Écailles de tortue.
ONGUENTS, v. médicaments composés non dénommés.
OPIAT dentifrice, v. Parfumerie, poudres de senteur non dénommées.
OPIUM, v. Sucs d'espèces particulières.
OROBELDOC, v. médicaments composés non dénommés.
ORANGER, eau de feuilles, tiges ou fleurs (d'), v. médicaments composés, eaux distillées sans alcool.
ORANGES (et leurs variétés) confites, à l'eau-de-vie, r. Fruits de table confits; — au sucre, r. Confitures; — au vinaigre ou au sel, v. Fruits de table confits, sans sucre ni miel; — importées dans de l'eau de mer, comme oranges fraîches; — écorces d') mélangées avec du sucre, r. Confitures; — (jus d'), r. jus d'orange aux assimilations; — pepins (d'), r. Grains durs à tailler.
ORANGETTES, brutes, v. Grains durs à tailler; — préparées pour pois à cautère, etc., v. Iris de Florence ouvré.
OREILLES DE MER, r. Coquillages nacrés, haliotides.

NOTES EXPLICATIVES

246. — MUSCADES. L'enveloppe membraneuse de la muscade est spécialement taxée sous le nom de macis.
On assimile aux muscades *en coques*, le fruit de ravansera ou noix de girofle, dont le brou suit le même régime que le fruit et aux muscades *sans coques* les fèves pichurim dites aussi noix de sassafras. Les fèves de tonka acquittent également, *selon leur état* le droit des muscades en coques ou celui des muscades sans coques.

247. — MUSIQUE GRAVÉE, ETC. Elle ne peut-être importée que par les bureaux ouverts à l'introduction de la librairie dont le régime lui est de tous points applicables, v. la note 191.

248. — NICKEL. Le nickel brut, le minerai et le speiss suivent le même régime.
Le speiss est un minerai de nickel enrichi par un grillage ou une fusion préalable. Il est parfois mélangé de zinc, de cuivre, de plomb ou du fer.
Les disques en nickel, lorsqu'il s'agit simplement de feuilles découpées, suivent le régime du nickel laminé, s'ils proviennent des pays contractants.

249. — NOIR ANIMAL. Les cendres d'os calcinés ne pouvant servir à la raffinerie sont traitées comme engrais. Le résidu des raffineries suit le même régime.

250. — NOIR DE FUMÉE. Cette dénomination comprend en outre du noir de fumée proprement dit, le noir d'Espagne, le noir dit suie de résine et celui qui provient de la combustion des goudrons du gaz.

251. — NOIR MINÉRAL NATUREL. Sont rangés dans cette classe, le noir de grant; la terre de cologne; la terre d'ombre.
Ces substances sont traitées comme couleurs non dénommées lorsqu'elles ont été préparées.

252. — NOIX DE GALLE ET AVELANÈDES. On assimile à ces deux produits une excroissance que les arabes nomment Eygi, ainsi que les gallons de Hongrie, du Piémont, etc.
Les avelanèdes *pulvérisées* sont traitées comme les *sucs tanins* qui en sont extraits, v. Sucs tanins.

253. — OBJETS DE COLLECTION. Sont rangés dans cette classe, 1° les échantillons d'histoire naturelle, les animaux rares, les plantes desséchées, les minéraux choisis, les pétrifications, les coquillages fossiles, etc. 2° Les objets de curiosité, tels que momies et autres antiquités égyptiennes, grecques, romaines, etc.; vieilles armures; armes, autre que de guerre, et de fabrication antérieure au XVIIIe siècle ou hors d'usage en Europe; manuscrits de toute sorte: meubles *de Boule* anciens, à l'exclusion des imitations des meubles de l'espèce de fabrication moderne; meubles en vieux laque chinois, etc.: 3° Les objets d'art en bronze, marbre, pierre, bois, etc., comme statues, statuettes, bas-reliefs, chapiteaux et autres sculptures, lorsque ces objets sont antérieurs au XVIIIe siècle; les vases et autres poteries *étrusques*, à l'exclusion des imitations des poteries de l'espèce; les tableaux de toute sorte, *cadres non compris*; les miniatures et autres peintures sur toile, bois, cuivre, marbre, nacre, etc.; les émaux; les verres avec peintures fines; les verres anciens dits *de Venise* et les vieux vitraux; les épreuves du daguerréotype à l'exception de celles sur papier, qui suivent le régime des gravures et lithographies; les mannequins; les automates et autres pièces de mécanique curieuse, etc.; 4° Tout ce qui appartient à la numismatique, comme médailles, camées et pierres gravées antérieurement au XVIIIe siècle, vieilles monnaies hors de cours, de modules et types différents, quand elles ne sont qu'en échantillons; médailles, jetons ou pièces de plaisir, même *modernes*, pourvu, dans ce dernier cas, qu'il n'y ait qu'un petit nombre d'objets de chaque espèce et qu'ils soient notoirement destinés à former collection; 5° Les livres français et étrangers, les gravures et la musique gravée, dont la publication remonte à plus de 50 ans; enfin, avec une autorisation spéciale de l'administration, les sculptures qui sont l'ouvrage des français attachés à l'école de Rome.
Par dérogation aux dispositions du § 3 ci-dessus, les cadres qui entourent les tableaux importés des pays contractants, suivent le régime des objets de collection.

254. — OR ET PLATINE. Tout minerai aurifère, qui a été lavé ou qui a reçu une préparation analogue est traité comme or brut. Il n'y a pas lieu de comprendre dans le poids net et de soumettre aux droits, le papier qui forme les livrets de doreurs..

255. — OREILLONS. On traite comme oreillons, toutes les matières propres à la fabrication de la colle, telles que les raclures et les rognures de peaux, impropres aux ouvrages de cordonnerie, les peaux de lièvre, de lapin et de castorin dont le poil a été enlevé, etc.

256. — ORFÉVRERIE. Les ouvrages d'orfévrerie et de bijouterie, sont soumis au contrôle établi pour les objets semblables de fabrication française, ils doivent, après acquittement des droits, être dirigés sous plomb et par acquit-à-caution, sur l'un des bureaux de garantie suivants, pour y être poinçonnés s'il y a lieu et soumis au droit de garantie, (v. la note 43).
Agen, Alby, Alençon, Amiens, Angers, Angoulême, Annecy, Arras, Aurillac, Auxerre, Avignon, Bar-le-Duc, Bayonne, Beauvais, Bellegarde, Besançon, Blois, Bordeaux, Boulogne-sur-Mer, Bourges, Brest, Caen, Cahors, Carcassonne, Châlons, Charleville, Chartres, Châtellerault, Chaumont, Clermont, Colmar, Digne, Dijon, Dunkerque, Epinal, Evreux, Gap, Grasse, Grenoble, Gueret, Le Havre, Laon, Laval, Lille, Limoges, Lyon, Mâcon, Le Mans, Marseille, Melun, Mende, Mont-de-Marsan, Montpellier, Moulins, Nancy, Nantes, Napoléon-Vendée, Nîmes, Niort, Orléans, Paris, Pau, Périgueux, Perpignan, Poitiers, Pontarlier, Le Puy, Reims, Rennes, La Rochelle, Rouen, Saint-Brieux, Saintes, Saint-Etienne, Saint-Lô, Saint-Malo, Saumur, Strasbourg, Tarbes, Toulon, Toulouse, Tours, Troyes, Tulle, Valence, Valenciennes, Vannes, Verdun et Versailles.
Cette disposition n'est appliquée ni aux objets appartenants aux embassadeurs des puissances étrangères, ni aux bijoux d'or et aux ouvrages d'argent à l'usage personnel des voyageurs, et dont le poids n'excède pas cinq hectogrammes. Dans ces deux cas, les objets sont admis en franchise des droits de Douanes.
On entend par *Orfévrerie* les grands ouvrages d'or ou d'argent, tels que vases, aiguières, plats, assiettes, soupières, réchauds, théières, flambeaux, gobelets, cuillers, fourchettes, et autres ustensiles de table et de ménage: les chandeliers, croix, lampes, calices et tous autres objets affectés au service de l'église. On range aussi dans la classe de l'orfévrerie les boîtes de montres *brutes* ou *finies*, lorsqu'elles sont séparées de leurs mouvements, excepté toutefois les boîtes guillochées ou émaillées, lesquelles font partie de la bijouterie,
Les boîtes de montres en vermeil, celles qui sont plaquées en or et les boîtes en argent ou en métal commun avec médaillons, galons ou charnières en or, suivent le régime des boîtes d'argent

DÉSIGNATION DES MARCHANDISES L'astérique (*) indique que les droits mentionnés ci-contre comprennent les deux décimes.	UNITÉS sur lesquelles portent les droits	QUOTITÉ DES DROITS	
		par navires franç. et des pays contractants par terre	par navires étrang. et d'ailleurs que des pays contractants par terre
		fr. c.	fr. c.
Musc (pur, vésicules pleines ou vides et queues de rats musqués)	100 kil. B.	2.00*	2.20*
Muscades (246).. { en coques........... { des pays hors d'Europe	100 kil. N.	100.00*	110.00*
{ d'ailleurs	id.	110.00*	110.00*
{ sans coques........... { des pays hors d'Europe	id.	150.00*	160.00*
{ d'ailleurs	id.	160.00*	160.00*
Musique gravée ou lithographiée (247) { des pays contractants	100 kil. B.	exempte	0.25*
{ d'ailleurs	100 kil. N.	300.00	317.50
Myrobolans ...... { secs entiers ou simplement concassés { des pays hors d'Europe	100 kil. B.	exempts	4.00
{ des entrepôts	id.	3.00	4.00
{ confits, V. Fruits médicinaux.			

N

DÉSIGNATION DES MARCHANDISES	UNITÉS	par navires franç. et des pays contractants par terre	par navires étrang. et d'ailleurs que des pays contractants par terre
Nerfs de bœuf et d'autres animaux	100 kil. B.	exempts	exempts
Nerprun (Baies de) { des pays hors d'Europe	id.	exemptes	2.00
{ des entrepôts	id.	1.00	2.00
Nickel métallique (248) { minerai et speiss de première fusion	id.	exempts	exempts
{ pur ou allié d'autres métaux (argentan), en masses........... { des pays contractants	id.	exempt	0.25*
{ d'ailleurs	id.	exempt	0.25
{ allié d'autres métaux (argentan) laminé ou étiré { des pays contractants	id.	10.00*	11.00*
{ d'ailleurs	100 kil. N.	100.00	107.50
{ ouvré, V. Ouvrages en métaux.			
Noir. { à souliers (cirage) { des pays contractants	100 kil. B.	4.00*	4.40*
{ d'ailleurs	100 kil. N.	123.00	131.60
{ animal (249)........... { d'ivoire	id.	62.00	67.60
{ d'os, de cerf et autres	100 kil. B.	exempt	exempt
{ d'imprimeur .... { en taille douce dit d'Allemagne	id.	7.00	7.70
{ autre V. Encre liquide, etc.			
{ d'Espagne (liége brulé)......} de fumée (250)	id.	1.00	3.00
{ minerai naturel (noir dit de Grant ou d'Angleterre et noir dit terre de Cologne (251) { par nav. français et par terre	id.	exempt	exempt
{ par navires étrangers	id.	——	1.00
Noix de galle et avelanèdes (252)...... { entières ou simplement concassées { des pays hors d'Europe	id.	exemptes	4.00
{ des entrepôts	id.	3.00	4.00
{ extrait (de) V. Sucs tanins, liquides ou concrets, etc.			

O

DÉSIGNATION DES MARCHANDISES	UNITÉS	par navires franç. et des pays contractants par terre	par navires étrang. et d'ailleurs que des pays contractants par terre
Objets de collection hors de commerce (253)	la valeur	exempts	exempts
OEufs de volailles, de gibier ou de vers à soie	100 kil. B.	exempts	exempts
Or et platine (254) { minerai { par navires français et par terre	id.	exempt	exempt
{ par navires étrangers	id.	——	1.00
{ bruts, en masses, lingots, barres, poudres, bijoux cassés, etc.	1 kil. N.	0.10*	0.10*
{ battus en feuilles	id.	25.00*	27.50*
{ tirés ou laminés (traits, lames, paillettes et clinquants	100 kil. N.	500.00*	517.50*
{ filés			
{ ouvrages (d') V. Orfèvrerie et bijouterie ou monnaies			
Orcanette	100 kil. B.	exempte	exempte
Oreillons (rognures et dollures de peaux blanches et autres (255)	id.	exempts	exempts
Orfèvrerie et bijouterie d'or, de vermeil, d'argent ou de platine (256)	100 kil. N.	500.00*	517.50*

ASSIMILATIONS ET RENVOIS AUX AUTRES TABLEAUX DES DROITS	NOTES EXPLICATIVES

ASSIMILATIONS ET RENVOIS AUX AUTRES TABLEAUX DES DROITS

ORGE (grains et farine), v. Céréales ; — germée et desséchée, comme l'orge ordinaire ; — (perlée ou mondée et gruau d'), v. Grains perlés ou gruaux.

ORGUES, v. Instruments de musique.

ORIPEAU, v. Cuivre doré ou argenté, battu.

ORME ou ormeau, (écorce d'), v. Ecorces à tan, autres.

ORNEMENTS, d'architecture, en mastic, v. Pierres ouvrées ; — en bronze, v. Plaqués ou ouvrages en cuivre selon l'espèce ; — en carton pierre, v. Carton moulé ; — en cuivre, estampé, appliqués sur carton pour la confection des porte-monnaies ou l'encadrement des produits du daguerréotype, v. Mercerie fine ; — autres, v. Ouvrages en cuivre ; — pour chapeaux, en bois, v. Tresses de bois blanc ouvragées ; — en paille, v. Tresses de paille fines ; — mélangées de soie, comme passementerie de soie mêlée d'autres matières, v. Tissus, etc. ; — d'église, v. Effets à usage, habillements neufs ; — en papier gaufré, pour cartonnage (dominoterie), v. Mercerie.

ORPHICA, comme les orgues portatives, v. Instruments de musique.

ORPIMENT ou orpin, en masse, v. Sulfures d'arsenic jaune ; — pulvérisé, v. Couleurs non dénommées.

ORSEILLE naturelle, v. Lichens tinctoriaux.

ORTIE (tiges et filasse d'), v. végétaux filamenteux, non dénommés ; — (toile d') mêmes droits que la toile de lin et de chanvre, v. Tissus.

OS de baleine, v. Objets de collection ; — de bétail, calcinés, en poudre, impropre à la fabrication du noir animal, v. Engrais ; — autres (spode) et os carbonisés, v. Noir d'os ; — ouvrés, v. Mercerie ou tabletterie.

OSEILLE (sel d'), v. Sels, oxalate etc.

OSIER (ouvrages en) chapeaux, v. chapeaux de paille, etc. ; — autres, v. Vannerie non dénommée.

OUATES, de chanvre, comme les cordages de chanvre ; — de coton, v. Coton en feuilles, etc. ; — de soie, v. Soies ; — autres, duvet cotonneux produit par divers végétaux, v. Végétaux filamenteux.

OURDISSOIRS, v. Machines pour le tissage.

OUTRES, v. Ouvrages en peau ou en cuir.

OUVRAGES en bois, v. Le tableau ci-contre, ainsi que tabletterie, bimbeloterie, mercerie ou meubles, selon l'espèce ; — en bois de buis, meubles de main et autres ouvrages analogues, v. Mercerie ; — manches d'outils, v. Ouvrages en bois ; — navettes, v. Machines et mécaniques (*pièces détachées*); — roulettes et autres ouvrages grossiers, v. Ouvrages en bois non dénommés.

NOTES EXPLICATIVES

257. — OUTILS. Les outils de toute sorte sont rangés en trois catégories par le tarif conventionnel, ceux en fer pur, ceux en fer rechargé d'acier et les outils en acier pur, parmi lesquels figurent les limes, les scies, les faux et les faucilles.

Cependant, comme il se fabrique des faux et des faucilles qui ne sont pas de pur acier, on leur applique le droit afférent selon la provenance aux outils de fer rechargé d'acier. Cette disposition est applicable aux outils que les assimilations indiquent être *habituellement* de pur acier, lorsqu'il est constant que cette désignation ne leur est pas applicable. Parmi les outils qui y sont désignés, comme étant ordinairement de fer rechargé d'acier, il s'en trouve également plusieurs qui sont quelquefois en pur acier ; on leur applique alors la taxe la plus élevée.

258. — INSTRUMENTS ARATOIRES. Quelques uns composés uniquement de bois, sont repris sous le titre de boissellerie ; d'autres à combinaison font partie des machines et mécaniques.

La nomenclature des instruments aratoires simples, comprend les objets suivants : bêches, — ciseaux à tondre les haies, — échenilloirs, — faucilles, — faux, — forces à tondre les moutons, — fourches, — houes, — hoyaux, — pelles à remuer la terre, — pioches, — râteaux, — ratissoires, — sarcloirs, — serpes et serpettes, *sauf celles en forme de couteaux de poche qui font partie de la Coutellerie,* — socs de charrue — et, *par assimilation,* les crics montés, les pièges à ressort, les sonnailles en tôle. Les pelles en fer, dites *pelles à houille* et les clefs en fer servant à visser et à dévisser les écrous, font partie des outils de pur fer.

259. — SÉRANS. Ce sont des peignes grossiers, formés de 7 à 8 rangées de pointes ou dents qui servent à peigner le chanvre, le lin et autres végétaux filamenteux. Ceux qui proviennent des pays contractants rentrent dans la classe des parties détachées de machines.

260. — LIMES. Les limes et râpes à grosses tailles sont celles qui ont au plus 8 tailles dans l'espace d'un centimètre et vers le milieu de la lime. Le bout seul de la lime, destiné à entrer dans le manche, est déduit de la longueur des limes fines, pour en opérer le classement.

Les râpes à pain font partie des râpes communes, et l'on traite comme limes fines de moins de 17 centimètres les limes à ongles et les taille-crayons.

261. — SCIES. Les scies dentées ou non, payent le même droit. Leur longueur se mesure en défalquant les tenons qui servent à les monter.

262. — AUTRES OUTILS. Les archets de tourneur provenant des pays contractants sont traités comme outils de pur acier, tandis qu'importés d'ailleurs ils sont rangés dans la mercerie.

Sont assimilés aux outils de pur acier, les lames de métal dites racles, en acier ou en métal de composition ; les diamants de vitriers montés et les tronçons de lames de sabres, propres à faire des rogne-pieds pour les chevaux.

Les outils de cuivre ou de laiton comprennent les chalumeaux, fléaux de balance, lardoires, truelles, etc., mais, lorsqu'ils proviennent des pays contractants, ces mêmes objets sont rangés parmi les ouvrages en cuivre.

263. — OUVRAGES EN BOIS, BALAIS COMMUNS. Ce sont les balais de bouleau, de millet, de bruyère, de genet, de palmier et autres matières végétales communes.

Importés des pays contractants, les balais de racines sont traités comme balais communs, et ceux de crin, comme ouvrages en crin, tandis que venant d'ailleurs, ces deux espèces de balais sont rangés dans la mercerie.

264. — AVIRONS ET RAMES. On considère comme brut, les avirons façonnés en forme de pelle dans la partie inférieure mais ayant trop de largeur et d'épaisseur pour être employés dans cet état, s'ils sont d'ailleurs simplement équarris dans la partie supérieure.

265. — BOISSELLERIE. La boissellerie comprend, les pelles, fourches, râteaux, fléaux et autres instruments aratoires simples de pur bois ; les plats, écuelles non vernies, sébilles et cuillers en bois communs ; les fuseaux et les chevilles ; les coffres, malles et caisses non garnis, les boîtes en bois communs d'un travail grossier, les chaufferettes, marche-pieds, échelles et porte-manteaux ; les encadrements d'ardoises et autres cadres communs en bois blanc, sans ornements ni moulures, les cribles en bois et les fonds de cribles, etc.

Les pelles, les fourches et les râteaux venant des pays contractants, sont toutefois admis en franchise, et pour les autres articles de la boissellerie, les déclarants peuvent réclamer l'application du droit afférent aux ouvrages en bois non dénommés.

266. — BOIS DE FUSIL. Les bois de fusil en noyer, d'ailleurs que des pays contractants, sont les seuls qui soient nommément désignés. Tous acquittent du reste les mêmes droits que les ouvrages en bois non dénommés, à moins qu'ils ne soient simplement sciés. Dans ce cas ils sont traités comme bois à construire. Les bois préparés pour baguettes de fusils suivent également le régime des ouvrages en bois non dénommés.

267. — OUVRAGES EN BOIS NON DÉNOMMÉS. On trouve aux assimilations la nomenclature des objets compris dans cette classe.

On range en outre, dans la même catégorie, lorsqu'ils proviennent des pays contractants, les baguettes de fusils en bois, garnies ou non ; les boules de mail, les broches et les bobines pour filature, les cartels de pendule qu'ils soient ou non peints, vernis, dorés, ou même ornés d'incrustations si elles ne forment que l'accessoire ; les caisses ou malles garnies, à l'exclusion de celles en cuir ; les casse-noix et casse-noisettes ; les châssis ; les chaufferettes garnies de tôle ou d'autres métaux communs ; les coffres pour instruments de musique ; les coffrets en bois commun, même avec miroir, damier ou serrure ; les crucifix en bois commun, même avec ornements de cuivre frappé ; les écritoires ; les étoiles à dévider ; les galoches en bois ferrées ; les ratières ; les tuyaux de pipe en bois ou en roseau ; les pièces de parqueterie comprises dans un encadrement, à l'exclusion des pièces isolées qui doivent êtres traitées comme bois scié, etc.

Aux termes du tarif conventionnel, les viroles en métal et autres accessoires dont certains objets sont pourvus n'empêchent pas, en général, de les admettre au droit des ouvrages en bois. Mais quand le métal en forme une portion notable, on applique à chaque partie séparément le régime qui lui est propre. Enfin, lorsque les objets sont confectionnés avec du bois fin ou si leurs ornements ne sont pas de simples accessoires, ils rentrent soit dans la classe de la tabletterie, soit parmi les meubles.

Le bois fendu pour allumettes est assimilé aux allumettes chimiques lorsqu'il est importé des pays contractants. v. la note 24.

DÉSIGNATION DES MARCHANDISES L'astérique *) indique que les droits mentionnés ci-contre comprennent les deux décimes.	UNITÉS sur lesquelles portent les droits	QUOTITÉ DES DROITS	
		par navires franç. et des pays contractants par terre	par navires étrang. et d'ailleurs que des pays contractants par terre
		fr. c.	fr. c.
Orseille préparée — des pays contractants *violette ou bleu cendré*	la valeur.	5 p. %*	5 p. %*
d'ailleurs { violette ou cudbéard	100 kil. N.	200.00	212.50
{ bleu-cendré ou tournesol en pâte	id.	100.00	107.50
Os, de cœur de cerf et de sèche	100 kil. B.	exempts	exempts
Os et sabots de bétail, bruts ou calcinés à blanc — par mer { des pays contractants	id.	exempts	0.25*
des pays hors d'Europe / du cru des pays d'Europe	id.	exempts	2.00*
d'ailleurs	id.	2.00*	2.00*
par terre { du cru des pays d'Europe	id.	———	exempts
d'ailleurs	id.	———	2.00*
Osier en bottes	id.	exempt	exempt
Outils (257) — des pays contrac. { en fer pur, emmanchés ou non	id.	10 00*	11.00*
ou fer rechargé d'acier, emmanchés ou non	100 kil. N.	15.00*	16.50*
ou acier pur, *faux, faucilles, limes, scies circulaires ou droites et autres non dénommées (262)*	id	20.00*	22.00*
d'ailleurs. { instruments aratoires (258) { faux	id.	120.00	128.50
faucilles et tous autres	id.	80.00	86.50
serans ou peignes (259) { à pointes de fer ou de cuivre	id.	80.00	86.50
à pointes d'acier	id.	200.00	212.50
limes et rapes (260) { à grosses tailles, dites communes	id.	75.00	81.20
à polir, dites fines, ayant de longueur { 17 centimètres ou plus	id.	180.00	191.50
moins de 17 centimètre	id.	225.00	238.70
scies (261) { circulaires { de plus de 20 centimètres de diamètre	id.	175.00	186.20
de 20 centimètres de diamètre et au-dessous	id.	200.00	212.50
autres ayant de longueur { 146 cent. ou plus, mais d'épaisseur d'usage	id.	110.00	118.00
moins de 146 cent. jusqu'à 50 cent. exclusiv.	id.	175.00	186.20
de 50 centimètres et au-dessous	id.	200.00	212.50
autres (262) { de pur fer	id.	50.00	55.00
de fer rechargé d'acier	id.	125.00	133.70
de pur acier	id.	175.00	186.20
de cuivre ou de laiton	id.	150.00	160.00
Outremer — des pays contractants	id.	15.65*	17.20*
d'ailleurs	1 kil. N.	2.50	2.70
Ouvrages en acier, V. Ouvrages en métaux, etc.			
Ouvrages en bois — balais communs (263)	100 en N.	exempts	exempts
futailles vides, montées ou démontées, cerclées en bois ou en fer	100 kil. B.	exemptes	exemptes
des pays contrac. { avirons et rames (264) / pelles, fourches et rateaux en bois / plats, cuillers, écuelles et autres articles de ménage en bois / manches d'outils en bois, avec ou sans virole / pièces de charpente de charronnage, brutes ou façonnées	id.	exempts	0.25*
moules de boutons	100 kil. N.	13.00*	14.30
autres { sabots en bois non { communs	id.	12.00*	13.20*
garnis de fourrure { points ou vernis	id.	25.00*	27.50*
boissellerie (265)	100 kil. B.	4.00*	4.40*
boîtes de bois blanc / non dénommés ci-dessus (267)	la valeur	10 p. %*	10 p. %*
d'ailleurs, V. folio suivant.			

ASSIMILATIONS ET RENVOIS AUX AUTRES TABLEAUX DES DROITS	NOTES EXPLICATIVES

ASSIMILATIONS ET RENVOIS AUX AUTRES TABLEAUX DES DROITS

Ouvrages, en carton dit papier mâché, v. Carton moulé; — en cheveux, v. Cheveux ouvrés; — en coques de calebasse ornés de peintures, v. Mercerie fine; — en coquillages, v. Mercerie fine ou tabletterie; — en corne ou en os, v. Bimbeloterie, mercerie ou tabletterie; — en écaille, ivoire, nacre, noix de coco, et autres matières dures, v. Tabletterie; — en figuier, vernissés et en grains de verre, tels que bourses, nécessaires, etc., v. Mercerie fine; — d'horlogerie, v. Horlogerie; — en métaux, v. Les tableaux des droits, ainsi que bijouterie orfèvrerie, plaqués, etc.

NOTES EXPLICATIVES

268. — Ouvrages en caoutchouc, etc. Des pays contractants. Les ouvrages en caoutchouc purs ou mélangés se composent principalement de fils, feuilles, soupapes, tuyaux, bandes pour transmission, plaques pour fournitures de bureau, rondelles pour tampons de wagons. Les tapis grossiers en caoutchouc mélangé de liége, suivent le même régime.

Les fils élastiques de caoutchouc, entourés de coton ou de soie ou de soie et coton, acquittent le droit du caoutchouc appliqué sur tissus, etc.

Enfin, les ouvrages en tissus élastiques (pièces de toutes dimensions) sont des tissus obtenus par la combinaison de fils de caoutchouc entourés de coton ou de soie, employés comme chaîne, avec des fils de coton, de soie, d'alpaga, employés comme trame, et dont on fait des bretelles, des jarretières, des ceintures, des bracelets, des bandes pour cordonnerie. Les bas élastiques en caoutchouc, pour varices, appartiennent aussi à cette catégorie.

La présence de boucles, d'accessoires en cuir, etc. ne modifie pas le régime des ouvrages en tissus élastiques.

269. — Ouvrages en caoutchouc, d'ailleurs. Les ouvrages en caoutchouc ou en gutta-percha *purs* sont ceux qui se composent uniquement de la matière simplement refondue.

On traite comme mélangés d'autres matières les ouvrages formés de caoutchouc ou de gutta-percha qui, dans l'opération de la refonte, ont été *mélangés* avec une ou plusieurs substances en proportion quelconque et quel que soit le but du mélange. Les balles destinées à servir de jouets d'enfants rentrent dans cette catégorie.

Le droit des ouvrages en caoutchouc combiné, etc., n'est applicable qu'aux ouvrages dans lesquels le caoutchouc ou la gutta-percha se trouvent *combinés* avec d'autres matières, par une opération quelconque autre que la refonte. Il ne s'applique pas aux *tissus en pièces*. Ceux-ci sont traités comme s'ils étaient uniquement formés de la substance textile à laquelle le caoutchouc est allié. Cette dernière disposition s'étend aux vêtements et autres objets confectionnés avec ces mêmes tissus.

Les ouvrages en caoutchouc combiné avec d'autres matières, dont l'entrée est permise, sont principalement les ouvrages de passementerie, tels que lacets, bretelles, jarretières, sangles, bandages, etc., les garnitures de piston en bandes de toiles réunies au moyen du caoutchouc, les bottes et souliers de caoutchouc, avec semelles en cuir et garnitures en tissu ou tricot de coton, les bouchons en laine, en coton et en caoutchouc, les bas pour varices en soie ou en coton mélangé de caoutchouc, et les courroies en coton et en caoutchouc, employées dans les fabriques de papier à la mécanique, pour la mise en œuvre des machines.

Les bandes qui servent à composer les ouvrages désignés par le tarif, tels que lacets, bretelles, jarretières, sangles, bandages, etc., sont assimilés aux ouvrages eux-mêmes, mais seulement quand ces bandes ne présentent au plus qu'une largeur de *vingt centimètres*. Toutefois les bandes de caoutchouc ou de gutta-percha appliqué ou combiné, etc., sont admises quelle que soit leur dimension, quand elles sont manifestement et uniquement destinées à la fabrication des cardes et composées au moins de trois tissus superposés.

Les tissus élastiques pour chaussures, dont la chaîne est en coton et la trame en soie, sont repoussés de la consommation. Quant aux bandes composées de caoutchouc et de soie sans mélange de coton, elles paient le droit de la passementerie de soie mêlée d'autres matières.

270. — Ouvrages en crin, etc., des pays contractants. v. Tissus de crin et la note qui s'y rapporte. Ils ne peuvent être importés que par les bureaux ouverts aux marchandises payant plus de 20 francs.
Les ouvrages fabriqués avec les poils de toute sorte sont assimilés, par le tarif général aux cheveux ouvrés, v. ces mots.

271. — Ouvrages en métaux, des pays contractants. Tous les ouvrages en fer, en cuivre, en tôles, en étain, qui, venant d'ailleurs que des pays contractants, sont traités comme mercerie, sont classés par le tarif conventionnel parmi les ouvrages en métaux, selon l'espèce.

On range dans la classe des petits ouvrages en acier, lorsqu'ils sont importés séparément, les objets désignés au tableau des droits, ainsi que les épingles à grosse tête en acier, les garnitures et accessoires pour ceintures, bourses, portefeuilles, coffrets, etc.
Les pelles et pinces à feu en acier, les garde-cendres de même métal, les câbles en fil d'acier, les pièces d'armes en acier brutes, les guimbardes, briquets, clous à cordonnier en acier, éperons, passe-lacets, tire-bouchons, patins, etc., sont compris parmi les articles de ménage.

272. — Ouvrages en fonte. On considère comme ouvrages non tournés ni polis les roues agricoles ou autres objets en fonte et fer simplement recouverts d'un vernis grossier ou autre enduit analogue destiné à préserver le métal de l'oxydation, ainsi que les tuyaux en fonte moulée terminés aux extrémités par des bourrelets légèrement tournés.
Les moufles ou palans en fonte et fer, bien que faisant partie des *machines*, sont traités comme ouvrages en fonte et fer.
Les mouchettes en fonte suivent le régime des ouvrages en fonte.

DÉSIGNATION DES MARCHANDISES L'astérique (*) indique que les droits mentionnés ci-contre comprennent les deux décimes	UNITÉS sur lesquelles portent les droits	QUOTITÉ DES DROITS	
		par navires franç. et des pays contractants par terre	par navires étrang. et d'ailleurs que des pays contractants par terre
		fr. c.	fr. c.
OUVRAGES EN autres bois (suite)... (suite) d'ailleurs que des pays contractants — avirons et rames.. { bruts (264) { par nav. français et par terre..	le mètre de long.	0.02	0.02
{ par navires étrangers..	id.	0.04	0.04
{ façonnés	id.	0.05	0.06
boîtes de bois blanc	100 kil. N.	31.00	34.10
moules de boutons	id.	13.00	14.30
sabots en bois, *non garnis de fourrure...* { communs	id.	12.00	13.20
{ peints ou vernis	id.	25.00	27.50
boissellerie (265)	100 kil. B.	4.00	4.40
bois de fusil en noyer (266)			
manches d'outils en bois, *de toute sorte avec ou sans virole.*	la valeur	15 p. %	15 p. %
non dénommés (267)			
OUVRAGES EN CAOUTCHOUC ou en gutta-percha autres que les instruments de chirurgie. — des pays contractants (268) — purs ou mélangés	100 kil. N.	20.00*	22.00*
appliqués sur tissus en pièces ou sur d'autres matières..	id.	100.00*	107.50*
en tissus élastiques (*pièces de toutes dimensions*)	id.	200.00*	212.50*
chaussures	id.	60.00*	65.50*
vêtements confectionnés	id.	120.00*	128.50*
d'ailleurs (269) — simplement refondus { purs	id.	20.00	22.00
{ mélangés avec d'autres matières, non dénommés	id.	50.00	55.00
combinés avec ou appliqués sur d'autres matières, *sauf les tissus* en pièces	id.	200.00	212.50
OUVRAGES EN CRIN OU EN POILS DE VACHE, purs ou mélangés (270) — des pays contractants	la valeur	10 p. %*	10 p. %*
d'ailleurs { tamis et balais, *V.* MERCERIE, { autres, *V.* TISSUS DE CRIN.			
OUVRAGES EN CUIVRE, *V.* OUVRAGES EN MÉTAUX.			
OUVRAGES EN ÉCUME DE MER (pipes et autres) { des pays contractants	id.	5 p. %*	5 p. %*
{ d'ailleurs, *V.* MERCERIE FINE.			
OUVRAGES EN FEUTRE, *V.* FEUTRES.			
OUVRAGES en métaux des pays cont. (274) — en acier (271) — petits objets en acier, tels que perles, coulants, broches et dés à coudre	100 kil. N.	20.00*	22.00*
articles de ménage et autres ouvrages en acier pur, non dénommés.	id.	20.00*	22.00*
en fonte (272) — moulée, non tournés ni polis — coussinets de chemins de fer, plaques ou autres pièces coulées à découvert	100 kil. B.	3.00*	3.30*
tuyaux cylindriques droits, poutrelles et colonnes pleines ou creuses, cornues pour la fabrication du gaz, barreaux pleins et leurs assemblages, grilles et plaques de foyers. arbres de transmission, bâtis de machines et autres objets sans ornement ni ajustages.	id.	3.75*	4.10*
poterie et tous autres ouvrages non désignés dans les classes précédentes	id.	4.50*	4.90*
polis ou tournés	id.	6.00*	6.60*
étamés, émaillés ou vernissés	id.	10.00*	11.00*

ASSIMILATIONS ET RENVOIS AUX AUTRES TABLEAUX DES DROITS	NOTES EXPLICATIVES
	273. — FERRONNERIE. On range dans cette classe : les rails amincis et partiellement rabotés pour changements et croisements de voies, les rondelles pour écrous importées isolément ; les éclisses pour rails, quand elles portent la trace du burin ou de la machine à raboter ou à percer, les grosses ferrures de wagons, quand elles n'ont pas été ajustées au burin, à la lime, au tour ou à la machine à raboter ou à percer, les pièces d'armes en fer étampé ou laminé à l'état brut de forge, autres que les canons de fusil, les clefs simplement étampées, les essieux en fer brut de forge, et généralement toutes les pièces en fer forgé qui ne sont ni tournées, ni polies, ni ajustées à la lime et exigent un travail complémentaire d'ajustage et de forage.

DÉSIGNATION DES MARCHANDISES L'astérique (*) indique que les droits mentionnés ci-contre comprennent les deux décimes	UNITÉS sur lesquelles portent les droits	QUOTITÉ DES DROITS	
		par navire franç. et des pays contractant. par terre	par navire étrang. et d'ailleurs que des pays contractants par terre
		fr. c.	fr. c.
Ouvrages en métaux (*suite*)........ — des pays contractants (*suite*) — en fer — FERRONNERIE (273) pièces de charpente : courbes et solives pour navires ; ferrures de charrettes et wagons : gonds, pentures, gros verrous, équerres et autres gros ferrements de portes ou croisées, non tournés ni polis ; grilles en fer plein. lits, siéges et meubles de jardin ou autres, avec ou sans ornements accessoires en fonte, cuivre ou acier..........	100 kil. B	8.00*	8.80*
SERRURERIE (serrures et cadenas en fer de toute sorte, fiches et charnières en tôle ; loquets, targettes et tous autres objets en fer ou tôle, tournés polis ou limés, pour ferrures de meubles, portes et croisées..........	100 kil. N.	12.00*	13.20*
clous forgés.......... à la mécanique..........	100 kil. B.	8.00*	8.80*
à la main..........	100 kil. N.	12.00*	13.20*
vis à bois, boulons et écrous..........	100 kil. B.	8.00*	8.80*
tubes en fer (274).... étirés soudés par simple rapprochement et ayant intérieurement un diamètre de 9 millimètres ou plus..	100 kil. N.	11.00*	12.10*
tubes en fer (274).... étirés soudés par simple rapprochement et ayant intérieurement un diamètre de moins de 9 millimètres ; sur mandrin et à recouvrement.......... raccords de toute espèce..........	id.	20.00*	22.00*
articles de ménage et autres ouvrages non dénommés, en fer ou en tôle (275) polis ou peints..........	id.	14.00*	15.40*
étamés, émaillés ou vernissés..........	id.	16.00*	17.60*
en divers autres métaux — non polis, le poids du fer étant inférieur à la moitié du poids total..........	100 kil. B.	4.50*	4.90*
égal ou supérieur à la moitié du poids total. ..	id.	8.00*	8.80*
polis émaillés ou vernissés, même avec ornements accessoires en fer, cuivre, laiton ou acier..........	100 kil. N.	12.00*	13.20*
CHAUDRONNERIE.......... objets d'art et d'ornements et tous autres ouvrages en cuivre pur ou allié de zinc ou d'étain (276)..........	id.	20.00*	22.00*
ouvrages en zinc, de toute espèce..........	100 kil. B.	8.00*	8.80*
tuyaux et autres ouvrages en plomb *de toute sorte* (277)..........	id.	3.00*	3.30*
poterie et autres ouvrages en étain pur ou allié d'antimoine (278)	100 kil. N.	30.00*	33.00*
ouvrages en nickel allié au cuivre ou au zinc. (*argentan*) (279).... ouvrages dorés ou argentés, *soit au mercure, soit par les procédés électro-chimiques*..........	id.	100.00*	107.50*
statues en métal, de grandeur naturelle au moins..........	100 kil. B.	exemptes	0.25*

d'ailleurs, V. le folio suivant.

ASSIMILATIONS ET RENVOIS AUX AUTRES TABLEAUX DES DROITS	NOTES EXPLICATIVES

OUVRAGES en marbre, *v.* Marbres ouvrés; — de modes, *v.* Modes; — en paille, fibres d'aloès et autres végétaux, *v.* Chapeaux, mercerie fine, tresses et nattes ou vannerie; — en poils de vache, *v.* Ouvrages en crin; — en sel gemme (petits meubles) de spa, en bois blanc, *v.* Mercerie; — en spath fluor ou autres, *v.* Pierres ouvrées; — en stuc, chiques, comme les chiques de marbre; autres, *v.* Pierres ouvrées.

OXALATE, acide de potasse, sel d'oseille, *v.* Sels.

OXYDES, d'arsenic, *v.* Acide arsénieux; — de bismuth blanc, *v.* Parfumerie, fard blanc; — de chrôme, comme l'oxyde d'urane; — de fer, artificiels, *v.* le tableau ci-contre; — naturels, *v.* Fer, minerai, ou pierres servant aux arts (ocres); — de zinc, calamine grillée, *v.* Zinc, minerai (de); — artificiels, autres que ceux désignés ci-dessus et au tableau des droits, *v.* Produits chimiques non dénommés.

PAGNES, *v.* Tissus d'écorce.

PAILLASSONS, en cordes de crin tressées, *v.* Tissus de poil, couvertures; — en filaments de coco, *v.* Vannerie en végétal brut; — autres, *v.* Vannerie non dénommée.

PAILLE, de fer et d'acier, *v.* Fer, limailles et pailles; — de céréales, nettoyée et coupée pour faire des tresses; *v.* Tresses de paille grossières; — ouvrée en boîtes étuis, corbeilles à bijoux, etc., *v.* Mercerie fine; — en fleurs, plumes et ornements pour chapeaux, *v.* Tresses de paille, autres; — préparée pour la fabrication du papier, *v.* Drilles; — tissée, *v.* Tissus de vannerie; — tressée, *v.* Tresses et nattes.

PAILLETTES D'OR et d'argent, faux, *v.* cuivre doré ou argenté laminé; — fin, *v.* Or ou argent laminés.

PAINS, d'amandes et de pignon, *v.* Parfumeries, pâtes liquides, etc. — à cacheter et à chanter, *v.* Mercerie; — de graines oléagineuses, *v.* Tourteaux.

PALLADIUM, même régime que le platine.

PALMES, nattées, *v.* Chapeaux, nattes ou vannerie, autre, selon l'espèce.

PALMIER (chapeaux de fibres de), *v.* Chapeaux; — (feuilles ou rameaux de), *v.* Joncs et roseaux d'Europe; — (tiges de) pour cannes, *v.* Joncs et roseaux exotiques; — (tissus en fibres de), *v.* Tissus d'écorce.

PAXACOCO (graines de) percées, *v.* Mercerie; — non percées, *v.* Grains durs à tailler.

PANIERS, en coquillages, *v.* Mercerie fine; — en métal, *v.* Ouvrages en métaux; — en végétal quelconque, non garnis, *v.* Vannerie autre.

PANTOUFLES en feutre avec ou sans bordure en laine, *v.* Ouvrages en feutre non dénommés.

PAPAVER (suc de), *v.* Sucs d'espèces particulières, sucs desséchés non dénommés.

PAPIER, anti-rhumatismal, à cautère, ou préparé à l'arsenic (mort aux mouches), *v.* Médicaments composés non dénommés; — pour cigarettes ou découpé à jour par l'emporte-pièce. *v.* Papier selon l'espèce; — doré ou argenté, non gaufré, ou enduit de caoutchouc, *v.* Papier colorié pour reliure; — à écrire, orné de dessins ou d'encadrements coloriés, *v.* Étiquettes imprimées, etc.; — (écrit ou maculé et rognures de), *v.* Drilles; — gaufré, même doré ou argenté, *v.* Mercerie; — imprimé pour registres, *v.* Papier blanc ou rayé pour musique; — mâché, même avec incrustations de nacre, *v.* Carton moulé; — à polir, *v.* Papier d'enveloppe, etc.; — porcelaine, *v.* Carton en feuilles, autres; — présentant des dessins en relief, *v.* Étiquettes imprimées; — quadrillé. *v.* Mercerie; — rendu transparent par un corps gras, *v.* Papier blanc; — velouté pour fabriquer des fleurs artificielles, *v.* Papier soyeux, etc.

PARAFFINE brute, ou raffinée des pays contractants, comme l'acide stéarique, *v.* ces mots.

PARAPLUIES, parasols et ombrelles, en coton d'ailleurs que des pays contractants, *v.* Tissus de coton non dénommés; — en toile de lin ou de chanvre non cirée, comme ceux en toile cirée; — (crosses de) en corne, ivoire, nacre, bois fins, etc., *v.* Tabletterie; — (montures et carcasses de) en fer, *v.* Ouvrages en fer; — en baleine, le cinquième du droit des parapluies en soie.

280. — **OUVRAGES EN MÉTAUX, D'AILLEURS.** Beaucoup de petits ouvrages en fer, en cuivre, etc., font partie de la mercerie; les assimilations les indiquent; d'autres sont nommément taxés, tels que les ancres, les chaînes-câbles ou sont compris soit parmi les outils, soit parmi les machines et mécaniques.

281. — **TUBES EN FER, ETC.** Pour la conduite de l'eau, du gaz ou de la vapeur. Toutes les fois que le poids des tubes est égal ou inférieur à 3 kilog. par mètre courant, le droit le plus élevé leur est appliqué quel que soit le diamètre.

Ne sont considérés comme raccords admissibles aux droits, que les manchons, les mamelons et les boîtes à diminution à vis intérieures ou extérieures, qui sont introduits en même temps que les tubes auxquels ils doivent s'adapter. Il faut, en outre, que leur nombre n'excède pas celui des tubes plus un. Les autres pièces nécessaires à l'installation des tubes, telles que les pièces coudées à angle droit, en équerre ou en T, les bouchons à vis intérieure ou extérieure, longues vis, robinets, etc., ne sont admises qu'aux droits des pièces détachées de machines et mécaniques.

282. — **OUVRAGES EN CUIVRE.** Par ouvrages *simplement tournés*, on entend ceux qui n'ont reçu d'autre main-d'œuvre que celle qu'on peut leur donner à l'aide du tour; tels sont, dans l'état où d'ordinaire on les importe, les anneaux, bagues, chandeliers et flambeaux communs, chenets, dés à coudre et dés à vouloir, robinets, roulettes, viroles et autres objets analogues, qui ne sont ni dorés, ni vernis, ni bronzés.

La dénomination d'*autres ouvrages* s'applique notamment:

1° Aux baguettes ou autres objets estampés pour ornements de meubles, comme patères, embrasses, etc.

2° A tous les ouvrages en cuivre pur ou allié qui sont dorés, argentés, vernis, bronzés, etc.

3° Aux ouvrages en bronze, sauf les bronzes antiques qui font partie des *Objets de collection hors de commerce.*

283. — **OUVRAGES EN PLOMB.** Les balles en plomb de tout calibre en font partie.

284. — **OUVRAGES EN ÉTAIN,** poterie. On range dans cette classe tous les ustensiles, instruments et objets quelconques propres aux usages domestiques, ainsi que les ouvrages en étain, tels que bagues, anneaux, etc.

Les théières, cafetières, plats, couverts, chandeliers et autres ustensiles en métal de composition, dit métal anglais, font partie de la poterie *fine.*

285. — **OUVRAGES EN PEAU, ETC.** Les bâts non garnis et les outres vides, sont les seuls objets admissibles aux droits quelle qu'en soit la provenance. Les autres ouvrages en peau, etc. ne peuvent être importés que par les bureaux ouverts aux marchandises taxées à plus de 20 francs.

En outre des objets nommément taxés, les ouvrages en peau des pays contractants comprennent: la sellerie fine ou grossière; les chaussures fourrées ou non, recouvertes ou non en étoffe, les bas, culottes, gilets et autres effets d'habillement, sauf ceux en peau garnie de fourrure, lesquels font partie des pelleteries ouvrées: les objets d'équipement militaire, buffleteries, gibernes, ceinturons, baudriers, havresacs, shakos garnis, etc.; les articles de gaînerie; les chapeaux, les tabatières et autres articles en cuir bouilli; les taquets en cuir pour navettes de tisserand; les courroies en cuir pour transmission de mouvement; enfin, tous les objets en cuir ou peau qui, d'après le tarif général, appartiennent à la mercerie, savoir; les bougettes, bourses, bouteilles, cuirs à rasoirs avec ou sans gaîne, cornets à jouer, fouets en cuir ou en peau, gourdes, poires à poudre ou à plomb, portefeuilles de toute sorte avec ou sans serrure, sacoches, soufflets de main, tuyaux de pipes en cuir et tous les objets que les assimilations indiquent comme rentrant dans la classe des ouvrages en peau ou en cuir non dénommés.

Les porte-monnaies, buvards, porte-cigares, portefeuilles et nécessaires font partie de la tabletterie, lorsqu'ils sont revêtus ou incrustés d'ivoire, de nacre ou d'écaille; mais les ornements en métal dont sont revêtus les harnais, les fontes de pistolets, etc., sont considérés comme de simples accessoires et suivent le régime des ouvrages en peau.

286. — **OUTRES VIDES.** Les outres dans lesquelles sont contenus des liquides taxés au *net* ou à *la mesure,* acquittent le droit des outres vides.

287. — **OXYDES DE FER.** On range dans cette classe les oxydes obtenus artificiellement, tels que le colcotar, l'éthiops martial, le safran de mars, etc. Les oxydes naturels sont taxés, soit comme terre servant aux arts, soit comme minerai de fer. Quant à l'oxyde de fer combiné avec l'acide sulfurique, *v.* Sels, sulfates.

288. — **OXYDE D'URANE.** L'oxyde de chrôme est assimilé à ce produit.

289. — **PAIN ET BISCUIT DE MER.** La cassave, espèce de galette en fécule de manioc, est assimilée au biscuit.

290. — **PAPIER.** Les papiers à écrire et les enveloppes à lettres, ornés de dessins ou d'encadrements coloriés, sont traités comme étiquettes gravées, etc.; le papier gaufré, même doré ou argenté et les bordures, etc., pour cartonnage, fabriqués avec ce papier, comme mercerie commune; le papier à cigarettes comme le papier dont il est formé. Enfin, les papiers à cautère ou anti-rhumatismal et le papier dit mort aux mouches, rentrent dans la classe des médicaments composés non dénommés.

Sont rangés dans la classe des papiers blancs, etc., les papiers pour l'impression; ceux dont la pâte a été colorée; le papier imprimé pour registres et généralement tous ceux dans lesquels il existe des blancs ou interlignes destinés à être remplis à la main; les papiers blancs ou coloriés découpés à l'emporte-pièce, tels que ceux qui servent habituellement à garnir l'intérieur des boîtes de bonbons; enfin, les papiers rendus transparents par un corps gras.

On traite comme papier de soie, un papier végétal très velouté qui sert à la fabrication des fleurs artificielles.

Les carnets de papier blanc ou rayé, recouverts de peaux maroquinées, sont traités comme papiers de toute sorte lorsqu'ils sont importés des pays contractants, et comme mercerie s'ils viennent d'ailleurs.

DÉSIGNATION DES MARCHANDISES L'astérisque (*) indique que les droits mentionnés ci-contre comprennent les deux décimes	UNITÉS sur lesquelles portent les droits	QUOTITÉ DES DROITS	
		par navires franç. et des pays contractants par terre	par navires étrang. et d'ailleurs que des pays contractants par terre
		fr. c.	fr. c.
OUVRAGES EN MÉTAUX (suite) d'ailleurs que des pays contrac. 280 — en fonte	100 kil. B.	prohibés	prohibés
en fer 281) — tubes droits ou courbés, avec ou sans raccords ayant intérieurement un diamètre de — plus de 25 millimètres	100 kil. N.	35.00	38.50
25 millimètres ou moins	id.	50.00	55.00
autres			
en tôle et fer-blanc	100 kil. B.	prohibés	prohibés
en acier			
en cuivre pur ou allié (282) — simplement tournés, communs	100 kil. N.	100.00	107.50
fins	id.	200.00	212.50
autres	100 kil. B.	prohibés	prohibés
en plomb (283)	100 kil. N.	24.00	26.40
en étain (284) — poterie, commune	id.	100.00	107.50
fine	id.	200.00	212.50
autres			
en zinc et autres métaux non dénommés	100 kil. B.	prohibés	prohibés
OUVRAGES EN PEAU OU EN CUIR (285). des pays contrac. — gants	la valeur	5 p. %*	5 p. %*
buvards, étuis, nécessaires, porte-cigares	100 kil. N.	60.00*	65.50*
porte-feuilles, et porte-monnaies ou	la valeur	10 p. %*	10 p. %*
bâts, non garnis de cuir			
outres vides (286)	id.	10 p. %*	10 p. %*
autres			
d'ailleurs — sellerie, grossière, bâts non garnis de cuir	la pièce	0.50	0.50
autre	100 kil. B.	prohibée	prohibée
outres vides (286)	la valeur	10 p. %	10 p. %
autres	100 kil. B.	prohibés	prohibés

OUVRAGES en PLOMB, en TÔLE, en ZINC etc., *V.* OUVRAGES EN MÉTAUX.

DÉSIGNATION DES MARCHANDISES	UNITÉS	par navires français	par navires étrangers
OXYDES — de cobalt pur (*safre*) — de cuivre — d'étain	id.	exempts	exempts
de fer (colcotar) (287) — par navire français et par terre	id.	exempt	exempt
par nav. étrangers, des pays contractants	id.		
d'ailleurs	id.	——	0.25*
de plomb		——	1.00
d'urane (288) — de zinc (pompholix, tuthie et cadmie)	id.	exempts	exempts

P

DÉSIGNATION DES MARCHANDISES	UNITÉS	par navires français	par navires étrangers
PAIN et biscuit de mer (289)	id.	1.00	1.00
PAIN d'épice	100 kil. N.	13.00	14.30
PAPIER (290) — des pays contractants, *de toute sorte,*	100 kil. B.	8.00*	8.00*
d'ailleurs — blanc ou rayé pour musique	100 kil. N.	150.00	160.00
colorié, en rames ou mains, pour reliure, etc.	id.	90.00	97.00
d'enveloppe, à pâte de couleur	id.	80.00	86.50
peint, en rouleaux, pour tenture	id.	125.00	133.70
soyeux, dit papier de soie, papier de chine, papier joseph et autres de la même espèce	id.	100.00	107.50
PARAPLUIES, parasols et Ombrelles — des pays contractants	la valeur	10 p. %*	10 p. %*
d'ailleurs, en soie	la pièce	2.00	2.00
en toile cirée	id.	0.75	0.75

ASSIMILATIONS ET RENVOIS AUX AUTRES TABLEAUX DES DROITS	NOTES EXPLICATIVES
Parchemin, brut et achevé, écrit ou enduit de craie, etc., dit peau d'âne, r. Peaux préparées, parchemin achevé; — rognures (de), r. Oreillons. Parian (porcelaine dite), r. Poteries. Passe-lacets, en acier, r. Mercerie fine; — en corne, cuivre, os et en fer même étamé, r. Mercerie; — en écaille et en ivoire, r. Tabletterie; — en or et en argent, r. Bijouterie. Passementerie, en caoutchouc, r. Ouvrages en caoutchouc combiné, etc.; — autre, r. Boutons ou tissus selon l'espèce. Pastel, à dessiner, r. Crayons composés à gaine de cèdre; — d'écarlate, r. Kermès en grains ou en pastel. Pastilles, médicinales, r. Médicaments composés; — odorantes à bijoux, r. Musc; — à brûler, r. Parfumeries. Patères, pour rideaux, r. Ouvrages en métaux. Pâtes d'amande, de pignon, et autres pour la toilette, r. Parfumeries, pâtes liquides, etc.; — d'anil (feuilles broyées et desséchées), r. Indigo; — granulées non dénommées, r. pâtes d'Italie; — de guimauve, jujube, etc., r. Bonbons; jaune d'argile et de nerprun, r. Stil de grain; — de papier, r. carton de simple moulage; de pastel, r. Pastel, de satin pour glacer le papier, r. Produits chimiques non dénommés; — de savon, r. Parfumeries, savons; — de thérébenthine, r. Résines indigènes; — terreuse pour polir la poterie d'étain, r. Pierres, etc., propres aux arts non dénommées; — de tournesol, r. Orseille. Patins, r. Mercerie fine. Pâtisseries sucrées et gâteaux d'amandes ou de figues sucrés, r. Bonbons; — pâtés à la viande, r. viandes salées; — autres, r. Pain d'épice. Pattes d'ancres, r. Agrès et apparaux, ancres de 250 kil. et au-dessous. Pavés en bois, r. Bois à construire scié ou ouvrages en bois suivant le degré du travail; — en grès, r. Matériaux, pavés de grès; — autres qu'en grès même piqués, r. Matériaux non dénommés. Peaux, d'agneaux, dits d'astracan, r. Pelleteries; — autres préparées, pour éventails, comme les peaux de cygne ayant cette destination; — pour tout autre usage, r. Peaux préparées; — de chèvre et de chevreau, dit d'angora, r. Pelleteries; — de cygne et d'oie, préparées pour éventails, r. Peaux préparées; — autres, r. Pelleteries; — dédoublées ou sciées dans le sens de leur épaisseur, r. Peaux préparées; — de lapin et de lièvre, garnies de leur poil, r. Pelleteries; — sans poil, r. Oreillons; — d'oiseau de paradis, r. Plumes de parure; — de phoque, mégies, éjarrées ou teintes, r. Pelleteries; — tannées pour semelles, teintes ou autrement ouvrées, r. Ouvrages en peaux, pelleteries ou peaux préparées selon l'espèce; — rognures et raclures (de), r. Oreillons.	291. — Pastel (pâte de). Il ne s'agit ici que de la pâte grossière appelée vouède ou guède. L'indigo-pastel suit le même régime que l'indigo. C'est une fécule colorante qui est obtenue des feuilles de pastel par un procédé semblable à celui employé pour extraire l'indigo. 292. — Pâtes d'Italie. Le tapioca et les pâtes granulées non spécialement taxées en suivent le régime. 293. — Peaux brutes. Il s'agit ici des peaux sans fourrure destinées aux tanneries et aux mégisseries; les peaux à fourrure font partie des pelleteries. Les peaux dont on a fait simplement tomber le poil en les passant dans un bain de chaux demeurent dans la classe des peaux brutes. v. la note 295. 294. — Peaux de chiens de mer. On leur assimile les peaux d'anguilles.

DÉSIGNATION DES MARCHANDISES _L'astérisque (*) indique que les droits mentionnés ci-contre comprennent les deux décimes._	UNITÉS sur lesquelles portent les droits	QUOTITÉ DES DROITS	
		par navires fr. et des pays contractants par terre	par navires étrang. et d'ailleurs que des pays contractants par terre
		fr. c.	fr. c.
PARFUMERIES — des pays contractants — alcoliques	l'hect. d'alcool pur	15.00*	15.00*
eaux de senteur sans alcool			
vinaigres parfumés	100 kil. B.	10.00*	11.00*
pâtes liquides ou en pains			
savons de toilette	id.	6.00*	6.60*
autres — poudres — à poudrer			
— de senteur — de chypre			
— non dénommées	id.	10.00*	11.00*
pommades, de toute sorte			
fards blanc ou rouge			
pastilles odorantes à brûler	id.	9.60*	11.00*
d'ailleurs — eaux de senteur — alcooliques	100 kil. N.	150.00	160.00
eaux de senteur — sans alcool	id.	100.00	107.50
vinaigres parfumés			
pâtes liquides ou en pains	id.	25.00	27.50
savons liquides, en poudre, en pains ou en boules	id.	164.00	174.70
poudres — à poudrer	id.	25.00	27.50
poudres — de senteur — de chypre	1 kil. N.	9.00	9.90
— non dénommées	100 kil. N.	184.00	195.70
pommades, de toute sorte	id.	123.00	131.60
fards — blanc	id.	98.00	105.40
fards — rouge	1 kil. N.	17.00	18.70
pastilles odorantes à brûler — des pays hors d'Europe	100 kil. B.	exemptes	13.00
— des entrepôts	id.	8.00	13.00
PASTEL — feuilles et tiges (de)	id.	exemptes	exemptes
graines (de), V. _Graines à ensemencer._			
pâte (de) — grossière (291)	id.	exempte	exempte
pâte (de) — autre, dite indigo-pastel V. Indigo.			
PÂTES d'Italie — des pays contractants	100 kil. B.	3.00*	3.30*
d'ailleurs — par mer — des pays hors d'Europe	id.	5.00	7.00
— du cru des pays d'Europe	id.	5.00	7.00
— d'ailleurs	id.	7.00	7.00
par terre — du cru des pays d'Europe	id.	——	5.00
— d'ailleurs	id.	——	7.00
PEAUX brutes, fraîches ou sèches, grandes ou petites (293) — par mer — des pays contractants	id.	exemptes	0.25*
— des pays hors d'Europe	id.	exemptes	2.50
— du cru des pays d'Europe	id.	exemptes	2.50
— d'ailleurs	id.	2.50	2.50
par terre — du cru des pays d'Europe	id.	——	exemptes
— d'ailleurs	id.	——	2.50
PEAUX DE CHIENS DE MER brutes, fraîches ou sèches, de toute pêche (294) — des pays contractants	id.	exemptes	0.25*
des pays hors d'Europe	id.	exemptes	2.00*
des entrepôts	id.	2.00*	2.00*
PEAUX DE PHOQUE brutes de toute pêche	id.	exemptes	exemptes
PEAUX préparées — des pays contractants — teintes — cuir odorant de veau et de vachette dit _de Russie_	100 kil. N.	60.00*	65.50*
teintes — de mouton	id.	45.00*	49.50*
teintes — autres	id.	60.00*	65.50*
vernies ou maroquinées	id.	60.00*	65.50*
non dénommées, de toute espèce	100 kil. B.	10.00*	11.00*
d'ailleurs V. Folio suivant.			

ASSIMILATIONS	NOTES EXPLICATIVES
ET RENVOIS AUX AUTRES TABLEAUX DES DROITS	

PEIGNES, en argent, en or et en vermeil, r. Bijouterie; — en bois, en corne et en plomb, r. Mercerie; — en écaille et en ivoire, r. Tabletterie; — en fonte et en laiton, r. Ouvrages en métaux; — grossiers à peigner le lin et le chanvre, etc., r. Outils, sérans; — pour mécaniques dits Gills, r. Machines, etc., pièces détachées en cuivre ou en acier; — à tisser, en acier, laiton ou roseau, r. Machines, pièces détachées.

PEINTURES sur bois, cuivre, marbre, toile, etc., r. Objets de collection.

PELLES en bois. des pays contractants, r. Ouvrages en bois; d'ailleurs, r. Ouvrages en bois, boissellerie; — en fer, à feu, r. Ouvrages en fer; — à remuer la terre, r. Instruments aratoires.

PENDULES, r. Horlogerie, ouvrages moulés, et les notes qui s'y rapportent.

PENNES, de coton, r. fils de coton, déchets (de); — autres droits de la matière dont elles dérivent.

PENTURES en fer, r. Ouvrages en métaux.

PERLASSE, r. Alcalis, potasses.

PERLES, en acier, des pays contractants, r. Ouvrages en métaux; — fausses, en cire, r. Mercerie fine; — en nacre, recouvertes d'écailles d'ablette, v. perles fines; — ou grains, pour broderie, tricot, etc., en cuivre doré, r. Ouvrages en cuivre; — en verres, r. Verres, etc., vitrifications en graines percées.

PERSIENNES chinoises, en joncs peints, v. Meubles.

PERSPECTIVES, ou vues d'optique, r. Instruments de calcul, etc

PÈSE-LIQUEURS, v. Instruments de calcul.

PÉTRIFICATIONS, v. Objets de collection.

PÉTROLE, v. Bitumes; — huile (de), r. Huile de pétrole.

PEZIZE ou oreille de judas, r. Agaric blanc.

PHORMIUM TENAX, v. Cordages, fils ou tissus (de), et végétaux filamenteux.

PHOTOGRAPHIES, r. Gravures, etc.

PIANOS, r. Instruments de musique.

PIASSABA ou plassava, r. Végétaux filamenteux.

PICHOLINES, v. Fruits de table confits.

PUCHURIM (fèves de), v. Muscades sans coques.

PIÈCES DÉTACHÉES, d'armes, même régime que les armes, selon l'espèce; — de charpente, en fer, v. Ouvrages en métaux; — de charpente, de charronnage en bois, v. Ouvrages en bois; — d'instruments de musique, v. Instruments de musique; — de lingerie cousues, v. Effets à usage; — de machines, v. Machines; etc., pièces détachées.

PIÈCES DE PLAISIR (jetons), v. Ouvrages en métaux ou objets de collection.

PIEDS DE CHAISES, v. Ouvrages en bois non dénommés; — de mouchettes, v. Ouvrages en métaux.

PIÈGES à loup, à renard, à taupe, v. Outils, Instruments aratoires.

PIERRES, v. Matériaux, et pierres, etc., servant aux arts; — d'aigle, v. Pierres servant aux arts, pierres ferrugineuses non dénommées; — d'Antoing, de Tournay, de Soignies et autres à cristallisation confuse, v. Écossines; — bitumineuses, r. Bitumes; — calaminaire, v Zinc, (minerai de); — caustiques, à cautère ou autres, r. Médicaments composés; — à feu, (silex) brutes, r. Pierres, etc., cailloux à faïence, etc.; — taillées, v. Pierres, etc., pierres à feu; — à filtrer, brutes, v. Pierres servant aux arts non dénommées; — ouvrées et montées (fontaines), v. Meubles; — non montées, v. Pierres ouvrées; — gemmes, montées en or ou en argent, v. Bijouterie; — gravées, pour l'impression, v. Cylindres, etc., autres, montées en or ou en argent, r. Bijouterie; non montées, antiques, r. Objets de collection; — modernes, v. Pierres gemmes, taillées ou pierres ouvrées, etc.; — infernale (nitrate d'argent fondu), r. Médicaments composés non dénommées; — de labrador, r. Marbres; — lithographiques, brutes ou unies, r. Pierres servant aux arts non dénommées; — couvertes de dessins, gravures ou écritures, r. Pierres ouvrées; — de lune (argentine), v. Agates; — meulières, brutes, v. Matériaux; — taillées, v. Pierres ouvrées; — à moulage, r. Pierres servant aux arts non dénommées; — noire, r. Pierres servant aux arts, pierres ferrugineuses; — à rats, v. Sels, carbonate de baryte; — de tournesol, r. Orseille bleu cendré.

295. — PEAUX PRÉPARÉES, AUTRES. (d'ailleurs que des pays contractants) La prohibition s'applique aux peaux vernies, teintes ou maroquinées et à toutes celles qui sont pas reprises au tableau des droits, ainsi qu'au peaux dédoublées ou sciées dans le sens de leur épaisseur; mais on admet comme peaux brutes, les peaux de bœuf, vache, veau, chèvre, mouton, etc., qu'on a simplement passées dans un bain de chaux pour en faire tomber le poil et les conserver, pourvu que ces peaux soient entières, qu'elles aient encore leurs parties basses, telles que la peau de la tête, de la queue et des pattes, et que surtout aussi elles n'aient reçu aucun commencement de travail, ni du côté de la fleur, ni du côté de la chair.

296. — PARCHEMIN. Ne sont considérées comme parchemin brut que les peaux passées et préparées pour parchemin et ayant subi toutes les opérations antérieures à celles de la rature et du ponçage, en d'autres termes celles qui sont écharnées et amoindries et dont les extrémités irrégulières ont été coupées.

297. — PEAUX SIMPLEMENT TANNÉES. On considère commes petites celles qui pèsent moins d'un kilogramme.

298. — PELLETERIES BRUTES. Les pelleteries de toute sorte suivent le même régime qu'elles soient brutes, apprêtées ou en morceaux cousus c'est-à-dire en sacs, nappes ou toulouppes. Les peaux de phoque apprêtées et qui ont été mégies, éjarrées ou teintes en font partie.

299. — PELLETERIES OUVRÉES. Cette dénomination comprend les pelisses, manchons, boas, garnitures, rochets, palatines, aumusses, bonnets, bottes, et en général toutes les fourrures taillées, doublées ou assemblées par des coutures, autrement que pour former les assemblages appelés, dans le commerce de la pelleterie, sacs, nappes ou toulouppes.

300. — PERLES FINES. On leur assimile les perles en nacre faites au tour et recouvertes d'une légère couche d'écaille d'ablette; mais les perles fabriquées avec de la cire et auxquelles on a donné l'apparence des perles fines rentrent dans la classe de la mercerie fine.

301. — PHOSPHATES NATURELS. C'est notamment le phosphate de chaux natif ou terreux, qui est assimilé à la derle.

302. — PIERRES GEMMES. Celles qui sont montées en or ou en argent, rentrent dans la classe de la bijouterie.

On range particulièrement parmi les pierres gemmes, les diamants, la lazulite ou lapis-lazuli, la marcassite de choix pour bijoux, les chrysolithes, les aigues-marines, — astéries, — aventurines, — émeraudes, — grenats, sauf le *prime-brute* de grenat, qui est un grenat sans couleur ou très-peu coloré (celle-ci, est assimilée aux agates); — les hyacinthes, — jargons, — péridots, — rubis, — saphirs, — spaths — adamantins, — topazes, — tourmalines et zircons.

303. — BOL D'ARMÉNIE ET TERRE DE LEMNOS. La terre cimolée ou de cimolis suit le même régime.

304. — CASTINE. On assimile à la castine une argile marneuse appelée herbue ou arbue.

DÉSIGNATION DES MARCHANDISES L'astérique *) indique que les droits mentionnés ci-contre comprennent les deux décimes.	UNITÉS sur lesquelles portent les droits	QUOTITÉ DES DROITS par navires franç. et des pays contractants par terre	par navires étrang. et d'ailleurs que des pays contractants par terre
		fr. c.	fr. c.
Peaux préparées (suite) (295) — d'ailleurs que des pays contractants — au tan — d'agneau et de chevreau, en poil — en confit	100 en Nomb.	2.50	2.50
mégies	id.	3.00	3.00
parchemin et velin, bruts ou achevés (296)	100 kil. B.	exempts	exempts
de cygne ou d'oie, pour éventails	100 kil. N.	612.00	629.50
cuir odorant de veau ou de vachette, dit *de Russie*	id.	80.00*	86.50*
simplement tannées (297) — de porc	id.	200.00	212.50
de chèvre	100 kil. B.	10.00*	11.00*
autres — grandes	100 kil. N.	45.00	49.50
petites	id.	120.00	128.50
corroyées — pour tiges de bottes, avant-pieds, derrières et devants	id.	200.00	212.50
autres	id.	100.00	107.50
à l'alun — hongroyées	id.	40.00	44.00
mégissées	id.	50.00	55.00
autres (295)	100 kil. B.	prohibées	prohibées
Pelleteries — de toute sorte, brutes, apprêtées ou en morceaux cousus (298) — des pays contractants	id.	exemptes	0.25*
d'ailleurs — par mer — des pays hors d'Europe	id.	exemptes	2.50
du cru des pays d'Europe	id.	exemptes	2.50
d'ailleurs	id.	2.50	2.50
par terre — du cru des pays d'Europe	id.	———	exemptes
d'ailleurs	id.	———	2.50
ouvrées (299)	la valeur	15 p. %	15 p. %
Perches et échalas — des pays contractants	1000 en Nomb.	0.25*	0.30*
d'ailleurs	id.	0.25	0.25
Perles fines, de toute pêche (300)	1 hect. N.	exemptes	exemptes
Phosphates — naturels (301) — par navires français et par terre	100 kil. B.	exempts	exempts
par nav. étrangers — des pays contractants	id.	———	0.25*
d'ailleurs	id.	———	1.00
artificiels, *V.* Produits chimiques non dénommés.			
Phosphore — des pays contractants — blanc	100 kil. N.	40.00*	44.00*
rouge	la valeur	10 p. %*	10 p. %*
d'ailleurs, *V.* Produits chimiques non dénommés.			
Pieds d'élan	100 en Nomb.	exempts	exempts
Pierres gemmes, *de toute sorte*, brutes ou taillées (302)	100 kil. B.	exemptes	exemptes
Pierres ouvrées — des pays contractants y compris les pierres d'ardoises — taillées ou sciées ou couvertes de dessins, gravures ou écritures (pierres lithographiques)	id.	exemptes	0.25*
sculptées ou polies — statues modernes	id.	exemptes	0.25*
autres ouvrages	id.	0.50*	0.75*
d'ailleurs — chiques	id.	10.00	11.00
autres	la valeur	15 p. %	15 p. %
Pierres et terres propres aux arts et métiers — bol d'Arménie et terre de Lemnos (303) — par navires français et par terre	100 kil. B.	exemptes	exemptes
cailloux à faïence et à porcelaine — par navires étrangers	id.	.	1.00
castine (304)	id.	exempte	exempte
craie			
derle ou terre à porcelaine — par navires français et par terre	id.	exemptes	exemptes
groisou — par navires étrangers	id.	———	1.00
ocres			
V. la suite au folio suivant.			

ASSIMILATIONS ET RENVOIS AUX AUTRES TABLEAUX DES DROITS	NOTES EXPLICATIVES

ASSIMILATIONS ET RENVOIS AUX AUTRES TABLEAUX DES DROITS

Pignons de montres, *r.* Fourniture d'horlogerie.

Pilules de toute sorte, *v.* Médicaments composés non dénommés.

Piment, à gros fruits frais (piment doux), *v.* Légumes verts; — autre confit, au sucre, *r.* Confitures; — au vinaigre, *r.* Fruits de table confits sans sucre, etc., — frais ou sec, *r.* Poivre et piment.

Pinceaux communs, (brosserie), *r.* Mercerie; — de poils fins et de cheveux, *v.* Mercerie fine; — de toute sorte, des pays contractants, *v.* Brosserie.

Pinces, pour leviers et tire fausset, *v.* Outils de pur fer; — de bijoutier, d'horloger et autres, *v.* Outils de fer rechargé d'acier; — à ongles et à casser le sucre, *r.* Mercerie.

Pincettes, *r.* Ouvrages en métaux selon l'espèce.

Pinnes-marines (drap et bonneterie de), *r.* Tissus de soie selon l'espèce.

Pioches, *r.* Instruments aratoires.

Pipes à fumer, en ivoire, *r.* Tabletterie; — en écume de mer vraie ou fausse, des pays contractants, *r.* Ouvrages en écume de mer; — d'ailleurs, *r.* Mercerie fine; — en terre, des pays contractants, *v.* Poteries; — en terre sans émail et en grès, communs, *v.* Poteries, *faïence*; — fins, *r.* Mercerie fine; — en faïence, *v.* ce mot; — en porcelaine, *r.* Mercerie fine; — en verre, *v.* Verres, etc., verrerie non dénommée; — autres, *r.* Mercerie.

Piqueria à feuilles trinervées; même régime que le tabac.

Piques d'abordage et autres, *v.* Armes blanches, selon l'espèce.

Piqués, de pur fil, pour couvertures, blancs, comme le coutil pour literie; — teints, comme la toile imprimée, *v.* Tissus de lin, etc.

Pistolets de poche ou à vent, prohibés comme armes cachées; — autres, *v.* Armes à feu selon l'espèce.

Planches, d'acier et de cuivre, pour la gravure, polies, *r.* Ouvrages en métaux; — non polies comme acier en tôle ou cuivre laminé; — de bois, façonnées pour instruments de musique, *r.* Ouvrages en bois non dénommés; — teintes, *v.* Bois d'ébénisterie sciés; — stéréotypées, avec dessins ou vignettes, *v.* Cylindres planches et coins gravés; — autres, comme caractères d'imprimerie.

Planchettes préparées pour le pliage et l'emballage des draps, *v.* Ouvrages en bois non dénommés.

Planes, *v.* Outils de fer rechargé d'acier.

Plants de tabac, comme le tabac en feuilles.

Plaques, de cardes, *v.* Machines, etc., pièces détachées; — de cuir pour cardes (des pays contractants), *v.* Machines, pièces détachées; — en cuivre, à cadran, brutes pour horloges ou pendules, *r.* Cuivre laminé; autres (que brutes), *v.* Fournitures d'horlogerie; — coulées, sans autre main-d'œuvre, *r.* Cuivre pur ou allié, de 1re fusion; — laminées et à verdet, *r.* Cuivre laminé; — de daguerréotype, unies, *v.* Ouvrages en métaux; — revêtues d'images ou de dessins, *v.* Objets de collection; — d'écran de main, en bois blanc (ouvrages de spa), *v.* Mercerie; — d'enclume, *r.* Fer en barres et la note qui s'y rapporte; — en fonte, pour cheminées et funéraires, en métal, *v.* Ouvrages en métaux; — en terre cuite pour les émailleurs, *v.* Poteries, poteries de grès commun.

Plateaux, de balance, en bois, *r.* Ouvrages en bois non dénommés; — en métal, *v.* Ouvrages en métaux; — en figuier, vernissés, *v.* Mercerie fine; — en laque de chine, *v.* Meubles; — en tresses de paille, d'écorce, etc., pour chapeaux, *v.* Chapeaux.

Platine (éponge ou mousse de) platine en poudre, disposée pour briquets, *v.* Mercerie fine; — autre, *r.* Or, etc., ou orfèvrerie; — (minerai de), *r.* Minerai non dénommé.

Platines de fusils et de pistolets, *v.* Armes à feu, selon l'espèce.

Plieuses mécaniques, *r.* Machines pour le tissage.

Plumasseaux, *v.* Mercerie.

Plumes, en paille pour ornements de chapeaux, *v.* Tresses de paille fines; — (tuyaux de) simplement séparés de leur tige et destinés à être taillés, comme plumes à écrire.

Plumets, *v.* Modes.

Poches, *r.* Instruments de musique.

Poêles, à chauffer les appartements (des pays contractants), *v.* Machines, etc., gazomètres; — d'ailleurs, *r.* Faïence ou ouvrages en métaux; — à frire, *v.* Ouvrages en fer.

Poêlons, *r.* Ouvrages en métaux; — (fonds de), en cuivre, *r.* Fonds de bassines, etc.

Poids de pression, en fonte pour métiers à filer, *r.* Machines, etc., pièces détachées.

Poignards (armes cachées) prohibés.

Poignées de parapluie, en corne, en ivoire, nacre, etc., *r.* Tabletterie.

Poils, de bremen, de lama, de vigogne, etc., *r.* Laines; — ouvrages en poils de vache des pays contractants, *r.* Ouvrages en crin.

Poinçons gravés, *v.* Cylindres, etc.

Pointes, en fer, petites pour dents de cardes, *v.* Machines, etc., pièces détachées; — en fer ou en acier pour peignes à peigner, *r.* Outils.

Poires, *r.* Pommes et poires, etc.

Pois à cautère, en iris et en orangette, *r.* Iris de Florence ouvré.

Poissons conservés, *v.* Poissons secs, salés ou marinés; — homards préparés pour sauces, *r.* Épices préparées.

NOTES EXPLICATIVES

305. — Pierres a aiguiser, brutes. On n'admet dans cette catégorie que les pierres entièrement brutes ou simplement ébauchées, qui ne peuvent être employées sans une nouvelle main-d'œuvre.

306. — Pierres ferrugineuses, autres. Cette dénomination comprend: la sanguine et l'hématite brutes, le flin, l'aimant; les œtites ou pierres d'aigle et la pierre noire propre à servir de crayon.

307. — Pierres a feu. Il ne s'agit ici que des pierres à feu taillées; celles qui sont brutes (*silex*) font partie des cailloux à faïence et à porcelaine.

308. — Spath. Ne sont pas compris dans cette tarification: le spath adamantin (*v.* Pierres gemmes); le spath chatoyant, (*v.* Marbres); le spath gypseux, *v.* Albâtre); le spath perlé, (*v.* Minerai de fer) et le spath pesant, (*v.* Sels, sulfate de baryte). Les ouvrages en spath rentrent dans la classe des pierres ouvrées.

309. — Talc. Le talc pulvérisé suit le régime des couleurs non dénommées. On assimile la vérine d'Allemagne au talc brut, en masse.

310. — Pierres, etc., non dénommées. Ce sont notamment: l'amiante, — les briques à polir les couteaux, — l'écume de mer, — les pierres et terres savonneuses, et notamment celles dites *pierres de lard*, — les pierres lithographiques *brutes*, c'est-à-dire sans dessins, — les pierres à filtrer, — les pierres à moulage, — les terres à foulon, — la terre moulard, — la terre *dite de Patna*, — et le sable coloré pour bureaux.

311. — Planches gravées. *v.* la note 105, relative aux cylindres, planches et coins gravés.

312. — Plaqués. La prohibition qui atteint les ouvrages en plaqués, importés d'ailleurs que des pays contractants, s'étend à tous les ouvrages en métaux communs, autres que les boutons qui sont recouverts d'une lame ou feuille d'or ou d'argent.

Les ouvrages en argent doublé d'or font partie de la bijouterie ou de l'orfèvrerie.

313. — Minerai de plomb. Les scories et le sulfate de plomb sont assimilés au minerai.

314. — Plomb allié d'antimoine. On traite comme brut, le plomb qui ne contient que 10 % *ou* moins d'antimoine.

315. — Plumes a lit, des pays contractants. Le duvet de cygne fixé sur tissu de coton, pour garniture de gants ou pour ouvrages de modes, rentre dans la classe de plumes à lit de toute sorte.

316. — Plumes et becs de plumes en métal. Quand des porte-plumes, prohibés à l'entrée par le tarif général, en raison de la matière dont ils sont formés accompagnent *comme accessoires* des plumes métalliques, on peut les admettre, par exception, au droit qui affecte ces plumes.

Les cartons imprimés ou chargés de dessins, sur lesquels les becs de plumes sont fixés, peuvent être défalqués du poids total et admis séparément au droit des *étiquettes, etc.*

317. — Poids et mesures. Les anciens poids et les mesures anciennes sont prohibés, ainsi que les poids et mesures du système métrique, soit comme ouvrages en métaux, soit par le fait des lois et règlements qui les assujettissent à une police spéciale. Cependant on admet aux droits des ouvrages en métaux, selon l'espèce, les poids et mesures du système métrique importés des pays contractants. C'est aux déclarants, avant de s'en servir ou de les mettre en circulation dans le commerce, à remplir les formalités applicables aux instruments de l'espèce fabriqués en France.

318. — Poils de toute sorte. Les poils soufflés suivent le même régime que les poils bruts.

319. — Poissons. Le caviar et la boutargue (préparations d'œufs de poisson), payent les mêmes droits que les poissons de mer, de pêche étrangère, selon qu'ils sont salés ou marinés.

Les poissons conservés par la méthode d'Appert, ou autres procédés analogues, suivent le régime des poissons secs, salés, fumés ou marinés selon l'espèce. Les homards placés dans ces conditions sont traités comme poissons marinés ou à l'huile.

Les poissons pêchés sur les côtes des départements du Var, des Bouches-du-Rhône et de l'Hérault, par les pêcheurs catalans ou autres espagnols qui y sont domiciliés ou stationnaires, sont affranchis des droits d'entrée, mais il faut, pour qu'il y ait lieu de les faire jouir de cette immunité, d'une part, que les pêcheurs espagnols soient soumis à la même juridiction que les Français; et, de l'autre, qu'ils soient inscrits au bureau des classes, cette disposition est étendue, par tolérance aux pêcheurs italiens. Enfin, les sardines fraîches ou légèrement soupoudrées de sel, qui proviennent d'Espagne, et sont importées par les bureaux de Béhobie, d'Andaye et de St-Jean-de-Luz, sont assimilées aux poissons frais, d'eau douce.

Les aloses, éperlans et saumons sont considérés comme poissons d'eau douce.

L'importation de la truite et du saumon frais est prohibée du 20 Octobre au 31 Janvier.

DÉSIGNATION DES MARCHANDISES L'astérique (*) indique que les droits mentionnés ci-contre comprennent les deux décimes.	UNITÉS sur lesquelles portent les droits	QUOTITÉ DES DROITS par navires franç. et des pays contractants par terre	par navires étrang. et d'ailleurs que des pays contractants par terre
		fr. c.	fr. c.
PIERRES et terres propres aux arts et métiers (suite). pierres — à aiguiser (305) des pays contractants, brutes ou taillées	100 kil. B.	exemptes	0.25*
d'ailleurs brutes par nav. français et par terre	id.	exemptes	exemptes
par nav. étrangers	id.	—	1.00
taillées	id.	5.00	5.50
ferrugineuses émeri en pierres brutes	id.	0.50	2.00
autres (306) préparé, en grains ou et poudre	id.	8.00	8.80
à feu (307) / ponce / de touche / sable à fabriquer le verre ou la faïence / spath (308) / talc brut, en masse (309) / terre à pipe / tripoli ou alana / non dénommées (310) — par navires français et par terre	id.	exemptes	exemptes
par navires étrangers	id.	—	1.00
PLANCHES gravées pour impression sur papier (311) des pays contractants	id.	exemptes	0.25*
d'ailleurs	la valeur	15 p. %	15 p. %
PLANTES alcalines			
PLANTS d'arbres	100 kil B.	exempts	exempts
PLAQUÉS (312) des pays contractants (sans distinction de titre)	100 kil N.	100.00*	107.50*
d'ailleurs	100 kil. B.	prohibés	prohibés
PLOMB minerai de toute sorte et cendres ou scories de plomb (313)	id.	exempt	exempt
allié d'antimoine (314) des pays contractants	id.	3.00*	3.30*
d'ailleurs	100 kil. N.	26.00	28.60
scories (de) des pays contractants (313)	100 kil. B.	exempts	0.25*
métal brut, en masses, saumons, barres ou plaques / limailles des pays contractants	id.	exempts	0.25*
débris de vieux ouvrages d'ailleurs	id.	exempts	0 25
battu ou laminé des pays contractants	id.	3.00*	3.30*
d'ailleurs	100 kil. N.	24.00	26.40
ouvré, de toute sorte. V. OUVRAGES EN MÉTAUX.			
PLUMES de parure, de toute sorte	100 kil. B.	exemptes	exemptes
à écrire brutes ou apprêtées	id.	exemptes	exemptes
à lit, de toute sorte (duvet et autres) des pays contractants (315)	id.	3.50*	3.80*
d'ailleurs	100 kil. N.	50.00*	55.00*
PLUMES et becs (de) en métal autre que l'or ou l'argent (316) des pays contractants	id.	100.00*	107.50*
d'ailleurs	1 kil N.	4.00	4.40
POIDS et mesures (317)	100 kil. B.	prohib.	prohib.
POIL de messine	100 kil. B.	exempt	exempt
POILS de toute sorte. bruts (318)	id.	exempts	exempts
peignés ou en bottes de longueurs assorties de chèvre des pays contractants	id.	10.00*	11.00*
d'ailleurs	id.	10.00	11.00
autres des pays contractants	id.	12.00*	13.20*
d'ailleurs	id.	10.00	11.00
POISSONS (319) d'eau douce, de toute pêche, frais	id.	exempts	exempts
préparés des pays contractants	id.	10.00*	11.00*
d'ailleurs	100 kil N.	40.00	44.00
de mer de pêche française harengs secs ou fumés, importés de Terre-Neuve	100 kil. B.	exempts	2.00*
autres	id.	exempts	exempts
de pêche étrangère. V. Folio suivant.			

ASSIMILATIONS
ET RENVOIS AUX AUTRES TABLEAUX DES DROITS

POMMADES pour la toilette, r. Parfumerie.

POMMES ET POIRES (marmelade de) r. Confitures sans sucre ni miel; — sèches, ayant leurs pellicules et leurs pepins, r. Légumes secs; — sirop et sucre de pommes, r. Sirops ou bonbons.

POMMES, d'amour (tomates) confites au vinaigre, r. Fruits de table confits sans sucre ni miel; — (marmelade ou tablettes de), r. Épices préparées; — de terre, (eau-de-vie de), r. Boissons distillées.

POMPES, en bois, r. Ouvrages en bois non dénommés; — de pipe, en plomb, r. Mercerie; — à vapeur, v. Machines, etc.; — autres, y compris les pompes à incendie et les pompes d'épuisement, r. Machines non dénommées.

POMPHOLIX, v. Oxyde de zinc.

PORCELAINE, v. Poteries; — de réaumur (verre opaque), r. Verres, etc., verrerie non dénommée.

PORCS, r. Bestiaux.

PORTE-ALLUMETTES, en cuivre faisant office de briquets, comme les briquets, r. Mercerie.

PORTE-CIGARES, en bois, garnis en corne ou en os, sans griffes, r. Mercerie commune; — avec griffes, r. Mercerie fine; — en écume de mer des pays contractants, r. Ouvrages (en);—d'ailleurs, et en corne,os,succin ou ambre jaune, cuivre blanchi, etc.,avec ou sans griffes,r. Mercerie fine; — en ivoire uni ou sculpté, r. Tabletterie; — en peau, des pays contractants, r. Ouvrages en peau.

PORTE-CRAYONS, en acier et en argentan, r. Ouvrages en métaux; — en or, en argent ou en vermeil, r. Bijouterie; — en écaille, en ivoire et en nacre, unis ou sculptés,r.Tabletterie; — dorés ou argentés, r. Ouvrages en cuivre non dénommés; — autres à la grosse, r. Mercerie.

PORTE-ÉTRIERS, en fer. en acier ou en cuivre, r. Ouvrages en métaux.

PORTEFEUILLES de poche et de bureau non garnis, r. Mercerie; — des pays contractants, r. Ouvrages en peau.

PORTE-MANTEAU en bois, r. Malles ou boissellerie, selon l'espèce.

PORTE-MINE ET PORTE-PLUMES, en argent, etc., r. Bijouterie; — en bois, garnis de métaux, r. Mercerie; — en bois, garnis en corne, ou en os, et en corne os, cuivre blanchi, etc., comme les porte-cigares dans les mêmes conditions; — en cuivre, fer, argentan, r. Ouvrages en métaux; — en écaille, en ivoire et en nacre, r. Tabletterie.

PORTE-MONNAIE, en peau ou en cuir, des pays contractants, r. Ouvrages en peau; — d'ailleurs, avec ou sans garnitures en métal commun, r. Mercerie.

PORTE-MONTRE, en grains de verre, r. Mercerie fine.

PORTE-MOUCHETTES en acier et en tôle vernie, r. Ouvrages en métaux; — en carton, r. Carton moulé; — en cuir bouilli, r. Ouvrages en peau; — en plaqué ou doublé, r. Plaqués.

PORTE-MOUSQUETONS, r. Ouvrages en métaux.

POTASSES, des pays contractants, r. Produits chimiques non dénommés; — d'ailleurs, r. Alcalis.

POTASSIUM, r. Iodure (de).

POTÉE d'étain, r. Oxyde d'étain.

POTERIES, d'étain ou de fonte, r. métaux; — antiques (vases étrusques), r. Objets de collection.

POIS-POURRIS, eaux de senteur alcooliques, v. Parfumeries; — odorants, à brûler, r. Parfumeries, pastilles odorantes, etc.

POUDRES, pour assaisonnement et poudre de kary, r. Épices préparées; — dentifrice, r. Parfumeries, poudres de senteur, autres; — à faire de l'encre, r. Encre à dessiner en tablettes; — fulminante, r. Poudre à tirer; — de gombo, comme les légumes secs; — d'or, r. Or brut; — d'os, r. Os; — de Perse ou du Caucase (pyrètre), v. Herbes médicinales; — à poudrer et de senteur, r. Parfumeries; — de Séville, r. Tabac fabriqué; — sternutatoire et autres poudres médicinales, r. Substances médicinales pulvérisées; — à teindre les cheveux, r. Parfumeries, poudres de senteur, autres; — à tirer, r. Munitions de guerre; — végétatives (poudrette), r. engrais.

POULAINS ET POULICHES, r. Chevaux.

POULIES, en bois, même montées sur un axe en fer, r. Ouvrages en bois; — en métal, r. Ouvrages en métaux.

POUPÉES et têtes de', r. Bimbeloterie et la note qui s'y rapporte.

POURPRE naturelle et factice, r. Couleurs non dénommées.

POUTRES et POUTRELLES, en fonte, r. Ouvrages en métaux.

PRESLE (tige de) r. Joncs et roseaux d'Europe.

PRESSES, d'imprimerie, r. Machines à imprimer, etc.; — hydrauliques et autres de toute espèce, r. Machines non dénommées.

PRESSOIRS, entièrement en bois, r. Ouvrages en bois non dénommés; — autres, r. Machines pour l'agriculture.

NOTES EXPLICATIVES

320. — POTERIES, des pays contractants. La classification adoptée diffère de celle du tarif général; mais il n'est qu'un petit nombre d'articles qui motivent des observations particulières.

321. — TUYAUX DE DRAINAGE ET AUTRES. Les tuyaux en grès, vernissés ou non, sont admissibles en franchise comme ceux de terre commune cuite en dégourdi.

322. — CARREAUX. Les carreaux pour parquets, façon mosaïque, rentrent dans la classe des poteries de terre commune cuites en dégourdi admissibles en franchise, lorsqu'ils sont unis, unicolores, à pâte plus ou moins colorée, ou que, présentant plusieurs couleurs, ils ont été obtenus par moulage simple sans retouche ou avec des terres colorées. En terre blanche, à émaux blancs ou colorés, ils sont passibles du droit de la faïence fine.

323. — USTENSILES ETC. EN GRÈS pour la fabrication des produits chimiques. La franchise, applicable aux ustensiles et appareils de l'espèce, ne s'étend pas aux récipients tels que pots, bouteilles, terrines, etc. qui renferment des produits chimiques et qui peuvent d'ailleurs servir à d'autres usages.

324. — FAÏENCE STANNIFÈRE. On comprend sous cette dénomination, non-seulement les produits que le tarif général désigne sous le titre de *faïence commune*, mais encore les poteries à glaçure colorée, unicolores ou multicolores, dont les majoliques constituent un spécimen remarquable. Ce sont principalement des objets d'ornementation d'une assez grande dimension ou des sièges de jardin.

325. — PORCELAINES. Le parian est un produit analogue à la porcelaine, ayant l'apparence du marbre de Paros. Il sert à fabriquer des statuettes, des vases d'ornement, etc.

La porcelaine dite *de Réaumur* suit le régime des verres et cristaux.

Les chiques en porcelaine sont assimilées à la porcelaine.

326. — POTERIES, d'ailleurs. Les poteries de toute sorte auxquelles on a adapté des garnitures, pieds, couvercles ou autres ornements en métal, suivent à l'entrée le régime des ouvrages fabriqués avec ce même métal; ainsi on considère comme prohibées des porcelaines montées sur bronze ou sur cuivre doré. Enfin, en cas de mélange de deux produits soumis à des droits différents, c'est le droit le plus élevé qui devient applicable.

327. — POTERIE DE TERRE GROSSIÈRE. C'est une poterie *commune*, sans émail ou recouverte d'un simple enduit métallique ordinairement de couleur jaune, verte, brune ou rouge. Cette poterie, de fabrication très-grossière, sert comme ustensiles de ménage. Elle a la propriété de résister à l'action du feu.

On applique le régime de la poterie de terre grossière aux *alcarazas*, vases poreux et non vernissés, dont on se sert dans le Midi, et principalement en Espagne, pour rafraîchir l'eau.

328. — FAÏENCE COMMUNE. Poterie de terre à pâte plus ou moins colorée recouverte d'un émail opaque et dur qui masque la couleur de la pâte. Les carreaux *de terre commune* recouverts, d'un côté, d'un vernis blanc ou chargé de dessins, qu'on emploie soit pour carrelage ou à la construction de poêles ou fourneaux, soit pour revêtement de murs ou d'intérieurs de cheminées, suivent le même régime.

329. — POTERIE DE GRÈS, USTENSILES. Ce sont les pots, jarres, cruches, cruchons, bouteilles, creusets et autres objets de même nature, qui servent d'ustensiles aux arts et métiers ou de récipients pour le transport des liquides: c'est le grès de l'espèce la plus lourde; il n'a reçu qu'un simple vernis, produit par le sel marin qu'on a projeté sur les pièces pendant leur cuisson.

330. — PORCELAINE. Elle se distingue des autres poteries principalement en ce qu'elle est demi-transparente. On considère comme commune: 1° la porcelaine *non dorée* qui n'a que la couleur de la pâte, soit blanche, grise ou jaune: 2° celle revêtue de dessins *en camaïeu*, c'est-à-dire de dessins d'une seule couleur et simplement transportés sur la pâte par le moyen de l'impression, quelle que soit d'ailleurs la nature des sujets représentés.

La porcelaine peinte, ou dorée, qu'elle que soit la couleur de la pâte, la porcelaine décorée en fleurs ou ornements coloriés, autre que celle en camaïeu, la porcelaine à pâte blanche recouverte *en entier* d'une couche colorée, et enfin la porcelaine mate, en pâte fine, connue sous le nom de biscuit, sont traitées comme porcelaine fine; mais l'on admet comme porcelaine commune le biscuit entièrement uni, ayant conservé la couleur naturelle de la pâte.

La porcelaine de Chine qui n'est pas entièrement blanche est rangée dans la porcelaine fine; il en est de même de la porcelaine revêtue d'ornements en relief faits à la main ou au moule.

Les chiques en porcelaine sont assimilées aux chiques en agates et les boutons, aux boutons fins.

DÉSIGNATION DES MARCHANDISES *L'astérique (* indique que les droits mentionnés ci-contre comprennent les deux décimes*	UNITÉS sur lesquelles portent les droits	QUOTITÉ DES DROITS	
		par navire franç. et des pays contractants par terre	par navires étrang. et d'ailleurs que des pays contractants par terre
		fr. c.	fr. c.
POISSONS (suite) (319). — de mer (de pêche étrangère) — frais — stock-fish	100 kil. B.	10.00	11.00
morues.. de Givet à Mont-Genèvre inclusivement	100 kil. N.	—	11.00
par tout autre point	id.	40.00	44.00
autres, y compris ceux pêchés dans les eaux françaises de la Méditerranée, par les pêcheurs italiens	100 kil. B.	5.00*	5.50*
secs, salés ou fumés — des pays contractants, *à l'exclusion de la morue*	100 kil. B.	10.00*	11.00*
d'ailleurs	100 kil. N.	40.00	44.00
marinés ou à l'huile, *de toute pêche*... — des pays contractants	100 kil. B.	10.00*	11.00*
d'ailleurs	100 kil. N.	25.00	27.50
POIVRE ET PIMENT. — des pays hors d'Europe	id.	50.00*	61.00*
d'ailleurs	id.	61.00*	61.00*
POMMES ET POIRES ÉCRASÉES	100 kil B.	exemptes	exemptes
POMMES DE TERRE	id.	exemptes	exemptes
POTERIES — des pays contractants (330) — de terre commune — cuites en dégourdi — cornues à gaz; creusets *de toute sorte* (y compris ceux en graphite ou plombagine); tuyaux de drainage et autres (321); pipes de terre; carreaux, façon mosaïque (322); non vernissées, *de toutes formes*; vernissées sans décoration de sculpture ou de peinture (*poteries grossières*)	id.	exempts	0.25*
vernissées avec décorations à relief unicolores ou multicolores (*platerie et creux*)	id.	5.00*	5.50*
cuites en grès — ustensiles et appareils pour la fabrication des produits chimiques (323)	id.	exempts	0.25*
communes, *de toute sorte* (platerie et creux) comprenant la forme bouteille, les carafes, objets de ménage, ustensiles de cuisine et autres	id.	4.00*	4.40*
grès fin (poteries unies ou décorées faites avec des pâtes fines, lavées et cuites)	la valeur	15 p.% *	15 p.% *
faïences — stannifères (324) — pâte colorée, couverte blanche ou colorée avec reliefs, gaudrons, cannelures ou dentelures, unicolores, obtenus par moulage sans retouche	100 kil. B.	exemptes	0.25*
à glaçure multicolore avec dessins imprimés ou peintures à la main ou avec moulures en relief retouchées à la main	la valeur	15 p.% *	15 p.% *
fines, (poteries à pâtes fines et blanches, cuites en dégourdi avec émaux vitreux, unies ou sculptées, avec ou sans peintures	id.	15 p.% *	15 p.% *
porcelaines de toute sorte (blanches ou décorées, parian et biscuit blanc ou coloré) (325)	id.	10 p.% *	10 p.% *
d'ailleurs (326) — de terre — grossière (327)	100 kil. B.	6.00	6.60
faïence commune (328)	100 kil. N.	49.00	53.90
de grès — commun — ustensiles d'arts et métiers (329)	100 kil. B.	10.00	11.00
vaisselle de table ou de cuisine	100 kil. N.	15.00	16.50
fin	100 kil. B.	prohibées	prohibées
de terre de pipe (*faïence fine*)	id.	prohibées	prohibées
Porcelaines (330) — de la Chine ou du Japon, importées direct. des pays hors d'Europe	la valeur	10 p.% *	10 p.% *
autres — communes	100 kil. N.	164.00	174.70
fines (*biscuit compris*)	id.	327.00	344.50
PRAIS (*sauce de tabac*) — des pays contractants	100 kil. B.	1.20*	1.32*
d'ailleurs	id.	1.00	1.10

ASSIMILATIONS ET RENVOIS AUX AUTRES TABLEAUX DES DROITS	NOTES EXPLICATIVES

PROJECTILES, r. Munitions de guerre.
PROSPECTUS imprimés, comme les livres.
PROTO-CHLORURE de mercure (calomel), r. Médicaments composés non dénommés.
PSALMODIONS (clarinettes) et PSALTÉRIONS, r. Instruments de musique.
PYROLIGNITE de fer, des pays contractants, r. Produits chimiques non dénommés; — d'ailleurs, r. Sels, acétate de fer.
QUARTS de cercle, r. Instruments de calcul.
QUEUES de billard, r. Tabletterie non dénommée.
QUINATE ou kinate de chaux, v. Produits chimiques non dénommés.
QUININE, r. Médicaments composés, extrait de quinquina.
QUINQUETS, comme les ouvrages du métal, dont ils sont principalement formés.
QUINQUINA, élixir, sirop et vin (de), r. Médicaments composés non dénommés; — (extrait de), v. Médicaments composés; — poudre (de, r. Substances médicinales pulvérisées; — sel (de), sulfate de quinine, r. Produits chimiques non dénommés.
RABANES, r. Tissus d'écorce.
RACCORDS de tubes en fer, r. Ouvrages en métaux.
RABOT, bois (de), garnis de fer, d'acier ou de cuivre, r. Outils de fer, d'acier ou de cuivre; — non garnis, r. Ouvrages en bois non dénommés; — fers (à), r. Outils de fer rechargé d'acier.
RACLES, lames d'acier ou de cuivre allié et RACLOIRS de menuisier, r. Outils de pur acier.
RAILS, r. Fer en barres, à rainures.
RAIS de roues, v. Ouvrages en bois non dénommés.
RAMES de bateaux, r. Ouvrages en bois.
RAPATELLE, r. Tissus de crin, toile à tamis.
RAPES, r. Outils, limes, etc; à pain, comme les râpes communes.
RAQUETTES, r. Mercerie.
RASSADES, v. Verres, etc., vitrifications en grains percés.
RATANHIA (extrait de), r. Médicaments composés non dénommés.
RATEAUX, v. Ouvrages en bois, ainsi que boissellerie; — en fer, r. Instruments aratoires.
RATELIERS de fausses dents, r. Tabletterie non dénommée.
RATIÈRES des pays contractants, r. Ouvrages en bois non dénommés; — d'ailleurs r. Mercerie.
RATISSOIRES, r. Instruments aratoires.
RÉALGAR, r. sulfure d'arsenic.
RÈGLES, en bois commun, r. Ouvrages en bois non dénommés; — fins, r. Tabletterie; — en fer et en cuivre, pour calcul, r. Instruments de calcul; — autres, v. Ouvrages en métaux; — en verre, r. Verres, etc., verrerie non dénommée.
RÉGLISSE, en poudre, v. Substances médicinales pulvérisées; — jus (de). v. Sucs d'espèces particulières.
RÉGULE, d'antimoine, v. Antimoine métallique; — d'arsenic, v. Arsenic, métal; — de cobalt, r. Cobalt, métal.
RELIURES, en étoffes, comme les étoffes dont elles sont formées; — en papier colorié, r. Carton coupé, etc.; — en peau, r. Ouvrages en peau.
RÉSIDU, de fabrication, des acides nitriques, r. Sels, sulfate de potasse; — sulfurique, lessivé ou non, r. Sels, sulfate de potasse et la note qui s'y rapporte; — de l'alun, comme le sulfate de fer, r. Sels; — d'alquifoux, r. Minerai de plomb; — d'amande et de pignon, r. Parfumeries, pâtes liquides; — d'ammoniaque, r. Noir d'os; — de membranes de graisses dépouillées de leur suif, r. Tourteaux; — de noir animal et écume sèche des raffineries de sucre, r. Engrais; — du raffinage du sel marin, r. Sel de marais, etc.
RESSORTS de bandages herniaires, r. Instruments de chirurgie; — de fusils, de mouchettes, de tourne-broches et de voitures, r. Ouvrages en métaux; — de montres et de pendules, r. Fournitures d'horlogerie.
RÉVERBÈRES, comme les métaux dont ils sont principalement formés, r. Ouvrages en métaux.
RHODES, (essence de bois de), r. Huiles volatiles.
RHUBARBE, élixir et extrait (de) r. Médicaments composés non dénommés; — poudre (de), r. Substances médicinales pulvérisées.
ROBINETS, en cuivre, comme ouvrages simplement tournés; — en étain, r. Ouvrages en étain, poterie.
ROGNURES d'éponges et de peaux, r. Oreillons.
ROSE végétal, r. Kermès en poudre.
ROSÉINE et rosette (laque rosette), r. Couleurs non dénommées.
ROCANNES, r. Outils de fer rechargé d'acier.
ROUES hydrauliques, r. Machines non dénommées; — pour montres, r. Fournitures d'horlogerie; — autres, en bois, ferrées, pour charriots, etc., comme voitures à échelle; pour voitures suspendues, même régime que celles-ci; — non ferrées, r. Ouvrages en bois non dénommés; — en fonte et en fer, r. Ouvrages en métaux; — bandes de pour locomotives et tenders, r. Fer, rails; — pour voitures comme le fer en barres carrées de moins de 15 centimètres.
ROUETS A FILER et ROULEAUX en fonte et fer pour le jardinage, v. Machines et mécaniques.
ROULETTES, à déchiqueter la pâte, v. Mercerie; — autres, en cuivre, comme les ouvrages simplement tournés; — en fer, r. Ouvrages en fer.
RUBANS de cardes, r. Machines, etc., pièces détachées; — de cuir, pour cardes. v. les notes 219 et 224; — en coton, fil, soie ou bourre de soie, r. Tissus selon l'espèce; — en laine ou mélangés de fil, de laine et poil, v. Tissus de laine, passementerie; — en laine et soie, comme les rubans de soie.
RUCHES à miel, renfermant des essaims vivants, r. Abeilles; — du miel sans mouches, r. Miel; — vides, neuves, en bois, v. Ouvrages en bois non dénommés; — en liège, v. Liège ouvré; — en tiges tressées, r. Vannerie non dénommée; — vieilles, de toute sorte, r. Meubles.

---

331. — PRODUITS CHIMIQUES NON DÉNOMMÉS. Il y a une distinction à faire entre les produits chimiques non dénommés au tarif général et ceux qui ne sont pas repris au tarif conventionnel.

On range parmi les premiers, qui continuent à être prohibés, les produits chimiques de toute sorte qui ne figurent pas aux tableaux des droits, à l'exception de ceux qui font partie des couleurs non dénommées et de quelques articles qui sont assimilés à des produits chimiques nommément tarifés. On trouve aux *assimilations et renvois*, l'indication du régime applicable à chacun de ces produits.

Quant aux produits chimiques dont le tarif conventionnel autorise l'admission au droit de 5 p. 0/0 de la valeur, ils se composent des produits chimiques non dénommés au tarif général et qui n'ont pas été spécialement désignés par les traités, ainsi que des articles suivants; parmi lesquels figurent quelques produits nommément taxés par le tarif général, savoir:

Acétates de cuivre, (vert de gris et verdet); — de fer concentré; — de plomb (sel de saturne) et de potasse; — acides, chlorhydro-nitrique (eau régale); phosphorique; — alcools, amytique (huile de pommes de terre); méthylique (esprit de bois); — aldéhyde; — aluminate de potasse; — alun, brûlé ou calciné; — de chrôme; — borax mi-raffiné ou raffiné; — chlorures, de barium; de mercure doux (calomel), autre (sublimé corrosif); — citrate de magnésie; — collodion; — cyanure de potassium; — eau glycérique; — essences de fruits; — éthers; — glycérine; — huiles cuites; — lactate de fer; — magnésie calcinée; — magnésium brut ou filé; — mannite (extrait de manne); — nitrates, d'argent; de strontiane; — potasse; — pyrolignite de fer; — sel médicinal de kreutznach; — silicate de potasse; — sulfates, de baryte; de cuivre; de sesquioxyde de fer; de zinc; — et sulfure de carbone.

Indépendamment du droit de Douane, les éthers et le collodion acquittent une taxe de 1 franc 80 centimes par kilogramme, laquelle est perçue par le service des contributions indirectes.

332. — QUERCITRON. On assimile au quercitron les écorces de clavalier, de copalchi et de manglier rouge, ainsi que la racine de mango.
Par mer, le quercitron ne peut être importé que par les ports d'entrepôt.

333. — RACINES MÉDICINALES NON DÉNOMMÉES. On range dans cette classe les racines d'ache, d'acore odorant, d'actée en épi, d'angélique, d'anthore, d'argentine, d'aristoloche, d'armoise, d'arnica, d'arum, d'aspérule odorante, d'astragale, d'athamante, d'aunée, de bardane, de belladone, de bétoine, de bistorte, de bryone, de cabaret ou asarum, de caïnca, de calaguala, de canne, de caprier, de carline, de chardon-roland, de chélidoine, de chiendent, de chirayita, de colombo, de consoude, de contra yerva, de costus arabique, indien ou syriaque, de dent-de-lion (pissenlit), de dompte-venin, d'ellébore noir ou blanc, d'ésule, de fabago, de fenouil, de fraisier, de fraxinelle, de galanga, de gentiane, de gingembre, de glaïeul, de guimauve, d'hermodacte, d'impératoire, d'ipécacuanha, d'iris commun, d'iris de florence, de jusquiame, de livèche, de mandragore, de méchoacan, de méum, de nard celtique, de nard indien ou spicanard, de nénufar, de pareira brava, de patience, de pivoine, de polypode de chêne, de pyrètre, de quinquina, de ratanhia, de rhubarbe, de saponaire *officinale*, de saxifrage, de scabieuse, de sénéka ou polygala de Virginie, de serpentaire de Virginie, de soldanelle ou chou-marin, de souchet autres que celles du souchet comestible, de squine, de strychnos, de tanaisie, de thapsie, de tormentille, de turbith végétal, de valériane, de victoriale et de zédoaire.

Les squames ou fragments séchés de scilles, en suivent aussi le régime. La racine de saponaire d'Égypte est assimilée à celle de garou.

334. — RÉSINES INDIGÈNES, de toute sorte. Ce sont les résines des pins, des sapins et du mélèze. Cette dénomination s'applique à la colophane, la térébenthine compacte, la térébenthine liquide, le goudron végétal, le brai gras, l'essence de térébenthine, etc.
On assimile à l'essence de térébenthine, l'essence de goudron végétal ainsi que l'huile de résine.

335. — RÉSINEUX EXOTIQUES, de toute sorte. Les principaux sont: l'ammoniaque, l'assa fœtida, les résines de Bdellium, du cachibou, de cancame, de caragne, Copal et Damar, de cyprès, Elemi, d'Eltach, d'Euphorbe, de gaïac, de Galbanum, le galipot ou brai de manille, la gomme Gutte ou de camboge, celle de Kikekunemalo, la Laque naturelle, les résines de Lierre et de hèdre, de Mastic, de Myrrhe, Olampi, Oliban ou encens, l'Opoponax, la Sandaraque, le Sang-dragon, la Scammonée et les résines Séraphique, de Sumac, de Tacamaque, de Turbith, de Xanthorrhœa rouge, et enfin toutes les résines de cèdre et de genévriers.

DÉSIGNATION DES MARCHANDISES L'astérique *) indique que les droits mentionnés ci-contre comprennent les deux décimes	UNITÉS sur lesquelles portent les droits	QUOTITÉ DES DROITS	
		par navires franç. et des pays contractants par terre	par navires étrang. et d'ailleurs que des pays contractants par terre
Présure	100 kil. B.	exempte	exempte
Produits chimiques non dénommés (331) — des pays contractants (produits non dénommés *aux traités conventionnels*)	la valeur	5 p. % *	5 p. % *
d'ailleurs produits non dénommés *au tarif général*)	100 kil. B.	prohibés	prohibés
Prussiate de fer. V. Bleu de Prusse.			
de potasse, des pays contractants, jaune	100 kil. N.	20.00*	22.00*
rouge	id.	30.00*	33.00*
d'ailleurs (*prussiate cristallisé*)	id.	210.00	223.00
Q			
Quercitron (332) brut ou pulvérisé, des pays hors d'Europe	100 kil. B.	exempt	4.00
des entrepôts	id.	2.00	4.00
pâte (de) V. Couleurs non dénommées.			
R			
Racines de chicorée, brulées ou moulues, des pays contractants	id.	5.00*	5.50*
d'ailleurs	id.	prohibées	prohibées
vertes	id.	0.25*	0 25*
sèches	id.	1.00*	1.10*
de curcuma, de garou, d'orcanette. V. Ces mots.			
Racines médicinales salsepareille, des pays contractants	id.	2.00*	2.25*
des pays hors d'Europe	id.	exemptes	4.00
des entrepôts	id.	2.00	4.00
réglisse, des pays contractants	id.	exempte	0.25*
d'ailleurs	id.	exempte	2.00
non dénommées (*Gingembre compris*) (333), des pays contractants	id.	2.00*	2.25*
d'ailleurs, par mer, des pays hors d'Europe	id.	exemptes	5.00*
du cru des pays d'Europe	id	2.00*	5.00*
d'ailleurs	id.	5.00*	5.00*
par terre, du cru des pays d'Europe	id.	———	2.00*
d'ailleurs	id.	———	5.00*
Racines à vergette	id.	exemptes	exemptes
Rapures de bois de gaïac. V. Substances médicinales pulvérisées.			
de corne de cerf et rapures d'ivoire	id.	exemptes	exemptes
Résines indigènes, de toute sorte (334) des pays contractants	id.	exemptes	0.25*
d'ailleurs, par mer, des pays de production	id.	exemptes	1.00*
d'ailleurs	id.	1.00*	1.00*
par terre, des pays de production	id.	———	exemptes
d'ailleurs	id.	. . .	1.00*
Résineux exotiques, de toute sorte (335) des pays hors d'Europe	id.	exempts	13.00
des entrepôts	id.	8.00	13.00
Riz en grains, des pays contractants	id.	0.50*	0.75*
des pays hors d'Europe	id.	0.50	2.00
des entrepôts	id.	2.00	2.00
en paille, des pays contractants	id.	0.25*	0.50*
d'ailleurs, par mer, des pays hors d'Europe	id.	0.25	1.75
du cru des pays d'Europe	id.	0.25	1.75
d'ailleurs	id.	1.75	1.75
par terre, du cru des pays d'Europe	id.	———	0.25
d'ailleurs	id.	———	1.75
Rocou graines (de), des pays hors d'Europe	id.	exemptes	2.00
des entrepôts	id	1.00	2.00
préparé, des pays hors d'Europe	id.	exempt	4.00
des entrepôts	id.	2.00	4.00
Rogues de morue et de maquereau de pêche française	id	exemptes	———
de pêche étrangère	id.	0.50	0.50

ASSIMILATIONS ET RENVOIS AUX AUTRES TABLEAUX DES DROITS	NOTES EXPLICATIVES
Sable, aurifère ou argentifère, r. Or ou argent, minerai; — commun, pour la bâtisse, r. Matériaux; — coloré, pour bureau, r. Pierres servant aux arts non dénommées; — de mer, pour engrais (langues) exempt; préparé (sablon) comme le sel de marais; — horloges (de , r. Mercerie commune. **Sabots**, de bétail r. Os et sabots; — en bois garnis de fourrure, r. Mercerie; — non garnis, r. Ouvrages en bois. **Sabres**, d'enfant ne pouvant servir que de jouets, r. Bimbeloterie; — autres, r. Armes blanches selon l'espèce. **Sacs**, de cuir (sacoches. r. Mercerie; — à tabac, en peau, r. Ouvrages en peau, etc.; — en tissus de grains de verre, même doublés en peau, r. Mercerie fine; — en vessie, r, Mercerie; — autres, en peau, r. Ouvrages en peau non dénommés; — en toile, vides, ayant servi, r. Meubles; — neufs, comme le tissu dont ils sont formés. **Safran**, r. Carthame ou curcuma; — de mars, r. Oxydes de fer; — des métaux, r. la note 27. **Safre**, r, Oxydes de cobalt. **Saindoux**, r. Graisses. **Salières** en sel gemme, r. Mercerie. **Salins**, de betterave, r. Alcalis; — provenant du lessivage des cendres, r. Alcalis, potasse. **Salsepareille**, sirop (de), r. Médicaments composés non dénommés. **Sangles**, en caoutchouc, r. Ouvrages en caoutchouc combiné; — autres, pour chevaux, r. Ouvrages en peau, sellerie; — en pièces. r. Tissus selon l'espèce, passementerie. **Sanguine**, brute, r. Pierres propres aux arts, pierres ferrugineuses, autres; — sciée, r. Crayons simples. **Sarcloirs**, r. Outils, instruments aratoires. **Sarrasin**, r. Céréales. **Sassafras**, essence (de), r. Huiles volatiles. **Sauces**, de tabac, r. Praiss; — épicées pour assaisonnement, r. Épices préparées non dénommées. **Saumons** r. Poissons d'eau douce. **Savonnettes** (savons parfumés), r. Parfumeries, savons. **Scabisson**, r. Canelle. **Schiste**, huile (de), r. Huile de pétrole. **Scies**, même celles non dentées, r. Outils. **Sciure**, de bois d'acajou, de buis, etc., pour bureau, r. Ouvrages en bois non dénommés; — de bois communs, r. Bois à brûler; — de teinture, comme bois de teinture moulus; — d'écaille, r. Rognures (d'). **Scories** ou cendres, de plomb, r, Minerai de plomb; — de fer, r. Fer, machefer des pays contractants. **Sculptures**, v. Statues. **Seaux**, en bois même cerclés en fer, r. Ouvrages en bois non dénommés; — en cuir, r. Ouvrages en peau, etc., non dénommés; — en tissu de chanvre imperméable, r. Tissus de lin, toile écrue, etc. **Sébiles**, r. Ouvrages en bois, boissellerie. **Sedlitz**, eau de), r. Eaux minérales; — sel (de), r. Sels, sulfate de magnésie. **Seigle**, r. Céréales; — ergoté, r. Fruits médicinaux non dénommés. **Sellerie**, objets (de), r. Ouvrages en peau, etc. **Sels**, de lait, r. Sucre de lait; — d'oseille, r. Sels, oxalate, acide de potasse; — de prunelle, r. Sels, nitrate de potasse et la note 313; — de saturne, des pays contractants, r. Produits chimiques non dénommés; d'ailleurs, r. Sels, acétate de plomb; — de seignette, r Sels, tartrate de soude et de potasse; — de soude, r. Alcalis, soudes; — de tartre, r. Sels, carbonate de potasse; — végétal. r. Sels, tartrate de potasse; — ou fiel de verre, r. Alcalis, soudes; — volatil (carbonate d'amoniaque, r. Sels ammoniacaux; — esprit de sel, r. Acide hydrochlorique.	**336. — Sagou et Salep.** On assimile à ces deux produits la fécule de dictame, celle d'arow-root ou flèche indienne, ainsi qu'un fucus alimentaire du genre Gélidium, appelé *gara*, qui vient de l'Inde. Le sagou factice suit le régime des pâtes d'Italie. **337. — Sels-acétates.** L'acétate de cuivre (vert de gris et verdet), l'acétate de plomb et celui de potasse, bien qu'ils soient nommément désignés ci-contre au tableau des droits, sont traités comme produits chimiques *non dénommés* lorsqu'ils proviennent des pays contractants. Le noir de teinturier ou de corroyeur (teinture liquide de noix de galle, de fer et d'acide) est assimilé à l'acétate de fer. **338. — Carbonates.** Le carbonate de baryte artificiel rentre dans la classe des produits chimiques non dénommés. Aucune distinction n'existe, quant aux droits qui leur sont applicables, entre le carbonate de potasse, le sous-carbonate, et le carbonate neutre dit aussi bi-carbonate de potasse. La magnésie liquide ou eau magnésienne (carbonate de magnésie tenu en dissolution dans l'eau au moyen d'un excès d'acide carbonique) s'emploie exclusivement en médecine, et doit être traitée comme médicament composé non dénommé. **339. — Chromate de plomb.** Le sous-chromate de plomb (*rouge d'Andrinople, Indianred*) est passible, par analogie, de la taxe afférente au chromate de plomb (*jaune de chrome*). **340. — Chromate de potasse.** On assimile à ce produit un mordant destiné à être employé dans la teinture en noir et qui doit sa propriété à l'acide chromique.

DÉSIGNATION DES MARCHANDISES L'astérique (*) indique que les droits mentionnés ci-contre comprennent les deux décimes	UNITÉS sur lesquelles portent les droits	QUOTITÉ DES DROITS	
		par navires franç. et des pays contractants par terre	par navires étrang. et d'ailleurs que des pays contractants par terre
S		fr. c.	fr. c.
Safran { des pays contractants	100 kil. B.	exempt	0.25*
{ d'ailleurs	id.	exempt	3.00
Sagou, Salep et fécules exotiques (336) { des pays hors d'Europe	id.	1.00	2.50
{ des entrepôts	id.	2.50	2.50
Sang { de bétail, *V.* Engrais.			
{ de bouc desséché	id.	exempt	exempt
Sangsues	1000 en N.	exemptes	exemptes
Sarrette	100 kil. B.	exempte	exempte
Savons { de parfumerie, *V.* Parfumeries.	id.	6.00*	6.60*
ordinaires { des pays contractants			
{ d'ailleurs	id.	prohibés	prohibés
acétates (337) d'alumine, *V.* Produits chimiques non dénommés.			
de cuivre brut ou non cristallisé (*vert de gris*) humide.	100 kil. N.	13.00	14.30
sec	id.	31.00	34.10
cristallisé (*verdet cristallisé*)	id.	41.00	45.10
de fer liquide	100 kil. B.	exempt	exempt
concentré à un degré quelconque	100 kil. N.	40.00	44.00
de plomb (*sel de saturne*)	id.	70.00	76.00
de potasse (*terre foliée*)	id.	70.00	76.00
de soude des pays contractants anhydre	100 kil. B.	4.00*	4.40*
cristallisé ou hydraté	id.	3.80*	4.10*
d'ailleurs	100 kil. N.	70.00	76.00
sels ammoniacaux des pays contractants bruts ou raffinés sel ammoniac (*hydrochlorate d'ammoniaque*)	la valeur plus 100 k.B.	5 p. %* 3.00*	5 p. %* 3.30*
autres	la valeur	5 p. %*	5 p. %*
d'ailleurs bruts, en poudre, de quelque nature que ce soit.	1 kil. N.	0.50	0.50
raffinés en pains	id.	1.00	1.10
arseniate de potasse, *même liquide*	100 kil. N.	70.00	76.00
Sels borax brut natif des pays contractants	100 kil. B.	exempt	exempt
du Pérou	id.	exempt	exempt
d'ailleurs hors d'Europe	id.	exempt	5.00*
d'ailleurs	id.	5.00*	5.00*
artificiel des pays contractants	id.	exempt	exempt
du Pérou	id.	exempt	exempt
d'ailleurs hors d'Europe	100 kil N.	50.00*	55.00*
d'ailleurs	id.	55.00*	55.00*
mi-raffiné, natif ou artificiel du Pérou	la valeur	5 p. %*	5 p. %*
d'ailleurs hors d'Europe	100 kil. N.	65.00*	70.00*
d'ailleurs	id.	70.00*	70.00*
raffiné	id.	180.00	191.50
carbonates (338) de baryte natif	100 kil. B.	exempt	2.00
de magnésie des pays contractants	id.	exempt	0.25*
d'ailleurs	100 kil N.	200.00	212.50
de potasse des pays contractants	100 kil B.	exempt	0.25*
d'ailleurs par mer des pays hors d'Europe	100 kil N.	exempt	4.00
du cru des pays d'Europe	id.	exempt	4.00
autre	id.	2.00	4.00
par terre du cru des pays d'Europe	id.	———	exempt
autre	id.	———	4.00
de plomb	100 kil. B.	exempt	exempt
chromates de plomb (339) des pays contractants	la valeur 100 kil. N.	10 p. %* 75.00	10 p. %* 81.20
d'ailleurs			
de potasse (340) des pays contractants	la valeur	10 p. %*	10 p. %*
d'ailleurs	100 kil N.	150.00	160.00

ASSIMILATIONS ET RENVOIS AUX AUTRES TABLEAUX DES DROITS	NOTES EXPLICATIVES
	341. — NITRATES DE POTASSE ET DE SOUDE. Le sel de prunelle dit cristal minéral, suit le régime du nitrate de potasse. Quant au nitrate d'ammoniaque, il est rangé dans les sels ammoniacaux. **342.** — SELS D'ÉTAIN, DES PAYS CONTRACTANTS. Tous les sels d'étain suivent le même régime. Les principaux sont le protochlorure et le bichlorure. **343.** — SEL MARIN, ETC. Les sels étrangers nationalisés par le payement des droits de douane et ceux qui proviennent des colonies ou possessions françaises, sont passibles avant d'être livrés à la consommation du droit de 10 francs établi sur les sels français; mais il n'est accordé aucune remise à titre de déchet. 　　Ils peuvent également, comme les sels français, être affectés, en exception de la taxe de consommation, aux salaisons, soit en mer soit à terre, et à toutes les autres destinations privilégiées. 　　Les Sels destinés à la pêche de la morue, sont même l'objet de faveurs particulières, et n'acquittent qu'un droit de douane exclusivement réduit. Le sable de mer préparé (sablon) est assimilé au sel marin. **344.** — SULFATE DE POTASSE. Les résidus de la fabrication de l'acide nitrique et de l'acide sulfurique suivent le régime du sulfate de potasse; mais, lorsque le résidu d'acide sulfurique n'a pas été lessivé, le droit imposé sur le sulfate de potasse ne lui est appliqué que dans la proportion de la quantité de ce sel qu'il est reconnu contenir. Des échantillons sont, à cet effet, adressés à l'Administration. 　　Le bi-sulfate de potasse (sulfate acide de potasse) est rangé parmi les produits chimiques non dénommés. **345.** — SULFATE DE FER. On traite comme tel, le résidu de la fabrication l'alun ou sulfate de fer obtenu des schistes alumineux employés à cette fabrication. **346.** — ALUN, DE TOUTE AUTRE ESPÈCE. La tarification dont il s'agit ici s'applique aux différentes variétés de l'alun connues dans le commerce, sous le nom d'alun de glace, de Liége, de Rome, etc. Les terres alumineuses sont assujetties aux droits de l'alun lorsqu'elles contiennent 80 à 90 % d'alun.

DÉSIGNATION DES MARCHANDISES L'astérique (*) indique que les droits mentionnés ci-contre comprennent les deux décimes	UNITÉS sur lesquelles portent les droits	QUOTITÉ DES DROITS par navires franç. et des pays contractants par terre	par navires étrang. et d'ailleurs que des pays contractants par terre
		fr. c.	fr. c.
SELS (suite)			
composés du cobalt — oxyde de cobalt pur (*safre*)	100 kil. B.	exempts	exempts
composés du cobalt — sels de cobalt, *de toute sorte*	id.	exempts	exempts
composés du cobalt — autres, des pays contractants	id.	exempts	0.25*
hydrochlorate ou muriate de potasse (*chlorure de potassium*) par mer	100 kil. B.	exempt	0.25*
hydrochlorate ou muriate de potasse par terre	id.	——	exempt
nitrates (341) de potasse (*nitre ou salpêtre*) / de soude — des pays contractants	id.	exempts	0.25*
des pays hors d'Europe	id.	exempts	4.00
des entrepôts	id.	2.00	4.00
oxalate acide de potasse (*sel d'oseille*) — des pays contractants	id.	10 00*	11.00*
d'ailleurs	100 kil. N.	70.00	76.00
sel d'étain (342) — des pays contractants	la valeur plus 100 k.B.	5 p. %* / 0.30*	5 p. %* / 0.55*
d'ailleurs, *V.* PRODUITS CHIMIQUES NON DÉNOMMÉS.			
sel marin de saline et sel gemme (343) — bruts ou raffinés autres que blancs, par terre, par la frontière de Belgique	100 kil. B.	——	2.00
bruts ou raffinés autres que blancs, par terre, par les autres frontières	id.	——	0.50
bruts ou raffinés autres que blancs, par mer, du Sénégal	id.	exempts	exempts (*a*)
bruts ou raffinés autres que blancs, par mer, d'ailleurs, par la Manche et l'Océan	id.	1.75	2.25
bruts ou raffinés autres que blancs, par mer, d'ailleurs, par la Méditerranée	id.	0.50	1.00
raffinés blancs, par terre, par la frontière de Belgique	id.	——	2.75
raffinés blancs, par terre, par les autres frontières	id.	——	0.50
raffinés blancs, par mer, du Sénégal	id.	exempts	exempts (*a*)
raffinés blancs, par mer, d'ailleurs, par la Manche et l'Océan	id.	2.75	3.25
raffinés blancs, par mer, d'ailleurs, par la Méditerranée	id.	0.50	1.00
sel médicinal de Kreutznach — des pays contractants, *V.* PRODUITS CHIMIQUES NON DÉNOMMÉS.			
sel médicinal de Kreutznach — d'ailleurs	id.	10.00	11.00
SULFATES de potasse (*sel de duobus*) 344 — par mer	100 kil. B.	exempts	0.25*
de potasse (*sel de duobus*) 344 — par terre	id.	——	exempts
de soude, pur, anhydre contenant en nature, 25 % de sel ou moins	id.	1.80*	2.05*
de soude, pur, anhydre contenant en nature, plus de 25 % de sel	id.	7.20*	7.90*
de soude, pur, cristallisé ou hydraté (*sel de glauber*) — des pays contractants	id.	0.95*	1.20*
de soude, pur, cristallisé ou hydraté (*sel de glauber*) — d'ailleurs	id.	1.25*	1.50*
de soude, impur, anhydre contenant en nature, 25 % de sel ou moins	id.	1.75*	2.00*
de soude, impur, anhydre contenant en nature, plus de 25 % de sel	id.	6.60*	7.20*
de soude, impur, cristallisé ou hydraté (*sel de glauber*) — des pays contractants	id.	0.90*	1.15*
de soude, impur, cristallisé ou hydraté (*sel de glauber*) — d'ailleurs	id.	1.20*	1.45*
de magnésie (*sel d'Epsom ou de selditz*) — des pays contractants	id.	exempt	0.25*
de magnésie (*sel d'Epsom ou de selditz*) — d'ailleurs	100 kil. N.	70.00	76.00
de baryte (*spath pesant*) — des pays contractants, *V.* PRODUITS CHIMIQUES NON DÉNOMMÉS.			
de baryte (*spath pesant*) — d'ailleurs, par navires français et par terre	100 kil. B.	exempt	exempt
de baryte (*spath pesant*) — d'ailleurs, par navires étrangers	id.	——	1.00
de fer (*couperose verte*) (345)	id.	6.00	6.60
de cuivre (*couperose bleue*) / de zinc (*couperose blanche*) — des pays contractants, *V.* Produits chimiques non dénommés.			
de cuivre (*couperose bleue*) / de zinc (*couperose blanche*) — d'ailleurs	100 kil. N.	31.00	34.10
double de fer ou de cuivre dit vitriol *d'admonde et de Saltzbourg*	id.	18.50	20.30
alun (346), brûlé ou calciné — des pays contractants, *V.* PRODUITS CHIMIQUES NON DÉNOMMÉS.			
alun (346), brûlé ou calciné — d'ailleurs	id.	89.40	97.20
alun (346) — de toute autre espèce	id.	25.00	28.00
sulfite de soude — des pays contractants	100 kil. B.	1.80*	2.05*
sulfite de soude — d'ailleurs *V.* PRODUITS CHIMIQUES NON DÉNOMMÉS.			

(a) Plus la surtaxe d'affrètement, *V.* l'art. 58 des Notions Préliminaires.

ASSIMILATIONS ET RENVOIS AUX AUTRES TABLEAUX DES DROITS	NOTES EXPLICATIVES

ASSIMILATIONS ET RENVOIS AUX AUTRES TABLEAUX DES DROITS

Semelles, en cuir, v. Ouvrages en peau; — en écorce de bouleau et d'autres bois blanc, v. Ouvrages en bois non dénommés; — en feutre ou en crin et poils feutrés, v. Feutres; — en liége, v. Liége ouvré.

Semoirs, v. Machines pour l'Agriculture.

Sénevé (graine de moutarde), v. Fruits médicinaux; — farine ou confection (de), v. Épices préparées.

Sépia (encre sèche) v. Couleurs non dénommées.

Serai (fromage dit) v. Fromages blancs de pâte molle.

Serans (peignes à peigner le chanvre, etc.) v. Outils.

Serge, cirée, imprimée, en pièces ou en petits tapis, comme tapis de laine à nœuds à chaîne de fil; — autres, v. Tissus de laine non dénommés.

Sergents de menuisier, v. Outils de pur fer.

Serinettes, v. Instruments de musique.

Seringues, à injections, v. Instruments de chirurgie; — autres, en étain, v. Ouvrages en métaux, poteries d'étain.

Serpentin et Serpentine, v. Marbres.

Serpents, v. Instruments de musique.

Serpes et Serpettes, en formes de couteaux de poche, v. Coutellerie; — autres, v. Instruments aratoires.

Serpillières, v. Tissus de lin, toile croisée, treillis.

Serrurerie et Serrure, v. Ouvrages en métaux.

Sextants, v. Intruments d'observations.

Shakos, garnis en cuirs, v. Ouvrages en peau etc.; — sans garnitures, comme les chapeaux de feutre.

Siéges en fer, v. Ouvrages en métaux.

Sifflets, en bois pour jouets d'enfant, v. Bimbeloterie; — autres, v. Mercerie; — en ivoire, v. Tabletterie, — en os, v. Mercerie.

Silex, brut ou pulvérisé, v. Pierres etc., cailloux à faïence; — préparé, pour fusils, pistolets et briquets, v. Pierres servant aux arts, etc., pierres à feu.

Silicate de soude, v. Alcalis; — de potasse, v. Produits chimiques non dénommés.

Sirops, acidulés au citron, à l'orange, etc., v. Médicaments composés, non dénommés; — mélangés d'alcool, v. Boissons, liqueurs; — pharmaceutiques, v. Médicaments composés non dénommés; — provenant du coulage du sucre, v. Sucre non raffiné.

Sistres, v. Intruments de musique.

Smalt, v. Cobalt vitrifié.

Socques, v. Ouvrages en peau, etc.

Socs de charrue, confectionnés, v. Outils, instruments aratoires; — ébauchés au martinet, v. Fer en barres rondes d'après leur dimension à la partie la plus amincie; — fers pour leur fabrication, comme fer plat de 458 millim. et plus.

Soda-Water (eau de soude) v. Eaux minérales.

Sodium, v. Produits chimiques non dénommés.

Soie végétale, v. Végétaux filamenteux.

Solives, en bois, v. Bois à construire; — en fer, pour navires, v. Ouvrages en métaux.

Sondes, pour la marine, v. Instruments de calcul; — autres, en fer, v. Ouvrages en fer; — à fromage, v. Outils non dénommés; — élastiques, v. Instruments de chirurgie; — de mineurs, v. Machines non dénommées.

Sonnailles et Sonnettes en fonte ou en métal de cloche, v. Ouvrages en métaux; — en tôle, comme les instruments aratoires, v. Outils.

Sonneries à gammes ou musicales, v. Horlogerie, carillons à musique.

Soudes naturelles et factices, v. Alcalis.

Soufflets, de forge, v. Machines non dénommées; — de main, v. Mercerie.

Souliers de caoutchouc, v. Caoutchouc brut ou ouvrages en caoutchouc; — de cuir ou d'étoffe, v. Ouvrages en peaux etc.

Sous-Carbonate de soude, v. Alcalis (soudes), et la note qui s'y rapporte.

Sparadrap, v. Médicaments composés non dénommés.

Sparte, non ouvré, v. jones et roseaux d'Europe; — ouvré, v. Chapeaux, tresses, vannerie ou cordages.

Spaths, adamantin, v. Pierres gemmes; — chatoyant, v. Marbres; — gypseux, v. Albâtre; — perlé, v. Minerai de fer; — pesant v. Sels, sulfate de baryte; — autres, bruts ou pulvérisés, v. Pierres servant aux arts, etc.; — (ouvrages en), v. pierres ouvrées.

Spatules, v. Outils selon l'espèce.

Speiss, v. Nickel.

Spermacéti, v. Blanc de baleine.

Sphères célestes ou terrestres, v. Instruments de calcul et d'observation.

Spiraux pour montres, pendules, etc., v. Fournitures d'horlogerie.

Spode d'ivoire, v. Noir d'ivoire; — d'os et de corne, v. Noir d'os.

Stannate de soude, v. Produits chimiques non dénommés.

Statues et autres sculptures, antiques, v. Objets de collection; — modernes, en bois, v. Ouvrages en bois non dénommés; — en carton pierre, v. Carton moulé; — en cire, v. Cire ouvrée; — en marbre, pierre ou plâtre, v. Albâtre, écossines, marbres ou pierres, ouvrés, etc.; — en métal, v. Ouvrages en métaux.

Stéarine, v. Acide stéarique.

Stockfisch, v. Poissons de mer.

Storax et styrax liquides, v. Baumes.

Stuc brut, v. matériaux, plâtre; — ouvré en tables ou de toute autre forme, v. pierres ouvrées; — (chiques de), comme chiques de marbre.

Stylets (armes cachées), prohibés.

Sublimé, doux ou corrosif; des pays contractants, v. Produits chimiques non dénommés; — d'ailleurs, v. Médicaments non dénommés.

Succin noir, v. jais; — (esprit de), v. Médicaments composés.

NOTES EXPLICATIVES

347. — Sirops. Les sirops qui sont exclusivement employés en médecine, sont traités comme médicaments composés et ceux auxquels on a ajouté de l'alcool, rentrent dans la classe des liqueurs.

348. — Soies. Les déchets de soies teintes, ou bouts de fils qu'entraînent le dévidage et le tissage, sont traités comme la matière brute dont ils dérivent (la soie grége), lorsqu'ils ne peuvent être employés à aucune fabrication sans avoir été de nouveau soumis à la filature, ou servir sans une nouvelle main d'œuvre, à la passementerie, à la broderie, ou à d'autres usages analogues.

On traite aussi comme bourre de soie en masse, les déchets de la filature des cocons (capitons) qui sont noués ensemble et réunis en écheveaux.

C'est la longueur multipliée par le nombre des bouts qui détermine le classement des fils retors des pays contractants.

349. — Soufre. Il s'agit ici du soufre minéral à ses différents états. Le soufre végétal (lycopode) est spécialement taxé et la poussière fécondante de la fleur du pin en suit le régime.

Les allumettes ordinaires simplement soufrées sont assimilées au soufre. Il en est de même des mèches soufrées.

350. — Succin. On traite comme succin *brut* celui qui est en grains simplement percés et enfilés en chapelets.

Le succin ou ambre noir est tarifé sous le nom de Jais.

L'un et l'autre sont traités comme bijouterie, s'ils sont montés en or ou en argent.

DÉSIGNATION DES MARCHANDISES	UNITÉS sur lesquelles portent les droits	QUOTITÉ DES DROITS — par navires franç. et des pays contractants par terre	par navires étrang. et d'ailleurs que des pays contractants par terre
L'astérique (*) indique que les droits mentionnés ci-contre comprennent les deux décimes		fr. c.	fr. c.
SELS (suite), tartrates — des pays contractants — de potasse — très impur (lie de vin)	100 kil. B.	exempt	exempt
— impur (tartre brut / cristaux de tartre) ; pur, crème de tartre ; autre (*sel végétal*) ; de soude et de potasse (*sel de seignette*)	id.	exempts	0.25*
d'ailleurs — tartrates — très impur (lie de vin)	100 kil. B.	exempte	exempte
acide de potasse — impur — tartre brut — par mer — des pays hors d'Europe	100 kil. N.	exempt	4.00
— par mer — du cru des pays d'Europe	id.	exempt	4.00
— par mer — autre	id.	2.00	4.00
— par terre — du cru des pays d'Europe	id.	—	exempt
— par terre — autre	id.	—	4.00
cristaux de tartre	id.	25.00	27.50
pur, crème de tartre	id.	30.00	33.00
de potasse (*sel végétal*)	id.	70.00	76.00
de soude et de potasse (*sel de seignette*)	id.	70.00	76.00
SEMOULE — en gruau (*grosse farine*)	100 kil. B.	1.00	1.00
en pâte — par mer — des pays hors d'Europe	id.	5.00	7.00
— par mer — du cru des pays d'Europe	id.	5 00	7.00
— par mer — d'ailleurs	id.	7.00	7.00
— par terre — du cru des pays d'Europe	id.	—	5.00
— par terre — d'ailleurs	id	—	7.00
SIROPS (347) — des colonies et possessions françaises — des Antilles, de la Guyane, de la Réunion, de Sainte-Marie de Madagascar, de Mayotte, de Nossi-Bé, de Taïti et de Nouka-Hiva	100 kil. N.	37.00*	39.00*
des autres possessions	id.	42.00*	44.00*
des pays étrangers — hors d'Europe	id.	42.00*	44.00*
— d'Europe	id.	44.00*	44.00*
SOIRS (348) — en cocons	100 kil. B.	exemptes	exemptes
écrues, y compris les douppions et les déchets de soie, teintes à coudre, à broder, à dentelles et autres — grèges	100 kil. N.	exemptes	exemptes
— moulinées	id.	exemptes	exemptes
— des pays contractants	id.	exemptes	0.25*
— d'ailleurs	1 kil. N.	3.06	3.30
bourre — des pays contractants — en masse (*y compris les cotons décrusés*)	100 kil. B.	exempte	exempte
— peignée, cardée, en feuilles et gommée (*ouate*)	id.	10.00*	11.00*
— filée, simple ou retorse, écrue, blanchie, azurée ou teinte, mesurant au kilog. — 80,500 mètres simples ou moins	100 kil. N.	75.00*	81.20*
— plus de 85,000 mètres simples	id.	120.00*	128.50*
d'ailleurs — en masse écrue ou teinte, *y compris les cotons décrusés*	100 kil. B.	exempte	exempte
cardée — en feuille et gommée (*ouate*)	100 kil. N.	62.00	67.60
— frisons peignés	1 kil. B.	0.10	0.10
— toute autre	id	0.10	0.10
filée (fleuret) — écrue ou azurée	1 kil N.	1.00	1.10
— teinte	id.	3.00	3.30
SORBET	100 kil. N.	74.00	80.20
SOUFRE (minerai, soufre épuré ou non et sublimé) (349)	100 kil. B.	exempt	exempt
STIL DE GRAIN (pâte jaune d'argile et denerprum des teinturiers)	id.	exempt	exempt
SUBSTANCES MÉDICINALES OU TINCTORIALES pulvérisées autres que celles qui sont nommément taxées	id.	prohibées	prohibées
SUCCIN (ambre jaune) (350) — brut	id.	exempt	exempt
— taillé ou autrement ouvragé. V. MERCERIE FINE			

ASSIMILATIONS ET RENVOIS AUX AUTRES TABLEAUX DES DROITS	NOTES EXPLICATIVES
Sucre, de canne ou de tout autre végétal, acidulé au citron, à l'orange, etc., *v.* Sucre raffiné ; — d'orge, *v.* bonbons. Sucs de cocotier et de palmier, comme le sucre brut ; — épicés, de viandes, de poissons et de végétaux, *v.* épices préparées non dénommées ; — de guimauve et de pommes, *v.* Bonbons.	381. — Sucres. La nuance des sucres détermine le droit et le régime applicables. Des types préparés par les commissaires experts institués près du ministère de l'agriculture, du commerce et des travaux publics sont déposés à cet effet dans les bureaux de douane ouverts à l'importation de cette denrée. Ils sont déterminés conformément aux nᵒˢ 13 et 20 de la série des types de Paris. Il est interdit de former des échantillons communs toutes les fois que cette opération devrait avoir pour résultat de déclasser une partie de la marchandise. Jusqu'au 1ᵉʳ janvier 1870 les sucres de la Réunion et des Antilles, jouiront d'une détaxe de 5 francs par 100 kilogrammes. C'est d'après cette base qu'ont été calculées les taxes indiquées ci-contre. Les droits établis pour le sucre des Colonies françaises de la Réunion et des Antilles, sont applicables aux sucres provenant de la Guyane, ainsi que des îles Sainte-Marie de Madagascar, de Mayotte, de Nossi-Bé, de Taïti et de Noukahiva. Les sucres non raffinés de toute origine peuvent être admis temporairement en franchise, sous le régime des obligations cautionnées, *v.* l'art. 7 des notions préliminaires. Le drawback étant supprimé, l'admission temporaire devient obligatoire pour les sucres bruts que le commerce veut se réserver la faculté de réexporter après raffinage. Les sucres coloniaux et étrangers ne sont admissibles au raffinage pour l'exportation, que lorsqu'ils ont été importés directement par mer des pays hors d'Europe. Si l'importation a été effectuée par navires étrangers, ils sont soumis au paiement de la moitié de la *surtaxe de pavillon*, au moment où ils sont déclarés pour l'exportation ou pour l'entrepôt. Le complément de cette surtaxe est exigible en même temps que les droits afférents à la matière brute, quand, au lieu d'être exportés, ces mêmes sucres sont retirés des entrepôts pour être livrés à la consommation. Il n'y a pas de distinction à faire entre le sucre de cannes et le sucre produit par d'autres végétaux, tels que la betterave, le palmier, l'érable, le cocotier, etc. La matière sirupeuse qui provient du coulage des sucres pendant leur transport, le *jagre* ou suc de palmier et le sucre extrait du *jagre* suivent le régime des sucres en général. Les cannes à sucre, fraîches ou desséchées, de même que les bagasses qui sont les cannes pressurées, mais pouvant encore fournir du sucre, doivent acquitter les droits du sucre, en proportion de la quantité de sucre qu'elles sont reconnues contenir. La même règle est observée à l'égard du *vesou*, qui est le jus que l'on obtient par la pression des cannes. En cas d'importation de produits de cette nature, des échantillons sont adressés à l'administration, qui en fait déterminer la richesse en sucre. Ces dispositions ne s'appliquent pas aux petites parties de cannes à sucre qui sont présentées comme objet de curiosité : celles-ci sont, à ce titre, admises comme objets de collection. Il n'y a pas de distinction à faire entre les sucres raffinés en pains, en morceaux ou pulvérisés. Les sucres en poudre au-dessus du nᵒ 20 continuent à être assimilés aux raffinés, à leur importation d'Angleterre, de Belgique ou d'Italie. Enfin, on considère comme raffinés les sucres en pains de nuance blanche ; les sucres candis et les sucres en poudre contenant, à l'état de complète siccité, plus de 99 pour 0 0 de sucre pur. En cas de doute sur la richesse des sucres de cette dernière catégorie, des échantillons doivent être prélevés pour l'expertise légale. 382. — Sucs, d'espèces particulières. Le camphre brut, importé des pays hors d'Europe, par navires français, n'est admis en franchise qu'autant qu'il est tel, qu'on l'extrait du bois et des racines qui le produisent. On ne traite également comme bruts que le caoutchouc et le gutta-percha simplement refondus et présentés en masses. Le caoutchouc liquide qui n'est autre chose que le suc non desséché, suit le régime du caoutchouc brut. Quant à l'huile essentielle de caoutchouc qui est obtenue en décomposant cette substance par l'action du feu, elle rentre dans la classe des huiles volatiles non dénommées. Enfin, le suc d'acacia vrai ou faux, l'hypociste et le suc de papayer font partie des sucs végétaux non dénommés.

DÉSIGNATION DES MARCHANDISES L'astérique (*) indique que les droits mentionnés ci-contre comprennent les deux décimes.	UNITÉS sur lesquelles portent les droits	QUOTITÉ DES DROITS	
		par navires franç. et des pays contractants par terre	par navires étrang. et d'ailleurs que des pays contractants par terre
		fr. c.	fr. c.
SUCRES (351) — de lait — des pays contractants	100 kil B.	exempts	0.25*
de lait — d'ailleurs, mêmes droits que le sucre de canne.			
d'orge et de pomme, V. BONBONS.			
bruts — de betterave — d'Angleterre de Belgique ou des Pays-bas — au-dessous du type n° 13	100 kil. N.	42.00*	44.00*
bruts — de betterave — d'Angleterre de Belgique ou des Pays-bas — du type n° 13 au type n° 20 inclusivement	id.	44.00*	46.00*
bruts — de betterave — d'ailleurs, mêmes droits que le sucre de canne.			
bruts — de canne — au-dessous du type n° 13 — des colonies et possessions françaises — des Antilles, de la Guyane, de la Réunion, de Sainte-Marie de Madagascar, de Mayotte, de Nossi-Bé, de Taïti et de Noukahiva	id.	37.00*	39.00*
bruts — de canne — au-dessous du type n° 13 — des colonies et possessions françaises — des autres possessions.	id.	42.00*	44.00*
bruts — de canne — au-dessous du type n° 13 — de l'étranger — des pays contractants..	id.	44.00*	44.00*
bruts — de canne — au-dessous du type n° 13 — de l'étranger — d'ailleurs hors d'Europe	id.	42.00*	44.00*
bruts — de canne — au-dessous du type n° 13 — de l'étranger — des entrepôts	id.	44.00*	44.00*
autres — du type n° 13 au type n° 20 inclusivement — des colonies et possessions françaises — des Antilles de la Guyane, de la Réunion, de Sainte-Marie de Madagascar, de Mayotte de Nossi-Bé, de Taïti et de Noukahiva	id.	39.00*	41.00*
autres — du type n° 13 au type n° 20 inclusivement — des colonies et possessions françaises — des autres possessions.	id.	44.00*	46.00*
autres — du type n° 13 au type n° 20 inclusivement — de l'étranger — des pays contractants..	id.	46.00*	46.00*
autres — du type n° 13 au type n° 20 inclusivement — de l'étranger — d'ailleurs hors d'Europe....	id.	44.00*	46.00*
autres — du type n° 13 au type n° 20 inclusivement — de l'étranger — des entrepôts	id.	46.00*	46.00*
autres — assimilés aux raffinés poudres blanches au-dessus du type n° 20 — des colonies et possessions françaises — des Antilles, de la Guyane, de la Réunion, de Sainte-Marie de Madagascar, de Mayotte de Nossi-Bé, de Taïti et de Noukahiva	id.	40.00*	42.00*
autres — assimilés aux raffinés poudres blanches au-dessus du type n° 20 — des colonies et possessions françaises — des autres possessions / de l'étranger — mêmes régimes que les sucres raffinés.			
autres — raffinés — des colonies et possessions françaises — des Antilles, de la Guyane, de la Réunion, de Sainte-Marie de Madagascar, de Nossi-Bé, de Taïti et de Noukahiva	id.	42.00*	44.00*
autres — raffinés — des colonies et possessions françaises — des autres possessions		probibés	prohibés
autres — raffinés — de l'étranger — du Zollverein, des villes anséatiques, des Grands-Duchés de Mecklembourg ou de l'Autriche		prohibés	prohibés
autres — raffinés — de l'étranger — d'Angleterre, de Belgique ou des Pays-Bas — candis	100 kil. N.	54.15*	59.35*
autres — raffinés — de l'étranger — d'Angleterre, de Belgique ou des Pays-Bas — autres.	id.	50.60*	55.60*
autres — raffinés — de l'étranger — des autres pays contractants	id.	55.00*	60.20*
autres — raffinés — de l'étranger — d'ailleurs		prohibés	prohibés
Sucs d'espèces particulières (352) — camphre — brut — des pays hors d'Europe	100 kil. B.	exempts	2.00*
camphre — brut — d'ailleurs	id.	2.00*	2.00*
camphre — raffiné	id.	2.00*	2.20*
caoutchouc et Gutta-Percha bruts ou refondus en masses — des pays hors d'Europe	id.	exempts	3.00
caoutchouc et Gutta-Percha bruts ou refondus en masses — des entrepôts	id.	3.00	3.00
glu	id.	exempte	exempte
manne — des pays contractants	id.	8.00*	8.80*
manne — d'ailleurs	100 kil N.	80.00	86.50

ASSIMILATIONS

ET RENVOIS AUX AUTRES TABLEAUX DES DROITS

Suie, de cheminée brute, v. Alcalis, cendres vives; — de résine, v. Noir de fumée.

Suif végétal, et suif animal brut, v. Graisses; — épuré, v. Acide stéarique.

Sulfates, d'alumine ou d'alumine et de potasse, etc., v. Sels, alun; — d'ammoniaque, v. Sels ammoniacaux; — de baryte, de cuivre et de fer, v. Sels; — de chaux, naturels ou artificiels, v. Matériaux plâtre; — double de fer et de cuivre; de magnésie, de potasse, de soude et de zinc, v. Sels; — de manganèse, v. Produits chimiques non dénommés; — de plomb, comme les scories et le minerai de plomb, v. Plomb; — de quinine et de strontiane artificiel, v. Produits chimiques non dénommés; — de strontiane naturel, comme le sulfate de baryte, v. Sels.

Sulfite de soude, v. Sels.

Sulfures, d'antimoine natif, avec sa gangue, v. Antimoine, minerai; — sans sa gangue, v. Antimoine sulfuré; — de carbone, v. Produits chimiques non dénommés; — de plomb natif, v. Plomb, mineral; — de zinc natif, v. Zinc, minerai.

Tabac rustique (herbe à la Reine), même régime que le tabac ordinaire.

Tabatières, en agate, v. Agates ouvrées; — en argent, en or, en platine et en vermeil, v. Bijouterie; — argentées, dorées ou d'or faux, v. Ouvrages en cuivre non dénommés; — en bois, de buis, non doublées, ni garnies, v. Mercerie; — doublées ou garnies, v. Tabletterie non dénommée; — exotiques, v. Tabletterie non dénommée; — indigènes blancs (ouvrages de Spa) sans ornements ni peintures, v. Mercerie; — peints ou recouverts en paille, v. Mercerie fine; — dites d'Écosse, vernissées et revêtues de dessins et de figuier, vernissées, v. Mercerie fine; — autres, v. Mercerie; — en carton, même avec charnière de métal commun, v. Carton moulé; — en coquilles montées en or ou en argent, v. Bijouterie; — autres, v. Tabletterie non dénommée; — en corne, en écaille, en ivoire et en nacre, v. Tabletterie non dénommée; — en cuir bouilli, v. Ouvrages en peau ou en cuir, non dénommés; — en étain, v. Ouvrages en métaux, poterie d'étain; — en laiton peintes, à deux couvercles et à miroir, v. Mercerie; — autres, v. Ouvrages en cuivre; — en plomb, même peintes et vernies, v. Mercerie.

Tableaux, de toute sorte (cadres non compris), v. Objets de collection; — cadres ou bordures (de), v. Meubles.

Tablettes de bleu de Prusse impur, v. Bleu de Prusse; — de bouillon dites d'hockiac, v. Médicaments composés; — autres, v. Viandes salées; — à écrire, carton recouvert d'un enduit, v. Mercerie.

Taffetas ciré ou gommé y compris le taffetas dit d'Angleterre, v. Tissus de soie, étoffes unies.

Taille-crayons, v. Outils, limes fines de moins de 17 centimètres.

Tailles de visnague, v. Mercerie.

Talc, brut, v. Pierres servant aux arts; — pulvérisé, v. Couleurs non dénommées.

Tambours et tambourins, pour enfant, v. Bimbeloterie; — autres, v. Instruments de musique.

Tamis, en crin, v. Mercerie; — (toile à), v. Tissus de crin; — en toile métallique, droits des toiles métalliques.

Tamtam, v. Instruments de musique, chapeaux chinois.

Tapis de coton, de jonc, de poil, de soie et de bourre de soie, v. Tissus selon l'espèce; — d'abaca, d'aloès, et de filaments de coco, des pays contractants, droits des tissus en phormium tenax (v. la note 382); d'ailleurs et tissus épais pour tapis de pieds, v. Tissus de lin, etc., tissus épais, etc.; — de laine, tapis de pied, etc., v. Tissus de laine, tapis; — autres, des pays contractants, v. Tissus de laine pure; — d'ailleurs, v. Tissus de laine non dénommés.

Tapisseries, en cuir, v. Ouvrages en peau, etc.; en laine, à haute et à basse lisse, v. Tissus de laine et la note 372; — pour ameublement, fabriquées à la pièce comme les tissus ordinaires et ouvrages faits à la main et à l'aiguille sur canevas, v. Tissus de laine non dénommés.

Taquets, pour navettes de tisserand, comme les navettes, v. Machines, pièces détachées.

Targettes en fer, v. Ouvrages en métaux.

Tarières, à mèches de 24 centimètres de longueur et au-dessous, v. Outils de pur acier; — autres, v. Outils de fer rechargé d'acier.

Tarares (machines à vanner les grains), v. Machines pour l'agriculture.

Tartrates de potasse et d'antimoine, v. Médicaments composés non dénommés; — autres, v. Sels.

Tartre brut et cristallisé, v. Sels, tartrate acide de potasse; — stibié, v. Médicaments composés non dénommés; — vitriolé (sel duobus), v. Sels, sulfate de potasse; — sel (de), v. Alcalis, potasses.

Tasses, en coques de calebasse ornées de peintures, v. Mercerie fine.

Taupières, v. Instruments aratoires.

Taureaux et Taurillons, v. Bestiaux.

Télescopes, v. Instruments d'observation.

Templts, v. Machines, etc., aux assimilations.

Tenailles à pinces non tranchantes, pour forger les métaux, v. Outils de pur fer; — autres, v. Outils de fer rechargé d'acier.

Tenders (voitures dites), v. Machines et mécaniques.

Térébenthine, épurée ou distillée, v. Résines indigènes.

Teapodiums, mêmes droits que les pianos, selon leur forme, v. Instruments de musique.

Terreaux et terre de bruyère, v. Engrais.

Terres, v. Marne et matériaux et pierres, etc., servant aux arts; — alumineuses (contenant 80 à 90 p 0/0 d'alun droits de l'alun, v. Sels, sulfates, — blanche moulée en forme de crayons, comme la craie, v. Pierres servant aux arts, etc.; — de Cologne ou de Cassel, brute, v. Noir mineral naturel; — preparée, liquide, en pains ou en tablettes, v. Couleurs non dénommées; — foliée de tarire, v. Sels, acétate de potasse; — du Japon, v. Cachou; — mérite, v. Curcuma; — d'ombre, v. Noir mineral naturel.

Têtes de poupées, v. Bimbeloterie.

Théières, en métal anglais, en étain, v. Ouvrages en étain, poterie fine; — autres, v. Ouvrages en métaux selon l'espèce.

Thériaque, v. Médicaments composés non dénommés.

Thermomètres, v. Instruments de calcul, etc.

Thibaud, v. Tissus de poil, couvertures ou tapis.

Tiges d'agavé, pour la confection d'affiloirs, v. Tiges de millet pour balais; — de bananier, v. Vég taux filamenteux; — de bottes, v. tire-bottes, en bois, v. bouleau, pour balais, v. Tiges de millet, etc.; — de laurier et de palmier pour cannes, v. Joncs et roseaux exotiques; — de palud, v. Pastel; — de Wampoa et de Watter crab, v. Joncs et roseaux d'Europe.

Tilleul, v. Écorces (de) ou cordages.

Timbales, v. Instruments de musique.

Tinckal, borax brut de l'Inde, v. Sels, borax.

Tire balles, des pays contractants, v. Ouvrages en métaux; — d'ailleurs, v. Mercerie commune; — tire-fondes, v. Outils de pur fer; — tire-bottes, en bois, v. Mercerie ou bois, boissellerie; — en fer, v. Mercerie; — tire-bouchons, plaqués ou doublés, v. Plaqués; — vernis, dorés ou argentés, v. Ouvrages en métaux; — autres, y compris les mèches (de), v. Mercerie; — tire-bourre et tire-boutons, v. Mercerie; — tire-fausset (pinces dites), v. Outils de pur fer; — tire-lignes à la grosse, v. Mercerie.

Tissus, de bois, jonc, paille, sparte, etc., v. Chapeaux, tresses ou vannerie, selon l'espèce; — mélanges de soie, de crin, etc., v. la note 390 relative à la vannerie; — en fil et soie, v. Tissus de soie.

NOTES EXPLICATIVES

353. — Sucs tanins, extraits des végétaux. Ce sont principalement les extraits de noix de galle et d'avanèdes; les sucs tanins extraits du châtaignier et du sumac, etc.

354. — Sulfure d'arsenic, orpiment, etc. Les droits indiqués ci-contre ne sont applicables qu'à l'orpiment en masses. L'orpiment ou orpin pulvérisé, qui est connu dans le commerce sous les noms de jaune de cassel, jaune de roi ou jaune royal, rentre dans la classe des couleurs non dénommées.

355. — Sumac. Le redoul et le pudis sont assimilés au sumac.

356. — Tabacs fabriqués, Les tabacs fabriqués à l'étranger sont prohibés à l'importation, à moins qu'ils ne soient achetés pour le compte de la régie.

Il existe toutefois une exception pour les tabacs de santé ou d'habitude, qui sont importés pour l'usage personnel des destinataires. Les droits à percevoir dans ce cas sont fixés ainsi qu'il suit, sans addition du décime:

> Cigares et Cigarettes .... F. 20,00 par kil. net.
> Tabac en poudre, en carotte ou autrement fabriqué .. 10,00 par kil. net.

Les quantités importées ne peuvent dépasser 10 kilog. par destinataire.

Au moment de l'acquittement, les tabacs ou les cigares sont revêtus des vignettes de la régie, sans lesquelles ils ne peuvent circuler en France. Il n'y a d'exception que pour les restes de provisions des voyageurs, et pour les petites parties de tabacs en poudre ou en feuilles, dont le poids ne dépasse pas 1 kilogramme.

Les tabacs en feuilles ou en côte, ne peuvent pas être introduits en France pour le compte des particuliers.

357. — Tabletterie, autre, des pays contractants. On range dans cette classe les ouvrages en ivoire, en nacre, en écaille, en os, en corne, en bois fins, en noix de coco, etc., comme peignes, billes de billard achevées ou non, queues de billard, petits objets et meubles de main avec ou sans incrustations, crosses de parapluies ou de parasols, manches de couteaux, de brosses ou de fouets, touches de pianos, trictracs sans pied, cannes montées, etc. Toutefois, pour les cannes garnies d'une pomme d'or ou d'argent, on applique à la canne elle-même le droit de la matière dont elle est formée, et l'on perçoit sur la monture la taxe de la bijouterie, en assurant, dans la forme prescrite, le recouvrement des droits de garantie.

La tabletterie comprend également: 1° les objets suivants qui sont repris ou tarif général, dans la nomenclature de la mercerie: cornets à jouer en corne, cuillers en os ou en corne, dés à coudre ou à jouer en os, écritoires en corne ou en os, étoiles à dévider en os, étuis en os, en bois ou en corne, éventails avec monture en nacre, corne, ivoire ou os, fiches à jouer en os, fourchettes en corne, jetons en os, manches d'outils en os, moules ou formes de boutons en os, nécessaires et ouvrages en bois, (petits meubles de main et objets analogues), ouvrages de Spa, boîtes ou autres objets en bois blanc avec ou sans ornements ou peintures, recouverts ou non de paille de couleur, ouvrages en bois blanc verni ou en laque de Chine, tels que boîtes à thé, à jeu, à tabac, avec peintures, ouvrages en figuier vernissés, passe-lacets en corne ou en os, peignes en bois ou en corne, poires à poudre en bois ou en corne, petits ustensiles à fumer les cigares, en bois, en os, en corne, avec ou sans griffes, porte-monnaie en corne ou fausse écaille, porte-mines ou porte-crayons et porte-plumes en bois fin ou en os, en écaille, ou en nacre, sifflets en bois ou en os, tabatières en bois, tabatières dites d'Écosse, vernissées et revêtues de dessins, tranche-papier en bois ou en os: 2° les albums et divers autres objets en cuir, porte-monnaie, porte-cigares, portefeuilles, buvards et nécessaires, lorsqu'ils sont ornés ou incrustés d'écaille, d'ivoire et de nacre.

On trouve aux assimilations l'indication des objets qui, importés d'ailleurs que des pays contractants, sont rangés dans la tabletterie non dénommée. Les billes de billard en ivoire et les peignes d'écaille ou d'ivoire, sont d'ailleurs les seuls qui soient spécialement taxés.

358. — Tissus. L'entrée des tissus taxés à la valeur, à leur importation des pays contractants, est restreinte à certains bureaux, v. l'art. 45 des notions prélim.

Cette restriction ne s'applique ni aux dentelles de coton, ni au tulle de coton avec application d'ouvrages en dentelles de fil.

D'après les règles ordinaires (tarif général) lorsqu'un tissu est plus ou moins imposé à raison du nombre de fils, qui se trouvent dans un espace déterminé, on compte comme fil entier, tout fil qui apparaît plus ou moins découvert, dans l'espace indiqué. Ces mêmes règles assujettissent au droit des toiles teintes, les toiles écrues ayant dans la chaîne et dans la trame un ou plusieurs fils de couleur et notamment la toile à liteaux en fil de couleur, pour linge de table et de toilette. Ces dispositions ne sont pas applicables aux tissus (coton, chanvre, lin, jute, etc.), importés des pays contractants. Dans le premier cas les fractions de fils sont négligées; dans le second la partie dominante déterminant le droit à percevoir, si l'écru domine dans les toiles, elles sont considérées comme écrues. Les mouchoirs de toile écrue, avec encadrements en coton de couleur, sont même traités comme écrus.

359. — Tissus de bourre de soie, d'ailleurs. La dénomination de tissus façon cachemire, comprend particulièrement les châles de bourre de soie fabriqués à l'imitation des châles de cachemire, v. les notes 374 et 375 pour la distinction qui existe entre la passementerie et les rubans et l'indication des ouvrages compris dans la bonneterie.

DÉSIGNATION DES MARCHANDISES L'astérique (*) indique que les droits mentionnés ci-contre comprennent les deux décimes.	UNITÉS sur lesquelles portent les droits	QUOTITÉ DES DROITS — par navires franç. et des pays contractants par terre	QUOTITÉ DES DROITS — par navires étrang. et d'ailleurs que des pays contractants par terre
		fr. c.	fr. c.
Sucs d'espèces particulières (suite) (352) — aloès : des pays hors d'Europe	100 kil. B.	5.00	20.00
aloès : des entrepôts	id.	10.00	20.00
opium	100 kil. N.	200.00	212.50
jus de réglisse : des pays contractants	100 kil. B.	4.00*	4.40*
jus de réglisse : d'ailleurs	100 kil. N.	48.00	52.80
sarcocolle, kino et autres sucs végétaux desséchés : des pays hors d'Europe	100 kil. B.	exempts	2.00*
sarcocolle, kino et autres sucs végétaux desséchés : des entrepôts	id.	2.00*	2.00*
Sucs tannins, liquides ou concrets, extraits des végétaux (353)	id.	exempts	2.00
Sulfures — d'arsenic, en masses (orpin, orpiment et réalgar (354)) : des pays contractants	id.	exempts	0.25*
d'arsenic, en masses : d'ailleurs	id.	8.00	8.80
de mercure : en pierres, naturel et artificiel (*cinabre*)	100 kil. N.	150.00	160.00
de mercure : pulvérisé (*vermillon*)	id.	200.00	212.50
Sumac (355) — écorces, feuilles et brindilles	100 kil. B.	exemptes	exemptes
moulu	id.	exempt	exempt
(résine de) *V.* Résineux exotiques non dénommés.			

T

DÉSIGNATION DES MARCHANDISES	UNITÉS	QUOTITÉ DES DROITS — par navires franç. et des pays contractants par terre	QUOTITÉ DES DROITS — par navires étrang. et d'ailleurs que des pays contractants par terre
Tabacs — fabriqués (cigares et autres) (356) : pour la régie : des pays hors d'Europe	id.	exempts	15.00
fabriqués : pour la régie : des entrepôts	id.	7.00	15.00
fabriqués : pour compte particulier : de santé ou d'habitude : *V.* la note (356).			
fabriqués : pour compte particulier : autre	id.	prohibés	prohibés
en feuilles ou en côtes : pour la régie : des pays hors d'Europe	id.	exempts	10.00
en feuilles ou en côtes : pour la régie : des entrepôts	id.	5.00	10.00
en feuilles ou en côtes : pour compte particulier	id.	prohibés	prohibés
Tabletterie (357) — des pays contract. : étuis en bois, en corne ou en os, nécessaires, porte-monnaies et ouvrages en bois tourné, vernis ou ornés	100 kil. N. ou la valeur	60.00* / 10 p. %*	65.50* / 10 p. %*
des pays contract. : autres objets	la valeur	10 p. %*	10 p. %*
d'ailleurs : billes de billard en ivoire	1 kil. N.	4.00	4.40
d'ailleurs : peignes : d'ivoire	id.	4.00	4.40
d'ailleurs : peignes : d'écaille	id.	5.00	5.50
d'ailleurs : non dénommée	100 kil. B.	prohibée	prohibée
Terres pyriteuses, dites cendres noires ou de Tropey : par navires français et par terre	id.	exemptes	exemptes
par navires étrangers	id.	—	1.00
Thé — des pays de production	100 kil. N.	40.00*	100.00*
d'ailleurs	id.	100.00*	100.00*
Tiges de millet pour balais	100 kil. B.	exemptes	exemptes
Tissus (358) — d'abaca, *V.* Tissus de phormium tenax etc.			
d'alpaga, de lama et de vigogne : purs		Même régime *ou* mêmes droits que les tissus de laine, selon la provenance.	
d'alpaga, de lama et de vigogne : mélangés : de laine, quelle que soit la proportion du mélange		Même régime *ou* mêmes droits que les tissus de laine, selon la provenance.	
d'alpaga, de lama et de vigogne : mélangés : d'autres filaments quelconques, la laine d'alpaga, de lama et de vigogne dominant en poids		Même régime *ou* mêmes droits que les tissus de laine, selon la provenance.	
de bourre de soie (fleuret) : des pays contractants, *V.* Tissus de soie et de bourre de soie.			
de bourre de soie (fleuret) : d'ailleurs (359) : tissus façon cachemire	100 kil. B.	prohibés	prohibés
étoffes : pures	1 kil. N.	7.00	7.70
étoffes : mêlées d'or ou d'argent : fin	id.	10.00	11.00
étoffes : mêlées d'or ou d'argent : faux	100 kil. N.	prohibées	prohibées
couvertures	id.	204.00	216.70
tapis, *même mêlés de fil*	id.	306.00	323.50
bonneterie	1 kil. N.	6.00	6.60
passementerie et rubans	100 kil. N.	800.00	817.50
de cachemire, *V.* Tissus de poils, etc.			

ASSIMILATIONS ET RENVOIS AUX AUTRES TABLEAUX DES DROITS	NOTES EXPLICATIVES
	360. — Tissus de coton, des pays contractants. Les tissus croisés et les coutils rentrent, aussi bien que les tissus unis, dans la classe des tissus de coton pur, écrus blanchis ou teints dont les droits sont indiqués ci-contre. Ces droits ont été établis en tenant compte et du nombre de fils renfermés dans un espace de 5 millimètres carrés en chaîne et en trame, et du poids du tissu ramené aux centimètres carrés. Cette classification comprend, les étoffes à pantalon, les organdis, la mousseline, le linge de lit, de table, les mouchoirs, etc. Les toiles de coton peintes par tout autre procédé que par l'impression suivent le régime des toiles imprimées. Quant à celles qui sont peintes sur enduit, elles sont assimilées aux toiles cirées v. ces mots. 361. — Velours de coton. Le tarif des velours n'est applicable qu'aux velours en pièces. Les bandes de velours découpées sont considérées comme rubans de velours et rentrent dans la classe des articles de coton non dénommés. 362. — Broderies a la main. Cette désignation embrasse les broderies en coton faites à la main sur tissu de coton comme sur tissu de lin ou de chanvre, quel que soit l'instrument dont se soit servi l'ouvrier (aiguille, crochet, etc.). Les broderies à la mécanique autres que les gazes et mousselines pour ameublement ou tenture rentrent dans la classe des articles non dénommés. 363. — Vêtements confectionnés etc. Les vêtements neufs en coton et les vêtements vieux sont soumis au même droit. 364. — Articles non dénommés. On range notamment dans cette classe, la bonneterie; les rubans, même de velours; les broderies à la mécanique; le canevas de coton avec application de dessins en velours pour broderies ; le velours découpé en bandes pour rubans ; les tissus de coton teints, gaufrés et gommés pour la reliure ; la toile à calquer ; les tissus de coton recouverts d'une couche d'émeri et de verre ; les mèches en fil de coton tressé.

DÉSIGNATION DES MARCHANDISES L'astérisque (*) indique que les droits mentionnés ci-contre comprennent les deux décimes.	UNITÉS sur lesquelles portent les droits	QUOTITÉ DES DROITS — par navires franç. et des pays contractants par terre	par navires étrang. et d'ailleurs que des pays contractants par terre
		fr. c.	fr. c.
Tissus de coton des pays contractants (360) — purs — écrus — présentant en chaîne et en trame dans l'espace de 5 millimètres carrés, ceux pesant 11 kil et plus les 100 mètres carrés — 35 fils ou moins	100 kil. N.	50.00*	55.00*
36 fils et au-dessus	id.	80.00*	86.50*
de 7 à 11 kil. exclus. les 100 mètres carrés — 35 fils ou moins	id.	60.00*	65.50*
36 à 43 fils inclusiv.	id.	100.00*	107.50*
44 fils et au-dessus	id.	200.00*	212.50*
de 3 à 7 kil. exclus. les 100 mètres carrés — 27 fils ou moins	id.	80.00*	86.50*
28 à 35 fils inclus.	id.	120.00*	128.50*
36 à 43 fils dito	id.	190.00*	202.00*
44 fils et au-dessus	id.	300.00*	317.50*
pesant moins de 3 kilogrammes les 100 mètres carrés	la valeur	15 p. %*	15 p. %*
blanchis — présentant en chaîne et en trame dans l'espace de 5 millimètres carrés, ceux pesant 11 kil. et plus les 100 mètres carrés — 35 fils ou moins	100 kil N.	57.50*	62.80*
36 fils et au-dessus	id.	92.00*	99.10*
de 7 à 11 kil. exclus. les 100 mètres carrés — 35 fils ou moins	id.	69.00*	74.90*
36 à 43 fils inclus.	id.	115.00*	123.20*
44 fils et au-dessus	id.	230.00*	244.00*
de 3 à 7 kil. exclus. les 100 mètres carrés — 27 fils ou moins	id.	92.00*	99.10*
28 à 35 fils inclus	id.	138.00*	147.40*
36 à 43 fils dito	id.	218.50*	231.90*
44 fils et au-dessus	id.	345.00*	362.50*
pesant moins de 3 kilogrammes les 100 mètres carrés	la valeur	15 p. %*	15 p. %*
teints — présentant en chaîne et en trame dans l'espace de 5 millimètres carrés, ceux pesant 11 kil et plus les 100 mètres carrés — 35 fils ou moins	100 kil. N.	75.00*	81.20*
36 fils et au-dessus	id.	105.00*	112.70*
de 7 à 11 kil. exclus. les 100 mètres carrés — 35 fils ou moins	id.	85.00*	91.70*
36 à 43 fils inclus	id.	125.00*	133.70*
44 fils et au-dessus	id.	225.00*	238.70*
de 3 à 7 kil. exclus. les 100 mètres carrés — 27 fils ou moins	id.	105.00*	112.70*
28 à 35 fils inclus	id.	145.00*	154.70*
36 à 43 fils dito	id.	215.00*	228.20*
44 fils et au-dessus	id.	325.00*	342.50*
pesant moins de trois kilogrammes les 100 mètres carrés	la valeur	15 p. %*	15 p. %*
imprimés	id.	15 p. %*	15 p. %*
velours (361) — façon soie (dite velvets) — écrus	100 kil. N.	85.00*	91.70*
teints ou imprimés	id.	110.00*	118.00*
autres (cords, moleskins, etc.) — écrus	id.	60.00*	65.50*
teints ou imprimés	id.	85.00*	91.70*
broderies à la main ou à la mécanique (362)	la valeur	10 p. %*	10 p. %*
dentelles et blondes	id.	5 p. %*	5 p. %*
piqués, basins, façonnés, damassés et brillantés	id.	15 p. %*	15 p. %*
couvertures	id.	15 p. %*	15 p. %*
gazes et mousselines brodées ou brochées pour ameublements, pour tentures ou pour habillements	id.	10 p. %*	10 p. %*
vêtements et articles confectionnés en tout ou en partie (363)	id.	15 p. %*	15 p. %*
articles non dénommés (364)	id.	15 p. %*	15 p. %*
mélangé, *coton dominant en poids*	id.	15 p. %*	15 p. %*
tulles unis ou brodés, en coton pur, *ou en coton mélangé*, le coton dominant en poids	id.	10 p. %*	15 p. %*

ASSIMILATIONS ET RENVOIS AUX AUTRES TABLEAUX DES DROITS	NOTES EXPLICATIVES
	365. — Tissus de coton, d'ailleurs. A l'exception de quelques articles qui sont nommément taxés, les tissus de coton *de toute sorte*, de fabrication étrangère, sont prohibés à l'entrée. La prohibition ne porte pas seulement sur les tissus de pur coton, elle atteint encore ceux qui sont fabriqués avec des matières dans lesquelles il se trouve une partie quelconque de ce filament. Ainsi, par exemple, les toiles de lin ou de chanvre ayant dans la chaîne ou la trame des fils de coton, les étoffes de soie mélangée de coton, les tresses formées de brins de paille et de fil de coton, etc., sont considérées comme prohibées. **366.** — Nankin. Les Nankins de l'Inde sont admissibles aux droits fixés par le tarif quels que soient la provenance et le mode d'importation. Les Nankins *autres* que de l'Inde demeurent frappés de prohibition. On ne doit considérer comme *Nankins* que les tissus de coton *écrus* et *de couleur jaunâtre* qui sont communément connus sous ce nom. **367.** — Dentelles et Tulle avec application. Les applications sur tout autre tissu que le tulle, par exemple sur la mousseline, sont frappées de prohibition. Quant aux dentelles composées de coton et de lin, elles sont admissibles au droit de 5 pour % dès l'instant qu'elles ont été fabriquées à la main. **368.** — Tissus de crin, des pays contractants. La dénomination de tissus, autres, s'applique à la toile à tamis, à la passementerie, aux chapeaux ainsi qu'aux tissus de crin de toute sorte et même aux tamis et aux balais qui, venant d'ailleurs que des pays contractants sont traités comme mercerie. Les ouvrages en crin ou en poil de vache purs ou mélangés sont également assujettis au droit de 10 pour % de la valeur. **369.** — Tissus de jute, des pays contractants. Les toiles de jute ont ordinairement en chaîne quelques fils de coton pour former les lisières. Quand il ne s'agit que de lisières, le tissu est traité comme pur, à moins que les intéressés ne demandent eux-mêmes l'application du régime des tissus mélangés. On applique aux fils doubles et triples, ainsi qu'aux sacs fabriqués en fils de jute, les dispositions rappelées ci-après à la note 376. Les toiles de jute peintes sur enduit pour tapisseries rentre dans la classe des toiles cirées.

DÉSIGNATION DES MARCHANDISES L'astérique (*) indique que les droits mentionnés ci-contre comprennent les deux décimes	UNITÉS sur lesquelles portent les droits	QUOTITÉ DES DROITS	
		par navires franç. et des pays contractants par terre	par navires étraug. et d'ailleurs que des pays contractants par terre
		fr. c.	fr. c.
Tissus (suite) — de coton (suite), d'ailleurs que des pays cont. (365), nankins (366), originaires de l'Inde des pays hors d'Europe	1 kil. N.	1.00*	1.10*
importés d'ailleurs	id.	1.10*	1.10*
autres	100 kil. B.	prohibés	prohibés
dentelles fabriquées à la main (367)	la valeur	5 p. %	5 p. %
tulle, avec application d'ouvrages en dentelle de fil (367)	id.	5 p. %	5 p. %
tulle, tout autre	100 kil. B.	prohibés	prohibés
autres, *de toute sorte*	100 kil B.	prohibés	prohibés
de crin, des pays contractants pur ou mélangé (368), tresses	100 kil. N. ou la valeur	160.00* — 10 p. °/₀*	170.50* — 10 p. %*
autres	la valeur	10 p. %*	10 p. %*
d'ailleurs, toile à tamis (*rapatelle*)	100 kil. N.	41.00	45.10
passementerie	id.	150.00	160.00
chapeaux	la pièce	0.25	0 25
autres, *de toute sorte*	100 kil. B.	prohibés	prohibés
d'écorce, purs ou mélangés, des pays contractants	la valeur	10 p. %*	10 p. %*
d'ailleurs, en fibres de palmier, dits pagnes ou rabanes, de 8 fils ou moins	le mètre carré.	0.45	0.45
au-dessus de 8 fils	100 kil N.	droits des toiles de lin, selon l'espèce.	
autres de toute sorte	100 kil. B.	prohibés	prohibés
élastiques en caoutchouc ou en gutta-percha, *V.* OUVRAGES EN CAOUTCHOUC, etc.			
façon cachemire, *V.* TISSUS DE BOURRE DE SOIE.			
de fibres de palmier, *V.* TISSUS D'ÉCORCE.			
en fil et soie, d'ailleurs que des pays contractants, *V.* TISSUS DE SOIE.			
de fleuret, des pays contractants, *V.* TISSUS DE SOIE ET DE BOURRE DE SOIE. / d'ailleurs, *V.* TISSUS DE BOURRE DE SOIE.			
en grains de verre, *V.* MERCERIE FINE.			
de jute, des pays contrac. (369), pur, présentant en chaîne dans l'espace de 5 millim., écrus, unis 3 fils ou moins	100 kil B.	10.00*	11.00*
croisés, 3 fils ou moins	100 kil. N.	12.00*	13.20*
4 et 5 fils	id.	16.00*	17.60*
6, 7 et 8 fils	id.	24.00*	26.40*
plus de 8 fils	mêmes droits que les tissus de lin selon le dégré de finesse		
blanchis ou teints, unis, 3 fils ou moins	100 kil. N.	15.00*	16.50*
croisés, 3 fils ou moins	id.	17.00*	18.70*
4 et 5 fils	id.	23.00*	25.30*
6, 7 et 8 fils	id.	35.00*	38.50*
plus de 8 fils	mêmes droits que les tissus de lin, selon le degré de finesse		
tapis ras ou à poil	id.	24.00*	26.40*
mélangé, le jute dominant en poids	la valeur	15 p. %*	15 p. %*
d'ailleurs, mêmes droits que les tissus de phormium tenax.			

ASSIMILATIONS ET RENVOIS AUX AUTRES TABLEAUX DES DROITS	NOTES EXPLICATIVES

370. — Tissus de laine, des pays contractants. La toile à blutoir, les rondelles en drap pour broches de filature *importées isolément,* les morceaux d'étoffes de laine avec application de dessins en velours pour broderies, rentrent dans la classe des articles de laine non dénommés.

La taxe afférente aux vêtements vieux n'est applicable qu'aux vêtements importés comme objets de commerce.

371. — Tissus de laine, d'ailleurs, couvertures. Les tissus de même nature que les couvertures mais fabriqués en pièces comme les draps et propres aux mêmes usages, rentrent dans la classe des tissus de laine dont l'importation est prohibée.

Les couvertures à l'usage des chevaux conduits en laisse peuvent être admises au droit de 15 pour % si elles portent des traces de service et même en franchise quand elles sont usées.

372. — Tapis. Les tapis en laine autres que les tapis de pied, tels que les tapis de table et les tissus à dessins répétés pour ameublement qui sont fabriqués à la pièce, à la manière des tissus ordinaires et enfin les ouvrages en tapisserie faits à la main et à l'aiguille sur canevas rentrent dans la classe des tissus de laine dont l'entrée est prohibée.

Quant aux tapis de pieds, ils sont divisés en deux classes, les tapis simples et les tapis à nœuds.

On range parmi les tapis *simples:* 1° les tapis à chaîne de fil de lin ou de chanvre, dont l'envers présente un canevas et qu'on appelle *moquettes;* 2° les autres tapis à tissu simple et sans canevas à l'envers, qu'ils soient de pure laine ou de laine mêlée avec d'autres matières. Dans cette dernière classe figurent les tapis serrés dont l'envers présente des *côtes,* parce que la laine, formant velours, entoure la trame sans être nouée.

Les tapis *à nœuds* sont ceux dans lesquels chaque brin de lainage, qui forme le dessin, est fixé à la chaîne par un nœud, ce qui leur donne beaucoup de solidité. Ces tapis sont fabriqués à haute ou à basse lisse, d'un seul morceau, de façon à présenter par leur dessin un ensemble : tels sont les tapis d'Aubusson et ceux du Levant. Les tapis assemblés avec encadrement symétrique sont assimilés aux tapis de pied à nœuds. On assimile également aux tapis de l'espèce *à chaîne de fil :* 1° la serge cirée *imprimée,* soit en pièces, soit en petits tapis; 2° la toile cirée dont l'envers est formé d'une couche de laine tontice.

Les *tapisseries* proprement dites suivent le régime des tapis de pied. Ce sont des tissus croisés, en laine pure ou mélangée d'autres matières, fabriqués, à la manière des tapis, à haute ou à basse lisse, par conséquent d'un seul morceau formant dans son ensemble un dessin. Ces tapisseries, qui sont de la nature de celles dites *des Gobelins* et *de Beauvais,* sont soumises aux mêmes droits que les tapis de pied à nœuds.

Les moquettes *veloutées* sont les seules admissibles au droit de 250 fr. par Dunkerque et par Lille. Les moquettes veloutées et les moquettes bouclées ou épinglées acquittent indistinctement le même droit dans tous les autres bureaux.

Les tapis et tapisseries *de toute sorte,* faisant partie du mobilier des individus qui viennent s'établir en France, sont admis, comme meubles, au droit de 15 pour % de la valeur, lorsqu'ils portent des traces évidentes d'usage et qu'ils ne sont pas importés comme objets de commerce.

373. — Toile a blutoir. Cette toile est tissée en forme cylindrique et d'une seule pièce, de manière que le blutoir qu'elle compose ne présente aucune couture.

On y assimile les manchons sans couture, dits *feutres à papier,* destinés à envelopper les cylindres des machines à fabriquer le papier continu.

374. — Bonneterie. Cette dénomination s'applique à tous les ouvrages tricotés, soit à la main, soit au métier, et particulièrement à ceux qui sont destinés à servir de vêtements, tels que bas, bonnets, caleçons, gants, jupes, etc. Les tricots de laine *en pièces* suivent le régime des tissus proprement dits, et sont, dès lors, prohibés à l'entrée.

375. — Passementerie *et* Rubannerie. La passementerie comprend les aiguillettes, cordons, cordonnets, franges, galons, ganses, jarretières, lacets, tresses, sangles, torsades, etc.

DÉSIGNATION DES MARCHANDISES L'astérique *) indique que les droits mentionnés ci-contre comprennent les deux décimes.	UNITES sur lesquelles portent les droits	QUOTITE DES DROITS	
		par navires franç. et des pays contractants par terre	par navires étrang. et d'ailleurs que des pays contractants par terre
		fr. c.	fr. c.
TISSUS de LAINE — des pays contractants (370), pure : Tapis, *de toute espèce*	la valeur	10 p. % *	10 p. % *
chaussons de lisière	la valeur	10 p. % *	10 p. % *
lisières de drap, de toute espèce, *entières ou coupées*	100 kil. B.	exemptes	0.25 *
Couvertures			
Bonneterie			
Passementerie			
Rubanerie			
Dentelles	la valeur	10 p. % *	10 p. % *
autres tissus			
articles non dénommés			
vêtements *et* articles confectionnés … { neufs … { vieux	100 kil N.	20.00 *	22.00 *
mélangée, la laine dominant en poids, *mêmes droits que les tissus de laine pure.*			
d'ailleurs que des pays contractants (371) : couvertures (371)	id.	200.00	212.50
originaires des pays d'Orient *et importés directement* d'un pays hors d'Europe	la valeur	15 p. % *	15 p. % *
tapis de pied (372), d'ailleurs, simples, Moquettes, à chaîne de fil de lin ou de chanvre *dont l'envers présente un canevas* : veloutées, dont le canevas présente, *dans l'espace d'un décimètre*, au moins 40 carreaux en hauteur et 50 en largeur, par Dunkerque *et* Lille	100 kil. N.	250.00	250.00
par tous autres bureaux	id.	300.00	317.50
autres	id.	300.00	317.50
autres tapis, *soit* de pure laine, *soit* mélés de fil, mais *sans canevas à l'envers*	id.	500.00	517.50
à nœuds : à chaîne autre que de fil de lin ou de chanvre	id.	500.00	517.50
à chaîne de fil de lin ou de chanvre	id.	300.00	317.50
burail *et* crépon de Zurich, *V.* Tssus DE LAINE, des pays contractants.			
toile à blutoir, *sans couture* (373)	id.	200.00	212.50
bonneterie (374)	100 kil. B.	prohibée	prohibée
passementerie et rubanerie (375), de pure laine { blanche	100 kil. N.	190.00	202.00
{ teinte	id.	220.00	223.50
mélangée de fil, laine et poil	id.	220.00	223.50
autres, *de toute sorte*	100 kil. B.	prohibés	prohibés

ASSIMILATIONS ET RENVOIS AUX AUTRES TABLEAUX DES DROITS	NOTES EXPLICATIVES

376. — TISSUS DE LIN OU DE CHANVRE. Les sacs en toile importés vides, des pays contractants, rentrent, quand ils sont usagés, dans la classe des articles d'emballage ayant servi, et sont, à ce titre, admissibles en franchise de droits. S'ils sont neufs, ils suivent, au gré des importateurs, soit, d'après le tarif général, le régime de la toile dont ils sont formés, soit le régime conventionnel des articles de lin ou de chanvre confectionnés.

Ceux qui sont importés *d'ailleurs* suivent toujours, lorsqu'ils sont neufs, le régime de la toile dont ils sont formés ; mais, s'ils portent des traces évidentes de service ils sont admis au droit de 15 pour % de la valeur, par assimilation aux objets mobiliers.

Les fils doubles de la chaîne des toiles à voiles et les fils doubles ou même triples des toiles qui servent à la confection des seaux à incendie ne doivent être comptés que comme unité, pour le classement des toiles.

Toute toile ayant reçu, avant ou après le tissage, un degré de blanchiment qui en a rendu la nuance supérieure aux types, doit être rangée, quelle qu'en soit la provenance, dans la classe de la toile *blanche*. Sont particulièrement de ce nombre les toiles dites *amidonnées* et les toiles de Flandre connues sous le nom de *petite aunette*. Quant aux toiles dites *blondines*, dont la nuance est sur la limite séparative des deux espèces, c'est la comparaison avec les types qui doit décider de leur classement parmi les toiles écrues ou parmi les toiles blanches.

377. — PROVENANCES DES PAYS CONTRACTANTS, TISSUS UNIS OU OUVRÉS. On assimile aux toiles écrues les toiles dites *ardoisées*, jusqu'à la limite de coloration résultant de types établis de concert entre les gouvernements français et belge.

Il en est de même pour certaines toiles jaunâtres généralement fabriquées en Écosse, et dont la coloration est obtenue au moyen d'une simple immersion dans de l'eau contenant en dissolution de l'oxyde de fer.

Les toiles *peintes* par tout autre procédé que l'impression doivent suivre le régime des toiles *imprimées, v.* d'ailleurs la note 387, pour les tissus qui sont assimilés aux toiles cirés. Les tapis en tissus d'abaca, de coco, d'aloès etc., rentrent dans la classe des tissus de phormium tenax.

Le linge ouvré dont la chaîne est en fil écru et la trame en fil blanc ou teint suit le régime des tissus blanchis ou teints

La toile unie à matelas, les treillis, les serpillières, les canevas en fil de lin ou de chanvre, les tapis et les tissus épais pour tapis de pied en lin ou en chanvre suivent le régime des toiles unies.

378. — COUTILS. Les tissus dont les fils de trame sont multiples et que l'on emploie pour pantalons demeurent assimilés aux coutils. Pour le classement de ces étoffes, si on leur applique le droit au poids, les fils multiples doivent être comptés, contrairement à ce qui est réglé à l'égard des toiles à voiles, pour autant d'unités qu'ils renferment de bouts.

379. — PASSEMENTERIE ET RUBANNERIE. Les rubans à jour en font partie.

DÉSIGNATION DES MARCHANDISES L'astérique (*) indique que les droits mentionnés ci-contre comprennent les deux décimes	UNITÉS sur lesquelles portent les droits	QUOTITÉ DES DROITS	
		par navires franç. et des pays contractants par terre	par navires étrang. et d'ailleurs que des pays contractants par terre
		fr. c.	fr. c.
Tissus de lin ou de chanvre (376) des pays contractants — purs — unis ou ouvrés présentant en chaîne dans l'espace de 5 millimètres (377) — écrus — 5 fils ou moins	100 kil. B.	5.00 *	5.50 *
6, 7 et 8 fils	100 kil. N.	28.00 *	30.80 *
9, 10 et 11 fils	id.	55 00 *	60.20 *
12 fils	id.	65.00 *	70.70 *
13 et 14 fils	id.	90.00 *	97.00 *
15, 16 et 17 fils	id.	115.00 *	123.20 *
18, 19 et 20 fils	id.	170.00 *	181.00 *
21, 22 et 23 fils	id.	260.00 *	275.00 *
24 fils et au-dessus	id.	300.00 *	317.50 *
blanchis, teints ou imprimés — 8 fils ou moins	id.	38.00 *	41.80 *
9, 10 et 11 fils	id.	70.00*	76.00 *
12 fils	id.	95.00 *	102.20 '
13 et 14 fils	id.	120.00 *	128.50*
15, 16 et 17 fils	id.	155.00*	165.20*
18, 19 et 20 fils	id	230.00 *	244.00 *
21, 22 et 23 fils	id.	350.00*	367.50*
24 fils et au-dessus	id.	400.00 *	417.50 *
coutils unis ou façonnés (378) — présentant en chaîne dans l'espace de 5 millim. — écrus — 8 fils au moins	id.	35.00 *	38.50 *
9, 10 et 11 fils	id.	55.00 *	60.20 *
12, 13 et 14 fils	id.	90.00 *	97.00 *
plus de 14 fils	id.	115.00 *	123.20 *
blanchis teints ou imprimés — 8 fils ou moins	id.	47.00 *	51.70 *
9, 10 et 11 fils	id.	70.00 *	76.00 *
12, 13 et 14 fils	id.	120.00 *	128.50 *
plus de 14 fils	id.	155.00*	165.20 *
ou, si l'importateur le préfère	la valeur	16 p. % *	16 p. % '
linge damassé	la valeur	16 p.% *	16 p. % *
batiste — linon — mouchoirs enca-drés — non brodés — mêmes droits que les toiles unies, selon l'espèce et le degré de finesse.			
mouchoirs encadrés brodés	id.	10 p. % *	10 p. % *
dentelles	id.	5 p. % *	5 p. % *
tulle — bonneterie — passementerie (379) — rubanerie de fil, écrue, blanchie ou teinte (379)	id.	15 p. % *	15 p. % *
vêtements et articles confectionnés, en tout ou en partie — en coutil ou en linge damassé	id.	16 p. % *	16 p. % *
en autres tissus	id.	15 p. % *	15 p. % *
articles non dénommés	id.	15 p. % *	15 p. % *
mélangés, le lin ou le chanvre dominant en poids			

ASSIMILATIONS ET RENVOIS AUX AUTRES TABLEAUX DES DROITS	NOTES EXPLICATIVES
	380. — Tissus de lin ou de chanvre d'ailleurs. Ceux qui sont mélangés de laine, de poil ou de coton sont atteints par la prohibition. La restriction d'entrée applicable aux toiles s'entend en ce sens que le même colis ne peut contenir des toiles écrues et des toiles blanches ou des toiles croisées ou des toiles unies ; mais rien n'empêche de réunir des toiles de différents degrés de finesse. Les toiles colorées artificiellement sont soumises aux droits des toiles teintes. Celles-ci sont toujours d'une seule couleur. Les toiles peintes de plusieurs couleurs rentrent dans la classe des toiles imprimées. Les toiles croisées dites treillis suivent le régime des toiles unies, de moins de 8 fils. On leur assimile les serpillières et les canevas en fil de lin ou de chanvre qui sont, comme des treillis, des tissus grossiers. On assimile aux coutils pour vêtements, les tissus dont les fils de trame sont doubles et qui sont employés pour faire des pantalons, bien que ces tissus ne soient pas croisés. Les tissus de lin ou de chanvre ouvragés ou damassés, dont la chaine est en fil écru ou teint et la trame en fil blanc, acquittent le droit du linge de table blanc ouvragé ou damassé. Enfin par une exception aux dispositions rappelées au premier paragraphe de la présente note, on traite comme tissus de pur lin les *mouchoirs* ayant un encadrement ou liseré en coton, dont la largeur n'excède pas trois centimètres.

DÉSIGNATION DES MARCHANDISES			UNITÉS sur lesquelles portent les droits	QUOTITÉ DES DROITS	
				par navires franç.	par navires étrang. et d'ailleurs que des pays contractants par terre
				fr. c.	fr. c.
		de moins de 8 fils	100 kil. N.	60.00	60.00
		de 8 fils	id.	80.00	80.00
		de 9 fils inclusivement à 12 exclusivement	id.	126.00	126.00
		de 12 fils	id.	144.00	144.00
	écrue	de 13 fils inclusivement à 16 exclusivement	id.	201.00	201.00
		de 16 fils	id.	267.00	267.00
		de 17 fils	id.	287.00	287.00
		de 18 et 19 fils	id.	297.00	297.00
		de 20 fils	id.	342.00	342.00
		au-dessus de 20 fils	id.	467.00	467.00
		de moins de 8 fils	id.	90.00	90.00
		de 8 fils	id.	116.00	116.00
		de 9 fils inclusivement à 12 exclusivement	id.	191.00	191.00
		de 12 fils	id.	219.00	219.00
Tissus de lin ou de chanvre (suite) — d'ailleurs que des pays contractants (380) — toile unie	blanche ou mi-blanche	de 13 fils inclusivement à 16 exclusivement	id.	306.00	306.00
		de 16 fils	id.	417.00	417.00
		de 17 fils	id.	457.00	457.00
		de 18 et 19 fils	id.	477.00	477.00
		de 20 fils	id.	567.00	567.00
		au-dessus de 20 fils	id.	817.00	817.00
		de moins de 8 fils	id.	90.00	90.00
		de 8 fils	id.	116.00	116.00
		de 9 fils inclusivement à 12 exclusivement	id.	146.00	146.00
		de 12 fils	id.	167.00	167.00
	teinte	de 13 inclusivement à 16 exclusivement	id.	216.00	216.00
		de 16 fils	id.	289.00	289.00
		de 17 fils	id.	317.00	317.00
		de 18 et 19 fils	id.	329.00	329.00
		de 20 fils	id.	380.00	380.00
		au-dessus de 20 fils	id.	537.00	537.00
		de moins de 8 fils	id.	90.00	90.00
		de 8 fils	id.	116.00	116.00
		de 9 fils inclusivement à 12 exclusivement	id.	191.00	191.00
		de 12 fils	id.	219.00	219.00
	imprimée	de 13 fils inclusivement à 16 exclusivement	id.	306.00	306.00
		de 16 fils	id.	417.00	417.00
		de 17 fils	id.	457.00	457.00
		de 18 et 19 fils	id.	477.00	477.00
		de 20 fils	id.	567.00	567.00
		au-dessus de 20 fils	id.	817.00	817.00

ASSIMILATIONS ET RENVOIS AUX AUTRES TABLEAUX DES DROITS	NOTES EXPLICATIVES
	381. — TISSUS ÉPAIS POUR TAPIS DE PIED, *etc.* Ces tissus sont exclusivement composés de filaments de chanvre. C'est une espèce de toile grossière, tissée en gros fils teints, et dont on se sert en guise de tapis de pied. On y assimile : 1° les tapis en tissu d'abaca, de jute, d'aloès, etc., qu'ils soient ou non teints, et 2° les petits tapis d'appartement, en filaments de coco, avec ou sans bordure en laine, montés sur canevas en fils de chanvre. Quant aux paillassons de filaments de coco, avec canevas en cordes, ils suivent le régime de la vannerie.

DÉSIGNATION DES MARCHANDISES				UNITÉS sur lesquelles portent les droits	QUOTITÉ DES DROITS	
					par navires franç.	par navires étrang. et d'ailleurs que des pays contractants par terre
					fr. c.	fr. c.
Tissus de lin ou de chanvre (suite)	Toile unie (suite).	à matelas *sans distinction de finesse*		100 kil. N.	212.00	212.00
		cirée	de moins de 8 fils	id.	70 00	70.00
			de 8 fils inclusivement à 13 exclusivement	id.	120.00	120.00
			de 13 fils dito à 20 dito	id.	170.00	170.00
			de 20 fils et au-dessus	id.	220.00	220.00
		peinte sur enduit, pour tapisserie		id.	184.00	195.70
	Toile croisée	grossière dite treillis	écrue	id.	60.00	60.00
			autre	id.	90.00	90.00
		Coutil	pour tenture ou literie	id.	212.00	212.00
			pour vêtements — écru	id.	322.00	322.00
			pour vêtements — autre	id.	364.00	364.00
	Linge de table	ouvragé — écru	de 16 fils ou moins	id.	267.00	267.00
			de 17 fils	id.	287.00	287.00
			de 18 et 19 fils	id.	297.00	297.00
			de 20 fils	id.	342.00	342.00
			de plus de 20 fils	id.	467.00	467.00
		ouvragé — blanc	de 16 fils ou moins	id.	417.00	417.00
			de 17 fils	id.	457.00	457.00
			de 18 et 19 fils	id.	477.00	477.00
			de 20 fils	id.	567.00	567.00
			de plus de 20 fils	id.	817.00	817.00
		damassé — écru	de 16 fils ou moins	id.	320.40	320.40
			de 17 fils	id.	344.40	344.40
			de 18 et 19 fils	id.	356.40	356.40
			de 20 fils	id.	410.40	410.40
			de plus de 20 fils	id.	560.40	560.40
		damassé — blanc	de 16 fils ou moins	id.	500.40	500.40
			de 17 fils	id.	548.40	548.40
			de 18 et 19 fils	id.	572.40	572.40
			de 20 fils	id.	680.40	680.40
			de plus de 20 fils	id.	980.40	980.40
	Mouchoirs, mêmes droits que la toile, selon l'espèce					
	Batiste et Linon			1 kil. N.	25.00	27.50
	Dentelles			la valeur	5 p. %	5 p. %
	Tulle			100 kil. B.	prohibé	prohibé
	Bonneterie			100 kil. N.	200.00	212.50
	Passementerie et rubans de fils	écrus	bis ou herbés	id.	80.00	86.50
			mélangés de blanc	id.	120.00	128.50
		blancs		id.	120.00	128.50
		teints, en tout ou en partie		id.	150.00	160.00
	Rubans à jour			id.	500.00	517.50
	Tissus épais pour tapis de pied, en fils de lin ou de chanvre teints, de moins de 8 fils aux 5 millimètres (381)			id.	75.00	75.00

Row-label groupings (bracketed in margin): *Tissus de lin ou de chanvre (suite)* / *d'ailleurs que des pays contractants (suite)*

ASSIMILATIONS ET RENVOIS AUX AUTRES TABLEAUX DES DROITS	NOTES EXPLICATIVES
	382. — Tissus de phormium tenax, d'abaca, *etc.* Pour les provenances des pays contractants, cette dénommination embrasse tous les tissus de végétaux filamenteux autres que ceux désignés par le tarif conventionnel et notamment le jute. Elle comprend ainsi les tissus d'écorce nommément repris au tarif général, et la toile d'ortie qui, en dehors des traités, suit le régime des toiles de lin et de chanvre. Quand ces tissus sont mélangés avec d'autres filaments taxés, le lin, le chanvre, le coton, etc. dominant en poids, on leur applique le régime des tissus de lin, de chanvre, de coton, etc. mélangés. Les tapis en tissu d'abaca ou d'aloès, et les petits tapis d'appartement en filaments de coco, avec ou sans bordure, montés sur canevas en fil de chanvre, rentrent dans la classe des tissus en phormium tenax, abaca, et autres végétaux filamenteux non dénommés. Les tissus de phormium tenax, d'abaca et de jute sont les seuls auxquels les droits mentionnés ci-contre deviennent applicables en dehors du tarif conventionnel. **383.** — Tissus de poils, d'ailleurs, tissus de cachemire. Les seuls tissus dont l'entrée soit autorisée sont ceux qui ont été fabriqués *à la main ou au fuseaux, dans les pays hors d'Europe.* Sous cette dénomination sont rangés non-seulement les châles et écharpes, mais encore les tissus unis, les franges et les bordures de cachemire. La prohibion est maintenue à l'égard des autres tissus de cachemire, notamment des châles fabriqués en Europe. L'importation des tissus de cachemire n'est permise que par les seuls bureaux qui sont ouverts au transit des marchandises prohibées. **384.** — Couvertures ou tapis. On range dans la classe des couvertures ou tapis de poil le tissu appelé *Thibaude.* Ce tissu est épais, en pièces de très petite largeur, de couleur naturelle et sans dessins. On le distingue facilement des étoffes de laine en ce que la matière dont il est formé, étant très courte, a besoin d'être soutenue, tant en chaîne qu'en trame, par du fil d'étoupe ; il présente une surface toute hérissée de bouts de poil. Les tapis fabriqués avec du poil de vache teint et brochés en laine, tels que ceux qui se font dans les ateliers de charité de la Belgique, rentrent dans la classe des tapis de pied en laine et sont assimilés aux tapis simples autres que les moquettes. **385** — Tissus de soie et de bourre de soie, des pays contractants. Les châles de bourre de soie fabriqués à l'imitation des châles de cachemire, suivent le régime des tissus de bourre de soie. Ce régime s'applique également aux tissus de bourrettes de soie, dernier déchet de la soie. Les tissus formés d'un mélange de bourre de soie et de soie pure sont traités comme les tissus en bourre de soie, alors même que la soie pure domine en poids. La dénomination de tissus de soie pure embrasse, outre la bonneterie et les dentelles, la passementerie et tous les tissus de soie pure, unis, façonnés ou brochés, qui ne se trouvent pas nommément désignés dans les autres subdivisions du tarif des soieries.

DÉSIGNATION DES MARCHANDISES L'astérique (*) indique que les droits mentionnés ci-contre comprennent les deux décimes	UNITÉS sur lesquelles portent les droits	QUOTITÉ DES DROITS	
		par navires franç. et des pays contractants par terre	par navires étrang. et d'ailleurs que des pays contractants par terre
TISSUS (suite)			
métalliques, v. toiles métalliques.			
des pays contractants — purs ou mélangés, le phormium tenax, l'abaca etc. dominant en poids.	la valeur	10 p. %*	10 p. %*
de phormium ténax et d'abaca (382) — d'ailleurs — écrus :			
de moins de 8 fils	100 kil. N.	77.00	83.30
de 8 fils	id.	90.00	97.00
de 9 fils inclusivement à 12 exclusivement	id.	129.00	137.90
de 12 fils et au-dessus	id.	droits des tissus de lin ou de chanvre	
blanchis : de moins de 8 fils	id.	107.00	114.80
de 8 fils	id.	126.00	134.80
de 9 fils inclusivement à 12 exclusivement	id.	194.00	206.20
de 12 fils et au-dessus	id.	droits des tissus de lin ou de chanvre	
teints : de moins de 8 fils	id.	107.00	114.80
de 8 fils	id.	126.00	134.80
de 8 fils inclusivement à 12 exclusivement	id.	149.00	158.90
de 12 fils et au-dessus	id.	droits des tissus de lin ou de chanvre	
de poils (383) — des pays contractants — de chèvre — châles et écharpes de cachemire des Indes	la valeur	5 p. %*	5 p. %*
autres			
de chameau — pur ; mélangé — de laine, quelle que soit la proportion du mélange	....	mêmes droits que les tissus de laine	
d'autres filaments quelconques, le poil de chameau dominant en poids			
de vache, purs ou mélangés	la valeur	10 p. %*	10 p. %*
d'ailleurs — de cachemire, fabriqués à la main dans les pays hors d'Europe	id.	5 p. %*	5 p. %*
couvertures ou tapis (384)	100 kil. N.	50.00	55.00
bonneterie — de castor	id.	400.00	417.50
d'autres poils	id.	200.00	212.50
autres, de toute sorte	100 kil. B.	prohibés	prohibés
de soie et de bourre de soie (385) — des pays contractants — tissus, bonneterie et dentelles de soie pure, crêpes, façon d'Angleterre, écrus, noirs ou de couleur; tulles unis ou façonnés, écrus ou apprêtés.	100 kil. N.	exempts	0.25*
tissus de bourre de soie pure ou de soie et bourre de soie, écrus, blancs, teints ou imprimés	id.	200.00*	212.50*
tissus de soie ou de bourre de soie, avec or ou argent — fin	id	1200.00*	1217.50*
mi-fin ou faux	id.	350.00*	367.50*
passementerie et dentelles de soie ou bourre de soie avec or ou argent — fin	id.	1200.00*	1217.50*
mi-fin ou faux	id.	350.00*	367.50*
rubans de soie ou de bourre de soie — de velours	id.	500.00*	517.50*
autres	id.	400.00*	417.50*
mélangés d'autres matières textiles, la soie ou la bourre de soie dominant en poids — rubans	la valeur	10 p. %*	10 p. %*
autres	100 kil. N.	300.00*	317.50*
vêtements et articles confectionnés *régime des tissus dominant en poids.*			

ASSIMILATIONS ET RENVOIS AUX AUTRES TABLEAUX DES DROITS	NOTES EXPLICATIVES
Toiles, à blutoir, sans couture, *v.* Tissus de laine; — cirées, avec marbrures ou dessins, comme la toile peinte sur enduit; — recouvertes d'un côté de laine tontice; comme tapis à nœuds, à chaîne de fil, *v.* Tissus de laine; — autres, *v.* Tissus de lin, toiles unies; — de crin, *v.* Tissus de crin. Toiles, de lin ou de chanvre, des pays contractants, amidonnées et petite aunette, comme la toile blanche; — ardoisées ou jaunâtres et blondines, classement selon la nuance, d'après les types établis; — à liteaux, ou ayant dans la chaîne ou dans la trame un ou plusieurs fils de couleur, régime de la partie dominante (écrue) ou blanche; — avec marbrures ou dessins, pour tapis de pied, de table ou de carrosserie, comme toile cirée; — peintes, sur enduit pour tapisserie, comme la toile cirée; — par tout autre procédé que par l'impression, comme toiles imprimées; — préparées pour la peinture, comme toiles cirées, — rendues imperméables au moyen d'un enduit autre que le caoutchouc et la Gutta-Percha, comme toiles cirées; — *d'ailleurs* que des pays contractants, amidonnées, comme la toile unie blanche; — blondines; comme la toile unie blanche; — à fils de couleur ou à liteaux comme la toile teinte; — imperméables, revêtues d'un enduit résineux, comme la toile cirée; — sans enduit, comme la toile unie selon l'espèce; — pour l'impression, dites petite aunette, comme la toile blanche ou mi-blanche; — jaunâtres et coloriées artificiellement, comme toiles teintes; — à matelas, *v.* Toile unie; — peintes sur enduit pour tapisserie, *v.* Tissus de lin, etc., — autres, *v.* Toiles imprimées; — préparées pour la peinture, même droit que la toile cirée. Toiles métalliques, peintes, vernies ou ouvrées, des pays contractants, *v.* ci-contre; d'ailleurs, *v.* Ouvrages en métaux; — d'ortie, *v.* Tissus de lin, etc.; — à tamis, en crin, *v.* Tissus de crin; — en laine, *v.* Tissus de laine; — en soie, comme la gaze de soie, *v.* Tissus de soie; — à voile, en coton, *v.* Tissus de coton; — en lin ou en chanvre, *v.* Tissus de lin, etc., toiles unies. Tôle, d'acier, de fer, *v.* Acier, fer platiné, etc., ou ouvrages en métaux; — ouvrée ou vernie, *v.* Ouvrages en métaux. Tomates, confites au vinaigre, *v.* Fruits de table confits, sans sucre ni miel; — sèches ou fraîches, *v.* Légumes secs ou légumes frais. Tombac, *v.* Cuivre doré. Tomback ou tombecki (tabac dit) même régime que le tabac ordinaire. Tombereaux, *v.* Voitures à échelles ou waggons de terrassement. Tonnes à eau, en tôle, *v.* Ouvrages en métaux. Topazes, *v.* Pierres gemmes. Torches résineuses, *v.* Résines indigènes. Torsades, pour chapeaux, en bois, *v.* Tresses de bois blanc, autres; — en paille, *v.* Tresses de paille fines; — mélangées de soie, comme passementerie de soie mêlée d'autres matières; — autres, *v.* Tissus selon l'espèce, passementerie. Touches de piano, *v.* Tabletterie non dénommée. Touloucouna (noix de), *v.* Fruits oléagineux.	386. — Tissus de soie, d'ailleurs. Les foulards originaires de l'Inde sont exempts de tout droit quel que soit le pays d'où ils sont importés. Les autres tissus de soie originaires des pays hors d'Europe sont également admis soit en franchise, soit au droit de 25 centimes le kilogramme, décime compris. Les châles et les mouchoirs de soie suivent le même régime que les tissus. Enfin, le taffetas ciré et gommé y compris le taffetas dit d'Angleterre est traité comme les étoffes unies. Les étoffes façonnées sont celles à fonds unis dans lesquels un sujet est produit par l'effet de la chaîne ou de la trame, ou de la combinaison simultanée de l'une et de l'autre; mais des fils de couleurs différentes, simplement croisés dans les deux sens de l'étoffe, pour former des raies ou des carreaux ne constituent pas le façonnage. Dans les étoffes brochées, le brochage est exécuté avec de troisièmes fils qui ne sont ni ceux de la trame ni ceux de la chaîne. Les toiles à tamis en soie sont assimilées à la gaze de soie alors même qu'il existe dans la lisière quelques fils de coton. V. A l'article 14 des notions préliminaires comment il est procédé pour constater le poids net des rubans de velours roulés sur planchettes. 387. — Toiles cirées des pays contractants. La toile peinte sur enduit, pour tapisserie, rentre dans cette classe. On assimile également aux toiles cirées, les toiles de toute sortes rendues imperméables au moyen d'un enduit autre que le caoutchouc ou la gutta-percha. La même assimilation s'étend aux toiles préparées pour la peinture, ainsi qu'aux toiles avec marbrures ou dessins dont on se sert pour tapis de pied, de table ou de carrosserie. Mais elle n'est pas applicable aux tissus recouverts d'un enduit ou d'une préparation quelconque dans un autre but que de les rendre imperméables. Ainsi, les tissus à calquer, les tissus pour reliure, les tissus recouverts d'émeri ou de verre restent assujettis au régime qui leur est propre d'après la nature du tissu. D'un autre côté, le taffetas et toutes les autres étoffes unies de soie pure cirées ou gommées demeurent admissibles en franchise comme tissus de pure soie. 388. — Toiles métalliques. Aucune distinction n'existe pour les toiles vernissées ou peintes, lorsqu'elles sont importées des pays contractants. Pour toute autre provenance la tarification ci-contre n'est applicable qu'aux toiles métalliques qui n'ont reçu d'autre main-d'œuvre que celle nécessaire pour leur fabrication. Les toiles de l'espèce qui sont vernissées, peintes ou coloriées et, à plus forte raison, celles qui sont ouvrées d'une manière quelconque, restent soumises à la prohibition générale qui frappe, à l'entrée, les ouvrages en métaux non spécialement tarifés. Adaptées à des tamis, les toiles métalliques ne changent pas de régime, toutefois la prohibition ne les atteint pas. Enfin, lorsqu'elles font partie de formes à fabriquer le papier, le tout est traité comme pièces détachées de machines, etc.

DÉSIGNATION DES MARCHANDISES L'astérique (*) indique que les droits mentionnés ci-contre comprennent les deux décimes.	UNITÉS sur lesquelles portent les droits	QUOTITÉ DES DROITS par navires franç. et des pays contractants par terre	par navires étrang. et d'ailleurs que des pays contractants par terre
		fr. c.	fr. c.
TISSUS (suite) — de soie (suite) — d'ailleurs que des pays contractants (386)			
foulards — originaires de l'Inde, importés de tous pays	1 kil. N.	exempts	exempts
foulards — autres — écrus	id.	7.00	8.00
foulards — autres — teints ou imprimés	id.	14.00	15.00
crêpes — unis — des pays hors d'Europe / des pays d'origine en Europe	id.	20.00*	25.00*
crêpes — unis — d'ailleurs	id.	25.00*	25.00*
crêpes — brodés ou façonnés — des pays hors d'Europe / des pays d'origine en Europe	id.	34.00*	40.00*
crêpes — brodés ou façonnés — d'ailleurs	id.	40.00*	40.00*
autres tissus de soie — originaires des pays hors d'Europe importés — des pays hors d'Europe	id.	exempts	0.25*
originaires des pays hors d'Europe importés — d'ailleurs	id.	0.25*	0.25*
d'Europe — étoffes — pures — unies	id.	16.00	17.60
d'Europe — étoffes — pures — façonnées	id.	19.00	20.90
d'Europe — étoffes — pures — brochées — de soie	id.	19.00	20.90
d'Europe — étoffes — pures — brochées — d'or ou d'argent — fin	id.	31.00	34.10
d'Europe — étoffes — pures — brochées — d'or ou d'argent — faux	100 kil. N.	prohibées	prohibées
d'Europe — étoffes — mêlées de fil — sans autre mélange	1 kil. N.	13.00	14.30
d'Europe — étoffes — mêlées de fil — et d'or ou d'arg. — fin	id.	17.00	18.70
d'Europe — étoffes — mêlées de fil — et d'or ou d'arg. — faux	100 kil. N.	prohibées	prohibées
d'Europe — couvertures	id.	204.00	216.70
d'Europe — tapis, même mêlés de fil	id.	306.00	323.50
d'Europe — gaze — de soie pure	1 kil. N.	31.00	34.10
d'Europe — gaze — mêlée de fil	id.	17.00	18.70
d'Europe — gaze — mêlée d'or ou d'argent — fin	id.	62.00	67.60
d'Europe — gaze — mêlée d'or ou d'argent — faux	100 kil. N.	prohibés	prohibés
d'Europe — tulle	id.	prohibés	prohibés
d'Europe — dentelles — de soie dite blonde	la valeur	15 p. %	15 p. %
d'Europe — dentelles — d'or fin	1 kil. N.	200.00	212.50
d'Europe — dentelles — d'argent fin	id.	100.00	107.50
d'Europe — dentelles — d'or ou d'argent faux	id.	25.00	27.50
d'Europe — bonneterie	100 kil. N.	1.200.00	1.217.50
d'Europe — passementerie — d'or ou d'argent — fin	1 kil. N.	30.00	33.00
d'Europe — passementerie — d'or ou d'argent — faux	id.	3.00	3.30
d'Europe — passementerie — de soie — pure	id.	16.00	17.60
d'Europe — passementerie — de soie — mêlée — d'or ou d'argent — fin	id.	25.00	27.50
d'Europe — passementerie — de soie — mêlée — d'or ou d'argent — faux	id.	8.00	8.80
d'Europe — passementerie — de soie — d'autres matières	id.	8.00	8.80
d'Europe — rubans, même de velours	100 kil. N.	800.00	817.50
de vannerie, *V.* VANNERIE.			
de végétaux filamenteux non dénommés ci-dessus — des pays contractants / d'ailleurs		droits des tissus de phormium tenax, régime à déterminer par l'administrat.	
de verre filé, *V.* VERRE, etc., verrerie non dénommée.			
TOILES — à blutoir, *V.* TISSUS DE LAINE.			
cirées — des pays contractants (387) — pour emballage	100 kil. B.	5.00*	5.50*
cirées — des pays contractants (387) — pour ameublement, tenture ou autres usages	100 kil. N.	15.00*	16.50*
cirées — d'ailleurs, *V.* Ci-contre les assimilations.			
métalliques (388) — des pays contrac. — en fer ou en acier	100 kil. B.	10.00*	11.00*
métalliques (388) — des pays contrac. — en cuivre ou en laiton	100 kil. N.	20.00*	22.00*
métalliques (388) — d'ailleurs — de fer	id.	75.00	81.20
métalliques (388) — d'ailleurs — de pur acier, de cuivre ou de laiton	id.	150.00	160.00
à tamis, *V.* TISSUS DE CRIN.			

ASSIMILATIONS

ET RENVOIS AUX AUTRES TABLEAUX DES DROITS

NOTES EXPLICATIVES

TOURNE A GAUCHE, v. Outils de pur fer.

TOURNEBROCHES, r. Ouvrages en fer.

TOURNESOL. en drapeaux, r. Maurelle; — en pâte et tous autres, r. Orseille, — (feuilles de), r. Feuilles tinctoriales; — (graine de), r. Graines oléagineuses.

TOURNE-VIS, r. Outils de pur acier.

TOURNILLONS de scie, r. Ouvrages en fer.

TOURNURES de fer, r. Fer, limailles.

TOURS, de tourneur, à guillocher fin, r. Instruments de précision; — autres, r. Machines et mécaniques non dénommées; — d'horloger, avec batis en bois, mandrins, roues d'engrenage, etc., r. Machines non dénommées, — autres, r. Outils de pur acier.

TOURTEAUX d'amandes et de pignon r. Parfumeries pâtes liquides ou en pains.

TRAINEAUX, pour marchandises, comme voitures à échelles; — garnis ou peints, pour voyageurs, même régime que les voitures suspendues.

TRAITS, d'argent, r. Argent tiré; — d'or ou d'argent doré, r. Or tiré, etc.; — de cuivre argenté, r. Cuivre argenté, tiré; — de cuivre doré et de cuivre propre à la broderie, r. Cuivre doré tiré.

TRANCHE-PAPIERS, en baleine, r. Fanons de baleine, etc.; — en bois ou en os, r. Mercerie; — en ivoire et en nacre, r. Tabletterie non dénommée; — en métal, r. Ouvrages en métaux.

TRANCHETS de cordonnier, r. Outils de pur acier.

TRESSES de chanvre de manille, comme les tresses de sparte; — de cheveux, r. Cheveux ouvrés; — de coton, crin, laine, etc., r. Tissus, passementerie.

TRIANGLES, r. Instruments de musique.

TRICTRACS, avec pied, r. Meubles; — sans pied, r. Tabletterie non dénommée.

TROCHISQUES d'agaric, r. Médicaments composés non dénommés.

TROMBONES, trompes et trompettes, r. Instruments de musique.

TRUELLES, r. Outils selon l'espèce.

TUBES, en bois, destinés à faire des tuyaux de pipe, r. Ouvrages en bois non dénommés; — en caoutchouc ou en Gutta-Percha, r. Ouvrages en caoutchouc, etc.; — pour chaudières à vapeur, en cuivre, r. Machines, etc., pièces détachées; — en fer étiré, droits au courbes, avec ou sans raccords, r. Ouvrages en fer, tubes; — autres, en fer ou en fer blanc, r. Ouvrages en fer; — en vitrifications, r. Verres, etc., vitrifications en masses.

TURBITH, minéral, r. Médicaments non dénommés; — végétal, r. Résineux exotiques.

TETRIE, r. Oxyde de zinc.

TUYAUX, de drainage et autres, en poterie, r. Poteries; — de pipe, en ambre faux, r. Mercerie fine; — en bois, corne, cuir, os ou roseau, r. Mercerie; — en ivoire, r. Tabletterie; — de pompe à incendie, en peau, r. Ouvrages en peau; — en tissu de chanvre imperméable, r. Tissus, toile écrue; — en tôle (des pays contractants) non polis, cloués ou agrafés, ayant d'épaisseur, plus d'un millimètre, r. Gazomètres; — un millimètre ou moins, galvanisés, r. Fer étamé; — non galvanisés, comme les tôles minces, r. Fer; — soudés, v. Tubes soudés par simple rapprochement; — polis, cloués ou soudés, d'un diamètre de 9 millimètres ou plus, r. Articles de ménage, polis; — soudés ayant moins de 9 millimètres de diamètre, r. Tubes en fer, de moins de 9 millimètres.

TYMPANONS, r. Instruments de musique.

URANE (oxyde d'), r. Oxydes.

USTENSILES d'arts et métiers et de cuisine, r. Poteries; — de ménage ayant servi et faisant partie d'un mobilier, r. Meubles; — neufs, droits du tarif.

VACHES ET VEAUX, r. Bestiaux.

VACHETTE (cuir odorant de), r. Peaux préparées.

VALÉRIANE (essence de), r. Huiles volatiles.

VAQUETTES (demi-semelles de Lisbonne), r. Peaux préparées, parchemin achevé

VASES antiques dits étrusques, r. Objets de collection, en sel gemme, r. Mercerie.

VÉDASSE, v. Alcalis, potasse.

VÉGÉTAUX FILAMENTEUX préparés pour pâte à papier, r. Drilles.

VÉLIN, r. Parchemin, aux assimilations.

VELTES, r. Cordages de sparte.

VENTILATEURS, r. Machines pour l'agriculture.

VERDET et verdet gris, des pays contractants, r. Produits chimiques non dénommés; — d'ailleurs, r. Sels, acétates de cuivre.

VERGEOISE (résidu de sucre) mêmes droits que le sucre.

VERJUS, r. Boissons fermentées, cidre, etc.

VERMICELLE, r. Pâtes d'Italie.

VERMEIL (vernis rouge), r. Vernis.

VERMILLON, r. Sulfure de mercure pulvérisé.

VERMOUTH, r. Boissons distillées, liqueurs.

VERRE, d'antimoine, r. la note 27 relative à l'antimoine; — (cassé ou concassé et crasse de), r. Verres. etc., groisil; — (fiel, sel ou écume de), r. Alcalis, soudes; — filé, comme vitrifications en grains percés pour broderies; — (globules de) pour fleurs et fruits artificiels, r. Verrerie non dénommée; — maillons (en) pour métiers à tisser, r. Mercerie fine ou verres etc., selon la provenance; — de Moscovie (mica), r. Pierres servant aux arts, talc; — pilé ou broyé, et tissus en fil (de), r. Verrerie non dénommée.

VERRES antiques dits de Venise et à peintures fines, r. Objets de collection; — grossièrement peints, r. Mercerie; — ou miroirs d'optique, r. Instruments d'optique. r. Aussi verres et cristaux.

389. — TRESSES DE PAILLE. On range parmi les tresses grossières pour paillassons, 1° celles qui sont en paille de froment entière, en roseau, en sparte, ou en tout autre végétal; 2° les nattes dites d'Archangel, de Moscovie ou de Russie, qui sont faites avec de l'écorce de tilleul et servent à garnir les parois des navires.

D'après le tarif conventionnel les filaments de coco filés et câblés suivent le même régime.

390. — VANNERIE. Les tissus de vannerie ont, comme la toile, une chaîne et une trame. Ils sont formés de bois, de jonc, de paille, et autres végétaux tels que les fibres d'aloès, de phormium tenax, etc., et servent principalement pour surtout de table ou pour tenture. On les emploie aussi pour faire des chapeaux de femme, en remplacement du marli de fil. Ceux qui servent à cet usage sont souvent mélangés de crin, de soie en petites proportions, ce qui n'en change pas la classification; mais quand le crin ou la soie forment des raies alternant avec la paille, on applique le régime des tissus fabriqués avec la matière qui constitue le mélange.

Les nattes tissées en fibres de bois blanc et en partie coloriées payent le même droit que les tissus de vannerie.

On range dans la vannerie non dénommée, les barcelonnettes, cabase claies, corbeilles, coussins, mannes, paillassons, paniers, ruches vides, et tous les ouvrages tressés, en osier, saule, jonc, paille, palme, roseau, sparte, etc.

Aucune distinction n'existe entre la vannerie grossièrement peinte et celle qui ne l'est pas. Les paillassons en filaments de coco tressés ou montés sur un canevas en cordes rentrent dans la classe de la vannerie en végétal brut. Ceux en filaments de coco et d'abaca sont passibles du droit de la vannerie en végétal coupé. Quant aux petits tapis en filaments de coco, d'abaca, etc., les assimilations indiquent le régime qui leur est applicable.

Les petits ouvrages en fibres d'aloès paille et autres végétaux tressés tels que les étuis à cigares et autres, les petites corbeilles à bijoux et à parfums, etc., sont traités comme vannerie s'ils proviennent des pays contractants; quand ils sont importés d'ailleurs on leur applique le droit de la mercerie fine.

391. — VÉGÉTAUX FILAMENTEUX. Cette dénomination embrasse outre les végétaux nommément désignés au tableau des droits, les tiges, filasses et filaments provenant, savoir: de l'abaca (chanvre de manille), de l'aloès, de l'agavé des bagasses (cannes à sucre pressurées), du bananier, de la cannabine de la caragate muciforme (crin végétal ou barbe espagnole), du piassava ou piassaba, du phormium tenax, etc.

Les filaments de coco teints et frisés pour garnir les meubles suivent le même régime; mais ceux roulés en torsades pour la confection des nattes ou des tapis-brosses sont traités comme nattes grossières pour paillassons.

Les végétaux de toute sorte préparés pour pâte à papier et notamment les écorces de bouleau sont assimilés aux drilles.

392. — VERRES ET CRISTAUX DES PAYS CONTRACTANTS. Les miroirs bruts, polis ou étamés suivent le même régime. Le droit spécifié sur les bouteilles pleines n'est perçu qu'autant qu'elles contiennent des liquides exempts de droits ou taxés soit au net soit à la mesure. Dans tous les cas les petits flacons en cristal renfermant des essences, etc., les encriers syphoïdes suivent le régime qui leur est propre. Enfin le droit qui affecte les bouteilles n'est appliqué qu'à la verrerie commune (bouteilles ordinaires en verre blanc ou autre, dame-jeannes simples, flacons ou fioles).

Le verre cannelé est traité comme le verre à vitre ordinaire. Quant au verre de couleur ou verre poli comme le sont les glaces, tous deux sont spécialement taxés.

Les cristaux avec ornements ou monture en bronze ou autre métal, acquittent le droit applicable aux cristaux, sur la valeur cumulée du cristal et de la monture; mais, quand celle-ci est importée isolément, elle n'est passible que de la taxe afférente aux ouvrages en métaux selon l'espèce.

Les vitrifications comprennent notamment: le verre fondu en masses servant à faire des pierres à bijoux; le flint-glass en masses, disques ou tables, à l'état brut; les tubes à tailler dont on fait des grains à enfiler; les grains percés pour broderie, tricot, chapelets, colliers, etc., à l'exclusion des grains de cristal pour lustrerie, lesquels sont classés parmi les cristaux; le verre taillé pour pendants d'oreilles ou pierre à bijoux; les yeux de verre émaillé.

Par émaux l'on entend uniquement l'émail en gâteaux ou en baguettes, ou en poudre autre que bleue. L'émail en poudre bleue suit le régime de l'azur, et l'émail monté, celui de l'orfévrerie ou des ouvrages en métaux, suivant le cas.

Enfin, l'on range dans la verrerie non dénommée, les bourses et tissus en grain de verre; les écritoires en verres, à bouchons élastiques, garnis en cuir ou en bois; les épingles à filigranes et à verroteries, dites de Venise; les étuis en verre opaque; les jouets d'enfants; les maillons en verre pour métiers; et les verres grossièrement peints.

DÉSIGNATION DES MARCHANDISES L'astérique (*) indique que les droits mentionnés ci-contre comprennent les deux décimes.	UNITÉS sur lesquelles portent les droits	QUOTITÉ DES DROITS	
		par navires franç. et d'ailleurs pays contractants par terre	par navires étrang. et d'ailleurs que des pays contractants par terre
		fr. c.	fr. c.
TOURBE crue ou carbonisée	100 kil. B.	exempte	exempte
TOURTEAUX { de graines oléagineuses, de lin, de coton et autres	id.	exempts	exempts
{ d'amande et de pignon. *V.* PARFUMERIES, PATES LIQUIDES, ETC.			
TRESSES et nattes / de bois blanc { grossières pour paillassons	id.	2.00*	2.20*
{ autres, de toute sorte	id.	5.00*	5.50*
/ de sparte { à 3 bouts exclusivement destinées à la { des pays contractants	id.	1.00*	1.20*
\ fabrication des cordages { d'ailleurs	id.	2.00	2.20
{ de plus de 3 bouts { grossières pour pail- { des pays contractants	id.	1.00*	1 20*
{ lassons { d'ailleurs	id.	2.00*	2.20*
{ autres, de toute sorte { des pays contractants	id.	1.00*	1.25*
{ d'ailleurs	id.	5.00*	5.50*
\ de paille et d'écorce (389) { grossières pour paillassons	id.	2.00*	2.20*
{ autres, de toute sorte	id.	5.00*	5.50
TRUFFES fraîches, sèches ou marinées	id.	exemptes	exemptes
TUYAUX et conduites en papier bitumé	id.	1.00*	1.10*

V

DÉSIGNATION DES MARCHANDISES	UNITÉS	par navires franç.	par navires étrang.
VANILLE { des pays hors d'Europe	100 kil. N.	200.00*	214.00*
{ d'ailleurs	id.	214.00*	214.00*
VANNERIE(390) { tissus (de)	le mètre carré	0.45	0.45
{ autre, en quelque végétal que ce soit { des pays contractants	la valeur	10 p. %*	10 p. %*
{ d'ailleurs { brut	100 kil. B.	6.00	7.00
{ pelé	100 kil. N.	12.00	14.00
{ coupé	id.	20.00	24.00
VÉGÉTAUX filamenteux(391) { coton *V. CE MOT.*			
{ chanvre, lin, jute et autres non dénommés, bruts, treillés, en étoupes, peignés ou tordus	100 kil. B.	exempts	exempts
VERNIS { des pays contractants, à l'huile, à l'essence ou à l'esprit de vin	la valeur	10 p. %*	10 p. %*
{ d'ailleurs { vermeil	100 kil. N.	41.00	45.10
{ autres, de toute sorte	id.	82.00	88.60
VERRES et cristaux (392) / des pays contractants / miroirs ayant en superficie { moins d'un demi mètre carré	id. ou la valeur	20.00* 10 p. %*	22.00* 10 p. %*
{ d'un demi mètre carré incl. à un mètre carré exclusivement	la valeur	10 p. %*	10 p. %*
glaces { brutes	le mètre carré	1.50*	1.50*
{ polies	id.	4.00*	4.00*
{ étamées	id.	4.00*	4.00*
bouteilles pleines ou vides, de toutes formes	100 kil. B.	1.30*	1.55*
verres { à vitres	id.	3.50*	3.80*
{ de couleur, polis ou gravés	la valeur	10 p. %*	10 p. %*
{ de montre et d'optique			
gobeleterie et cristaux blancs et colorés			
groisil ou verre cassé	100 kil. B.	exempt	0.25*
vitrifications { vitrifications et émail en masses ou en tubes	id. ou la valeur	3.75* 10 p. %*	4.10* 10 p. %*
{ idem en grains percés ou taillés, ou en pierres à bijoux	100 kil. N.	20.00*	22.00*
{ breloques, colorées ou non	ou la valeur	10 p. %*	10 p. %*
{ verre filé, boutons et corail factice en verre			
\ autres objets en verre, non dénommés	la valeur	10 p. %*	10 p. %*
\d'ailleurs *V.* Folio suivant.			

ASSIMILATIONS ET RENVOIS AUX AUTRES TABLEAUX DES DROITS	NOTES EXPLICATIVES
Verrine d'Allemagne, *v.* Pierres servant aux arts, talc. Verroux, *v.* Ouvrages en métaux. Vert, de gris, des pays contractants, *v.* Produits chimiques non dénommés; — d'ailleurs, *v.* Sels, acétates de cuivre; — minéral de Brunswich, de perroquet et de vessies, *v.* Couleurs non dénommées; — de Schweinfurt ou de Vienne, *v.* Cendres vertes.	393. — **Verres et cristaux d'ailleurs.** Les petits miroirs sont ceux qui ont moins de 40 centimètres en largeur comme en longueur. Au dessus de cette dimension il s'agit de grands miroirs. On n'admet d'ailleurs comme glaces, que les verres polis. Les feuilles de verre non poli sont considérées comme verre à vitre et frappées de prohibition. Lorsque les glaces sont entourées d'un cadre, celui-ci est assujetti au droit des meubles. Les petits miroirs ne sont admissibles qu'autant qu'ils ont été étamés; la dénomination de petits miroirs comprend les miroirs non encadrés et les miroirs de toilette, de poche, etc., montés en fer blanc, en cuivre, en bois ou en carton, pourvu qu'il forme l'objet principal; mais s'il n'est qu'un accessoire ajouté à des coffrets, des nécessaires, il suit le même régime que ceux-ci. Le droit fixé pour les bouteilles pleines n'est perçu qu'autant qu'elles renferment des liquides exempts de droits ou taxés au poids net ou à la mesure. Il s'applique aux bouteilles, fioles et flacons en verre, à l'exclusion des flacons de cristal. Cependant ceux-ci sont admis au droit imposé sur les bouteilles pleines lorsqu'ils renferment des essences et ne sont évidemment qu'un accessoire. La prohition qui frappe la verrerie non dénommée n'atteint pas les vases, tubes et bocaux suceptibles d'être rangés parmi les instruments de chimie, les verres à peinture fine, les vieux vitraux et les verres antiques dits de Venise qui sont considérés comme objets de collection ; les jouets d'enfants qui font partie de la bimbeloterie, les maillons en verre pour métiers à tisser qui sont classés dans la mercerie fine, les boutons de verre et de cristal qui sont taxés comme boutons fins, et le verre filé qui est assimilé aux vitrifications en grains percés pour broderies. Le verre broyé et réduit en poudre, les globules de verre pour fleurs et fruits artificiels et les tissus de fil de verre suivent au contraire le régime de la verrerie non dénommée. Les grains de cristal percés et taillés pour lustres sont également atteints par la prohibition.

DÉSIGNATION DES MARCHANDISES L'astérique (*) indique que les droits mentionnés ci-contre comprennent les deux décimes.	UNITÉS sur lesquelles portent les droits	QUOTITÉ DES DROITS	
		par navires franç. et des pays contractants par terre	par navires étrang. et d'ailleurs que des pays contractants par terre
		fr. c.	fr. c.
Verres et cristaux (suite)... (393) — Miroirs — grands — non étamés — de plus de 3 millimètres d'épaisseur ayant en superficie : 50 décimètres ou moins	le mètre carré	15.00	15.00
50 déc. exclus¹ à 100 déc. inclus¹	id.	22.50	22.50
100 id. id. à 200 id. id.	id.	28.00	28.00
200 id. id. à 300 id. id.	id.	40.00	40.00
300 id. id. à 500 id. id.	id.	50.00	50.00
plus de 500 décimètres	id.	60.00	60.00
de 3 millimètres d'épaisseur ou moins ayant en superficie : 50 décimètres ou moins	id.	10.00	10.00
50 déc. exclus¹ à 100 déc. inclus¹	id.	15.00	15.00
100 id. id. à 200 id. id.	id.	18.66	18.66
200 id. id. à 300 id. id.	id.	26.66	26.66
300 id. id. à 500 id. id.	id.	33.33	33.33
plus de 500 décimètres	id.	40.00	40.00
étamés — de plus de 3 millimètres d'épaisseur ayant en superficie : 50 décimètres ou moins	id.	16.50	16.50
50 déc. exclus¹ à 100 déc. inclus¹	id.	24.75	24.75
100 id. id. à 200 id. id.	id.	30.80	30.80
200 id. id. à 300 id. id.	id.	44.00	44.00
300 id. id. à 500 id. id.	id.	55.00	55.00
plus de 500 décimètres	id.	66.00	66.00
de 3 millimètres d'épaisseur ou moins ayant en superficie : 50 décimètres ou moins	id.	11.00	11.00
50 déc. exclus¹ à 100 déc. inclus¹	id.	16.50	16.50
100 id. id. à 200 id. id.	id.	20.53	20.53
200 id. id. à 300 id. id.	id.	29.33	29.33
300 id. id. à 500 id. id.	id.	36.66	36.66
plus de 500 décimètres	id.	44.00	44.00
petits, sans distinction d'épaisseur	100 kil. N.	100.00	107.50
verres à lunettes ou à cadran : bruts	100 kil B.	10.00	11.00
taillés et polis	100 kil. N.	200.00	212.50
bouteilles : pleines (outre le droit des liquides)	le litre de contenan.	0.25	0.15
vides		prohibées	prohibées
groisil ou verre cassé : par navires français et par terre	100 kil. B.	exempt	exempt
par navires étrangers	id.	——	1 00
verrerie, de toute autre sorte que celle ci-dessus	id.	prohibée	prohibée
vitrifications : en masses ou en tubes à laisser	1 kil. N.	3.00	3.30
en grains percés	id.	1.00	1.10
taillées en pierres à bijoux	id.	6.00	6.60
émail	id.	2.20	2.20
Vert de montagne	100 kil. B.	exempt	exempt
Vessies : de cerf	id.	exemptes	exemptes
natatoires de poissons, brutes et simplement desséchées	id.	exemptes	exemptes
autres	id.	exemptes	exemptes
Vêtements confectionnés, v. Effets à usage.			

ASSIMILATIONS ET RENVOIS AUX AUTRES TABLEAUX DES DROITS	NOTES EXPLICATIVES

Vert de Gênes et vert de mer, *r.* Marbres.

Vesce (graine de), *r.* Jarosse.

Vésicules de musc, *r.* Musc.

Vesou (jus provenant de la pression des cannes à sucre) comme le sucre proportionnellement à sa richesse saccharine.

Vêtements de caoutchouc ou de Gutta-Percha, *r.* Ouvrages en caoutchouc; — autres, *r.* Effets à usage.

Viandes, conservées par la méthode Appert ou autre analogue, cuites, assaisonnées, fumées, confites ou marinées et pâtés à la viande, *r.* Viandes salées; — (extrait de) en pains, *r.* Extrait de viande.

Vielles simples et vielles organisées, *r.* Instruments de musique.

Vif-argent, *r.* Mercure natif.

Vigogne (laine ou poil de), *r.* Laine; — (fils ou tissus de). *r.* Fils ou tissus d'alpaga, etc.

Vilebrequin (manches de) en bois, *r* Ouvrages en bois, manches d'outils; — en bois et en fer, *r.* Outils de pur fer; — (mèches de) de 24 centimètres de longueur et au dessous, *r.* Outils de pur acier; — autres, *r.* Outils de fer rechargé d'acier.

Vinaigres, ordinaires, *r.* Boissons fermentées; — parfumés, *v.* Parfumeries.

Vins, ordinaires et de liqueurs, *v.* Boissons fermentées; — jus d'autres fruits que le raisin, purs, comme le jus d'orange, *r.* Boissons; — mélangés d'alcool, *r.* Liqueurs; — de sucre sans alcool, *r.* Sirops ou vins de liqueurs, selon l'espèce; — mélangés de substances médicinales, *r.* Médicaments composés non dénommés.

Violes et violons, pour jouets d'enfant, *r.* Bimbeloterie; — autres, *r.* Instruments de musique.

Vipères, en poudre, *r.* Substances médicinales pulvérisées.

Viroles, en cuivre, *r.* Ouvrages en cuivre simplement tournés; — en fer, *r.* Ouvrages en métaux.

Vis d'archimède, *r.* Machines et mécaniques non dénommées; — en bois, *v.* Ouvrages en bois non dénommés; — en fer et en acier, *r.* Ouvrages en métaux.

Visières, en cuir, *r.* Ouvrages en peau, etc., en feutre, *r.* Feutres, autres ouvrages.

Visnague (taille de), *r.* Mercerie.

Vitraux, vieux, *r.* Objets de collection; — autres, *r.* Verres, etc.

Vitrifications non montées, *v.* Verres, etc.; — montées, en métaux communs, comme celles non montées; — en or ou en argent, *r.* Bijouterie; — en or faux, *r.* Ouvrages en cuivre.

Vitriol, d'admonde et de Saltzbourg, *r.* Sels, Sulfate double de fer et de cuivre; — blanc, *r.* Sels, sulfate de zinc; — bleu, *r.* Sels sulfate de cuivre; — (esprit ou huile de) *r.* Acide sulfurique; — rouge ou rubifié (colcotar), *r.* Oxyde de fer; — vert, *r.* Sels, sulfate de fer.

Voiles, de moulins à vent, *r.* Tissus selon l'espèce; — de navires, *r.* Agrès et apparaux.

Voitures, pour enfant ne pouvant être traînées qu'à bras, *r.* Bimbeloterie.

Volants, *r.* Mercerie.

Vrilles, de 24 centimètres de longueur et au-dessous (soie comprise), *r.* Outils de pur acier; — autres, *r.* Outils de fer rechargé d'acier.

Waggons, de terrassement, montés sur ressorts, *r.* Voitures suspendues; — autres, avec caisse en bois et roues en fonte, *r.* Machines, etc., waggons; — avec caisse en métal, d'ailleurs *r.* Machines et mécaniques non dénommées.

Wisky (eau-de-vie de grains), *r.* Boissons distillées.

Wouède ou vouède, *v.* Pastel.

Xylobalsamum, *r.* Bois odorants.

Yatagans, en assortiments pour le commerce, *v.* Armes de commerce, blanches; — autres, *v.* Objets de collection.

Yeux, en verre émaillé, *r.* Verres, etc., vitrifications taillées pour bijoux.

Zircons, *r.* Pierres gemmes.

---

394. — **Viande de gibier.** Elle est prohibée à l'entrée pendant tout le temps où la chasse n'est pas permise. Il n'y a d'exception que pour les oiseaux dont les similaires n'existent pas en France, tels que les growses, sorte de perdrix d'Ecosse, la gelinotte noire, la gelinotte blanche et le grand coq de bruyère, de provenance russe, qui peuvent être importées, colportées et vendues en tout temps sur le territoire français.

395. — **Viandes salées.** Cette dénomination comprend les viandes fumées ou assaisonnées, (jambons, saucissons etc.), les viandes cuites marinées même à l'huile, ou confites dans la graisse, ainsi que le bouillon de viandes en tablettes ou autrement préparé, les pâtés à la viande et les viandes conservées par la méthode Appert.

396. — **Voitures a échelles.** Cette dénomination s'applique aux voitures pour l'agriculture et le roulage, uniquement destinées au transports des marchandises, des matériaux ou des produits agricoles. A l'exception des essieux et de quelques autres parties secondaires, elles sont entièrement composées de bois.

397. — **Voitures suspendues.** Sous le titre de carrosserie, les traités devenus le tarif conventionnel, comprennent les voitures de toute sorte, suspendues ou non, y compris les voitures de chemins de fer, d'agriculture et de roulage, les wagons de terrassement, les chariots, les tombereaux, les vélocipèdes. A l'exception des articles spécialement taxés, (tels que essieux, ressorts et bandages de roues et pièces de charronnage), les parties de voitures, de wagons ou de charrettes importées séparément, y compris les roues et les centres de roues en fonte ou fer, suivent le régime de la carrosserie.

Venant d'ailleurs que de pays contractants, toutes voitures sur ressorts ou sur soupentes, sont prohibées à l'entrée, quel que soit l'usage auquel on les destine. La prohibition atteint celles qui, n'étant pas suspendues, sont néanmoins disposées de manière à pouvoir servir au transport des personnes.

Les voitures des voyageurs sont admises temporairement moyennant la consignation du tiers de leur valeur, à charge de les réexporter dans le délai de trois ans. Le quart de la consignation est acquis au trésor; le surplus est remboursé au moment de la réexportation.

Les voitures qui ne doivent pas séjourner plus de six mois en France peuvent être admises sous la garantie d'un simple acquit-à-caution.

Cette dernière disposition est applicable aux voitures de voyageurs importées des pays contractants. On peut aussi, en ce qui les concerne, consigner le montant du droit (10 p. % de la valeur) mais, dans ce cas la consignation est intégralement restituée si la réexportation des voitures a lieu dans un délai de six mois ou d'un an au plus.

Les voitures d'enfant, de nature à ne pouvoir être traînées qu'à bras, rentrent dans la bimbloterie.

398. — **Zinc.** Les clous de zinc pour doublage de navires sont assimilés aux ouvrages en zinc, quand ils sont importés d'ailleurs.

Le zinc en poudre suit le régime du zinc métallique et les fils de zinc des pays contractants sont soumis au droit du zinc laminé.

DÉSIGNATION DES MARCHANDISES L'astérique (*. indique que les droits mentionnés ci-contre comprennent les deux décimes	UNITÉS sur lesquelles portent les droits	QUOTITÉ DES DROITS	
		par navires franç. et des pays contractants par terre	par navires étrang. et d'ailleurs que des pays contractants par terre
		fr. c.	fr. c.
VIANDES — fraîches — de boucherie — des pays contractants	100 kil. B.	exemptes	0.25*
d'ailleurs	id.	0.50	0.50
gibier mort (394) tortues mortes volailles mortes	id.	exempts	exempts
salées (395) — de porc lard compris — autres — des pays contractants	id.	0.60*	0.60*
d'ailleurs	id.	0.50	0.50
VIPÈRES	100 en N.	exemptes	exemptes
VOITURES — à échelle chariots tombereaux, etc. (396)… — des pays contractants	la valeur	10 p. %*	10 p. %*
d'ailleurs	id.	15 p. %	15 p. %
autres — suspendues, garnies ou peintes(397) — des pays contractants	id.	10 p. %*	10 p. %*
d'ailleurs		prohibées	prohibées
wagons de terrassement. V. les assimilations et la note 397.			

<h2 style="text-align:center">Y</h2>

YEUX d'écrevisse	100 kil. B·	exempts	exempts

<h2 style="text-align:center">Z</h2>

ZINC (398) — minerai cru (pierre calaminaire) ou grillée (calamine grillée), pulvérisé ou non. de 1ere fusion, en masses brutes saumons, barres ou plaques — par nav. français et par terre	id.	exempt	exempt
par nav. étrangers — des pays contractants	id.	——	0.25*
d'ailleurs	id.	——	0.25
laminé — des pays contractants	id.	4.00*	4.40*
d'ailleurs	100 kil. N.	50.00	55.00
limailles — par nav. français et par terre	100 kil. B.	exempts	exempts
débris de vieux ouvrages — par nav. étrangers — des pays contractants	id.	——	0.25*
d'ailleurs	id.	——	0.25
ouvré. v. OUVRAGES EN MÉTAUX etc.			

DEUXIÈME PARTIE

TABLEAUX DES DROITS D'ENTRÉE

APPLICABLES EN VERTU DE TRAITÉS DE COMMERCE

Aux pays qui ne jouissent pas du bénéfice des Tarifs conventionnels.

ANNEXES

Tableau des bureaux de Douane. — Composition du tonneau d'affrétement
Admissions temporaires — Primes

ESPAGNE (A)

TABLEAU des Droits d'entrée applicables en vertu de la convention de commerce du 18 Juin 1865 et des Décrets rendus pour son exécution.

DÉNOMINATION DES MARCHANDISES L'astérique (*) indique que les droits mentionnés ci-contre comprennent les deux décimes	UNITÉS sur lesquelles portent les droits	QUOTITÉ DES DROITS	
		par navires franç. ou par terre	par navires espag. ou par navires tiers
		fr. c.	fr. c.
Soies { écrus, grèges (B)	100 kil. N.	Exemptes.	
{ teintes, à coudre	100 kil. N.	Exemptes	0.30*
Fruits de table { frais { Citrons, oranges et leurs variétés	100 kil. B.	2.00*	3.20*
{ { autres	VOIR LE TABLEAU DES DROITS		
{ secs ou tapés { Raisins secs	VOIR LE TABLEAU DES DROITS		
{ { autres	100 kil. B.	8.00*	9.90*
{ confits { Cornichons et concombres	100 kil. B.	8.00*	10.00*
{ { Olives et picholines	100 kil. B.	8.00*	12.30*
{ { Câpres	100 kil. B.	8.00*	14.60*
{ { autres	VOIR LE TABLEAU DES DROITS		
{ conservés, sans sucre ni miel	100 kil. B.	8.00*	9.20*
Huiles fixes, pures, d'olive	100 kil. B.	3.00*	4.00*
Jus de réglisse	100 kil. B.	4.00*	9.70*
Cuivre pur ou allié de zinc ou d'étain, de première fusion, en masses, barres, saumons ou plaques	100 kil. B.	Exempt.	0.30*
Plomb en masses brutes, saumons, barres ou plaques (B)	100 kil. B.	Exempt.	0.25*
Mercure natif	100 kil. B.	Exempt.	4.80*
Cochenille	100 kil. B.	Exempte.	6.00*
Eaux-de-Vie en bouteilles	L'hectolitre de liquide	15 francs*	
Liqueurs			
Bas et draps de laine, pure, ou mélangée, la laine dominant en poids	La valeur	10 p. %*	
Livres { en langues mortes ou étrangères { Almanachs	100 kil. B.	Exempts.	9.00*
{ { autres	100 kil. B.	Exempts.	1.20*
{ en langue française { Mémoires scientifiques	100 kil. B.	Exempts.	6.00*
{ { autres ouvrages publiés à l'étranger	100 kil. B.	Exempts.	9.00*
{ { réimprimés sur éditions françaises	100 kil. B.	Exempts.	12.00*
{ Contrefaçons (B)		Prohibées.	
Nattes et tresses de sparte { à trois bouts, exclusivement destinées à la fabrication des cordages	100 kil. B.	1.00*	1.20*
{ de plus de trois bouts { grossières pour paillassons			
{ { autres, de toute sorte	100 kil. B.	1.00*	1.50*
Autres produits originaires		Régime déterminé par le tarif général pour les importations sous pavillon français.	Conditions du Tarif général
Produits non originaires		Conditions du Tarif général	

(A) Le traité avec l'Espagne est exclusivement applicable aux produits de l'Espagne Continentale, des îles Baléares et des Canaries, qui sont énumérés au tableau ci-dessus. Importés par mer, sous pavillon autre que français, ils sont d'ailleurs passibles des surtaxes qui y sont indiquées. Les Marchandises désignées à ce tableau doivent être accompagnées d'un certificat d'origine, lorsqu'elles viennent des Canaries.

(B) Conditions du tarif général.

DOUANES FRANÇAISES

PÉROU

Tableau des Droits applicables aux produits importés du Pérou en vertu des conventions du 9 Mars 1861 et 2 Décembre 1866, et des Décrets rendus pour leur exécution.

DÉSIGNATION DES MARCHANDISES.	UNITÉS sur lesquelles portent les droits	DROITS (DÉCIME COMPRIS)	
		par navires français ou péruviens	par navires tiers
Produits originaires — guano	100 kil. B.	VOIR LES TABLEAUX DES DROITS.	
borax — brut		Régime déterminé par le Tarif général pour les importations sous pavillon français.	Conditions du Tarif général.
borax — mi-raffiné	la valeur		
autres			
Produits non originaires		Conditions du Tarif général.	

RUSSIE

Tableau présentant le régime d'entrée applicable, quel que soit le mode de transport, aux livres, gravures, etc., de l'empire de Russie, en vertu de la convention littéraire du 6 avril 1861, ainsi qu'aux autres produits importés directement de Russie par navires russes

DÉNOMINATION DES MARCHANDISES	DROITS
Livres — en langues mortes ou étrangères — Almanachs	Exempts
Livres — en langues mortes ou étrangères — autres	Exempts
Livres — en langue française — Mémoires scientifiques	Exempts
Livres — en langue française — autres ouvrages publiés à l'étranger	Exempts
Livres — en langue française — réimprimés sur éditions françaises	Exempts
Gravures et lithographies	Exempts
Cartes géographiques	Exempts
Musique gravée	Exempts
Autres produits de toute origine, importés comme il est dit ci-dessus	Même régime et mêmes droits que pour les importations par navires français.

AUTRES PAYS

Avec lesquels la France a conclu des traités de commerce qui assimilent, dans certains cas, les importations effectuées sous pavillon de ces pays aux importations par navires français.

Brésil.. Produits originaires et importés directement du Brésil, *par navires brésiliens*..........

Iles Sandwich............................. Produits originaires et importés directement des îles Sandwich, *par navires hawaïens*.

Mexique .... — ——————————— —————— du Mexique, *par navires mexicains*........

République du Chili...................

——————— du Paraguay ....

——————— de Bolivie................

——————— de Costa-Rica...........

——————— Dominicaine.............

——————— de l'Équateur...........

——————— des États-Unis ....

——————— de Guatemala ....

——————— de Honduras...........

——————— de Nicaragua...........

——————— de la Nouv. Grenade

——————— Orient. de l'Uruguay

——————— de Venezuela...........

Produits de toute origine, importés directement de ces Républiques, *par navires du pays*.

Produits originaires et importés directement de ces Républiques, *par navires du pays*.

Même régime et mêmes droits que pour les importations par navires français.

ANNEXES

N° 1

TABLEAU DES BUREAUX DE DOUANE

avec indication de ceux qui sont ouverts à certaines opérations réservées

Sont marqués d'un astérique (*) les bureaux ouverts à l'importation des marchandises taxées à plus de F. 20 par 100 kilogrammes, ou nommément désignées par l'article 8 de la loi du 27 Mars 1817, etc. Deux astériques (**) indiquent les bureaux ouverts à la fois: 1o à l'importation des marchandises dénommées dans l'article 22 de la loi du 28 Avril 1816, et des denrées coloniales admises à une modération de droits; 2o à l'importation des marchandises taxées à plus de F. 20 par 100 kilogrammes, ou nommément désignées par l'article 8 de la loi du 27 Mars 1817, etc. La lettre majuscule (T) désigne les bureaux ouverts à la fois au transit des marchandises prohibées et non prohibées: elle est suivie de la lettre italique (i) lorsque les bureaux sont ouverts au transit international. La lettre italique (t) ceux qui sont ouverts seulement au transit des marchandises non prohibées. La lettre (C), les bureaux ouverts au cabotage; la lettre (B), les bureaux ouverts à la sortie des boissons; la lettre (F) indique les entrepôts fictifs; la lettre (R) les entrepôts réels; la lettre (P) ceux du prohibé; la lettre (S) est placée en regard des bureaux qui peuvent constater la sortie des sucres raffinés exportés à la décharge d'obligations d'admission temporaire; enfin une (+) désigne les ports ou doivent être installées à bord des navires, et vérifiées, les machines auxquelles est applicable aux termes de la loi du 5 Juillet 1836, le remboursement des droits, sur les fontes employées à leur fabrication.

DIRECTIONS	PRINCIPALITÉS	BUREAUX
BASTIA	Ajaccio	Ajaccio (**) (C). Bonifacio (**) (C). Calzarello (C). Porto-Vecchio (**) (C). Propriano (**) (C). Sagone (**) (C). Solenzara (C).
	Bastia	Bastia (**) (C). Calvi (**) (C). Canari (**) (C). Centuri (**) (C). Cervione (**) (C). Ile-Rousse (**) (C). Macinaggio (**) (C). Porticciolo (**) (C). Saint-Florent (**) (C).
BAYONNE	Bayonne	Ainhoa (*) (t) (B) (S). Baigorry. Bayonne (**) (i) (C) (F) (R) (P) (+). Behobie (*) (T) (B) (S). Bidarray. Bricous. Hendaye (gare). Itsatsou. Les Aldudes. Olhette. Sare. St-Jean-de-Luz (*) (C). Villefranque.
	St-Jean-Pied-de-Port	Arneguy (*) (t) (B) (S). Larrau. Laruns. Lecumberry. Lescun (t). St-Jean-Pied-de-Port. Sainte-Engrace. Urdos (*) (t) (B) (S).
BESANÇON	Le Villers	Blancheroche. Le Villers (*) (T) (R). Les Gras. Mont-le-Bon.
	Pontarlier	Chauxneuve. Jougne (*) (T) (S). Les Fourgs (B) (t). Pontarlier (*) (Ti) (R) (S). Verrières-de-Joux (*) (T) (B) (S). Mouthe.
	Villars-sous-Blamont	Abbevillers (B). Besançon (**) (T). Damprichard. Fessevillers (B). Indevillers. Vanfrey (R). Villars-sous-Blamont (R).

DIRECTIONS	PRINCIPALITÉS	BUREAUX
BORDEAUX	Blaye	Bordeaux (**) (Ti) (C) (F) (R) (P) (+). Certes (C). Gujan (C). Lafosse (C). La Teste (C). Le Verdon (C). Pauillac (C) (S).
	Bordeaux	Bourg (C). Libourne (C). Plaigne (C).
	Libourne	Blaye (*) (C). Meschers (C). Mortagne (C). Royan (C).
BOULOGNE	Abbeville	Abbeville (**) (Ti) (C) (F) (R). Berck (C). Crotoy (C). Etaples (C). Le Hourdel (C). St-Valéry-s/Somme (**) (T) (C) (F) (R) (P) (+).
	Boulogne	Boulogne (**) (Ti) (C) (F) (R) (P) (S) (+). Calais (**) (Ti) (C) (F) (R) (P) (S) (+).
BOURG	Bellegarde	Bellegarde (*) (Ti) (S). Châtillon-de-Michaille. Forens. Pont-de-Bellegarde.
	Les Rousses	Bois d'Amont (*) (T) (B) (S). Les Rousses (*) (T) (B) (S). Mijoux.
BREST	Brest	Brest (**) (C) (T) (F) (S) (+). Camaret (C). Landerneau (C). Le Conquet (C). Le Faou (C). Morgat (C). Port-Launay (C).
	Quimper	Audierne (C). Concarneau (C). Douelan (C). Douarnenez (C). Pontaven (C). Pont-l'Abbé (C). Quimper (*) (C). Quimperlé (C).
	Morlaix	L'Abrevrach (C). Morlaix (**) (t) (C) (F) (R) (S) (+). Roscoff (C).

DIRECTIONS	PRINCIPALITÉS	BUREAUX	DIRECTIONS	PRINCIPALITÉS	BUREAUX
CAEN	Caen	Caen (**) (T) (C) (F) (R) (P) (S) (+). Courseulles (C). Isigny (C). Ouistreham (C). Port-en-Bessin (C).	COLMAR	Mulhouse	Artzenheim (B). Chalampé (B). Ile-de-Paille (*) (B) (T). Kembs. Niffer. Marckolsheim. Mulhouse (**) (Ti) (R) (P). Shoenau.
	Honfleur	Dives (C). Honfleur (**) (ti) (C) (F) (R) (P) (S) (+). Pont-Audemer (C). Deauville-Trouville (*) (t) (C).		Saint-Louis	Bourgfelden. Hegenheim. Huningue (*) (T) (B). Niederhagenthal. Saint-Louis (*) (Ti) (B) (S).
CHAMBÉRY	Annecy	Annecy. Cercier. Le Plot (*) (T). Pont-de-la-Caille (*) (T) (S). Thorens.	DUNKERQUE	Dunkerque	Dunkerque (**) (Ti) (C) (F) (R) (P) (S) (+). Ghyvelde (B). Gravelines (**) (T) (C) (F) (R). Hondschoote. Labrouckstraete. Oost-Cappel (B).
	Chambéry	Chambéry (*) (T) (B) (R). Flumet. Haute-Luce. La Giettaz. Saint-Jean-de-Sixt.		Hazebrouck	Bailleul (*) (B). Boeschépe. Hazebrouck. Houtkerque. Schaexhen. Steenwoorde.
	Embrun	Abriès. Embrun. Larche (*). Molines. Serennes.	HAVRE (le)	Dieppe	Dieppe (**) (Ti) (C) (F) (R) (S) (+). Eu (C). St-Valéry-en-Caux (C). Tréport (C).
	Frangy	Bassy. Bonlieu. Châtel. Frangy (*) (T). Chassenaz		Fécamp	Fécamp (**) (T) (C) (F) (R) (P) (+).
	Saint-Michel	Chapieux. Lans-le-Bourg (*) (T) (B) (S). Lans-le-Villard. Le Val-de-Tignes. Mazure. Modane. Saint-Michel (Ti). Séez (B).		Havre (le)	Harfleur (C). Havre (le) (**) (Ti) (C) (F) (R) (P) (S) (+).
CHARLEVILLE	Charleville	Bosséval. Charleville (*). Gernelle. Gespunsart. Givonnes. La Chapelle (B). Matton. Messincourt. Pouru-aux-Bois. Puilly. Saint-Menges. Sapogne (B). Sedan (*) (t). Tremblois (B).	LA ROCHELLE	La Rochelle	Angoulins. Ars (C). La Courbe. La Flotte (C). La Rochelle (**) (ti) (C) (F) (R) (P) (S) (+). Lauzières (C). Loix (C). Marans (*) (C). Saint-Eloi. Saint-Martin (*) (C) (R).
	Givet	Fumay. Givet : bureau principal (*) (t) (B). — station (*) (Ti) (B). — porte des Récollets. — porte charbonnière. — porte de Luxembourg. Gué-d'Hossus (B). Hargnies. Haut-Butté. Les Rivières. Regniowez. Rocroi (*). Vireux (*) (Ti) (B).		Les Sables	Champagné. Ile-d'Olonne. Jard. La Bauduère. La Guittière. L'Aiguillon (C). Les Sables (*) (C). Luçon (C). Saint-Michel. St-Martin-de-Brem.
	Hirson	Anor (station) (*) (T) (B). Anor (bureau de terre). Hirson. Saint-Michel. Signy-le-Petit. Vervins, agence spéciale. Watigny.		Marennes	Avallon (C). Brouage (C). La Tremblade (C). Le chapus (C). Le château (C). Le Guâ (C). L'Eguille (C). Lusac (C). Marennes (C). Moëze (C). Mornac (C). Nieulle (C). Saint-Denis (C). Saint-Georges (C). Saint-Pierre (C). Saujon (C).
	Delle	Courcelles. Courtavon (B). Croix. Delle (*) (t) (B) (S). Lucelle. Oberkirch. Pfetterhausen. Réchésy (B). Saint-Blaise. Winckel.		Rochefort	Charente (*) (C). Fouras (C). Ile-d'Aix (C). Rochefort (**) (C) (t) (F) (R) (+).
COLMAR			LILLE	Armentières	Armentières (*) (t) (B). Bizet. Comines (B). Deulemont. Houplines. Seau (B).

DIRECTIONS	PRINCIPALITÉS	BUREAUX
LILLE	Arm entières	Pont-de-Nieppe.
		Pont-Rouge.
		Port-de-Warneton.
		Werwick.
	Lille	Baisieux (station) (*) (Ti) (B).
		Baisieux (route) (B).
		Douai (R).
		Halluin (*) (l) (B).
		Lamarlière.
		Leers.
		Lille (**) (Ti) (B) (S).
		Roubaix (*) (T) (B).
		Riscontout.
		Toufflers.
		Touquet-les-Moutons.
		Tourcoing (*) (Ti) (B).
		Wattrelos.
	Mouchin	Mouchin.
		Vannehain.
LYON	Lyon	Lyon (R) (P).
MARSEILLE	Arles	Arles (**) (ti) (C) (F) (R).
		Badon.
		Lavignolle (C).
		Salin-Giraud.
	Marseille	La Joliette.
		Marseille (**) (Ti) (C) (F) (R) (P) (S) (+).
	Port-de-Bouc	Berre.
		Citis.
		Etang-du-Lion.
		Fos.
		Istres.
		Les Martigues (C).
		Levalduc.
		Plan-d'Aren.
		Ponteau (C).
		Port-de-Bouc (*) (C).
METZ	Forbach	Carling (B).
		Creutzwald.
		Forbach (*) (Ti) (B) (S).
		Les Trois-Maisons (B).
		Merlebach.
		Merten.
		Petite-Rosselle.
		Rosbrück.
		Schreckling.
		Schœnech.
		Spicheren.
		Styring { Gare (*). / Route.
		Zinzing.
	Longwy	Andun-le-Tiche.
		Charency.
		Cussigny.
		Ecouviez (B).
		Fagny.
		Hussigny.
		La Malmaison (B).
		Longlaville.
		Longwy (*) (Ti) (S).
		Mont-St-Martin (route et gare) (*) (B).
		Ottange (B).
		Rédange.
		Tellancourt.
		Thonne-la-Long.
		Velosnes-sur-Chiers.
		Villehoudlemont.
	Metz	Apach (*) (T) (B) (S).
		Evrange (B).
		Gandren.
		Guersiling (B).
		Hettange-Grande (station).
		Launstroff.
		Metz (**) (Ti) (R) (P).
		Mondorff (B).
		Neunkirchen.
		Sierck (*) (T) par la Moselle.
		Thionville (*) (Ti) (B) (S).
		Volmerange.
		Waldwisse.
		Zoufftgen.

DIRECTIONS	PRINCIPALITÉS	BUREAUX
METZ	Sarreguemines	Bliesbrucken (B).
		Frauenberg (B).
		Gros-Bliederstroff.
		Guiderkich.
		Haspelchiedt.
		Orsmerswiller.
		Sarreguemines (*) (T) (S).
		Shweyen (B).
		Sturzelbronn.
		Volmuster.
		Walschbronn.
		Welferding.
MONTPELLIER	Aigues-Mortes	Aigues-Mortes (*) (C).
	Cette	Cette (**) (Ti) (C) (F) (R) (P) (S) (+).
		Frontignan (salin).
		Mèze.
		Montpellier.
	La Nouvelle	Agde (**) (l) (C) (F) (R) (S) (+).
		Banyuls-sur-Mer (C).
		Collioure (C).
		Durand (salin).
		Estarac (salin).
		Jules (salin).
		La Nouvelle (*) (C).
		Le Barcarès-de-St-Laurent (C).
		Le Lac (salin).
		Peyriac (salin).
		Port-Vendres (**) (l) (C) (F) (R) (S) (+).
		Quinzième (salin).
		Sigean (salin).
		Tallavignes (salin).
NANTES	Beauvoir	Beauvoir (*) (C).
		Bonin (C).
		Ile-d'Yeu.
		La Barre-de-Mont (C).
		Le Fenouiller.
		Saint-Gilles (C).
		Saint-Hilaire-de-Riez.
		Noirmoutier (C).
	Nantes	Chantenay (C).
		La Basse-Indre (C).
		Nantes (**) (Ti) (C) (F) (R) (P) (+).
	Paimbœuf	Bourgneuf (C).
		Les Moutiers.
		Paimbœuf (C) (S).
		Pornic (C).
	St-Nazaire	Careil.
		Guérande.
		La Turballe (C).
		Le Croisic (C).
		Le Rosais (C).
		Le Poulinguen (C).
		Pont-d'Armes.
		Portnichet (C).
		St-Nazaire (**) (Ti) (C) (F) (R) (P) (S) (+).
NICE	Fontan	Breil (B).
		Fontan (*) (T) (B) (S).
		Sospel.
	Nice	Antibes (*) (C).
		Cannes (*) (C) (F) (R).
		Cros-de-Cagnes (C).
		Golfe Juan (C).
		Menton (T) (B) (S par gavarano).
		Monaco (*) (C) (B).
		Nice (**) (T) (C) (B) (F) (R) (+).
		Saint-Ospice (C).
		Villefranche (C).
	St-Martin-Lantosque	Isola.
		Saint-Etienne.
		Saint-Martin-Lantosque (*).
		Saint-Sauveur.
ORLÉANS	Orléans	Orléans (R) (P).
PARIS	Paris	Douane centrale (**) (Export. retours exceptions).
		Entrepôt d'Amiens.
		Entrepôt-réel (**) (T) (R) (P).
		Gare de Batignolles (**) (Ti).
		Gare de l'Est (**) (Ti).
		Gare d'Ivry (**) (Ti).
		Gare de Lyon (**) (Ti).
		Gare du Bassin de la Villette (**).
		Gare du Nord (**) (Ti).
		Port Saint-Nicolas (**).

DIRECTIONS	PRINCIPALITÉS	BUREAUX	DIRECTIONS	PRINCIPALITÉS	BUREAUX
ROUEN	Rouen	Caudebec (C). Croisset (C). Duclair (C). Rouen (**) (T) (C) (F) (R) (P) (+).	TOULOUSE	Perpignan	Angoustrine. Bourg-Madame (*) (T) (B). Estavar. La Tour-de-Carol. Le Perthus (*) (T) (B). Osseja. Perpignan. Prats-de-Mollo (B). Py. Saillagouse. St-Laurent-de-Cerdans (B).
ST-BRIEUC	Le légué	Binic (C). Dahouet (C). Erquy (C). Lannion (*) (C). Le Légué (**) (t) (C) (F) (R) (+). Lézardrieux (C). Paimpol (*) (C). Perros (C). Pontrieux (*) (C). Portrieux (*) (C). Tréguier (*) (C).		Toulouse	Auzat. Lacoux. Les Cabannes. L'Hospitalet. Salau. Toulouse (T) (R) (P).
	St-Malo	Dinan (C). La Houle (C). Le Guildo (C). Le Vivier (C). Plouër (C). Saint-Suliac (C). Saint-Servan (**) (T) (C) (F) (R) (P). St-Malo (**) (T) (C) (F) (R) (P) (S) (+).	VALENCIENNES	Avesnes	Avesnes. Cléirfayts. Cousolre. Eppe-Sauvage. Hestrud. Ohan. Solre-Le-Château.
ST-LÔ	Cherbourg	Barfleur (C). Carentan (*) (C). Cherbourg (**) (T) (C) (F) (R) (S) (+). Diélette (C). Port-Bail (*) (C). Omonville (C). St-Germain-sur-Ay (C) Saint-Waast (C).		Condé	Condé-sur-l'Escaut (*). Hergnies. Le Coq (B). Maulde (B). Mortagne (B). Rumegies. Vieux-Condé.
	Granville	Granville (**) (T) (C) (F) (R) (+). Pontorson (C). Regnéville (C).		Feignies	Bellignies. Feignies (*) (Ti) (B). Gognies-Chaussée. Hergies. Hon. Malplaquet.
STRASBOURG	Strasbourg	Drusenheim. Gare d'Austerldz. Gerstheim. La Wantzenau (R) (S). L'Ecluse-de-l'Ill. Pont-de-Kehl (*) (T) (R). Rhinam (B). Strasbourg (*) (Ti) (B) (R) (P).		Jeumont	Bettignies (B). Jeumont (*) (Ti) (B). Vieux-Rengt. Villers-Sire-Nicole.
	Wissembourg	Beinheim. Fort-Louis. Lauterbourg (*) (T) (B). Lembach. Nunchhausen. Obersteinbach. Seltz. Weiler. Wissembourg (*) (Ti) (B).		Valenciennes	Blancmisseron (*) (T) (B) (S). Bry. Crespin. Eth. Marchipont. Sebourg. Saint-Waast-Lez-Bavay. Valenciennes (*) (Ti) (B) (S).
TOULON	St-Tropez	Lavandou (C). Les Peschiers (C). Porquerolles (C). Saint-Maxime (C). Saint-Raphaël (*) (C). Saint-Tropez (*) (C). Salins-d'Hyères (C).	VANNES	Lorient	Carnac (C). Couët-er-Hour. Etel (C). Groix (C). Hennebon (C). Kernevel (C). La Trinité (C). Lorient (**) (t) (C) (F) (B) (+) Palais (C). Porthalbguen (C). Port-Louis (C).
	Toulon	Aubiers (C). Bandol (C). Cassis (C). Cros-Saint-Georges (C). La Ciotat (C). La Seyne (C). Saint-Nazaire (C). Toulon (**) (t) (C) (F) (R) (S) (+). Toulon (arsenal).		Vannes	Ambon (C). Auray (C). Billiers (C). Bransquel. Ile-d'Arz (C). Larmorbaden (C). La Roche-Bernard (C). Locmariaquer (C). Noyalo (C). Penerf (C). Port-Novalo (C). Quatre-Vents (C). Redon (C). Rochdn (C). Saint-Armel (C). Sarzeau (C). Suscinio (C). Trehiguier (C). Vannes (**) (C) (F) (+).
TOULOUSE	Bagnères	Aragnouet. Arrens. Bagnères. Fos (B). Cauterets. Genost. Gèdre. Saint-Lary. Saint-Mamet (B).			

Il existe, en outre, des entrepôts spéciaux dans les ports suivants:
Lorient pour les tabacs seulement, Roscoff, Morlaix, St-Malo, Cherbourg, Fécamp, Dieppe, Calais, Graveline et Dunkerque.

N° 2. TARIF DE LA COMPOSITION DU TONNEAU D'AFFRÉTEMENT

NOTA. — Le tonneau non spécifié doit s'entendre de 1,000 kilogrammes bruts, s'il s'agit du tonneau au poids, et de 1 mètre cube 44 centièmes, s'il s'agit du tonneau au cubage.

On doit calculer le cube des futailles en multipliant le diamètre par lui-même et par la longueur, sans aucune déduction.

Le tonneau d'affrètement des marchandises non dénommées au tarif est fixé d'après les conditions arrêtées entre le capitaine et l'expéditeur et dont il est justifié par la charte-partie, ou, à défaut de charte-partie, d'après les usages du port d'embarquement.

MARCHANDISES.	POIDS du TONNEAU de mer. (kilogr.)	OBSERVATIONS.
ABACA, chanvre de Manille	"	Voir Chanvre.
— cordages en glènes	"	Voir Cordages.
ABSINTHE, en balles	200	
ACIDE borique	800	
— citrique, muriatique, nitrique, sulfurique	800	Ou au cubage.
ACIER	1,000	
AGARIC, en balles	350	
AIL, en grenier	500	
— en paniers	450	
— en fûts	400	
ALBATRE brut	1,000	
— ouvré	"	Au cubage.
ALIZARI d'Avignon, en balles pressées avec cercles de fer	500	
ALIZARI d'Avignon, en balles rondes	300	
— de Naples, en balles pressées avec cercles de fer	800	
ALIZARI de Chypre, en balles	400	
— autres sortes, en balles	500	
— autres sortes, en fûts	400	
ALOÈS, en fûts ou en caisses	600	
ALPISTE	"	Voir Graine longue.
ALQUIFOUX (mine de plomb)	1,000	
ALUN	1,000	
AMADOU	250	
AMANDES cassées, en balles, quel que soit l'emballage	800	
— cassées, en fûts	750	
— dures, en coques	600	
— tendres, en coques	550	
— demi-fines ou fines	450	
AMBRE brut, en caisses	600	
— en fûts	500	
AMBRETTE	750	
AMIDON en poudre	1,000	
— en branche, en fûts	700	
— en branche, en caisses	800	
— en branche, en grains	750	
AMMONIAQUE	500	
AMURCA (marc d'huile)	1,000	
ANCHOIS, en fûts	800	
— en flacons, en caisses	700	
ANCRES	1,000	
ANIS étoilé, en caisses ou en balles	500	
— en fûts	400	
ANIS vert, en balles	600	
— en fûts	500	
ANISETTE	"	Voir Boissons.
ANTIMOINE	1,000	
ARACHIDES en cosses, en grenier	500	
— en cosses, en sacs	450	
— écossées, en grenier	700	
— écossées, en sacs	650	
— écossées, en fûts	600	
ARDOISES	1,000	
ARGENT ET ARGENTERIE	"	Voir Métaux précieux.
ARGENT-VIF	1,000	
ARGILE	1,000	
ARISTOLOCHE	700	
ARMES	1,000	Ou au cubage.
ARROW-ROOT, en caisses	600	
— en fûts	500	
ARSENIC	1,000	
ASPHALTE	1,000	
ASPIC, en balles	250	
ASSA-FŒTIDA	700	
AVELANÈDES, en balles	500	
— en fûts	400	
AVIRONS de 2 à 3 mètres	"	Nombre : 70.
— de 3 à 4 mètres	"	— 60.
— de 4 à 5 mètres	"	— 40.
— de 5 à 6 mètres	"	— 25.
— de 6 à 7 mètres	"	— 20.
— de 7 à 8 mètres	"	— 15.
AVOINE, en grenier ou sacs	700	
— en fûts	600	

MARCHANDISES.	POIDS du TONNEAU de mer. (kilogr.)	OBSERVATIONS.
AZUR	1,000	
BABLAH, en balles	400	
BADIANE	"	Voir Anis étoilé.
BAIES de genièvre, en balles	600	
— de laurier en balles	500	
BALAIS non emmanchés	"	Nombre : 350.
— emmanchés	"	— 250.
BALLOTTAGES	"	Au cubage.
BAMBOUS	400	
BARBANÇONS, pleins ou vides, clissés ou non	"	300 litres.
BARILLE ou soude	1,000	
BARRIQUES bordelaises	"	Voir Futailles en boîtes.
BASANE	600	Ou au cubage.
BASSINS de cuivre	750	
BASTIN non fabriqué, en balles pressées	500	
— filé, en paquets	350	
— corde, en glènes	"	Voir Cordages.
BAUME de copahu, du Canada et du Pérou	750	
BENJOIN	860	
BEURRE, en pots	860	
— en fûts	1,000	
— en flacons ou boîtes	"	Voir Caissages.
BIÈRE	"	Voir Boissons.
BIJOUTERIE d'or et d'argent	"	A la valeur.
— fausse	"	Voir Mercerie.
BISCUITS, en caisses	600	
— en fûts	500	
BISMUTH ou étain de glace	1,000	
BITUME	1,000	
BLANC de baleine (spermaceti)	1,000	
BLANC d'Espagne et de Meudon	1,000	
— de zinc	1,000	
BLÉ, en grenier ou en sacs	1,000	
— en fûts	900	
BLEU de Prusse, en caisses	800	
— en fûts	700	
BOEUF salé	1,000	
Bois d'acajou de Cuba et de Santo-Domingo	1,000	
— de la République d'Haïti, de Honduras, de la Côte-Ferme et de l'Amérique centrale	800	
Bois de buis, cailcédra, calliatour, campêche, coupe d'Espagne, chêne, érable, espenille, gaïac, grenadille, teck, palissandre jaune, et autres bois durs de teinture et d'ébénisterie en bûches régulières	1,000	
Bois de Campêche, Haïti, Lima, Pernambuco, sassafras et Sainte-Marthe	800	
Bois de laurier-rose, sandal, sapan et violet	700	
— de cèdre, à crayon	600	
— de cèdre, autres sortes	800	
— de réglisse, en balles ou paquets	550	
— de brésillet, fustet et Nicaragua	500	
— de fustet, en sacs	400	
— de teinture moulu, en balles	500	
— de teinture moulu, en fûts	400	
— de construction, chêne, teck, etc	"	Au stère.
— à bâtir, poutres, poutrelles, soliveaux, etc	"	Au stère.
— à bâtir, planches sap	"	Au cubage.
— à brûler, orme, etc	"	Au stère.
— de marqueterie, en lames	"	Au cubage.
BOISSELLERIE	"	
BOISSONS et autres liquides	"	
En bordelaises	"	4 barriques.
En gros et petits fûts	"	900 litres.
En gros et petits fûts doubles	"	550 litres.
En dames-jeannes	"	450 litres.
En bouteilles, en caisses, en paniers et en futailles	"	324 bouteilles ou au cubage.
BOMBES, boulets et autres projectiles	1,000	
BORAX brut et raffiné	1,000	
BOUCAUTS, en bottes	"	Voir Futailles en boîtes.
BOUCHONS de liège, en balles	150	
— de liège, en caisses	"	Au cubage.
BOUGIE	700	Ou au cubage.
BOURRE ou poil d'animaux, en balles non pressées	200	

MARCHANDISES.	POIDS du TONNEAU de mer.	OBSERVATIONS.
	kilogr.	
BOURRE ou poil d'animaux, en balles pressées	400	Ou au cubage.
— de soie, en balles pressées	400	
BOUTEILLES vides, en vrac avec paille, d'un litre	»	70 bouteilles.
— vides, en vrac avec paille, autres au-dessous d'un litre	»	90 bouteilles.
BOUTEILLES vides, en vrac avec paille, demi-bouteilles	»	1,400 demi-bouteilles
— vides, emballées	»	Au cubage.
BRAI gras ou sec, en balles ou en fûts	1,000	
BRIQUES de toutes espèces	1,000	
BRONZE	1,000	
BROSSERIES, en caisses ou paniers	»	Au cubage.
BROU (écorce de noix), en sacs	600	
BRUN-ROUGE	1,000	
CABILLAUD	.	Voir Morue verte.
CABLES et grelins, blancs	500	
— et grelins, goudronnés	600	
CACAO, en sacs ou en balles	700	
— en fûts	600	
— en grenier	750	
CACHOU	800	
CAFÉ, en sacs ou en balles	900	
— en fûts	800	
— en couffins	800	
CAISSAGES	»	Au cubage.
CAMPHRE brut, en caisses	600	
— brut, en fûts	500	
— raffiné, en caisses	800	
— raffiné, en fûts	700	
CANÉFICE ou casse, en balles, sacs ou caisses	450	
— ou casse, en fûts	350	
CANNELLE, en caisses	350	
— en ballots ou paquets	300	
CANONS ET CARONADES	1,000	
CANTHARIDES, en balles ou caisses	400	
— en fûts	350	
CAOUTCHOUC (gomme élastique), en balles ou caisses	450	
— — — en fûts	350	
— — — en planches	700	
— — — cuivré	»	Au cubage.
CAPRES, en barils	900	
— en flacons ou caisses	600	
CARDAMOME	400	
CARET (écaille de tortue), en caisses	500	
— — — en fûts	400	
CARREAUX de marbre, de terre cuite et de pierre	1,000	
CARTES à jouer	800	
CARTON	700	
CASAQUES, en balles, caisses ou fûts	»	Au cubage.
CASCARILLE	500	
CASSAVE (farine de manioc)	700	
CAURIS	1,000	
CENDRES ou charrée	1,000	
CERCLES	»	Tarif conditionnel.
CÉRUSE	1,000	
CÉVADILLE	800	
CHAINIS	1,000	
CHAISES	»	Tarif conditionnel.
CHANDELLES, en caisses	700	Ou au cubage.
CHANVRE, en grenier	400	
— en balles pressées	500	
— de Calcutta (jute) et chanvre de Manille, en balles pressées et cordées	600	
CHANVRE, en balles non pressées	»	Au cubage.
CHAPEAUX	»	Au cubage.
CHARBON de bois	600	
— de terre, en grenier	1,000	
— de terre, en fûts	900	
— de terre, en briquette, en vrac	1,000	
CHARBONS	»	Au cubage.
CHATAIGNES (marrons), en grenier	900	
— en sacs	800	
— en fûts	700	
CHAUDIÈRES à sucre	900	
— pour machines à vapeur	1,000	
CHAUDRONS	750	
CHAUX	1,000	
CHÈNEVIS	»	Voir Graines de chanvre.
CHICORÉE moulue	700	
CHIENDENT, en balles	250	
CHIFFONS, en balles	500	
CHIQUES (marbres à jouer)	1,000	
CHOCOLAT	900	
CHOUCROUTE	800	
CHROMATE	1,000	
CIDRE	»	Voir Boissons.
CIERGES	800	
CIGARES	»	Au cubage.
CIMENT	1,000	

MARCHANDISES.	POIDS du TONNEAU de mer.	OBSERVATIONS.
	kilogr.	
CINABRE	1,000	
CIRAGE liquide, en bouteilles de grès ou en fûts	1,000	
— — en boîtes ou caisses	1,000	
CIRE brute, en caisses, balles ou pains	900	
— en fûts	800	
CITRONS, en caisses	»	Au cubage.
CLOUS de cuivre, de fer ou de zinc	1,000	
— de girofle	»	Voir Girofle.
COALTAR	1,000	
COCHENILLE, en caisses ou en surons de cuir	600	
— en surons de latanier	500	
— en fûts	400	
COCOS à tourner et autres grains durs à tailler, en grenier	1,000	
COCOS à tourner et autres grains durs à tailler, en balles	900	
COCOS à tourner et autres grains durs à tailler, en fûts	800	
COCOS frais	400	
COKE, en grenier	500	
— en fûts	400	
COLLE de poisson, en balles	600	
— en fûts	500	
— forte, en balle	600	
— — en fûts	500	
COLOQUINTE	260	
CONFITURES, en caisses	»	Au cubage.
CONSERVES alimentaires	1,000	Ou au cubage.
COPRAHS (amandes de coco), en grenier	650	
— en robins ou sacs	600	
COQUES de cacao, en balles	340	
— du Levant, en balles	300	
COQUILLAGES	»	Au cubage.
CORAIL de jardin	400	
CORDAGES blancs	700	
— goudronnés	800	
— d'Alger, sparte, jute, abaca, pite, basting	500	
— vieux, en grenier	800	
CORIANDRE, en balles	400	
CORNES de bœuf et buffle, en grenier	800	
— — — en balles	500	
— — — en fûts	400	
— de cerf entières	300	
— — chapées	350	
— de mouton, en grenier	500	
— — en balles	450	
— — en fûts	400	
CÔTES de tabac	»	Voir Tabac.
COTON, en balles carrées, pressées et cordées	500	
— — rondes, pressées et cordées	400	
— — — non pressées	300	
— de l'Inde, en balles carrées, pressées et cordées	600	
— des mers du Sud, Porto-Rico, Cuba et Côte-Ferme, en balles, carrées, pressées, cordées ou cerclées	450	
COTON du Brésil en balles	450	
— de Cayenne, de la Martinique et de la Guadeloupe, en balles rondes et non pressées	200	
— carrées, pressées et cordées	450	
COTON de Haïti en balles rondes. —	400	
— non pressées	300	
COTON filé, en balles pressées	600	Ou au cubage.
— non pressées	300	
COUFFES, COUFFINS ET CABAS	»	Tarif conditionnel.
COUPEROSE	1,000	
CRAIE	1,000	
CRAYONS, garnis de bois, en caisse	500	Ou au cubage.
— — en fûts	400	
CRÈME DE TARTRE	1,000	
CREUSETS	500	
CRINS de Russie ou de toute autre provenance, tordus ou tressés en balles	500	Ou au cubage.
CRINS de Russie, non tordus ni tressés, en balles	400	
— de la Plata et d'ailleurs, en balles pressées	700	
CUBEBE, en balles	500	
— en fûts	400	
CUIRS de Buenos-Ayres et autres de 12 kilog. et au-dessus	800	
CUIRS de la Côte-Ferme et autres, de 8 à 12 kilog. exclusivement	600	
CUIRS au-dessous de 8 kilog	500	
— tannés, en rouleaux	700	
— verts ou salés, en paquets	1,000	
— corroyés, en balles, caisses ou malles	600	
CUIVRE	1,000	
— vieux, en paquets ou en vrac	1,000	
— en fûts ou en caisses	900	

MARCHANDISES	POIDS du TONNEAU de mer (kilogr.)	OBSERVATIONS
CUMIN de Malte	750	
CURCUMA, en balles	750	
— en fûts	650	
CYLINDRES (ou tubes, etc.) en cuivre, fonte, fer, etc.	1,000	Ou au cubage.
DAMES-JEANNES, vides	»	500 litres.
DATTES, en couffes ou caisses	700	
— en fûts	600	
DÉGRAS de peau	1,000	
DEMITTES (toile de coton)	750	Ou au cubage.
DENTS d'éléphant ou d'hippopotame, en grenier	1,000	
— en balles ou caisses	800	
— en fûts	700	
DERLE	1,000	
DIVIDIVI en graines, en grenier et en sacs	500	
— moulu, en sacs	800	
— — en fûts	700	
DOUVELLES	800	
DRAP de laine, en balles ou en caisses	500	Ou au cubage.
DRILLES	»	Voir Chiffons.
EAU de Cologne et eau de senteur, en caisses	»	Au cubage.
EAU de fleurs d'oranger, en caisses	»	
EAU-DE-VIE	»	Voir Boissons.
EAU-FORTE	»	Voir Acide nitrique.
EAU minérale	»	Voir Boissons.
ÉCAILLE de tortue	»	Voir Caret.
ÉCHALAS	800	
ÉCORCES A TAN, non moulues en grenier ou en paquets	500	
ÉCORCES A TAN, moulues, en sacs	600	
— de grenade, d'orange et de citron, en ball^s	500	
— — — — en fûts	400	
ÉDREDON	»	Au cubage.
EFFETS à usage	»	
ELLÉBORE (Racine d')	500	
ÉMERI	1,000	
ENCENS ou oliban, en balles ou caisses	900	
— — en fûts	800	
ENCLUMES	1,000	
ENCRE à écrire, en bouteilles de grès enfutaillées	600	
ENGRAIS, en fûts	900	
— en grenier ou sacs	1,000	
ÉPINGLES	1,000	
ÉPONGES brutes, en balles	300	
ÉPONGES lavées, en balles	200	
— en paniers	»	Au cubage.
ESPRIT-DE-VIN	»	Voir Boissons.
ESSENCE de parfumerie, en estagnons ou caisses	»	Au cubage.
— de thérébenthine, en touques	800	
— — en fûts	1,000	
— — en bonbonnes	»	Au cubage.
ESSIEUX en fer	1,000	
ÉTAIN	1,000	
ÉTAUX	1,000	
ÉTOFFES	»	Au cubage.
ÉTOUPES de cordages blanches ou goudronnées, en paquets	400	
ÉTOUPES de cordages blanches ou goudronnées, en balles pressées	500	
EUPHORBE	800	
EXTRAIT de sumac liquide	»	Voir Boissons.
FAÏENCE, en grenier	»	Tarif conditionnel.
— en harasses ou caisses	»	Au cubage.
FAÏTIÈRES en terre	1,000	
FANONS de baleine	800	
FARINE, en sacs	1,000	
— en barils	800	Soit 8 barils.
FAUTEUILS	»	Tarif conditionnel.
FAUX et faucilles	1,000	
FÈCES d'huile	1,000	
FÉCULE de pommes de terre, en balles	900	
— — — en fûts	800	
FENOUIL	700	
FER en massiaux, en barres et non ouvré	1,000	
FER-BLANC en feuilles et en caisses	1,000	
FERRAILLE	1,000	
FERREMENTS	1,000	Ou au cubage.
FEUILLARDS de bois, en paquets	»	Au cubage.
— de fer	1,000	
FEUILLES de laurier, en balles	250	
FEUTRE à doublage, goudronné	600	
— — non goudronné	500	
FÈVES, en grenier	900	
— en fûts ou en sacs	800	
FÉVEROLES	»	Voir Fèves.
FICELLES, en paquets ou en fûts	600	
FIGUES	900	
FIL de chanvre et de lin, en balles	600	
FIL de chèvre, en balles	500	

MARCHANDISES	POIDS du TONNEAU de mer (kilogr.)	OBSERVATIONS
FIL de fer et de laiton	1,000	
FILASSE, en balles	400	
FILETS de pêche	400	
FLEUR de canelle, en caisses ou balles	700	
— — en fûts	600	
— de lavande, tilleul et tamarin, en c. ou b.	400	
— — — — en fûts	350	
— de soufre, en balles	900	
— — en fûts	800	
FLEURS artificielles	»	Au cubage.
FOIN, en balles pressées	400	Ou au cubage.
FOLLICULE DE SÉNÉ, en balles pressées	500	
FONTE brute	1,000	
— ouvrée	1,000	Ou au cubage.
FORMES à sucre en terre cuite	700	
FRISONS de soie (*silk chassum*)	600	
FROMAGES de Hollande, en grenier	800	
— — en caisses ou en fûts	700	
— de Gruyère, en cuveaux d'un fromage	700	Ou au cubage.
— — en fûts	800	
— autres sortes	»	Ou cubage.
FROMENT	»	Voir Blé.
FRUITS confits	700	Vu au cubage.
FUSILS de traite, en caisses	900	
FUTAILLES, en bottes	800	
— vides	»	900 litres.
GALANGA, en balles	500	
— en fûts	450	
GALBANUM	800	
GALIPOT	1,000	
GALLE (Noix de) lourdes du Levant, en balles	1,000	
— — en fûts	800	
— — légères de Provence, en balles	400	
— — — en fûts	350	
— — d'Istrie, en balles	900	
— — — en fûts	700	
GAMBIER de l'Inde { pressé	1,000	Ou au cubage.
{ non pressé	600	
GANTERIE	»	Au cubage.
GARANCE moulue, en fûts	800	
— sèche (alizari), en balles	»	Voir Alizari.
GARANCINE, en fûts	600	
GAUDE	200	
GÉLATINE en boîtes, en caisses	800	
GENIÈVRE	»	Voir Boissons.
GENTIANE, en balles	500	
— en fûts	450	
GINGEMBRE, en balles	800	
— en fûts	700	
GINSENG, en balles	700	
— en fûts	600	
GIROFLE (Clous de) en balles	500	
— — en fûts	400	
— (Griffes de), en balles	400	
— — en fûts	350	
GOMME ammoniaque, en caisses	800	
— d'Arabie, Sénégal, en balles	1,000	
— — en caisses	900	
— — en fûts	800	
— copal, en balles	800	
— — en caisses	800	
— — en fûts	700	
— élastique	»	Voir Caoutchouc.
— gutte	1,000	
— laque, en balles ou caisses	700	
— — sur bâtons, en sacs	650	
— — en fûts	600	
— de sandaraque, en fûts	800	
GOUDRON	1,000	
GRABEAU de séné et de cochenille	500	
GRAINES de chanvre, (chènevis,) en ball. ou caisses	700	
— — en fûts	600	
— de colza, en grenier	900	
— — en sacs	800	
— — en fûts	700	
— de coton, nettes, en grenier	850	
— — — en sacs	800	
— — — en fûts	700	
— — non dépouillées, en grenier	750	
— — — en sacs	700	
— — — en fûts	600	
— de genièvre, en sacs, balles ou caisses	600	Ces deux chiffres ne sont qu'approximatifs. L'article se règle aussi au cubage ou au tarif conditionnel.
— — en fûts	500	
— de jardin, en balles ou caisses	700	
— en fûts	600	

MARCHANDISES	POIDS du TONNEAU de mer. (kilogr.)	OBSERVATIONS
GRAINES jaunes, en balles ou caisses	800	
— — en fûts	700	
— de lin, en grenier ou sacs	900	
— — en balles ou caisses	800	
— — en fûts	700	
— longues (escayolles), en balles et sacs	1,000	
— — en fûts	800	
— de luzerne, en grenier	1,000	
— — en sacs ou caisses	900	
— — en fûts	800	
— de moutarde, en grenier	800	
— — en balles ou caisses	700	
— — en fûts	600	
— de navette, en grenier	900	
— — en sacs	800	
— — en fûts	700	
— d'œillette et de pavot, en grenier ou sacs	800	
— — — en fûts	700	
— de pastel, en balles, caisses ou fûts	150	Chiffre moyen approximatif. Cet article se règle habituellement au cubage ou au tarif conditionnel.
— de pourpier	»	Voir Graines de jardin.
— de psilium, en balles ou caisses	900	
— — en fûts	800	
— de ravison, en grenier ou sacs	1,000	
— — en fûts	860	
— de sésame, en grenier	900	
— — en sacs	850	
— — en fûts	750	
— de trèfle, en grenier	1,000	
— — en sacs ou caisses	900	
— — en fûts	800	
— non dénommées	700	Chiffre approximatif. Cet article se règle habituellement au tarif conditionnel.
GRAINETTES (fruits de lycium)	700	
GRAINS	»	Voir Blé, Orge, Seigle, Maïs, etc.
GRAINS de verre ou rassade	1,000	
GRAISSE, en caisses	900	
— en boîtes de fer-blanc ou caisses	900	
— en fûts	800	
— en pôts	700	
GRAPINS	800	
GRIFFES de girofle	»	Voir Girofle.
GRILLES de raffinerie et autres, en fer, fonte, etc.	1,000	
GROISIL (verre cassé)	1,000	
GRUAU	700	
GUANO du Chili et du Pérou	1,000	
— de Patagonie	900	
— d'autres provenances	800	
GUÈDE	»	Voir Pastel naturel.
GUEUSES en fonte	1,000	
GUINÉES de l'Inde, en balles pressées	700	Chiffre approximatif. Cet article se règle habituellement au cubage.
GUTTA-PERCHA	»	Traitée comme caoutchouc.
HARASSES de faïence, poterie, verrerie	»	Au cubage.
HARENGS salés, en barils	1,000	
— saurs, en feuillettes	400	
HARICOTS secs	»	Voir Légumes secs.
HERBES sèches et de capillaires	250	
HOUBLON, en balles	300	
HOUILLE	»	Voir Charbon de terre.
HUILE DE PÉTROLE	800	
HUILE de poisson, de pied de bœuf et de suif	1,000	
— de palme et de coco, en fûts	900	
— de vitriol ou acide sulfurique	»	Voir Acides.
— autres de toute espèce (olives, graines, palma-christi, aspic, etc.)	»	Voir Boissons. Ou au cubage.
INDIGO en caisses	700	
— en fûts ou surons	500	
IPÉCACUANA, en balles ou caisses	500	
— en fûts	400	
IRIS en balles ou caisses	700	
— en fûts	600	
ITZTLE	600	
IVOIRE	»	Voir Dents d'éléphant.
— végétal	»	Voir Noix de Corozo.
JALAP, en caisses, fûts ou surons	800	Ou au cubage.
JAMBONS en grenier	900	
— en caisses	800	

MARCHANDISES	POIDS du TONNEAU de mer. (kilogr.)	OBSERVATIONS
JAMBONS en fûts	750	
JARRES	»	500 litres.
JARROSSES, en grenier ou sacs	1,000	
— en fûts	900	
JAUNE de chrome, en caisses ou en fûts	1,000	
— de Naples, en caisses ou en fûts	1,000	
JONCS et roseaux	300	
JUJUBES, en balles ou caisses	500	
JUS de citron, en fûts	900	
— — en bouteilles	»	Comme Boissons.
JUS de réglisse, en caisses	800	
JUTE	»	Voir Chanvre.
KERMÈS en caisses	600	
— en fûts	500	
LAC-DYE	900	
LAINE filée, en balles	300	
LAINE surge en suint, en balles pressées et cerclées de fer	500	
LAINE surge (en suint) en balles pressées et non cerclées	400	
LAINE surge (en suint) en balles non pressées	»	Au cubage.
LAINE lavée, en balles	250	
LANGUES de bœuf, fumées	500	
— de morue	1,000	
LAQUE plate	»	Comme Gomme laque.
LARD, en planches, en caisses	800	
— en saumure	»	Voir Porc salé.
LATANIER ou feuilles de palmier, en paquets ou en vrac	300	
LATTES	»	Tarif conditionnel.
LAUDANUM	1,000	
LAURIERS pour cannes	500	
LÉGUMES confits et marinés, en barils	750	
— — en caisses	»	Au cubage.
— secs, en grenier	1,000	
— — en sacs	900	
— — en fûts	800	
LENTILLES	»	Voir Légumes secs.
LIBRAIRIE, en caisses	»	Au cubage.
LICHEN	400	
LIE d'huile ou de vin, liquide ou sèche	1,000	
LIÈGE, en balles	200	
— en planches	250	
LIMES	1,000	
LIN, en balles pressées	500	
LIQUEURS	»	Voir Boissons.
LITHARGE	1,000	
LYCOPODIUM ou lycophodium	1,000	
MACARONI, en caisses	400	
— en corbeilles	300	
MACHINES	1,000	Ou au cubage, ou tarif conditionnel
MAGIS	400	
MAGNÉSIE (Carbonate de)	250	
MAÏS, en grenier	950	
— en sacs	900	
— en fûts	800	
MANGANÈSE	1,000	
MANICUETTES (Graine de paradis)	500	
MANIOC (Farine de)	»	Voir Cassave.
MANNE, en caisses et en fûts	800	
— pour curaçao	500	
MAQUEREAU salé	»	Voir Poisson salé.
MARBRE brut et ouvré	1,000	Ou au cubage.
MARBRES à jouer	»	Voir Chiques.
MARC d'huile	1,000	
MARMITES de fonte	500	
MAROQUIN	»	Au cubage.
MARRONS	»	Voir Châtaignes.
MASTIC en larmes	1,000	
MATURE	»	Tarif conditionnel.
MÉDICAMENTS composés	»	Au cubage.
MÉLASSE	1,000	
MERCERIE	»	Au cubage, comme Caissage et Ballotage
MERCURE	1,000	
MERRAINS	»	Voir Douvelles.
MÉTAUX précieux	.	À la valeur.
MEUBLES	»	Au cubage.
MEULES à aiguiser	1,000	
— autres	1,000	Ou tarif conditionnel
MIEL	800	
MIL (Graine de)	»	Voir Graines.
MINE DE PLOMB	1,000	
MINERAI	1,000	
MINIUM	1,000	
MITRAILLE	1,000	
MODES	»	Au cubage.

MARCHANDISES.	POIDS du TONNEAU de mer. (kilogr.)	OBSERVATIONS.
MOMIE (cire noire)	800	
MORFIL	»	Voir Dents d'éléphant.
MORUE verte	1,000	
— sèche	800	
MOUCHES cantharides	»	Voir Cantharides.
MOUSSE, en balles pressées	400	
MOUTARDE en poudre, en caisses	800	
— en pots, en caisses	800	
MUSC	500	
MUSCADE	500	
MYRRHE	»	Voir Encens.
NACRE, en grenier	900	
— en caisses	800	
— en fûts	700	
NANKIN	500	Ou au cubage
NATRON (Sel)	1,000	
NATTES	»	Au cubage.
NERPRUN ou nerprum	600	
NOIR de fumée, en balles	500	
— d'ivoire ou d'os de raffinerie ou animal, en grenier	1,000	
NOIR d'ivoire ou d'os de raffinerie ou animal, en fûts	900	
— résidu de raffinerie, en grenier	1,000	
— — — en boucauts	900	
NOIX et noisettes, en grenier	700	
— — en balles	600	
— — en fûts	500	
NOIX de Corozo, en grenier	1,000	
— — en balles	900	
— — en fûts	800	
— de galle	»	Voir Galle.
— muscades	.	Voir Muscades.
— voniques, en balles	700	
NOVES de morue	1,000	
NOYAUX cassés, en balles	700	
— — en fûts	600	
OCRE	1,000	
OEUFS, en caisses ou paniers	»	Au cubage.
OIGNONS de toutes sortes, en grenier	800	
— — — en caisses ou paniers	700	
— — — en fûts	600	
OIGNONS de fleurs	»	Au cubage.
OING	»	Voir Graisse.
OLIBAN ou encens	»	Voir Encens.
OLIVES, en barriques	800	
— en barils emballés	700	
— en flacons, en caisses	700	Ou au cubage
ONGLONS, en grenier	600	
— en sacs	500	
— en fûts	400	
OPIUM	1,000	
OR	»	Voir Métaux précieux.
ORANGES	»	Au cubage.
ORANGETTES, en balles	800	
— en fûts	700	
ORGANETTE, en balles	700	
— en fûts	600	
OREILLONS et rognures de peaux	500	
ORGE, en grenier ou sac	800	
— en fûts	700	
— mondé ou perlé	1'000	
ORPIMENT ou orpin	1,000	
ORSEILLE naturelle ou lichen	400	
— — — en balles pressées	500	
— préparée ou en pâte	1,000	
ORTIES de chine	350	
OS ordinaires, en grenier	600	
— pour tabletterie, en grenier	900	
— — en fûts ou sacs	800	
OSIER brut	350	
— blanc	250	
PAILLE, en bottes	»	Tarif conditionnel.
— en balles pressées	350	Ou au cubage.
PANIERS	»	Tarif conditionnel.
PAPIER à écrire, à impression, à enveloppe	800	
— brouillard, gris et roux	700	
— à doublage de navire	600	
— de Chine, de soie	500	
PARCHEMIN	700	
PARFUMERIE	»	Au cubage.
PASTEL en pâte, en futailles	700	
— naturel, en balles	150	
PAVÉS en terre cuite	1,000	
— en grès	1,000	
PEAUX de boeuf, buffle, cheval, vache et peaux vertes	»	Voir Cuirs.
PEAUX diverses, en balles	»	Au cubage.
PEINTURE préparée	1,000	

MARCHANDISES.	POIDS du TONNEAU de mer. (kilogr.)	OBSERVATIONS.
PELLETERIES fines, en balles	500	
— en fûts	400	
PELURE de cacao	»	Voir Coques de cacao
PERLASSE	1,000	
PHORMIUM TENAC	.	Voir Chanvre.
PIERRES à feu	1,000	
— brutes, de taille et de marbre	1,000	
— meulières	1,600	
PIERRE PONCE, en balles ou caisses	500	Ou tarif conditionnel
— en fûts	400	
PIGNONS, en balles	800	
— en fûts	700	
PIMENT, en balles ou caisses	500	
— en fûts	400	
PIPES à fumer, de terre	500	Ou au cubage.
— du Levant	700	
PISTACHES, en balles ou cœuffes	500	
— en fûts	400	
PITE, en balles pressées	500	
PLANCHES de sapin	»	Voir Bois à bâtir.
PLATRE	1,000	
PLOMB	1,000	
PLOMBAGINE	1,000	
PLUMES d'oie, à écrire	200	
— à lit, de parure et autres	»	Au cubage.
POÊLES à frire et autre articles de chaudronnerie analogues	750	
POIL d'animaux	»	Voir Bourre
POIRES sèches, en balles	500	
— en fûts	450	
— tapées, en paniers emballés	»	Au cubage.
— vertes, en grenier	900	
— — en fûts	800	
POIS	»	
— chiches	»	Voir Légumes secs.
POISSON salé	1,000	
POIVRE, en grenier	800	
— en balles ou sacs	700	
— en fûts	600	
— en robins	650	
POIX	1,000	
POMMES DE TERRE, en grenier	1,000	
— — en balles, paniers en sacs	900	
— — en fûts	800	
POMMES sèches, en balles	500	
— — en fûts	450	
— — en paniers	»	Au cubage.
— vertes, en grenier ou sacs	800	
— — en fûts	700	
PORC salé, en fûts	1,000	
PORCELAINE	»	Au cubage.
POTASSE	1,000	
POTERIE, en harasses	»	Au cubage.
— en grenier	»	Tarif conditionnel.
POTICHES	»	
POTIN	1,000	
Pots de raffinerie	.	Tarif conditionnel.
POUDRE à canon, en barils simples	700	
— — en barils doubles	600	
POUDRE de marbre	1,000	
POUDRETTE sèche	1,000	
POUTRES et poutrelles	.	Voir Bois à bâtir.
POZZOLANE (Pouzzolane)	1,000	
PRUNES sèches, en caisses	1,000	
— — en barils	900	
— — en paniers	700	
QUERCITRON en écorce, en fûts	500	
— en poudre	600	
— en sacs	500	
QUEUES de girofle	»	Voir Girofle.
QUINCAILLERIE	1,000	Ou au cubage.
QUINQUINA, en balles ou caisses	500	
— en fûts ou surons	400	
RACINES d'alizari	»	Voir Alizari.
— de gentiane	»	Voir Gentiane.
— de réglisse	»	Voir Bois de réglisse.
RAISINS de corinthe, Zante et Lipari, en barils ou caisses	900	
RAISINS secs, autres	750	
RASSADES	»	Voir Grains de verre
RATAFIA	»	Voir Boissons.
RAY-GRASS, en balles	500	Ou au cubage.
REDOUL en feuilles, en balles	300	
RÉSINE	1,000	
RHUBARBE en balles ou caisses	600	
— en fûts	500	
RHUM et tafia	»	Voir Boissons.
RIZ avec ou sans pellicule, en grenier ou sacs	1,000	

MARCHANDISES.	POIDS du TONNEAU de mer. (kilogr.)	OBSERVATIONS.
Riz en fûts	900	
— en paille, en grenier	800	
— — — en sacs	700	
— — — en fûts	600	
Rocou	900	Ou 4 barriques bordelaises.
Rognures de papier	»	Au cubage.
— de peaux	»	Comme Oreillons.
Rogues de morue	1,000	
Roseaux	»	Voir Joncs.
	»	
	1,000	
	»	
Sabots	»	Au cubage.
Sacs de toiles vides	»	
Safran	400	
Safranum, en balles pressées	600	
— — non pressées	400	
Sagou, en balles ou caisses	700	
— en fûts	600	
Saindoux	»	Voir Graisse.
Salep	1,000	
Salpêtre	1,000	
Salsepareille	400	
Sandaraque	»	Voir Gomme.
Sang-de-Dragon en masse, en caisses	800	
— — en fûts	700	
— — en roseaux, en surons	250	
Sanguine	1,000	
Sardines confites, en boîtes, en caisses	1,000	
— pressées, en barils	900	
Sarrasin, en grenier	850	
— en sacs	860	
Saumon confit, en boîtes, en caisses	1,000	
— en fûts	900	
Savon	1,000	
Scammonée	500	
Scille	»	Voir Oignons.
Sébadille	»	Voir Cévadille.
Sébeste (*cordia officinalis*, petite prune d'Egypte)	700	
Seigle en grenier	850	
— en sacs	800	
Sel	1,000	
Sellerie	»	Au cubage.
Semen-contra	700	
Semoule, en sacs	900	
— en fûts	700	
Séné en feuilles, en balles ou fardes	400	
Serpentaire de Virginie	400	
Simarouba	400	
Sirops, en caisses	»	Au cubage.
— ou mélasse	»	Voir Mélasse.
Soie écrue ou grège, en balles	400	
Soies de porc, en balles pressées	500	
— — non pressées	300	
— — en caisses	800	
— — en fûts	700	
Soierie	»	Au cubage.
Solives ou soliveaux, de chêne ou sapin	»	Voir Bois à bâtir.
Son	300	
Soude	1,000	
Soufre brut ou en canons, en grenier	1,000	
— en caisses ou en fûts	900	
— (Fleur de)	»	Voir Fleur de soufre
Souliers	»	Au cubage.
Sparterie	»	
Spermaceti	»	Voir Blanc de baleine.
Spiritueux	»	Voir Boissons.
Squine	500	
Stockfish, en grenier ou balles	600	
Storax liquide	800	
— en paniers	600	
Suc de réglisse	»	Voir Jus de réglisse.
Sucre brut et terré	1,000	
— raffiné en pains, en vrac	900	
— — en fûts ou en caisses	700	
— — pilé	1,000	

MARCHANDISES.	POIDS du TONNEAU de mer. (kilogr.)	OBSERVATIONS.
Sucre candi en caisses	800	
— — en fûts	800	
Suif fondu, en caisses ou en fûts	1,000	
— en surons	900	
Sulfates	1,000	
Sumac en feuilles, en balles	400	
— en poudre, en balles	400	
Tabac de Virginie, en boucauts	800	
— de Kentucky, en boucauts	700	
— de Maryland et d'Ohio	500	
— du Brésil, en balles pressées	600	
— de Hongrie et du Levant, en balles	500	
— de l'Inde, en balles	0	
— de Hollande, Belgique et Palatinat, en balles pressées	700	
— de la Havane, d'Haïti et autres provenances, en balles non pressées	350	
— (Côtes de), en balles	500	
— en poudre	800	
— en carottes et figues	900	
— de chine	»	Au cubage.
Tafia	»	Voir Boissons
Talc	1,000	
Tamarins confits, en fûts	1,000	
Tan ou écorce moulue, en sacs	600	
— non moulue, en grenier ou paquets	500	
Tapioca	800	
Tartre	1,000	
Térébenthine en pâte ou liquide	800	
Terre d'ombre, de Sienne, etc	1,000	
— de pipe et à poterie	1,000	
Thé	400	Ce chiffre n'est qu'une moyenne approximative; le thé présente de grandes variations dans le poids et se tarife habituellement au cubage.
Thon mariné	860	
Tissus	»	Au cubage.
Toiles et toilleries diverses	»	
Tôle	1,000	
Tourbe ou mottes à brûler	»	Tarif conditionnel.
Tournesol, en pain	500	
Tourteaux de graines, en grenier	1,000	
— en fûts	800	
Tripoli	1,000	
Truffes	»	Au cubage.
Tubéreuse	500	
Tufeaux	1,000	
Tuiles	1,000	
Turbith	800	
Tuyaux de terre cuite	»	Tarif conditionnel.
Vanille	250	
Veau ciré, en caisses ou malles	·	Au cubage.
Verdet ou vert-de-gris	1,000	
Vermicelles en caisses	400	
Vermicelles en corbeilles	300	
Vermillon en poudre	1,000	
Vernis	1,000	
Verre à vitres	1,000	
— cassé ou groisil	»	Voir Groisil.
Verrerie, en caisses ou harasses	»	Au cubage.
Verroterie, en caisses ou harasses	»	Voir Grains de verre.
Vesces, en grenier ou sacs	1,000	
— en fûts	900	
Vétiver, en balles	200	Ou au cubage.
Viande conservée ou marinée	»	Voir Conserves.
— fumée	800	
— salée	»	Voir Bœuf et Lard.
Vif-argent	»	Voir Argent-vif.
Vin	»	Voir Boissons.
Voitures	»	Au cubage ou tarif conditionn.
Zadorica	500	
Zinc	1,000	

NOTES EXPLICATIVES

OBSERVATIONS GÉNÉRALES. — Les marchandises qui ont joui du bénéfice de l'admission temporaire doivent être réexportées ou rétablies en entrepôt, après avoir reçu le complément de main-d'œuvre en vue duquel elles ont été admises. Si la réexportation ou la mise en entrepôt n'était pas effectuée dans les délais fixés, le soumissionnaire serait tenu au payement d'une amende égale au quadruple des droits des objets importés ou au quadruple de leur valeur, selon qu'ils seraient ou non prohibés. Ainsi, les intéressés n'ont pas le droit de déclarer les marchandises pour la consommation, à l'expiration du délai rappelé dans les acquits-à-caution, à moins qu'ils ne s'agisse de riz (*v.* la note 11) ou de ... bruts placés sous le régime de la loi du 7 mai 1864.

Les ...produits fabriqués provenant de matières brutes, admises temporairement en franchise, peuvent toutefois être extraits d'entrepôt, pour la conso... . Ils n'acquittent que la taxe applicable, au moment de l'introduction, à la marchandise véritablement importées de l'étranger.

Ces mê... uits peuvent être exportés dans les colonies des Antilles, à la Réunion et dans les possessions de l'Algérie et y sont admis en .. franchise de . roit de douane.

A l'égard de... ...rations d'importation temporaire, on peut suivre la même marche que pour les opérations de transit, c'est-à-dire n'exiger qu'une seule caution sur place, la responsabilité du principal obligé étant d'ailleurs engagée par la signature de la personne munie de sa procuration.

La totalité des marchandises énoncées en un même acquit-à-caution, doit être réexportée par un seul bureau de sortie, bien que cette réexportation ou la réintégration en entrepôt puissent s'effectuer partiellement.

Néanmoins, toutes les fois que le commerce en fait la demande, les acquits-à-caution, dont il aura été fait usage pour des réexportations partielles, sont mis à sa disposition pour faire constater les opérations ultérieures à effectuer dans tels bureaux plus en rapport avec les besoins ou les convenances des intéressés.

(1) BLÉ FROMENT. — La quantité déclarée pour l'admission temporaire ne peut pas être de moins de 15,000 kil. Les farines doivent être présentées dans un port d'entrepôt réel ou dans les bureaux ouverts soit au transit, soit aux marchandises taxées à plus de 20 francs par 100 kil.

Les droits sont acquittés (s'il y a lieu), sur les sons provenant de la mouture, à raison de 8, 18 et 28 kil. par 100 kil. de blé, selon que les farines représentées sont blutées à 10, 20 ou 30 pour %.

(2) ÉCHANTILLONS, OBJETS DESTINÉS A ÊTRE RÉPARES EN FRANCE, ETC., DONT L'ADMISSION PEUT ÊTRE AUTORISÉE.

En général les échantillons suivent le même régime que la marchandise ; par suite les échantillons de tissus prohibés, ayant une certaine valeur, devraient être repoussés à moins qu'on ne consentit à les lacérer; cependant lorsqu'il s'agit de châles, mouchoirs, cravates, etc. On peut en obtenir l'admission temporaire moyennant l'engagement cautionné de réexporter les objets.

Enfin non-seulement les voyageurs qui ne font que traverser la France peuvent faire admettre au même régime les restes de provisions et les objets de fantaisie même prohibés qui se trouvent dans leurs bagages; mais les facilités dont il vient d'être question peuvent être étendues, avec l'autorisation des Directeurs, à tous les objets importés isolément ou en petit nombre pour recevoir soit des réparations, soit un complément de main-d'œuvre.

(3) GRAINE DE COLZA. — Les graines de colza blanc et noir de l'Inde sont ordinairement désignés sous les noms de graines de moutarde blanche et de moutarde noire.

(4) HUILE. — Il n'est pas délivré d'acquit-à-caution pour les huiles; la soumission est souscrite sur le registre série M n° 23 D. Les huiles épurées doivent être représentées au bureau qui a constaté l'importation.

(5) IODE. — La vérification de l'iode raffiné et de l'iodure de potassium doit être faite par la douane de Paris.

(6) FONTE BRUTE, FER, CORNIÈRES, etc.

Les maîtres de forges, constructeurs de machines et fabricants d'ouvrages en métaux sont seuls admis à jouir du bénéfice de l'importation temporaire à charge de réexportation, sur la demande qu'ils en font au ministre du commerce.

A l'appui de leurs demandes d'introduction, ils devront joindre :

1° Les marchés ou lettres de commandes, soit en original, soit par extraits dûment certifiés, établissant la justification des commandes qu'ils ont reçues de l'étranger, de l'Algérie ou des colonies françaises;

2° Un état détaillé des objets commandés, avec indication, pour chacun d'eux, des poids des divers métaux ouvrés entrant dans leur composition;

3° Un état détaillé des quantités de métaux bruts dont ils réclament l'admission temporaire. (*Règlement du 20 Avril 1868, art. 1er*).

Pour les objets de fabrication courante, ils devront également, et sous la même forme, faire connaître la nature et le poids des divers objets qu'ils se proposent d'exporter et la quantité des divers métaux bruts dont ils demandent l'introduction; mais la justification de commandes spéciale ne sera pas obligatoire.

Lorsque cette justification n'aura pas été fournie au moment de la demande d'autorisation, les objets admis à la sortie en compensation des métaux bruts introduits seront limités aux produits et ouvrages fabriqués compris dans la nomenclature de l'art. 4. (*Même Règlem. art. 2*).

La nomenclature des produits et ouvrages fabriqués admis à la sortie sans justification préalable de commandes est arrêtée ainsi qu'il suit :

OBJETS EN FONTE. — Les fontes moulées de toute espèce, tuyaux de conduite, marmites, poids et tous autres ouvrages en fonte.

OBJETS D'UN USAGE GÉNÉRAL. — Fers en barres; tôles; fers blancs; fers étamés, cuivrés, plombés ou zingués; fils de fers; bandes d'acier laminées, trempées; chaînes en fer, boulons à vis et écrous, vis à bois, clous et pointes; tubes en fer, en acier, en cuivre pur ou en laiton.

OUTILS A MAIN. — Scies, faux, faucilles, limes, burins, pelles à charbon, pioches, haches et autres gros outils tranchants; marteaux à main, enclumes et étaux.

PETITES MACHINES D'UN USAGE COURANT. — Crics, poulies, palans, guindeaux, pompes, balances à bascule, charrues, socs de charrues et autres instruments aratoires.

ARTICLS DE MÉNAGE, ETC. — Pelles et pincettes, seaux, casserie. (*même Régl. art. 4.*)

Afin de faciliter le contrôle des opérations, les permissionnaires déclareront à l'entrée et les acquits-à-caution reproduiront: 1° les *dimensions transversales* pour les fers de petite dimension (4 centimètres carrés de section et 5 millimètres d'épaisseur ou moins) et pour les aciers en barres de toute dimension; 2° les *épaisseurs* pour les feuillards, les tôles de fer ou d'acier et les cuivres laminés; 3° la *forme et le poids par mètre courant des barres* pour les fers et aciers laminés de formes irrégulières.

A la sortie et à l'appui des demandes de décharge d'acquits-à-caution, il sera présenté par les permissionnaires, certifié et signé par eux, un bordereau détaillé des objets à exporter, indiquant pour chacun d'eux le poids des divers métaux entrant dans leur composition, savoir: 1° fonte moulée; 2° fers ouvrés de plus de 4 centimètres carrés de section ou de 5 millimètres d'épaisseur; 3° fers de 4 centimètres carrés de section ou de 5 millimètres d'épaisseur ou moins, fers en feuillards, verges ou fils et aciers en barres, feuillards, verges ou fils par catégories de dimensions transversales ; 4° fers ou aciers irréguliers par catégories de formes et de dimensions exprimées par le poids du mètre courant; 5° tôles de fer ou d'acier et cuivre laminés par catégories d'épaisseurs (*Même règl. art. 5.*)

TABLEAU DES MARCHANDISES ADMISES TEMPORAIREMENT.

On a retranché de ce tableau les chanvres, la garance en racine, les gommes pures du Sénégal et les autres marchandises qui sont aujourd'hui exemptes des droits d'importation. Les produits qui y sont marqués d'un * ne peuvent être importés par mer que par navires français ou par navires des pays de production. Dans ce dernier cas, l'origine de ces produits doit être justifiée par des certificats authentiques. Cependant lorsque, en vertu des traités de commerce, les importations directes, sous pavillon d'un pays étranger, sont assimilées aux importations sous pavillon français, on peut, en ce qui concerne le régime de l'admission temporaire, exempter de la formalité du certificat d'origine les marchandises arrivées de ce pays, par navire du même pays ou par bâtiment français.

Des restrictions de sorties particulières existent pour les farines, les huiles, l'iode raffiné et l'iodure de potassium, certains métaux, les crêpes, les foulards, les tissus de bourre de soie, etc. Voir les notes 1 à 16, ci-après :

Consulter aussi les observations générales, page 126.

DÉSIGNATION DES MARCHANDISES.	TITRE EN VERTU DUQUEL l'admission temporaire a lieu.	BUREAUX OUVERTS AUX IMPORTATIONS par mer.	BUREAUX OUVERTS AUX IMPORTATIONS par ter.	ÉTAT DANS LEQUEL LES MARCHANDISES doivent être représentées.	RENDEMENT OBLIGATOIRE.	DÉLAI pour la représentation.
...19*.	25 août 1861.	Tous les bureaux ouverts à l'importation des céréales		Farine blutée à { 10 p. / 20 p. / 30 p. % }	90 p. % / 80 p. % / 70 p. %	5 mois.
...toute espèce et de toute qual.	5 déc. 1848. / 18 sep. 1849. / 7 nov. 1861.	Bureaux ouverts aux marchandises payant plus de 20 francs		Chapeaux de paille apprêtés et garnis	Il n'est alloué nul déchet	6 mois.
...LINDRES EN CUIVRE, *pour la gravure*.	18 déc. 1848.	Ports d'entrepôts réels	Bureaux de transit....	Cylindres gravés	Il est alloué un déchet d'un kil. 1,2 par cylindre	10 jours.
ECHANTILLONS, etc. (*Voir ci-contre la note* 2).						
GRAINES * — d'œillette	28 nov. 1846, / 2 fév. 1848, / 29 août 1853.	Ports d'entrepôts réels	Bureaux de transit et bureaux principaux	Huile d'œillette	36 p. %	6 mois.
de lin *et* de navette	2 fév. 1848. / 23 sept. 1836.	Idem.	Idem.	Huile de lin *ou* de navette	30 p. %	Idem.
de sésame	2 fév. 1848.	Idem.	Idem.	Huile de sésame	50 p. %	Idem.
d'arachide	4 avril 1857.	Idem.	Idem.	Huile d'arachide	32 p. %	Idem.
de moutarde *et* de colza (3)	3 janv. 1867.	Idem.	Idem.	Huile provenant d'une ou plusieurs de ces graines	36 p. %	Idem.
de ravison (*navette de Russie*)	25 juillet 1860	Idem.	Idem.	Huile de ravison	19 p. %	Idem.
HUILE brute(4) — de graines grasses, de toute sorte... / Id. arachides.	10 mars 1840, / 8 mai 1860.	Idem.	Idem.	Huiles épurées	98 p. %	3 mois.
d'olive	18 juillet 1846	Idem.	Idem.	Huile d'olive épurée	98 p. %	6 mois.
IODE de toute espèce (5)	1er juillet 1854 / 3 mars 1849.	Idem.	—	Iode cristallisé / Iodure de potassium	127 k. 440 gr. pour 100 k. d'iode	3 mois.
LIÉGE brut	18 janv. 1847. / 2 fév. 1848.	Idem.	Bureaux de transit et bureaux principaux	Liége façonné	80 p. %	6 mois.
MÉTAUX(6). — Fonte brute* / Fontes mazées. — Ferrailles* / Massiaux de fer* / Massiaux d'acier, lingots d'acier fondu* / Fers en barres ayant plus de 4 centimètres carrés de section ou plus de 5 millimètres d'épaisseur* / Fers en barres ayant 4 centimètres carrés de section ou moins, ou 5 millimètres d'épaisseur et au-dessous* / Fers laminés de section irrégulière. / Tôles de fer ou d'acier, cuivres laminés*	15 fév. 1882.	Idem.	Bureaux ouverts au transit ou à l'importation des marchandises taxées à plus de 20 fr.	Fontes moulées, à l'exception des fontes moulées pour lest de navires. Fers et aciers laminés ou forgés, en barres, tôles, feuillards ou fils. Ouvrages ou pièces fabriquées, en fer ou en acier. Quelles que soient les formes ou dimensions des métaux ouvrés entrant dans leur composition. Fers et aciers laminés ou forgés, en barres, tôles, feuillards ou fils. Ouvrages ou pièces fabriquées en fer ou en acier. Quelles que soient les formes ou dimensions des métaux ouvrés entrant dans leur composition. Fers ou aciers en verges ou en fils. La section ne dépassant pas 1 centimètre carré. Feuillards. L'épaisseur ne dépassant pas un millimètre. Tôles de fer ou d'acier n'excédant pas 2 millimètres. Ouvrages ou pièces fabriquées en fer ou en acier. Quelles que soient les formes ou dimensions des métaux ouvrés entrant dans leur composition. Aciers en verges ou en fils. La section ne dépassant pas un centimètre carré. Feuillards d'acier. L'épaisseur ne dépassant pas un millimètre. Tôles d'acier n'excédant pas 2 millimètres. Ouvrages ou pièces fabriquées en acier. Quelles que soient les formes ou dimensions des métaux ouvrés entrant dans leur composition. Ouvrages ou pièces fabriquées en fer et en acier. Quelles que soient les formes ou dimensions des métaux ouvrés entrant dans leur composition. Le fer en barres ne pourra, dans aucun cas, être compensé par des aciers non ouvrés. Ouvrages ou objets fabriqués avec des fers en barres, de dimensions transversales égales ou inférieures. Les ouvrages en tôle et en acier ne pourront pas être admis en compensation des fers de petite dimension. Ouvrages en fer fabriqués avec des fers irréguliers de même forme et d'un poids par mètre courant égal ou inférieur. Ouvrages fabriqués respectivement avec des tôles de fer, des tôles d'acier ou des cuivres laminés, d'épaisseur égale ou inférieure. Les cuivres purs ou alliés introduits ne pourront être compensés que par des cuivres de même composition.	Il n'est alloué aucun déchet	Machines et appareils et autres ouvrages à l'égard desquels la justification des commandes est exigée, 6 mois. Autres objets de fabrication courante, 3 m.

Les bandages de roues en fer ou en acier, sans soudure, bruts de forge, les tubes en fer, en acier ou en cuivre pur ou allié, ne pourront être admis que sous condition de l'emploi à l'identique. (*v. la circulaire n° 1993*).

(8) Étain. — La réexportation ne peut avoir lieu que dans les ports d'entrepôt réel, ou par les bureaux ouverts au transit.

(9) Ouvrages en fer ou en tôle, etc. — Les produits compris dans une déclaration ne peuvent faire l'objet que d'une seule réexportation.

(10) Plomb affiné divisé, ou laminé, etc. — La réexportation ne peut avoir lieu que dans les ports d'entrepôt réel ou par les bureaux ouverts au transit. Les importateurs sont tenus de faire opérer, à leurs frais, l'analyse des plombs, importés ou réexportés.

(11) Riz. — On ne peut déclarer, à l'importation, moins de 1,000 kil. Quand le fabricant veut séparer les brisures provenant de la décortication du riz en paille, il ne lui est pas tenu compte d'un nouveau déchet. Le riz ainsi décortiqué et nettoyé peut être livré à la consommation, sous le paiement du droit afférent au riz brut, selon le pavillon et *avec les intérêts* à dater du jour de l'importation.

(12) Suif brut. — La réexportation ne peut avoir lieu que par les bureaux ouverts à l'entrée des marchandises taxées à plus de 20 francs.

(13) Chales de crêpes de Chine. — L'importation comme la réexportation ne peut avoir lieu que par : deaux, Nantes, Le Havre, Rouen, Dunkerque, Lille, Forbach, Strasbourg, St-Louis, Boulogne, Calais et les ports.

(14) Crêpes en pièces. — L'importation et la réexportation doivent avoir lieu par un des bureaux désignés dans la note (13), c.

(15) Foulards de soie écrus — Tissus de bourre de soie. — L'importation et la réexportation des ces produits sont restreintes aux bureaux ci-après, savoir :

Marseille, Bordeaux, Nantes, Le Havre, Rouen, Boulogne, Calais, Dunkerque, Lille, Forbach, Strasbourg, St-Louis et les entrepôts de Paris et Lyon.

(16) Tissus de coton, de laine, de lin, etc. — Les réexportations ne sont permises que par les ports d'entrepôt réel et par les bureaux ouverts au transit.

Au moment de l'importation, la douane appose une estampille à chaque bout de pièce. Elle peut en apposer davantage sur la demande du commerce, afin que le fabricant puisse subdiviser ces pièces après l'impression, ou permettre exceptionnellement le fractionnement, dans un entrepôt réel, des pièces de tissus dont l'estampillage aura été reconnu intact.

(17) Objets destinés a la marine marchande. — Tous les objets *bruts* ou fabriqués y compris les machines à feu et les pièces de machines entrant dans la construction, le gréement, l'armement et l'entretien des bâtiments de mer destinés au commerce, en bois ou en fer, à voiles ou à vapeur, sont admis en franchise de droits, à charge de justifier, dans le délai d'un an, de l'affectation desdits objets à la destination ci-dessus prévue.

Ne sont pas considérés comme faisant partie de l'armement les objets tels que meubles meublants, literie, linge, vaisselle, coutellerie, verres et cristaux de table et en général tous objets destinés à l'usage des personnes.

Peuvent seuls jouir du bénéfice des dispositions du présent décret, en ce qui concerne les matières brutes, les constructeurs de navires et les fabricants d'objets destinés à la construction, à l'armement, au gréement ou à l'entretien des bâtiments de mer.

A cet effet, ils ont à justifier de leur qualité auprès des douanes d'importation.

Les déclarations faites en douane pour l'admission en franchise doivent présenter, à l'égard de chaque espèce de produits, les indications exigées par les réglements de douane pour la liquidation des droits.

Les importateurs s'engageront par une soumission valablement cautionnée, à justifier, dans un délai qui ne peut excéder une année, de l'affectation aux bâtiments de mer des matières premières entrées en franchise, ou des produits fabriqués avec ces matières, ou enfin des machines et mécaniques, des parties détachées de machines et autres objets complétement achevés admis en franchise temporaire.

Si, à l'expiration du terme d'un an, les justifications ci-dessus n'ont pas été produites, la douane liquide les droits d'office et en poursuit le recouvrement.

Toute déclaration s'appliquant à des machines et mécaniques, à des parties détachées et à d'autres objets complétement fabriqués, doit contenir la description desdits objets, afin d'en garantir l'identité, et ce, sans préjudice de l'estampille, laquelle peut être appliquée aux machines à feu ou autres, aux pièces de machines, aux chaudières, aux voiles et à tels autres objets pour lesquels cette mesure est jugée nécessaire.

L'incorporation aux bâtiments des matières premières, ou la mise à bord des objets fabriqués destinés à la construction, au gréement ou à l'armement, doit être précédée d'une déclaration énonçant : 1° la nature et le poids des matières premières ainsi que des produits fabriqués à employer ou à embarquer ; 2° la date, le numéro et le bureau de délivrance de chaque acquit-à-caution ; 3° le navire à la construction, à la réparation ou à l'usage duquel lesdites matières premières ou lesdits objets fabriqués auraient été affectés.

Lorsqu'il s'agit d'un objet fabriqué ayant exigé l'emploi de plusieurs métaux, la déclaration indique le poids de chaque espèce de métal.

Ne peuvent être affectés aux navires, en compensation :

1° Des fers en barres de forme irrégulière, que des produits fabriqués avec des fers de forme également irrégulière ;

2° Des tôles et des cuivres laminés d'un millimètre d'épaisseur et au-dessous, que des objets fabriqués avec des tôles ou des cuivres laminés n'excédant pas cette épaisseur.

Dans aucun cas, il n'est admis, pour l'apurement des comptes d'importation, des objets confectionnés avec des matières d'un degré de fabrication moins avancé que celui des produits soumissionnés à l'entrée.

Il n'est alloué aucun déchet.

Toute infraction, aux dispositions qui précèdent, donne lieu au paiement des droits dont sont frappés les produits importés et de plus au paiement d'une amende égale au triple de ces droits.

DÉSIGNATION DES MARCHANDISES.	TITRE EN VERTU DUQUEL l'admission Temporaire a lieu.	BUREAUX OUVERTS AUX EXPORTATIONS		ÉTAT DANS LEQUEL LES MARCHANDISES doivent être représentées	RENDEMENT OBLIGATOIRE	DÉLAI pour la représentation.
		par mer.	par terre.			
Métaux (e) — Aciers en barres ou en feuillards.... Aciers laminés de formes irrégulières.	15 février 1862	Ports d'entrepôt réel.	Bureaux ouverts au transit ou à l'importation des marchandises taxées à plus de 20 fr.	Ouvrages ou pièces fabriqués avec des barres ou feuillards d'acier de dimensions égales ou inférieures. Les ouvrages en tôle d'acier ne seront pas admis en compensation des barres d'acier. Ouvrages en acier fabriqués avec des aciers irréguliers de même forme et d'un poids, par mètre courant, égal ou inférieur.	Il n'est alloué aucun déchet	Machines et appareils et autres ouvrages à l'égard desquels la justification doit être demandée à toute é... ou aux objets de fabrication courante 3 mois.
débris de vieux ouvrages en fonte, en fer, en tôle ou en cuivre provenant des machines des navires à vapeur étrangers qui viennent se faire réparer en France (6)...	6 janvier 1855 / 15 février 1862			Navires, bateaux en fer, machines, objets en fonte moulée, appareils et ouvrages quelconques en métaux		6 mois.
étains bruts en saumons * (8)	23 février 1854	Idem.	Bureaux de transit.	Etain divisé par la fusion en lingots de 1 à 2 kil.	Idem.	3 mois.
fer laminé, destiné à être galvanisé.	23 août 1841.	Ports et bureaux ouverts au transit du prohibé		Fer laminé, galvanisé.	Idem.	2 mois.
Ouvrages en fer ou en tôle, destinés à être galvanisés (9)	Idem.	Idem.		Ouvrages en fer ou en tôle galvanisés	Idem.	Idem.
	5 mars 1849.	Ports d'entrepôt réel	Bureaux de transit.	Litharge ou minium	105 p. %	6 mois.
plomb brut ne contenant pas plus de 30 % d'antimoine *	25 février 1851 / 7 mars 1853.	Idem.		Plomb affiné ou divisé par la fusion en lingots de 1 à 2 kil. (9)	Il n'est pas alloué de déchet	Idem.
	25 février 1851 / 5 août 1861.	Idem.		Plomb laminé ou converti en tuyaux grenailles et balles (10)	Idem.	Idem.
zinc brut ou en saumon *	2 février 1848	Idem.		Zinc laminé	95 p. %	5 mois.
PLANCHES de Pin ou de de Sapin	11 nov. 1847.	Tous les bureaux		Caisses destinées à l'emballage des produits naturels	Il n'est pas alloué de déchet	2 mois.
POTASSE et Carbonate de Potasse	30 déc. 1852.	Bureaux ouverts à l'entrée des marchandises payant plus de 20 francs		Prussiate de potasse rouge. / Idem. jaune	50 p. % / 100 kil. pour 140 kil. de potasse ou de carbonate de potasse.	6 mois. / 6 mois.
RIZ (11) — en grains	21 mai 1843. / 1er juin 1861.	Bureau d'entrepôt réel		Riz décortiqué ou néttoyé	97 p. %	2 mois
en paille	Idem.	Idem.		Riz décortiqué et nettoyé avec ses brisures (11)	80 p. %	2 mois.
SUIF brut * (12)	20 octob. 1855 / 29 avril 1854.	Bureaux ouverts à l'entrée des marchandises taxées à plus de 20 francs		Acide stéarique, chandelle, ou bougies stéariques ... ou 50 kil. de bougie stéarique et 50 kil. acide oléique	100 kil. / 100 kil.	4 mois.
TARTRE * — brut	28 nov. 1846. / 2 février 1848	Ports d'entrepôt réel.	Bureaux de transit et bur. principaux.	Crème de tartre / Acide tartrique	53 p. % / 56 p. %	6 mois.
cristaux (de) colorés	4 mars 1854.	Idem.		Crème de tartre / Acide tartrique	84 p. % / 59 p. %	
TISSUS — crêpes de Chine, unis (13)	14 déc. 1853. / 22 mars 1854.			Châles brodés	Il n'est pas alloué de déchet	6 mois.
crêpes en pièc., d'origine chinoise (14)	29 octob. 1858			Crêpes de Chine teints	Idem	Idem.
foulards de soie écrus (15)	13 mai 1857.			Foulards de soie, imprimés	Idem	3 mois.
de bourre de soie en pièces (15)	Idem. / 4 janvier 1862			Tissus de bourre de soie, imprimés	Idem	Idem.
de coton, écrus en pièces (16)	13 février 1861 / 29 octob. 1861	Ports d'entrepôt réel,	Bureaux ouverts au transit.	Tissus de coton imprimés ou teints	Idem	6 mois.
de laine pure ou mélangée de coton, de soie ou de poil (16)	13 février 1861 / 3 sept. 1861. / 29 octobre 1861	Idem.		Tissus de même espèce imprimés ou teints	Idem	Idem.
de lin ou de chanvre et de fil de lin ou de chanvre et coton mélangés (16).	Idem.	Idem.		Tissus de même espèce imprimés ou teints.	Idem	Idem

Objets bruts ou fabriqués destinés à l'armement des navires. V. ci-contre la note 17.

TABLEAU

Des Marchandises auxquelles il est accordé des Primes à l'exportation.

DÉSIGNATION DES MARCHANDISES		PAVILLONS DES NAVIRES importateurs	TITRES en vertu desquels les PRIMES sont allouées	UNITÉS sur lesquelles portent LES PRIMES	QUOTITÉS DES PRIMES
BEURRES SALÉS (1)	1re classe		Ordonnance du 23 Novembre 1825; loi du 17 Mai 1826; ordonnance du 28 Juillet 1840 et arrêté du 11 Janvier 1849.	100 k.	1 20
	2me classe				80
	3me classe				
MACHINES à vapeur des navires	Appareils de la force de 100 chevaux au moins, placés à bord des navires français employés à la navigation maritime		Loi du 5 Juillet 1836 et décret du 23 Mars 1854.	300 kil. de fonte par chaq. force de cheval.	4 80 par 100 kilog.
VIANDES SALÉES (1)	1re classe — Bœuf *et* porc salés		Loi du 7 Juin 1820, Ordonnances des 22 Juin 1820 et 28 Juillet 1840, arrêté du 11 Janv. 1849.	Idem.	4 —
	1re classe — Jambon		Idem.	Idem.	3 —
	1re classe — Lard en planches		Idem.	Idem.	3 20
	2me classe — Bœuf *et* porc salés		Idem.	Idem.	3 —
	2me classe — Jambon		Id m.	Idem.	2 50
	2me classe — Lard en planches		Idem.	Idem.	0 70

(1) Les viandes et les beurres salés peuvent sortir par tous les bureaux de la frontière maritime. Les viandes peuvent en outre être exportées par les bureaux de la frontière des Pyrennées désignés au tableau n° 1 (Direction de Bayonne).

(2) Sont considérées de 1er classe les expéditions par mer de viandes et beurres salés aux destinations suivantes: pays étrangers transatlantiques, colonies et comptoirs français, pêche de la morue et de la baleine.

Sont considérées comme de 2me classe: 1° les expéditions par mer de viandes et de beurres salés pour les pays étrangers d'Europe, les possessions françaises du nord de l'Afrique, le Levant, l'Egypte et les Etats barbaresques de la Méditerranée; 2° les exportations de viandes salées par les frontières de terre des Pyrennées.

Enfin on range dans la 3me classe les beurres salés exportés à destination des pays étrangers d'Europe, lorsqu'il a été employé à leur préparation, moins de 8 kilogrammes de sel pour 100 kilog. net de beurre salé.

TABLE DES MATIÈRES

PREMIÈRE PARTIE

DEUXIÈME PARTIE